中國社會政治史（二）

薩孟武◎著

三民書局

Politics

國家圖書館出版品預行編目資料

中國社會政治史(二) / 薩孟武著. — — 七版二刷. — — 臺北市：三民，2012
冊；　公分

ISBN 978-957-14-4653-0 (第二冊：平裝)

1. 政治制度 — 中國 — 歷史

573.1　　95023542

© 中國社會政治史（二）

著作人　薩孟武
發行人　劉振強
著作財產權人　三民書局股份有限公司
發行所　三民書局股份有限公司
地址　臺北市復興北路386號
電話　(02)25006600
郵撥帳號　0009998-5
門市部　(復北店) 臺北市復興北路386號
(重南店) 臺北市重慶南路一段61號
出版日期　初版一刷　1962年8月
七版一刷　2007年2月
七版二刷　2012年11月
編號　S 570130
行政院新聞局登記證局版臺業字第〇二〇〇號

ISBN 978-957-14-4653-0 (第二冊：平裝)

http://www.sanmin.com.tw 三民網路書店

弁言

薩孟武先生所著《中國社會政治史》全書共四冊，縱論中國歷代之興亡得失，除考據政治制度外，更引用社會、經濟、思想等各層面的相關資料，以評析這些層面的變動如何與政治制度相互影響，最終甚至成為朝代更迭的因素。為成此書，薩先生遍覽群書，正史以外，通鑑、奏議、書信等各種史料，多有參考。亦不惜斥資購入數套二十五史以備查核、編輯之用，其準備工作不可不謂詳盡，故自書成以來，已成為研習中國歷朝政治的重要參考書籍，各冊亦承蒙讀者之愛戴，皆告售罄。本局為使讀者閱讀更為舒適，乃將各書重新排版，除了統一加大字體外，也將書中各章的註釋細予查對、重新標號，排成當前通用的當頁註格式，方便讀者檢閱；而針對內容漏誤之處，亦予以考察補正，使本書更加完善，敬請讀者繼續給予支持與指教。

三民書局編輯部　謹識

中國社會政治史（二）

目次

第五章 三國

第一節　三國的分立

東漢末年，閹宦秉政，朝綱崩弛，因之以飢饉，加之以師旅，民不聊生，盜賊蠭起，而黃巾亂後，又有董卓之難，地方經濟完全破壞。最初是洛陽破壞。

卓徙天子都長安，注引續漢書曰，大駕即西，卓部兵燒洛陽，城內掃地殄盡（魏志卷六董卓傳）。

舊京（洛陽）空虛，數百里中無煙火（吳志卷一孫堅傳）。

其次是關中破壞。

時三輔民尚數十萬戶，傕（李傕）等放兵劫略，攻剽城邑，人民饑困，二年間相啖食略盡（魏志卷六董卓傳）。

強者四散，羸者相食，二三年間，關中無復人跡（後漢書卷一百二董卓傳）。

再次是江淮破壞。

江淮間空虛，人民相食（魏志卷六袁術傳）。

三國時，江淮為戰爭之地，其間不居者各數百里（晉書卷三十五州郡志一）。

終則中原之地無不破壞。

而如曹操所說：

中原蕭條或百里無煙，城邑空虛，道殣相望（吳志卷十一朱治傳注引江表傳）。

今四民流移，託身它方，攜白首於山野，棄稚子於溝壑，顧故鄉而哀歎，向阡陌而流涕，饑厄困苦，亦已甚矣（魏志卷八陶謙傳注引吳書）。

國民經濟的破壞勢又影響到國家財政，而令天子只能以野棗充飢，而百官乃披荊棘而居，尚書郎以下自出採梠，或餓死於墟巷之中。

帝（獻帝）東歸也……既至安邑，御衣穿敗，唯以野棗園菜以為糇糧。……建安元年車駕至洛陽，宮闈蕩滌，百官披荊棘而居焉。州郡各擁強兵，而委輸不至。尚書郎官自出採梠，或不能自反，死於墟巷（晉書卷二十六食貨志）。

狀況如斯，朝廷威嚴完全掃地。天子與百官會議，兵士伏籬上觀，互相鎮壓以為笑，司隸校尉出入，民兵竟抵擲之。

乘輿時居棘籬中，門戶無關閉，天子與群臣會，兵士伏籬上觀，互相鎮壓以為笑。諸將專權，或擅笞殺尚書。司隸校尉出入，民兵抵擲之。諸將或遣婢詣省閤，或自齎酒啖，過天子飲，侍中不通，喧呼罵詈遂不能止。又競表拜諸營壁民為部曲，求其禮遺。醫師走卒皆為校尉，御史刻印不供，乃以錐畫，示有文字，或不時得也（魏志卷六董卓傳注引魏書）。

漢家政權快將顛覆了，各地牧守遂割據州郡，擁兵稱雄。他們何以能割據？因為他們有軍隊。他們何以有軍隊？因為農村崩潰，百姓流亡，社會有過剩勞動力。漢置正卒之制，本來採用徵兵制度，在勞動力缺乏之時，統治者要組織軍隊，只有採用這個方法。因為人民既然都有勞動的機會，試問誰人願意從軍。統治者不能利用工資，雇用兵士，他們要組織軍隊，只有一個方法，即強制徵召的方法，這樣，徵兵制度

就成立了。但是土地兼併之後，許多農民排斥於農村之外，成為流民，而使社會有了過剩勞動力，這個流民的存在就是傭兵制度成立的條件。由此可知統治者採用徵兵制度或採用傭兵制度，乃看社會有沒有流民。沒有流民，只能採用徵兵制度，流民過多，可以採用傭兵制度。但是在傭兵制度之下，人民當兵是為生活所迫，他們常預備賣給出價最高的人，誰肯拿出最高的金錢，誰便能收買最多的軍隊。國家的軍隊變為個人的私兵，於是軍閥就有割據的工具。東漢末年，百姓飢窮，盜賊蠭起，固然人口減少了許多，但是社會經濟已經完全破壞，而兵亂相承，民不安居，所以勞動力又發生了相對的過剩。他們流移就穀，中原人民或奔徐州。

徐州百姓殷盛，穀米豐贍，流民多歸之（魏志卷八陶謙傳）。

自京師遭董卓之亂，人民流移東出，多依彭城（魏志卷十荀彧傳注引曹瞞傳）。

而青徐人民又南至揚州。

漢末大亂，徐方士民多避難揚土（吳志卷七張昭傳）。

北至幽州。

劉虞拜幽州，青徐士庶避黃巾之難，歸虞者百餘萬口（後漢書卷一百三劉虞傳）。

關中人民或奔漢中。

韓遂馬超之亂，關西民從子午谷奔之（張魯，時據漢中）者數萬家（魏志卷八張魯傳）。

或入益州。

南陽三輔民數十萬戶流入益州（後漢書卷一百五劉焉傳）。

或就荊州。

關中膏腴之地，頃遭荒亂，人民流入荊州者十餘萬家（魏志卷二十一衛覬傳）。

百姓流移就穀，而既無生產工具，當地穀價雖然低廉，亦必無力購買。他們要維持生活，只有投身於軍隊之中，於是各地牧守就將他們收編為軍隊。例如：

劉焉為益州牧，初南陽三輔民數十萬户流入益州，焉悉收以為眾，名曰東州兵（後漢書卷一百五劉焉傳）。

這是軍閥割據的原因。最初各地牧守以及地方豪強無不擁兵稱雄，大者連郡國，中者嬰城邑，小者聚阡陌。

董卓蕩覆王室，家家思亂，人人自危，山東牧守……大興義兵，名豪大俠、富室強族，飄揚雲會，萬里相赴……而山東大者連郡國，中者嬰城邑，小者聚阡陌，以還相吞滅（魏志卷二文帝紀黃初七年注引典論）。

其勢力較大者可列表如次。

東漢末年群雄割據表

據地	姓名	史略	最後歸屬	備考
司隸	曹操	靈帝末，袁紹為司隸校尉。董卓入洛陽，袁紹出奔冀州。繼任司隸者有劉囂黃琬李傕韓暹等。建安元年曹操謀迎天子，將兵詣洛陽，韓暹走死，詔以操領司隸校尉，曹操遂奏天子遷都許昌。	魏	魏志卷六袁紹傳，參閱卷一武帝紀。
兗州	曹操	靈帝末，劉岱為兗州刺史。初平三年黃巾賊寇兗州，岱戰死。時曹操為東郡太守，州吏迎操，操遂領兗州。興平二年詔拜操為兗州牧。	魏	魏志卷一武帝紀。
徐州	陶謙	陶謙丹陽人，少為諸生，仕州郡，舉茂才，除盧令，遷幽州刺史，徵拜議郎。會黃巾賊起，以謙為徐州刺史，擊黃巾，破走之。董卓之亂，	魏	魏志卷八陶謙傳。

		天子都長安，四方斷絕，謙遣使間行致貢獻，遷徐州牧。是時徐州百姓殷盛，穀米豐贍，百姓多歸之。而謙背道任情，刑政失和。初平四年曹操引兵擊謙，攻拔十餘城。興平元年操復往攻謙，謙病死。		
	呂布	呂布五原人，以驍武給并州刺史丁原為騎都尉。靈帝崩，原受何進召，將兵詣洛陽，為執金吾。會進敗，董卓誘布殺原，而并其兵，布遷至中郎將。司徒王允密謀誅卓，使布為內應，布遂手刃刺卓。由是李傕等還攻長安城，布將數百騎出武關，陳留太守張邈迎布為兗州牧。曹操擊破之於鉅野，布東奔劉備，乘備東擊袁術，襲取下邳，自稱徐州刺史。建安三年曹操自征布，布雖驍猛，然無謀而多猜忌，不能制御出黨，故每戰多敗。曹操塹圍之，布降，於是縊殺布。		魏志卷七呂布傳。
豫州	劉備	興平元年曹操引兵擊陶謙，劉備往救，謙表備為豫州刺史。謙卒，備領徐州。建安元年呂布襲下邳，備走歸曹操，操以備為豫州牧。建安五年備受獻帝密詔，誅曹操，事覺，備東走青州，因袁譚以歸袁紹，後又走依劉表。	魏	蜀志卷二先主傳。
冀州	袁紹	袁紹汝南人，高祖父安為漢司徒，自安以下，四世居三公位，由是勢傾天下。紹有姿貌威容，能折節下士，士多附之。中平六年為司隸校尉。董卓入洛陽，紹奔亡冀州。卓以袁氏樹恩四世，門生故吏，徧於天下，乃拜紹勃海太守，紹遂以勃海起兵。初平二年冀州牧韓馥見人情歸紹，送印綬以讓紹，紹遂領冀州牧。建安四年擊破公孫瓚，并其眾，出長子譚為青州，又以中子熙為幽州，甥高幹為并州。是時曹操已迎天子都許，紹欲令操徙天子都鄄城，以自密近，曹操拒之。五年紹簡精卒十萬，騎萬匹，遣將攻許，大敗於官渡。紹自軍敗後，發病，七年憂死，少子尚嗣。九年曹操擊破袁尚，尚走依袁熙，冀州平，操自領冀州牧。	魏	魏志卷六袁紹傳。
幽州	公孫瓚	公孫瓚遼西人，舉孝廉，除遼東屬國長史。會烏桓反叛，征討有功，累遷至降虜校尉。靈帝末，劉虞為幽州牧，瓚與虞相持。初平四年瓚破擒劉虞，盡有其地。瓚恃其才力，不恤百姓，州里善士名在其右者，	魏	魏志卷八公孫瓚傳。

			必以法害之。常言衣冠皆以職分富貴，不謝人惠，故所寵愛類多商販庸兒。所在侵暴，百姓怨之，建安四年袁紹攻瓚，瓚兵敗，自焚死。		
		袁熙	初平四年袁紹私署中子熙為幽州刺史。建安四年公孫瓚兵敗自焚，袁熙盡有其地。九年熙為其將焦觸所攻，奔遼西烏桓，觸自稱幽州刺史，驅率諸部太守令長，背袁向曹，幽州遂為曹操所有。後熙及其弟尚奔遼東，為公孫康所殺。		魏志卷六袁紹傳。
	遼東	公孫度	公孫度遼東人，少為郡吏，後舉有道，為尚書郎，稍遷冀州刺史。靈帝中平六年董卓薦度為遼東太守，初平元年自立為遼東侯平州牧。建安九年度死，子康嗣位，康死，子晃淵皆小，眾立康弟恭，為遼東太守。魏明帝太和二年淵脅奪恭位。景初元年自立為燕王，二年魏遣司馬懿擊滅之，斬淵。		魏志卷八公孫度傳。
青州		袁譚	靈帝末，焦和為青州刺史，初平元年舉兵討董卓，尋卒。袁紹使臧洪領青州，三年徙為東郡太守，四年私署長子譚為青州刺史。建安十年曹操擊斬之。	魏	魏志卷六袁紹傳，卷七臧洪傳。
并州		高幹	靈帝末，董卓為并州刺史，卓舉兵入京，仍領并州。初平三年卓伏誅。四年袁紹私署外甥高幹為并州刺史。建安十一年曹操擊破其軍斬之。	魏	魏志卷六袁紹傳，參閱卷六董卓傳。
涼州		馬騰	馬騰扶風人，靈帝末，與韓遂俱起事於西州，漢朝以騰為征西將軍，遂為鎮西將軍。後騰與韓遂不和，求還京畿，於是徵為衛尉，以其子超領騰部曲。建安十六年曹操與馬超戰於渭南，超大敗，南走蜀，關西平，馬騰伏誅。	魏	蜀志卷六馬超傳。
益州	益州	劉焉	劉焉江夏人，少仕州郡，舉賢良方正，累遷至太常。焉見靈帝政治衰缺，王室多故，乃建議選清名重臣，以為牧伯，鎮安方夏，遂出為益州牧。興平元年卒，州大吏立焉子璋為益州刺史，詔書因以璋為益州牧。建安十六年璋遣使請劉備入蜀，十九年劉備進攻成都，璋降。	蜀	蜀志卷一劉焉劉璋傳。
	漢中	張魯	張魯沛國人，祖父陵客蜀，造作道書，以惑百姓，從受道者出五斗米，故世號米賊。陵死，子衡行其道。衡死，魯復行之。初平元年益州牧		魏志卷八張魯傳。

			劉焉以魯為督義司馬，將兵擊漢中太守蘇固，魯遂據漢中，以鬼道教民，自號師君。建安二十年曹操拔漢中，張魯降，封閬中侯。二十四年劉備又攻取漢中。		
荊州	南陽	張繡	張繡武威人，驃騎將軍張濟族子。繡隨濟以軍功稍遷至建忠將軍。濟死，繡領其眾，屯宛。曹操比年攻之，不克。及曹袁戰於官渡之時，繡以眾降操。	魏	魏志卷八張繡傳。
	荊州	劉表	劉表山陽人，以大將軍掾為北軍中候。初平元年荊州刺史王叡為孫堅所殺，詔以表為荊州。李傕郭汜入長安，欲連表為援，乃以表為鎮南將軍荊州牧。表雖外貌儒雅，而心多疑忌。建安十三年曹操征表，未至，表病死，少子琮嗣，以荊州降操。及操敗於赤壁，荊州之地遂為吳蜀瓜分。二十四年關羽北伐襄樊，吳發兵襲羽，斬之，遂定荊州。	吳	魏志卷八劉表傳。
揚州	淮南	袁術	袁術司空逢子，紹之從弟也。舉孝廉，除郎中，後為虎賁中郎將。董卓入洛陽，術出奔南陽。會長沙太守孫堅殺南陽太守張咨，術得據其郡，引兵入陳留。曹操大破術軍，術以餘眾奔九江，殺揚州刺史陳溫，領其州。興平二年遂僭號，置公卿，祠南北郊，荒侈滋甚，後宮數百，皆服綺縠，餘粱肉，而士卒凍餒，江淮間空盡，人民相食。建安二年曹操大破術軍，四年術因資實空盡，士卒散走，憂懣不知所為，欲北至青州，從袁譚，道病死。	吳	魏志卷六袁術傳。
	江東	孫策	初平四年袁術殺揚州刺史陳溫，領其州，治壽春。興平元年朝廷又命劉繇為揚州刺史、治曲阿。二年孫策擊劉繇，繇敗走，策遂取丹陽吳郡。建安元年取會稽，四年袁術死，策又克廬江，下豫章，而分豫章為廬陵，是為江東六郡。五年策死，弟權襲其餘業。		吳志卷一孫策傳，參閱魏志卷六袁術傳。
交州				吳	

這正如王粲所說：「當此之時，家家欲為帝王，人人欲為公侯」（魏志卷二十一王粲傳注引文士傳），而「紹

（袁紹）眾最盛，豪傑多向之」（魏志卷十二鮑勛傳注引魏書）。他們互相攻戰，最後中原之地只存留袁紹與曹操兩個勢力。他們兩人出身不同，袁氏自袁安以下，四世居三公之位，「門生故吏徧於天下」（魏志卷六袁紹傳）。而曹操則為「姦閹遺醜」，父嵩乃中常侍曹騰之養子，世人「莫能審其生出本末」（魏志卷一武帝紀）。東漢之世，勳臣外戚，金紹相繼，膏腴見重，已經成為一代風氣。而閹宦剝削萌黎，殘害忠良，又為世人所共憤。這種境況甚有利於袁紹，所以一旦倡義，天下豪傑莫不依附。

袁氏樹恩四世，門生故吏徧於天下。初平元年袁紹遂以勃海起兵……以討董卓為名……董卓聞紹起山東，乃誅紹叔父隗及宗族在京師者盡滅之……是時豪傑既多附紹，且感其家禍，人思為報，州郡蜂起，莫不以袁氏為名（後漢書卷一百四上袁紹傳）。

但兩人平日的履行又有差別。袁紹「折節下士，士多附之」（魏志卷六袁紹傳）。曹操「放蕩而不治行業，世人未之奇也」（魏志卷一武帝紀）。東漢時代黨鄉清議往往可以左右人生的一世運命。汝南月旦號稱平允，許劭鄙曹操為人，不肯品藻（後漢書卷九十四許劭傳）。袁紹「弱冠登朝，播名海內」（後漢書卷一百四上袁紹傳），這種聲望亦有利於袁紹，其名重天下，而能招徠英俊，是自少已然的。

袁紹有姿貌威容，愛士養名，既累世台司，賓客所歸，加傾心折節，莫不爭赴其庭。士無貴賤，與之抗禮，輜軿柴轂，填接街陌（後漢書卷一百四上袁紹傳）。

但是曹操善於改造環境。他自己說：

孤始舉孝廉，年少，自以本非巖穴知名之士，恐為海內人之所見凡愚，欲為一郡守，好作政教，以建立名譽，使世士明知之。故在濟南，始除殘去穢，平心選舉，違忤諸常侍，以為強豪所忿，恐致家禍，故以

病還（魏志卷一武帝紀建安十五年注引魏武故事）。

他是宦官之孫，所以一經為吏，就棒殺閹宦家人。

> 太祖年二十，舉孝廉為郎，除洛陽北部尉，遷頓丘令。初入尉廨，繕治四門，造五色棒，懸門左右，各十餘枚，有犯禁者，不避豪強，皆棒殺之。後數月，靈帝愛幸小黃門蹇碩叔父夜行，即殺之，京都斂迹，莫敢犯者。近習寵臣咸疾之，然不能傷，於是共稱薦之，故遷為頓丘令（魏志卷一武帝紀注引曹瞞傳）。

及拜為議郎，復上書剖陳竇武陳蕃正直無辜。

> 太祖徵拜議郎。先是大將軍竇武太傅陳蕃謀誅閹官，反為所害。太祖上書陳武等正直而見陷害，姦邪盈朝，善人壅塞，其言甚切（魏志卷一武帝紀注引魏書）。

這種作風不但可以增加個人的身價，而且可以洗滌家族的臭聲，所以袁紹倡議於冀州，海內英雄群起響應之際，曹操以閹宦子孫，而能成為重要角色。此後運籌演謀，倏忽之間就與袁紹成為對壘之勢。他們兩人性格不同，曹操「少機警，有權數，而任俠放蕩，不治行業」（魏志卷一武帝紀）。袁紹「外寬雅有局度，憂喜不形於色，而內多忌害」（魏志卷六袁紹傳）。這兩種不同的性格便和劉項一樣，決定了兩人的成敗。荀彧對曹操說：

> 今與公爭天下者唯袁紹爾。紹貌外寬而內忌，任人而疑其心；公明達不拘，唯才所宜，此度勝也。紹遲重少決，失在後機；公能斷大事，應變無方，此謀勝也。紹御軍寬緩，法令不立，士卒雖眾，其實難用；公法令既明，賞罰必行，士卒雖寡，皆爭致死，此武勝也。紹憑世資，從容飾智，以收名譽，故士之寡能好問者多歸之；公以至仁待人，推誠心不為虛美，行己謹儉，而與有功者無所恡惜，故天下忠正效實之士

咸願為用，此德勝也（魏志卷十荀彧傳）。

郭嘉亦批評袁曹的長短，以為袁有十敗，曹有十勝，茲只舉四點如次：

紹外寬內忌，用人而疑之，所任唯親戚子弟；公外易簡而內機明，用人無疑，唯才所宜，不問遠近，此度勝也。紹多謀少決，失在後事；公策得輒行，應變無窮，此謀勝也。紹因累世之資，高議揖讓，以收名譽，士之好言飾外者多歸之；公以至心待人，推誠而行，不為虛美，以儉率下，與有功者無所吝，士之忠正遠見而有實者，皆願為用，此德勝也。紹見人饑寒，恤念之，形於顏色，其所不見，慮或不及也，所謂婦人之仁耳；公於目前小事，時有所忽，至於大事，與四海接，恩之所加，皆過其望，雖所不見，慮之所周，無不濟也，此仁勝也（魏志卷十四郭嘉傳注引傅子曰）。

楊阜亦謂：

袁公寬而不斷，好謀而少決，不斷則無威，少決則失後事，今雖強，終不能成大業。曹公有雄才遠略，決機無疑，法一而兵精，能用度外之人，所任各盡其力，必能濟大事者也（魏志卷二十五楊阜傳）。

袁紹「好謀而少決」，吳子（第三篇治兵）云：「用兵之害，猶豫最大，三軍之災，莫過狐疑」。袁紹遇到大事，往往不能當機立斷。尉繚子（第七篇十二陵）云：「悔在於任疑，偏在於多私，不祥在於惡聞己過」。此三患者袁紹均有之。案袁紹所恃以號召天下者乃是四世三公，這個名義須以漢帝的存在為前提。天子播越，袁紹首倡義兵，理應奉迎大駕，表示勤王，挾天子而令諸侯，蓄士馬以討不庭。當李傕郭汜交戰長安、天子東遷而至安邑之時，沮授曾勸袁紹迎天下於鄴。顧袁紹乃欲帝制自為，不願受制於漢帝，竟然不從沮授之言。

興平二年，沮授說紹曰，將軍累葉台輔，世濟忠義，今朝廷播越，宗廟殘毀，觀諸州郡，雖外託義兵，內實相圖，未有憂存社稷，卹人之意。且今州城粗定，兵強士附，西迎大駕，即宮鄴都，挾天子而令諸侯，畜士馬以討不庭，誰能禦之。紹將從其計。潁川郭圖淳于瓊曰，漢室陵遲，為日久矣，今欲興之，不亦難乎。且英雄並起，各據州郡，連徒聚眾，動有萬計，所謂秦失其鹿，先得者王。今迎天子，動輒表聞，從之則權輕，違之則拒命，非計之善者也。授曰今迎朝廷，於義為得，於時為宜，若不早定，必有先之者焉。夫權不失機，功不厭速，願其圖之。紹竟不能從（後漢書卷一百四上袁紹傳）。

於是天子遂為曹操所奉迎，徙都許昌。

建安元年漢獻帝自河東還洛陽，太祖議奉迎都許，或以山東未平，韓暹楊奉未可卒制。荀彧勸太祖曰昔日高祖東伐，為義帝縞素，而天下歸心。自天子播越，將軍首倡義兵，徒以山東擾亂，未能遠赴關右，然猶分遣將帥，蒙險通使，附禦難於外，乃心無不在王室，是將軍匡天下之素志也。今車駕旋軫，義士有存本之思，百姓感舊而增哀，誠因此時奉王上以從民望，大順也。秉至公以服雄傑，大略也。扶弘義以致英俊，大德也。天下雖有逆節，必不能為累，明矣。韓暹楊奉其敢為害。若不時定，四方生心，後雖慮之無及。太祖遂至洛陽，奉迎天子都許（魏志卷十荀彧傳）。

到了曹操圍攻張繡，田豐亦勸袁紹偷襲許昌，迎天子以令諸侯。

田豐使紹早襲許，若挾天子以令諸侯，四海可指麾而定（魏志卷一武帝紀建安三年注引獻帝春秋）。

而袁曹交鋒於官渡之際，許攸復請偷襲許，迎立漢帝。

許攸說紹曰公無與操相攻也。急分諸軍持之，而徑從他道迎天子，則事立濟矣，紹不從（魏志卷一武帝

紀建安五年注引習鑿齒漢晉春秋）。

袁紹均遲疑不決，於是天子遂為曹操的工具。曹操雖挾天子以令諸侯，而建安元年袁紹已經東并青州，西取并州，而曹操的勢力尚甚薄弱。徐州有呂布，雄據下邳；荊州有張繡，盤踞南陽。曹操東憂呂布，西慮張繡，而最怕的還是袁紹乘機進兵關中，勾結涼州軍人，誘羌胡，連蜀漢，而壓迫河南之地。但是袁紹乃按兵不動，又失掉了一個良機。

> 太祖曰我所惑者，又恐紹進擾關中，亂羌胡，南誘蜀漢，是我獨以兗豫抗天下六分之五也（魏志卷十荀彧傳）。

到了袁曹平分關東之地，袁紹有幽冀青并，惟遼東尚為公孫度所據。曹操有司兗徐豫，而關中則為涼州軍人的勢力範圍。然而天下形勢尚復有利於袁紹。冀并之地俯視中原，居高負險，有建瓴之勢。自古以來，中原之禍不是來自關中，就是來自河北。三晉由并州蠶食鄭宋，光武由冀州略定河洛，冀并可以制河南之命，自古已然。然而袁氏私心太重，除自領冀州之外，出長子譚為青州，中子熙為幽州，甥高幹為并州（魏志卷六袁紹傳）。六韜（第十三篇發啟）云：「取天下者若逐野獸，而天下皆有分肉之心」。天下未定，竟然大封諸子及外甥。昔者，酈食其曾勸劉邦立六國後，張良曰「且天下游士離其親戚，棄墳墓，去故舊，從陛下游者，徒欲日夜望咫尺之地，今復六國，立韓魏燕趙齊楚之後，天下游士各歸事其主，陛下與誰取天下乎」（史記卷五十五留侯世家）。六國之後尚不可立，更何可「孤欲諸兒各據一州」（魏志卷六袁紹傳）。抑有進者，曹操初得司隸之時，勢力並不雄厚，而河南又是四戰之地，凡欲取得天下者，河南在所必爭；到了天下既定，而欲守在河南，又岌岌有必亡之勢。曹操雖領司隸校尉，而其根據卻是袞州。

荀彧曰昔高祖保關中，光武據河內，皆深根固本，以制天下，進足以勝敵，退足以堅守，故雖有困敗，而終濟大業。將軍本以兗州首事，平山東之難，百姓無不歸心悅服。且河濟天下之要地也，今雖殘毀，猶易以自保，是亦將軍之關中河內也，不可以不先定（魏志卷十荀彧傳）。

其所以遷獻帝建都於許昌，不是因為許昌「北限大河，曾無潰溢之患，西控虎牢，不乏山谿之阻，南通蔡鄭，實包淮漢之防」（讀史方輿紀要卷四十七許州）。而是因為洛陽遭董卓之亂，「城內掃地殄盡」（魏志卷六董卓傳注引續漢書），「數百里內無煙火」（吳志卷一孫堅傳）。而且建安九年以前，袁氏在鄴。鄴都雄固，北蔽燕趙，南壓區夏，戰國時，趙用此以拒秦，秦亦由此以并趙，而「自古用兵，以鄴而制洛也常易，以洛而制鄴也常難」（讀史方輿紀要卷四十六河南序）。形勢如此，所以曹操不能不稍避袁紹之鋒。

河南之地雖然殘破，而由軍事眼光觀之，尚甚重要。袁紹不知河南之必當取，而竟坐視司隸之地盡歸曹操。而既歸曹操之後，倘能從田豐之策，利用河山之固，堅兵自守，同時簡擇精銳，分為奇兵，乘虛迭出，以擾河南，則不必決戰，曹操亦將疲於奔命。

田豐諫紹曰，將軍據山河之固，擁四州之眾，外結英雄，內修農戰，然後簡其精銳，分為奇兵，乘虛迭出，以擾河南，救右則擊其左，救左則擊其右，使敵疲於奔命，人不得安業，我未勞而彼已困，不及三年，可坐克也。紹不從（魏志卷六袁紹傳，參閱後漢書卷一百四上袁紹傳）。

田豐之策即孫子（第六篇虛實）所說：「吾所與戰之地不可知。不可知，則敵所備者多。敵所備者多，則吾所與戰者寡矣。故備前則後寡，備後則前寡。備左則右寡，備右則左寡。無所不備，則無所不寡」。亦即吳子（第三篇治兵）所說：「以近待遠，以佚待勞，以飽待饑……左而右之，前而後之，分而合之，結而

解之」。多用疑兵，使敵人疲於奔命。袁紹計不出此，既聽田豐之言，以為沮眾，怒甚，械繫之。動師十萬，進攻許昌，經黎陽，渡延津，而大敗於官渡。

> 紹軍既敗，或謂豐曰君必見重。豐曰若軍有利，吾必全。今軍敗，吾其死矣。紹還，謂左右曰吾不用田豐言，果為所笑，遂殺之（魏志卷六袁紹傳）。

袁紹之殺田豐令人想到漢高之封劉敬為侯❶。凡欲取天下者，不但須有取天下之才，且須有取天下之慮，更須有取天下之量。就才說，就慮說，就量說，袁紹均不如曹操。其終歸失敗，愁恨而死，諸子爭立，而令曹操乘機兼併了四州之地。

當曹袁角逐於中原之時，孫策也平定了江東六郡。孫策雄才大略，其志乃欲「舉江東之眾，決機於兩陣（袁與曹）之間，與天下爭衡」，並不願單單「舉賢任能，各盡其志，以保江東」。當曹袁「相拒於官渡，策陰欲襲許，迎漢帝，密治兵，部署諸將，未發，會為刺客所殺」（吳志卷一孫策傳）。策死，弟權襲位，兵精糧多，將士用命。

> 孫權承父兄餘資，兼六郡之眾，兵精糧多，將士用命，鑄山為銅，煮海為鹽，境內富饒，人不思亂（吳

❶ 漢七年匈奴攻馬邑，高帝自往擊之，婁敬以為匈奴不可擊。是時漢兵三十萬眾已行，上怒罵敬曰齊虜妄言沮吾軍，械繫敬廣武，遂往至平城，匈奴果出奇兵，圍高帝白登七日，然後得解。高帝至廣武，赦敬，曰吾不用公言，以困平城。乃封敬二千戶，為關內侯，號建信侯（漢書卷四十三婁敬傳）。婁敬與田豐均言敵不可擊，皆被械繫，高帝與袁紹亦均敗績，而婁敬封侯，田豐被殺，蓋高祖豁達大度，而紹「惡聞己過」。兩人之成敗，觀此一事，即可知之。

志卷九周瑜傳注引江表傳）。

在吾國古代，凡欲統一全國者，須先統一北方，而欲統一北方，又須攫取關中。顧祖禹云：「陝西據天下之上游，制天下之命者也」。「往者商以六百祀之祚，而亡於百里之歧周。戰國以八千里之趙魏齊楚韓燕，而受命於千里之秦，此猶曰非一朝一夕之故也。若夫沛公起自徒步，入關而王漢中，乃遂收巴蜀，定三秦，五年而成帝業」（讀史方輿紀要陝西序）。光武起兵舂陵，既定河北，南取洛陽。此時關中受了赤眉之禍，民庶離心，隗囂既不能早圖三輔，公孫述亦不能蠶食秦地，而令光武取得關中，成就了中興之業。隋末，楊玄感舉兵之際，李密曾勸其入據秦地（新唐書卷八十四李密傳），李密起事之時，柴孝和亦勸其疾趨關中（新唐書卷八十四李密傳）。但是他們兩人均欲先取洛陽。這個時候，乘機入據三輔者則為起自太原的李淵。李淵南收巴蜀，西定涼州，遂以上流之勢，由關中以制中原，由巴蜀以制荊揚，而統一了天下，顧祖禹說：

夫江南所恃以為固者長江也，而四川據長江上游，下臨吳楚，其勢足以奪長江之險。河北所恃以為固者黃河也，而陝西據黃河上游，下臨趙代，其勢足以奪黃河之險，是川陝二地常制南北之命也（讀史方輿紀要卷五十二陝西一）。

袁氏滅亡之時，固然「韓馬之徒尚狼顧關右」（魏志卷十賈詡傳注），即「馬超韓遂尚在關西，為操後患」（吳志卷九周瑜傳）。然而「關中將帥以十數，莫能相一」（魏志卷十荀彧傳）。曹操若能進兵三輔，南取漢中，以窺巴蜀，待蜀漢平定之後，再耀兵荊揚，則天下大勢也許會有一番變動。但是曹操所忌者乃寄居荊州的劉備及奄有江東的孫權。而據荊州者則為劉表，「表雖外貌儒雅，而心多疑忌」（魏志卷六劉表傳），當「曹操與袁紹相持於官渡，紹遣人求助，表許之不至，亦不援曹操，且欲觀天下之變」，「擁兵十萬，坐觀成敗」，

而不能「起乘其敝」（後漢書卷七十四下劉表傳），這種打算本不足大有為於天下。為曹操計，與其南擊劉表，不如西入關中。顧曹操平定袁氏之後，乃急急討伐劉表。曹軍未至，表卒，子琮以荊州降。這對於操固然是意外的收穫。倘若曹操不想南下，暫守荊州江北諸地，轉兵西向，取漢中，下巴蜀，則天下形勢，實難預測。而操乃進軍江陵，於是形勢為之一變。劉備窮無所歸，遂思作困獸猶鬥之事，而孫權能夠保全江東，又恃長江之險。江陵淪亡，江東六郡居於下游，也必感覺危險。利害的一致促成兩雄的結合，大敗操於赤壁之下，曹軍不能南下，遂成為定局。

建安十三年曹操南擊劉表……表卒……會曹操軍至……琮遂舉州降……時劉備屯樊……大驚駭……將其眾去……操以江陵有軍實，恐劉備據之，乃釋輜重，輕軍到襄陽，聞備已過，操將精騎五千急追之……備到夏口，曹操進軍江陵……諸葛亮謂劉備曰事急矣，請奉命求救於孫將軍……亮見權於柴桑，說權曰曹操之軍遠來疲敝……且北方之人不習水戰……今將軍誠能命猛將統兵數萬，與豫州（劉備）協規同力，破曹軍必矣，操軍破，必北還，如此則荊吳之勢強，鼎足之形成矣……權大悅，與其群下謀之……長史張昭等曰，將軍大勢可以拒操者長江也。今操得荊州，奄有其地。劉表治水軍，蒙衝鬭艦乃以千數，操悉浮以沿江，兼有步兵，水陸俱下，此為長江之險已與我共之矣……愚謂大計不如迎之……魯肅曰向察眾人之議，專欲誤將軍……願早定大計，莫用眾人之議也……肅勸權召周瑜還。瑜至，謂權曰，操捨鞍馬，仗舟楫，與吳越爭衡，今又盛寒，馬無蒿草，驅中國士眾，遠涉江湖之間，不習水土，必生疾病，此數者用兵之患也，而操皆冒行之……瑜保為將軍破之……遂以周瑜程普為左右督，將兵與備並力逆操……與操遇於赤壁……瑜部將黃蓋取蒙衝鬭艦十艘，載燥荻枯柴，灌油其中，裹以帷幕，上建旌旗……詐云欲降……蓋去北

軍二里餘，同時發火，火烈風猛，船往如箭，燒盡北船，延及岸上營落……北軍大敗……死者甚眾……劉備周瑜水陸並進……時操軍兼以饑疫，死者大半，操乃引軍北還（資治通鑑卷六十五漢獻帝建安十三年）。

荊州之地本有七郡，曹操大敗於赤壁之後，劉備得南郡零陵武陵長沙，孫權得江夏桂陽，而南陽和南郡的襄陽一帶之地尚屬於操。周瑜亦三國時代的傑出人才，赤壁戰爭之後，瑜曾有一種計畫，一方進兵四川，直擣漢中，以窺秦地，同時進據襄陽，以瞰洛陽。不幸壯志未酬，即行病卒。

瑜乃詣京見權曰，今曹操新折衂，方憂在腹心，未能與將軍連兵相事也。乞與奮威（孫瑜）俱進取蜀，得蜀而並張魯，因留奮威固守其地，好與馬超結援。瑜還，與將軍據襄陽，以蹙操，北方可圖也。權許之，瑜還江陵為行裝，而道於巴丘，病卒（吳志卷九周瑜傳）。

當孔明躬耕南陽，初見劉備之時，亦曾定了這種戰略。他對劉備說：

將軍若跨有荊益……天下有變，則命一上將，將荊州之軍，以向宛洛。將軍身率益州之眾，出於秦川，百姓孰敢不簞食壺漿以迎將軍者乎。誠如是，則霸業可成，漢室可興矣（蜀志卷五諸葛亮傳）。

由此可知欲由南方，北進中原，漢中襄陽乃極重要之地。吳固不能越荊而取蜀，但周瑜之策亦不可不為之防，所以周瑜一死（建安十五年），劉備就乘機入蜀（建安十六年劉璋迎劉備入蜀，十九年劉備進圍成都，劉璋降），既定漢中（建安二十四年之春），於是曹操統一海宇的希望便難實現。中原蕭條，百里無煙。漢末大亂，巴蜀受禍甚輕，欲由北方取得巴蜀，須先取得漢中。當時據巴蜀者為劉璋，據漢中者為張魯，劉璋張魯才非人雄。曹操於建安十六年平定關中，若能進兵漢中，收用巴蜀，則劉備將無立足之地，而蜀漢之甲，輕舟而下，又可以威脅荊揚的安全。曹操不此之務，乃遲至建安二十年，即劉備取得益州之後，方

取漢中。當此之時，「蜀中一日數十驚，劉備雖斬之，而不能止」（魏志卷十賈詡傳注）。劉曄司馬懿均曾勸操進擊蜀地，曹操不欲得隴望蜀，遂失席卷的機會。

劉曄進曰今舉漢中，蜀人望風破膽……蜀人震恐，其勢自傾，以公之神明，因其傾而壓之，無不克也……今不取，必為後憂，太祖不從（魏志卷十四劉曄傳）。

宣帝（司馬懿）從討張魯，言於魏武曰劉備以詐力虜劉璋，蜀人未附，而遠爭江陵，此機不可失也。今若曜威漢中，益州震動，進兵臨之，勢必瓦解，因此之勢，易為功力。聖人不能違時，亦不能失時矣。魏武曰人苦無足，既得隴右，復欲得蜀，言竟不從（晉書卷一宣帝紀）。

而又派勇而無謀之將留守漢中，卒致漢中又歸劉備所有，這是曹操的失策。

法正說先主曰，曹操一舉而降張魯，定漢中，不因此勢以圖巴蜀，而留夏侯淵張郃屯守，身遽北還，此非其智不逮，而力不足也，必將內有憂偪故耳。今策淵郃才略不勝國之將帥，舉眾往討，則必可克之。克之日，廣農積穀，觀釁伺隙，上可以傾覆寇敵，尊獎王室，中可以蠶食雍涼，廣拓境土，下可以固守要害，為持久之計。此蓋天以與我，時不可失也。先主善其策，乃率諸將進兵漢中……二十四年，大破淵軍，淵等授首（蜀志卷七法正傳）。

南北朝時封子繪曾說：「昔魏祖之平漢中，不乘勝而取巴蜀，失在遲疑，悔而無已」（北齊書卷二十一封子繪傳）。但是曹操不欲得隴望蜀，必有理由。法正謂為「必將內有憂偪故耳」，內憂之事，史未之言，至於外患似有其事。建安二十年三月曹操進攻張魯，十一月魯降，十二月曹操留夏侯淵屯漢中。是年八月孫權圍合肥（參閱魏志卷一武帝紀），雖然無功而還，而曹操對此必有戒心。即此時曹操所憂者乃吳之進攻中原，

劉備新得蜀地，力未足以爭漢中，曹操不此之慮，固有理由。果然，劉備遲至建安二十四年之春，才進取漢中。但是劉備並未利用當時形勢，既派關羽坐鎮江北，而未曾佐以謀臣策士。關羽不知持久之計，其進攻樊城是在建安二十四年七八月之間，此時漢中已歸劉備所有，劉備且說，「曹公雖來，無能為也」（魏志卷二先主傳建安二十四年），則關羽動兵之非牽制曹操爭奪漢中，事之至明。按三國初期，知吳蜀必須合作，以抗曹操者，在吳為魯肅，在蜀為諸葛亮。當魯肅屯陸口，關羽守江陵，「羽與肅鄰界，數生狐疑，疆埸紛錯，肅常以歡好撫之」（吳志卷九魯肅傳）。建安二十二年，肅卒，呂蒙代領其眾，亦屯陸口。呂蒙與魯肅不同，「知羽驍雄，有并兼心，且居國上流，其勢難久」（吳志卷九呂蒙傳）。關羽不知臥榻之側已有強敵覬覦，竟然進攻樊城（樊城與襄陽隔漢水對峙）。雖然是「威震華夏，曹公議徙許都，以避其銳」（蜀志卷六關羽傳）。所謂「議徙許都」，乃因「漢帝在許，近賊（指關羽），欲徙都」❷。但許昌離襄樊甚遠，羽軍雖盛，亦不能越洛陽而懾許昌。曹操善於用兵，這莫非出於孫子所謂「能而示之不能」（孫子第一篇始計），使敵人得意忘形。關羽果然任氣用事，不知吳子（第四篇論將）所說「雖克如始戰」之理，乃如陸遜之言：「始有大功，意驕志逸」（吳志卷十三陸遜傳）。吾觀關羽為人，不過一介驍將而已，實難獨當方面，馬超來降，「羽以書與諸葛亮，問超人才可比誰類。亮知羽護前，乃答之曰孟起（超字）一世之傑，猶未及髯（關羽）之絕倫逸群也。羽省書大悅，以示賓客」（蜀志卷六關羽傳）。劉備為漢中王，以「關羽為前將軍，黃忠為後將軍，羽聞黃忠位與己並，怒曰大丈夫終不與老兵同列，不肯受拜」，幸有費詩勸解，羽始受印綬（資治通鑑卷六十八建安二十四年）。史謂「羽驕於士大夫」（蜀志卷六張飛傳），性格如斯，何能與同僚協和。吳子（第一篇圖國）

❷ 魏志卷十四蔣濟傳，據晉書卷一宣帝紀，是時漢帝都許昌，魏武以為近賊，欲遷河北，以懿諫而止。

云：「不和於國，不可以出軍」。當關羽發兵以圍樊城之時，「南郡太守麋芳在江陵，將軍傅士仁屯公安，素皆嫌羽輕己。羽之出軍，芳仁供給軍資，不悉相救。羽言，還當治之。芳仁咸懷懼不安，於是孫權陰誘芳仁，芳仁使人迎權」（蜀志卷六關羽傳）。吳蜀尚未交戰，羽之後路已經斷絕，雖欲引軍退還，亦不可能了。吳之偷襲關羽，亦因「羽矜其驍氣，陵轢於人」（吳志卷十三陸遜傳）。所以王船山說：「先主終用羽者，以同起之恩私，矜其勇而見可任，而不知其忮吳怒吳，激孫權之降操」（讀通鑑論卷九漢獻帝）。「先是權遣使為子索羽女，羽辱其使，不許婚，權大怒」（蜀志卷六關羽傳）。到了羽圍樊城，擒得于禁等，又因孫權之不出兵來助，復「罵曰狢子敢爾，如使樊城拔，吾不能滅汝耶。權聞之知其輕己」（蜀志卷六關羽傳注引典略）。其實荊州之地居長江上流，其勢可以威脅吳國，吳非取得荊州，由夏口而至建業均岌岌可危。孫權不願關羽得志，由政治地理觀之，是必然的。「荊吳雖外睦而內相猜防」（蜀志卷六關羽傳裴松之注）。所以司馬懿蔣濟「以為關羽得志，孫權必不願也，可遣人勸權躡其後，許割江南以封權，則樊圍自解，曹公從之」（蜀志卷六關羽傳）。於是孫權又聯合曹操，用呂蒙之計，大敗關羽於樊城，而得了荊州。

> 建安二十四年關羽自率眾攻曹仁於樊……大霖雨，漢水溢，平地數丈，于禁等七軍皆沒……自許以南往往遙應羽。羽威震華夏，操議徙許昌，以避其鋒。司馬懿蔣濟言於操曰，關羽得志，權必不願也，可遣人勸權躡其後，許割江南以封權，則樊圍自解，操從之……呂蒙以為羽素驍雄，有兼並之心，且居國上流，其勢難久。密言於權曰，今操遠在河北，撫集幽冀，未暇東顧，不如取羽，全據長江，形勢益張，易為守也。權善之……呂蒙（時為將軍，屯陸口，與關羽分土接境）上疏曰，羽討樊而多留備兵，必恐蒙圖其後故也。蒙常有病，乞還建業，以治病為名，羽聞之，必盡備兵，盡赴襄陽。大軍浮江晝夜馳上，襲其空巢，

則南郡可下，而羽可擒也。遂稱病篤，權乃露檄召蒙還……蒙至都，權問誰可代卿者。蒙對曰，陸遜才堪負重，而未有遠名，非羽所忌。若用之，當令外自韜隱，內察形勢，然後可克，權乃召遜以代蒙。遜至陸口，為書與羽，稱其功美，深自謙抑，為盡忠自託之意。羽意大安，稍撤兵以赴樊……權聞之，遂發兵襲羽……獲羽……斬之，遂定荊州（資治通鑑卷六十八漢獻帝建安二十四年）。

吾人讀通鑑此段記載，不禁深嘆羽非大將之才。孫子（第一篇始計）云：「兵者詭道也，強而避之，卑而驕之，攻其無備，出其不意，此兵家之勝，不可先傳也」。果然，關羽全軍覆敗，蜀之不能成就帝業，關羽要負大半責任。

建安二十四年冬十月劉備失去荊州，二十五年春正月曹操死於洛陽，子丕嗣位為丞相，改元延康元年。在曹操未死以前，政權已由許昌移於鄴城。漢帝以許昌為都，曹操則居鄴城。許昌有名義上的中央政府，鄴城有實際上的權力機構，所以曹丕襲位，不及一年，就能高拱而竊天位。延康元年十一月漢帝禪位於丕，國號曰魏，改延康元年為黃初元年，遷都洛陽。其禪讓程序與形式為晉及南朝所模倣，茲試列表如次：

魏受漢禪表❸

程序	詳情
建國	建安十八年天子以冀州十郡封曹操為魏公。詔曰，……此又君之功也，此又君之功也，共舉十大功勳。二十一年天子進魏公操爵為魏王，二十二年天子命魏王操設天子旌旗，出入稱警蹕。
設官	魏國的職官與漢朝無異，有相國（建安十八年置）太尉（二十五年置）御史大夫（十八年置）大將軍（二十五年置）前後左右將軍（二十一年置）奉常（二十一年置）郎中令（十八年置）衛尉（二十二年置）太

❸ 此表據魏志卷一武帝紀，卷二文帝紀。

	僕（十八年置）大理（十八年置）大鴻臚（二十一年置）宗正（二十一年置）大農（十八年置）少府（十八年置）中尉（十八年置）尚書（十八年置）侍中（十八年置）等官。魏志卷九夏侯惇傳注引魏略，時諸將皆受魏官號，惇獨漢官，乃上疏自陳不當不臣之禮。太祖曰區區之魏，而臣足以屈君乎。惇固請，乃拜為將軍。是時漢都許昌，魏都鄴，一切政令均由鄴發布，所以曹操未死以前，魏國已經奪取漢廷之權，漢之公卿不過備員而已。
受禪	建安二十五年正月魏王操薨，子丕嗣位。十月漢帝以眾望在魏，乃召群公卿士，告祠高廟，遣使持節奉璽綬，禪位於魏。

曹丕受禪之時，曾對群臣說：「舜禹之事，吾知之矣」（魏志卷二文帝紀黃初元年注引魏世春秋）。魏晉以前，每朝天子均以力征而得天下，曹操奮身於董卓肆凶之際，芟刈群雄，幾平海內，他說：「設使國家無有孤，不知當幾人稱帝，幾人稱王」（魏志卷一武帝紀建安十五年注引魏武故事）。漢祚能夠延長三十餘年之久，實賴曹操之力。其所以不敢正位，不是因為人心思漢，恐蹈王莽之覆轍，而是因為吳蜀未平，漢帝尚有利用的價值，史稱：

> 桓階勸王（曹操）正位，夏侯惇以為宜先滅蜀，蜀亡則吳服。二方既定，然後尊舜禹之軌，王從之（魏志卷一太祖紀建安二十四年注引曹瞞傳及世語）。

是則曹操不是沒有帝制自為之意。曹操死後吳蜀二國已無勁敵，而曹丕受禪，內部又有隱憂，曹操雖立曹丕為太子，而又寵愛曹植，令其留守鄴城，復愛曹彰，令其坐鎮長安，此二地者均可威脅洛陽的安全。史謂曹植以才見異，幾為太子者數矣。文帝（曹丕）御之以術，矯情自飾，故遂定為嗣（魏志卷十九陳思王植傳）。然「太祖（曹操）至洛陽，得疾，驛召彰，未至，太祖崩」（魏志卷十九任城威王彰傳）。「彰至，謂臨菑

侯植曰，先王召我者欲立汝也。植曰不可，不見袁氏兄弟乎」（魏志卷十九任城威王彰傳注引魏略）。由此可知曹丕嗣位之時，國內並不安定。劉備雖於魏黃初二年稱帝於蜀，改元章武，而乃不聽趙雲之言，捨魏而往伐吳，這是劉備的失策。

> 漢王恥關羽之沒，將擊孫權。趙雲曰國賊曹操，非孫權也。若先滅魏，則權自服。今操身雖斃，子丕篡盜，當因眾心，早圖關中，居河渭上流，以討凶逆。關東義士必裹糧策馬，以迎王師，不應寬魏，先與吳戰，兵勢一交，不得卒解，非策之上也。群臣諫者甚眾，漢王皆不聽。廣漢處士秦宓陳天時必無利，坐下獄幽閉，然後貸出❹。

孫子（第十二篇火攻）云：「主不可以怒而興師，將不可以慍而致戰，合於利而動，不合於利而止」。「孫權襲荊州，先主大怒」（見蜀志卷六趙雲傳引趙雲別傳），怒則方寸已亂，勢難接受別人忠言，所以諸葛亮只有沉默，而歎曰「法孝直（法正）若在，則能制主上，令不東行」（蜀志卷七法正傳）。案劉備決意伐吳，志在恢復荊州，且欲報關羽之仇。恢復荊州可也，報關羽之仇，則備不知輕重矣。王船山說：曹丕稱帝，「而先主無一矢之加於曹氏，即位三月，急舉伐吳之師。孫權、一驃騎將軍荊州牧耳，未敢伐漢以王，而急修關羽之怨，淫兵以逞，豈祖宗百世之讎不敵一將之私忿乎」。又說：「嚮令先主聽趙雲之言，輟東征之駕，乘曹丕初篡，人心未固之時，連吳好，以問中原。力尚全，氣尚銳，雖漢運已衰，何至使英雄之血不灑於許雒，而徒流於猇亭乎」（讀通鑑論卷十，三國）。

吳蜀交戰，曹丕得到機會，整頓內部的糾紛，遣列侯就國，誅曹植的黨羽❺。此時也，劉曄曾勸曹丕

❹ 資治通鑑卷六十九魏黃初二年，蜀志卷六趙雲傳引趙雲別傳亦載有孫權襲荊州，先主大怒云云。

乘機襲吳。他說：

> 今天下三分，中國十有其八，吳蜀各保一州，阻山依水，有急相救，此小國之利也。今還自相攻，天亡之也。宜大興師，徑渡江，襲其內。蜀攻其外，我襲其內，吳之亡不出旬月矣。吳亡，則蜀孤。若割吳半，蜀固不能久存，況蜀得其外，我得其內乎（魏志卷十四劉曄傳注引傳子曰）。

曹丕雖謂「人稱臣降（黃初二年秋八月孫權因劉備興師討伐，遣使稱臣，求降）而伐之，疑天下欲來者心，必以為懼，其殆不可」（魏志卷十四劉曄傳注引傳子曰）。其實，受禪伊始，內部不甚安定，故不敢舉兵南伐。這是曹丕的苦衷。而劉備伐吳，竟然大敗而歸，不久就行崩殂。孫權既見雙方稱帝，初亦稱王（魏黃初三年，漢章武二年），七年之後，亦即帝位，三分形勢至此遂定。曹取中原，國號曰魏，定都洛陽。劉保巴蜀，國號曰漢，定都成都。孫有江左，國號曰吳，定都建業。三分天下，鼎足而立。三國領土，魏最大，吳次之，蜀最小。

> 三國鼎峙，吳得揚荊交三州，蜀得益州，魏氏猶得九焉（宋書卷三十五州郡志）。

三國疆域表❻

國名	屬州	治所	領郡	重鎮	備考
魏國	司隸	洛陽	六	魏東自廣陵壽春合肥沔口西陽襄陽，重兵以備吳；西自隴西南安祁山漢陽陳倉，重兵以備蜀（通典卷	魏以三河弘農為司隸，而三輔入於雍州，又分雍州之河
	荊州	襄陽	八		

❺ 丁儀丁廙等，見魏志卷十九陳思王植傳。

❻ 此表據讀史方輿紀要卷二，三國。

	豫州	譙	九	一百七十一州郡序）。魏明帝曰先帝東置合肥，南守襄陽，西固祁山，賊破，輒破於三城之下者，地有所必爭也（魏志卷三明帝紀青龍二年）。	西為梁州，隴右為秦州，復分遼東昌黎帶方玄菟樂浪為平州，後復合為幽州，亦兼置荊揚二州，實得漢十二州之九。
	青州	臨淄	五		
	兗州	鄄	八		
	揚州	合肥	三		
	徐州	彭城	六		
	涼州	武威	八		
	秦州	上邽	六		
	冀州	鄴	一三		
	幽州	薊	一一		
	并州	晉陽	六		
	雍州	長安	六		
蜀國	益州	成都	一二	蜀以漢中興勢白帝，並為重鎮（通典卷一百七十一州郡序）。黃權曰若失漢中，則三巴不振（蜀志卷十三黃權傳）。	蜀分益為梁，又以建寧太守遙鎮兗州，得漢十三州之一。
	梁州	漢中	一〇		
吳國	揚州	建業	一三	吳以建平，西陵，樂鄉，南郡，巴丘，夏口，武昌，皖城，牛渚圻（采石圻），濡須塢（東關），並為重鎮（通典卷一百七十一州郡序）。陸抗曰西陵建平國之蕃表，既處下流，受敵二境，若敵汎舟順流，舳艫千里，星奔電邁，俄然行至，非可恃援他部，以救倒縣也，此乃社稷安危之機，非徒封疆侵陵小害也。臣父遜昔在西垂陳言，以為西陵國之西門，雖云易守，亦復易失，若有不守，非但失一郡，則荊州非吳有也，如其有虞，當傾國爭之（吳志卷十三陸抗傳）。	吳分漢兗州之南海蒼梧鬱林為廣，分荊州之江夏以東為郢，得漢十三州之三。
	荊州	南郡	一四		
	郢州	江夏			
	兗州	龍編	七		
	廣州	番禺	七		

這種三分形勢是蜀吳兩國有識之士的共同看法。諸葛亮初見劉備之時，即對他說：

> 今操已擁百萬之眾，挾天子而令諸侯，此誠不可與爭鋒。孫權據有江東，已歷三世，國險而民附，賢能為之用，此可與為援，而不可圖也。荊州北據漢沔，利盡南海，東連吳會，西通巴蜀，此用武之國，而其主不能守，此殆天所以資將軍，將軍豈有意乎。益州險塞，沃野千里，天府之土，高祖因之以成帝業。劉璋闇弱，張魯在北，民殷國富，而不知存恤。智能之士，思得明君，將軍既帝室之冑，信義著於四海，總攬英雄，思賢如渴。若跨有荊益，保其巖阻，西和諸戎，南撫夷越，外結好孫權，內修政理。天下有變，則命一上將，將荊州之軍，以向宛洛。將軍身率益州之眾，出於秦川，百姓孰敢不簞食壺漿以迎將軍者乎。誠如是，則霸業可成，漢室可興矣（蜀志卷五諸葛亮傳）。

即諸葛亮雖然認為若據荊益，則「霸業可成，漢室可興」，然而須有一個條件，即「天下有變」的條件。否則曹操「不可與爭鋒」，孫權「可與為援，而不可圖」。赤壁戰後，劉備雖得荊州之地，而龐統似知荊州之難確保。蓋蜀地雖居荊州上游，而險山為阻，救援不易。他說：

> 荊州荒殘，人物殫盡，東有吳孫，北有曹氏，鼎足之計，難以得志。今益州國富民強，戶口百萬，四部兵馬所出，必具寶貨，無求於外，今可權借，以定大事（蜀志卷七龐統傳注引九州春秋）。

吳之魯肅自始亦就認為三分鼎立，乃是不可避免的形勢。他說：

> 漢室不可復興，曹操不可卒除，為將軍計，惟有鼎足江東，以觀天下之釁（吳志卷九魯肅傳）。

三國鼎立，而均不能併吞別國，固然因為吳有長江之險，蜀有崇山之阻，而吳蜀二國自諸葛亮秉政之後，又能脣齒相依，成為犄角之勢。當劉備崩殂之後，諸葛亮即派鄧芝修好於吳，既告以吳蜀同盟之利，

又嚇以蜀魏同時伐吳之害，於是孫權遂自絕魏，與蜀連和。

先主殂殞，鄧芝見諸葛亮曰，今主上幼弱，初即位，宜遣大使重申吳好。亮答之曰吾思之久矣……乃遣芝修好於權……芝見權曰蜀有重險之固，吳有三江之阻，合此二長，共為脣齒，進可兼並天下，退可鼎足而立，此理之自然也。大王今若委質於魏，魏必上望大王之入朝，下求太子之內侍，若不從命，則奉辭伐叛。蜀必順流，見可而進，如此，江南之地非復大王之有也。權默然良久曰君言是也，遂自絕魏，與蜀連和，遣張溫報聘於蜀（蜀志卷十五鄧芝傳）。

吳蜀兩國郊境相接，固然「重山積險，陸無長轂之徑，川阨流迅，水有驚波之艱，雖有銳師百萬，啟行不過千夫，舳艫千里，前驅不過百艦」（晉書卷五十四陸機傳）。然而吳蜀聯盟，「吳攻其東，漢入其西，彼救西則東虛，重東則西輕」（吳志卷十九諸葛恪傳注引漢晉春秋），魏亦不敢輕舉妄動。所以孫權即皇帝位之時，諸葛亮又遣陳震慶權踐位，重申盟約。

是歲（後主建興七年）孫權稱尊號，其群臣以並尊二帝來告，議者咸以為交之無益，而名體弗順，宜顯明正義，絕其盟好。亮曰權有僭逆之心久矣。國家所以略其釁情者，求犄角之援也。今若加顯絕，讎我必深，便當移兵東戍，與之角力，須併其土，乃議中原。彼賢才尚多，將相緝穆，未可一朝定也。頓兵相持，坐至須老，使北賊得計，非算之上者……權之不能越江，猶魏賊之不能渡漢，非力有餘而利不取也……若就其不動，而睦於我，我之北伐，無東顧之憂，河南之眾不得盡西，此之為利亦已深矣。權僭之罪未宜明也。乃遣衛尉陳震慶權正號（蜀志卷五諸葛亮傳注引漢晉春秋）。

黃龍元年權即皇帝位，蜀遣衛尉陳震慶權踐位。權乃參分天下，豫青徐幽屬吳，兗冀并涼屬蜀，其司州

之土以函谷為界。造為盟曰……今日漢吳既盟之後，戮力一心，同討魏賊，救危恤患，分災共慶，好惡齊之，無或攜貳，若有害漢，則吳伐之，若有害吳，則漢伐之。各守分土，無相侵犯，傳之後葉，克終若始（吳志卷二孫權傳）。

但是吳蜀兩國也有利害衝突之處，魏亡於蜀，吳必感覺不安。魏亡於吳，蜀亦岌岌可危。所以它們同盟只能限於防禦，不能出於攻戰。要令它們兩國單獨對魏作戰，似無勝利的希望。然而魏亦不易併吞吳蜀，蓋三國國力均甚疲敝，古代國之強弱乃以戶口多寡為標準。三國初期，郡縣殘破，百姓流亡，往往數百里內不見煙火。

興平建安之際，海內凶荒……白骨盈野……遂有寇戎，雄雌未定，剝剝庶民，三十餘年。及魏武皇帝尅平天下，文帝受禪，人眾之損，萬有一存（後漢書卷二十九郡國志一注引帝王世紀）。

此種戶口減耗的情況，一直到建安末年還是一樣。

自初平之元訖於建安之末，三十年中，百姓流散，死亡略盡，斯亂之極也（晉書卷四十三山簡傳）。

而以北方最為蕭條。比方順帝永和五年冀州有戶九十萬，口五百九十二萬（參閱後漢書卷三十郡國志二），而曹操攻破袁氏，奪取冀州，案戶籍，可得三十萬眾，便視為大州。

太祖破袁氏，領冀州牧，謂崔琰曰昨案戶籍，可得三十萬眾，故為大州也（魏志卷十二崔琰傳）。

河東郡有戶九萬三千，口五十七萬（後漢書卷十九郡國志一），魏時只有三萬戶。杜畿說：

河東有三萬戶，非皆欲為亂也（魏志卷十六杜畿傳）。

涿郡有戶十萬二千，口六十三萬（後漢書卷三十三下郡國志五）。至魏，領戶不過三千。孟達說：

今涿郡領戶三千，孤寡之家參居其半（魏志卷二十四崔林傳注引魏名臣奏）。

魏據中原，土廣人稀，計其總數，戶不過六十六萬，口只有四百四十三萬。

魏武據中原……魏氏唯有戶六十六萬三千四百二十三，口有四百四十三萬二千八百八十一（通典卷七歷代盛衰戶口）。

即其戶口總數不及漢之一州。蔣濟說：

今雖有十二州，至其民數不過漢時一大郡（魏志卷十四蔣濟傳）。

杜畿亦說：

今大魏奄有十州之地，而承喪亂之弊，計其戶口不如往昔一州之民（魏志卷十六杜畿傳）。

再看陳群之言：

今喪亂之後，人民至少，比漢文景之時，不過一大郡（魏志卷二十二陳群傳）。❼

中原大亂，人士避難江南者為數不少，但是人士的南移只能促成南方文化的發達，並未增加南方戶口的稠密。東漢時，荊州有戶一百三十九萬，口六百二十六萬；揚州有戶一百二萬，口四百三十三萬（後漢書卷三十二郡國志四）。而孫權盡有江左之地。吳亡之時，戶不過五十三萬，口不過二百三十萬，加上官吏士兵，也只有二百五十六萬。

---

❼ 原注云：「臣松之案，漢書地理志云，元始二年天下戶口最盛。汝南郡為大郡，有三十餘萬戶，則文景之時，不能如是多也。案晉太康三年，地記晉戶有三百七十七萬，吳蜀戶不能居半，以此言之，魏雖始承喪亂，方晉亦當，無乃大殊，長文之言於是為過」。

> 孫權盡有江東之地……吳赤烏五年有戶五十二萬，男女二百二十萬。晉武帝太康元年平吳，收其圖籍，戶五十三萬，吏三萬二千，兵二十三萬，男女口二百三十萬，後宮五千餘人（通典卷七歷代盛衰戶口）。

當曹操南征荊州，周瑜請精兵五萬，在此生死存亡之際，孫權竟謂「五萬兵難卒會，已選三萬人」（吳志卷九周瑜傳注引江表傳）。「劉備下白帝，權以見兵少，使綜料諸縣，得六千人」（吳志卷十七胡綜傳）。諸葛恪求為丹陽太守，蓋欲山民從化，三年之間可得甲士四萬（吳志卷十九諸葛恪傳）。這種事實都可證明吳兵太少。益州亦然。東漢時代，益州有戶一百五十三萬，口七百二十萬（後漢書卷三十三上郡國志五），而蜀亡之時，戶僅二十八萬，口僅九十四萬，加上官吏士卒，也只有一百八萬。

> 劉備割巴蜀……章武元年有戶二十萬，男女口九十萬。及魏平蜀，得戶二十八萬，口九十四萬，帶甲將士十萬二千，吏四萬（通典卷七歷代盛衰戶口）。

其實當時三方常宣傳戰士之多。曹操陳兵赤壁之時，號稱水步八十萬，而據周瑜估計，「所將中國人不過十五六萬，所得表（劉表）眾亦極七八萬耳」（吳志卷九周瑜傳注引江表傳）。益州人口不及百萬，徵召兵役，竟達十萬二千，可說是已經達到飽和程度。

三方戶口均已減耗，兵力當然寡弱，而財力亦必有限。當時交通不便，以中國之大，而欲統一全國，非有巨大的軍隊不可。因為得一地者，不能不守一地，兵力既分，自難繼續發展。三國鼎峙，蜀的人口九十四萬，兵十萬二千。吳的人口二百三十萬，兵二十三萬，即兵數約占民數十分之一。魏的人口有四百四十三萬，所以軍隊可以徵召四十餘萬。兵力固然超過吳蜀二國，但是東須防吳，西須抗蜀，吳蜀二國聯合起來，魏亦無法進攻。何況中原殫殘，而魏養兵又多，財政常常感到困難。文帝時，杜畿說：

> 帑藏歲虛，而……民力歲衰……今大魏奄有十州之地，而承喪亂之弊，計其戶口不如往昔一州之民……統一州之民，經營九州之地，其為艱難，譬策羸馬以取道里……今荊揚青徐幽并雍涼緣邊諸州皆有兵矣。其所恃內充府庫，外制四夷者，唯兗豫司冀而已……武士勁卒愈多，愈多愈病耳（魏志卷十六杜畿傳）。

蜀乃天府之國，諸葛亮說：

> 益州險塞，沃野千里，天府之土（蜀志卷五諸葛亮傳）。

吳亦沃野千里。魯肅曾言：

> 江東沃野千里，民富兵強（吳志卷九魯肅傳注引吳書）。

即魏的兵力雖在吳蜀之上，而其財力並不比吳蜀為佳。曹操破荊州，威震南士之時，朱治曾說：

> 中國蕭條，或百里無煙，城邑空虛，道殣相望，士歎於外，婦怨乎室，加之以師旅，因之以飢饉，以此料之，豈能越長江與我爭利哉（吳志卷十一朱治傳注引江表傳）。

有兵力者財力不夠，有財力者兵力不足，這也是三方割據，無法統一的一個原因。

三方疲敝，既然因為戶口減耗，所以當時戰爭不但要爭奪土地，且要爭奪戶口，軍事勝利，則虜掠敵國人民移殖於本國；軍事失敗，又將本國人民移居後方，以防敵人虜掠。例如魏：

> 太祖（曹操）征張繡，仁別徇旁縣，虜其男女三千餘人……孫權遣將陳邵據襄陽……仁攻破邵，遂入襄陽，徙漢南附化民於漢北（魏志卷九曹仁傳）。
>
> 張既從征張魯……魯降，既說太祖拔漢中民數萬戶以實長安及三輔（魏志卷十五張既傳）。
>
> 曹公恐江濱郡縣為孫權所略，徵令內移，民轉相驚，自廬江九江蘄春廣陵戶十餘萬皆東渡江，江西遂虛，

合肥以東唯有皖城（吳志卷二孫權傳建安十八年）。

如蜀：

諸葛亮使馬謖督諸軍在前，與張郃戰於街亭。謖違亮節度，舉動失宜，大為郃所破，亮拔西縣千餘家還於漢中（蜀志卷五諸葛亮傳）。

延熙十七年，姜維出隴西……魏軍敗退，維乘勝多所降下，拔河間狄道臨洮三縣民還（蜀志卷十四姜維傳）。

如吳：

袁術死，孫策與周瑜襲皖城，即克之，得術百工及鼓吹部曲三萬餘人（吳志卷一孫策傳注引江表傳）。

建安十二年，權西征黃祖，虜其人民而還。十三年權復征黃祖，祖挺身亡走，騎士追梟其首，虜其男女數萬口（吳志卷二孫權傳）。

吳夏口督孫慎入江夏汝南（胡注，江夏郡屬荊州，汝南郡屬豫州，相去甚遠），略千餘家而去（資治通鑑卷八十晉武帝咸寧三年）。

甚至虜掠海上島夷，以增加本國的戶口。

黃龍二年遣將軍衛溫諸葛直將甲士萬人浮海，求夷州及亶州……亶州在海中……所在絕遠，卒不可得至，但得夷州數千人還（吳志卷二孫權傳）。

但是戶口不是虜掠可以增加的。戶口的增加須在國民經濟復興之後，而國民經濟的復興又須以政局安定為前提。三國初期兵亂相承，人民救死不暇，往往不願生殖兒女，增加家累。

天下未定，民皆剽輕，不念生殖，其生子無以相活，率皆不舉（魏志卷十六鄭渾傳）。

這是魏的情況。吳呢？據駱統說：

郡縣荒虛，田疇蕪曠，聽聞屬城民戶浸寡，又多殘老，少有丁夫……又聞民間非居處，小能自供，生產兒子，多不起養，屯田貧兵亦多弃子（吳志卷十二駱統傳）。

壯者死於兵難，幼者不能起養，戶口何能增加。戶口不能增加，當然田荒而稅減，役寡而兵弱。所以三國鼎立，不但因為三方勢力均衡，抑亦因為三方國力疲敝。三方均須休養生聚，而三方均不能休養生聚。彼此互相戒備，而彼此均不能大舉討伐，於是中國就依山河形勢，分裂為三個國家。

第二節　官僚政治的敗壞及世族政治的萌芽

官僚政治的目的在使賢者在位，能者在職。要永久維持官僚政治，必須不斷的補充人才，所以如何培養賢能，如何甄別賢能，如何考核賢能，即教育考選與考課乃是官僚政治的三個基柱。

東漢末年，官僚政治已經腐化，到了三國，日益敗壞。就教育說，自漢武帝罷黜百家，置五經博士，掌教弟子，人才便局限於經術之士，而培養經術之士者則為太學。三國初期，英雄棊跱，攻戰不已，庠序之教頗見廢弛。建安八年曹操初令郡縣設置學官❽，文帝受禪，又闡其業。

建安八年秋七月令曰，喪亂以來，十有五年，後生者不見仁義禮讓之風，吾甚傷之。其令郡國各修文學，

❽ 學官制度，其詳已不可考。吾人只知州有文學從事，郡有文學掾，縣有校官掾，掌教育。魏志（卷二十九）管輅傳，清河太守華表召輅為文學掾。冀州刺史裴徽辟輅為文學從事。校官掾見上述建安八年秋七月令。

縣滿五百戶，置校官，選其鄉之俊造而教學之，庶幾先王之道不廢，而有以益於天下（魏志卷一武帝紀）。

漢末陵遲，禮樂崩壞，雄戰虎爭，以戰陣為務，遂使儒林之群，幽隱而不顯。太祖（曹操）初興，愍其如此，在於撥亂之際，並使郡縣立教學之官。高祖（文帝）即位，遂闡其業，興復辟雍，州立課考，於是天下之士復聞庠序之教，親俎豆之禮焉（魏志卷二十四高柔傳）。

黃初五年復置太學於京師，依漢法，用五經訓練人才。

黃初五年夏四月立太學，制五經課試之法（魏志卷二文帝紀）。

關於太學制度，據杜佑說：

魏文帝黃初五年立太學於洛陽，時慕學者始詣太學為門人，滿二歲試通一經者稱弟子，不通一經罷遣。弟子滿二歲試通二經者，補文學掌故；不通經者聽隨後輩試，試通二經，亦得補掌故。掌故滿二歲，試通三經者，擢高第為太子舍人；不第者隨後輩復試，試通亦為太子舍人。舍人滿二歲，試通四經者，擢其高第為郎中；不通者隨後輩復試，試通者亦為郎中。郎中滿二歲能通五經者，擢高第隨才敘用；不通者隨後輩復試，試通亦敘用（通典卷五十三太學）。

但是三方鼎立，雄戰虎爭，當時的人均以戰陣為務，何暇顧到庠序之教，所以不但地方學校，就是京師太學也甚腐敗。博士率皆麤疏，無以教弟子，弟子本亦逃役，不想學習，學業沉隕，良才無多，縱是經學之士也不多覯。

從初平之元至建安之末，天下分崩，人懷苟且，綱紀既衰，儒道尤甚。至黃初元年之後，新主乃復……申告州郡，有欲學者皆遣詣太學，太學始開，有弟子數百人。至太和青龍中，中外多事，人懷避就，雖性

非解學，多求詣太學。太學諸生有千數，而諸博士率皆麤疏，無以教弟子。弟子本亦避役，竟無能習學，冬來春去，歲歲如是……正始中，有詔議圜丘，普延學士，是時郎官及司徒領吏二萬餘人，雖復分布，見在京師者尚且萬人，而應書與議者略無幾人。又是時朝堂公卿以下四百餘人，其能操筆者未有十人，多皆相從飽食而退。嗟夫學業沉隕乃至於此（魏志卷十三王肅傳注引魏略）。

劉靖亦說：

自黃初以來，崇立太學，二十餘年，而寡有成者，蓋由博士選輕，諸生避役，高門子弟恥非其倫，故無學者。雖有其名，而無其實，雖設其教，而無其功（魏志卷十五劉馥傳附靖傳）。

關此，馬端臨曾有批評：

按兩漢博士皆名儒，而由博士入官者多至公卿。今觀劉馥高柔所言[9]，則知魏時博士之遴選既不精，而博士之遷陞亦復有限矣（文獻通考卷四十一大學）。

何況五經所述者多係儒家道德之言，雖可供政治家修身之用，而卻未必可供為政治家治國的參考。太學用五經課試，其所培養的人往往是循常習故之徒，而非奮發有為之士，令其治國，國何能治。三國分立，魏的人才最多。但是魏之人才乃儲蓄於曹操之世，而非養成於魏文之時。文帝即位，桓範曾說：「臣聞帝王用人，度世授才，爭奪之時以策略為先，分定之後，以忠義為首」（魏志卷二十二徐宣傳）。建安年間曹操曾學漢武之法，三次下令徵求跅弛之士。

[9] 高柔謂「今博士皆經明行修，一國清選……臣以為宜隨學行優劣，待以不次之位，敦崇道教，以勸學者，於化為弘（魏志卷二十四高柔傳）。

> 建安十五年春下令曰，自古受命及中興之君曷嘗不得賢人君子，與之共治天下者乎。及其得賢也，曾不出閭巷，豈幸相遇哉，上之人不求之耳。今天下尚未定，此特求賢之急時也。孟公綽為趙魏老則優，不可以為滕薛大夫。若必廉士而後可用，則齊桓其何以霸世。今天下得無被褐懷玉而釣於渭濱者乎，又得無盜嫂受金而未遇無知者乎。二三子其佐我明揚仄陋，唯才是舉，吾得而用之（魏志卷一武帝紀）。
>
> 建安十九年十二月乙未令曰，夫有行之士未必能進取，進取之士未必能有行也。陳平豈篤行，蘇秦豈守信耶。而陳平定漢業，蘇秦濟弱燕。由此言之，士有偏短，庸可廢乎。有司明思此義，則士無遺滯，官無廢業矣（魏志卷一武帝紀）。
>
> 建安二十二年八月令曰，昔伊摯傅說出於賤人，管仲桓公賊也，皆用之以興。蕭何曹參縣吏也，韓信陳平負汙辱之名，有見笑之恥，卒能成就王業，聲著千載。吳起貪將，殺妻自信，散金求官，母死不歸，然在魏，秦人不敢東向，在楚，則三晉不敢南謀。今天下得無有至德之人，放在民間，及果勇不顧，臨敵力戰，若文俗之吏，高才異質，或堪為將守，負汙辱之名，見笑之行，或不仁不孝，而有治國用兵之術，其各舉所知，勿有所遺（魏志卷一武帝紀建安二十二年注引魏書）。

由東漢而至三國之初，「惑世盜名之徒……父盜子名，兄竊弟譽，骨肉相詒，朋友相詐」（徐幹中論第十一篇考偽）。曹操在這種士風之下，故三下命令，徵求盜嫂受金之輩，而對於東漢名流之矯飾其行，以沽名釣譽者，表示反抗之意。質之史實，曹操所擢用的人，多半不是經明行修之士，而為縱橫名法之徒。建安之末，人才漸次缺乏，吾人觀劉廙之言，即可知之。

> 亂弊之後，百姓凋盡，士之存者蓋亦無幾。股肱大職及州郡督司，邊方重任，雖備其官，亦未得人也。

此非選者之不用意，蓋才匱使之然耳（魏志卷二十一劉廙傳注引廙別傳）。

正始以後，士喜玄學，俗貴膏腴，朝中大臣盡是漢魏華冑，偶有傑出人才，亦非出身於太學。太學欲用五經訓練人才，已經錯誤。何況太學又復有名無實，所以結果不但人才不出，而經學之士也付闕如。就考選說，唐代以前，舉士與舉官沒有區別，換言之，舉了之後，就授之以職。魏依兩漢之制，固然特徵辟除選舉仍然存在。例如：

文帝即位，徵寧……詔以寧為太中大夫，固辭不受（魏志卷十一管寧傳）。

羊祜與王沈俱被曹爽辟，沈勸就徵。祜曰委質事人，復何容易（晉書卷三十四羊祜傳）。

明帝青龍元年三月甲子詔公卿舉賢良篤行之士各一人（魏志卷三明帝紀）。

但是無不敗壞，考其敗壞的原因，由來已久。漢世用人甚重鄉譽，曹操時，劉廙曾說，「今之所以為黜陟者，近頗以州郡之毀譽，聽往來之浮言耳」（魏志卷二十一劉廙傳注引廙別傳）。吾前已經引過徐幹之言：「民知名譽可以虛譁獲也，乃結比周之黨，更相歎揚，迭為表裡……既獲者賢已而遂往，羨慕者並驅而追之。悠悠皆是，孰能不然者乎。桓靈之世其甚者也」（徐幹中論第十二篇譴交）。曹操欲矯此弊，建安十年九月令曰：「阿黨比周，先聖所疾也……昔直不疑無兄，世人謂之盜嫂。第五伯魚三娶孤女，謂之撾婦翁。王鳳擅權，谷永比之申伯。王商忠議，張匡謂之左道。此皆以白為黑，欺天罔君者也。吾欲整齊風俗，四者不除，吾以為羞」（魏志卷一武帝紀）。然而太和中，董昭上疏，陳末流之弊，猶謂「當今年少……專更以交游為業……合黨連群，互相褒歎，以毀訾為罰戮，用黨譽為爵賞，附己者則歎之盈言，不附者則為作瑕釁」（魏志卷十四董昭傳）。這種士風當然有其理由，國家用人，既依浮言的毀譽，則人士何能不結黨以相援引。六韜（第十

篇舉賢）云：「君以世俗之所譽者為賢，以世俗之所毀者為不肖，則多黨者進，少黨者退」。由此可知人士集朋結黨，由來久矣。明帝時，盧毓為吏部尚書，帝詔曰「選舉莫取有名，有名如畫地作餅，不可啖也」。毓對曰「名不足以致異人，而可以得常士，常士畏教慕善，然後有名，非所當疾也」（魏志卷二十二盧毓傳）。那知「人主好賢，則群臣飾行以要其君」（韓非子第七篇二柄），而且「大賢寡可名之節，小賢多可稱之行」（論衡第八十篇定賢），名之不足為憑也如此。西漢常令公卿二千石負舉官之責，而公卿二千石亦只能察毀譽於眾多之論，但有一種制度以救其弊，即公卿二千石，不但舉之而已，舉了之後，舉者對於被舉人須負責任。魏在喪亂之後，政治制度始終未曾步上軌道，選舉負責之制遂不施行。明帝時杜恕曾說：

> 昔漢安帝時，少府竇嘉辟廷尉郭躬無罪之兄子，猶見舉奏，章劾紛紛。近司隸校尉孔羨辟大將軍狂悖之弟，而有司嘿爾望風希指，甚於受屬。選舉不以實，人事之大者也（魏志卷十六杜恕傳）。

其次，漢代選舉得人之盛，莫如孝廉一科。西都只從郡國奏舉，未有試文之事。至東都，則諸生試家法，文吏課牋奏，尚開兩途以取士。魏初亦開兩途，由儒出身者試經術，由吏出家者試文法。

> 黃初二年正月初令郡國，口滿十萬者歲察孝廉一人，其有秀異，無拘戶口（魏志卷二文帝紀）。
>
> 黃初三年春正月，詔曰……其令郡國所選，勿拘老幼，儒通經術，吏達文法，到皆試用（魏志卷二文帝紀）。

到了後來，又依華歆提議，孝廉無不試經。

> 三府議舉孝廉，本以德行，不復限以試經。華歆以為喪亂以來，六籍墮廢，當務存立，以崇王道。夫制法者所以經盛衰，今聽孝廉不以經試，恐學業遂因此而廢。若有秀異，可特徵用，患於無其人，何患不得

哉。帝從其言（魏志卷十三華歆傳）。

但是孝廉乃取其人平日履行，似不宜試以文墨小技。孝廉而有考試，已經錯了，若又限以經術，安能得到人才。兼以魏文好文學，每以著述為務，其所選用盡是儒雅之士。凡以事能進者，多居閑職，無法表現其才智。例如：

> 楊沛為長社令……太祖以為能，累遷九江東平樂安太守，並有治迹……及關中破，代張既領京兆尹。黃初中，儒雅並進，而沛本以事能見用，遂以議郎冗散里巷（魏志卷十五賈逵傳注引魏略）。

明帝崇儒學，郡國貢士，郎吏補官，均以通經為限。吾人觀太和二年及四年之詔，即可知道。

> 太和二年六月詔曰，尊儒貴學，王教之本也……申勑郡國，貢士以經學為先（魏志卷三明帝紀）。

> 太和四年春二月壬午詔曰，兵亂以來，經學廢絕，後生進趣，不由典謨。豈訓導未洽，將進用者不以德顯乎。其郎吏學通一經，才任牧民，博士課試，擢其高第者亟用。其浮華不務道本者，皆罷退之（魏志卷三明帝紀）。

自是而後，經學成為萬能。倜儻之士不願埋首經學，而文墨小技又未能精通者，就無法表現其才智，而見用於世。魏晉以後，得人常少，這不失為一個原因。

又次，漢代郡國選舉，如孝廉，如賢良方正，皆有鄉舉里選之意，採毀譽於眾多之論，非寄雌黃於一人之口。這種選舉若不副之以保舉之法，不免發生流弊。其最顯著的，則如前所言，人士多務交遊，以結黨助，更相標榜，以取虛譽。何況東漢以來，豪宗大族漸次發生，膏腴之士見重於世，一切選舉又有「以族舉德，以位命賢」的現象。兼以董卓亂後，兵難日起，州郡鼎沸，一方人士播遷，離開鄉里，鄉舉里選

無法實行，他方鄉黨組織完全破壞，人士履行無法知悉。曹操為丞相時，何夔上言：「自軍興以來，制度草創，用人未詳其本，是以各引其類，時忘道德。臣以為自今所用，必先核之鄉閭」（魏志卷十二何夔傳）。但鄉閭既已破壞，何夔之言並不易行。在這種情勢之下，魏要吸收人才，不能不立權宜之制，於是遂於漢獻帝延康元年，即魏文帝黃初元年，由陳群建議，設置九品中正之制。

魏文帝為魏王時，三方鼎立，士流播遷，四方錯雜，詳覈無所。延康元年吏部尚書陳群以為天朝選用，不盡人才，乃立九品官人之法。州郡皆置中正，以定其選，擇州郡之賢有識鑒者，為之區別人物，第其高下。又制郡國口十萬以上，歲察一人，其有秀異，不拘戶口。其武官之選，俾護軍主之（通典卷十四歷代選舉制）。

所謂九品中正是謂州置大中正，郡縣置中正，令其品第管內人物，分為九等。凡言行修著者則升進之，倘若道義虧缺，則降下之。馬端臨說：

州郡縣俱置大小中正，各取本處人在諸府公卿及臺省郎吏有德充才盛者為之，區別所管人物，定為九等。其有言行修著，則升進之，或以五升四，以六升五。倘若道義虧缺，則降下之，或自五退六，自六退七矣（文獻通考卷二十八舉士）。

立制之初，舉官之權並不完全操於中正，而是司徒吏部與中正共同決定。杜佑說：

晉依魏氏九品之制，內官吏部尚書司徒左長史，外官州有大中正，郡國有小中正，皆掌選舉。凡吏部選用，必下中正，徵其人居及父祖官名（通典志十四歷代選舉制）。

即如趙翼所言：

魏文帝初定九品中正之法，郡邑設小中正，州設大中正。由小中正品第人才，以上大中正，大中正核實，以上司徒。司徒再核，然後送尚書選用（廿二史劄記卷八，九品中正）。

大小中正是「各取本處人在諸府公卿及臺省郎吏有德充才盛者為之」，即令「州郡之賢有識鑒者」，各在本籍，「區別人物，第其高下」。例如劉毅東萊掖人，以光祿大夫歸第，為青州大中正（晉書卷四十五劉毅傳），而東萊國掖縣則屬青州。傅咸北地（屬并州）泥陽人，選御史中丞，為本郡（北地郡）中正（晉書卷四十七傅咸傳）。蓋本地之人方能知道本地人物之優劣。問題所在，為中正者未必是德充才盛之人，而多係諸府公卿，而諸府公卿又係著姓士族，因之，大小中正率由著姓士族為之。

關於上述杜佑之言有兩種問題似宜解釋。其一，原則上固然是州有大中正，郡國有小中正。晉沿魏制，晉時，州亦置中正，魏舒為兗州中正（晉書卷四十一魏舒傳），而郡又常置大中正，如刁協為渤海郡大中正（晉書卷六十九刁協傳），陸曄為吳郡大中正（晉書卷七十七陸曄傳），即其例也。州置中正之時，是否因為該州戶口太少，或是因為該人官品不高。然而西晉時兗州有戶八萬三千三百（晉書卷十四地理志上），比之青州（戶五萬三千，見晉書卷十五地理志下，因為上文曾舉劉毅為青州大中正）尚多三萬，而魏舒且為司徒，官品亦高，唯少孤，為外家寧氏所養，年四十餘，才舉為孝廉，即其出身寒素，所以在州，亦只能為中正。郡置大中正之時，是否因為該郡戶口特多，或是因為該人奕世豪望，郡人所宗。渤海戶四萬（晉書卷十四地理志上），吳郡戶二萬五千（晉書卷十五地理志下），刁協祖恭魏齊郡太守（五品），父攸晉御史中丞（四品），協為本郡大中正乃在西晉時代，當時官不過太常博士（六品）。陸曄與陸機同宗，為「吳士之望」，而曄之為本郡大中正，官乃散騎常侍（三品）。在元帝初鎮江左之時，思結人心，對於三吳大姓，不能不特別優遇，其

在郡而為大中正，自有原因。到底如何，當考。其二，所謂司徒左長史是那一種職官？西漢丞相有兩長史，東漢丞相更名司徒，有長史一人。漢末，魏武為丞相，置左右長史各一人。魏文受禪，改丞相為司徒，置長史一人。晉司徒加置左長史，掌差次九品，銓衡人倫（通典卷二十總敘三師三公以下官屬）。例如：

時燕國中正劉沉舉霍原為寒素，司徒府不從。沉又抗詣中書奏原，而中書復下司徒參論。司徒左長史荀組以為寒素者，當謂門寒身素，無世祚之資。原為列侯，顯佩金紫，不應寒素之目（晉書卷四十六李重傳）。

又如：

孔愉為司徒（左）長史，以平南將軍溫嶠母亡，遭喪不葬，乃不過其品（晉書卷七十八孔愉傳）。

此雖晉代之制，魏時大約相同。不過魏只置長史一人。晉有左右長史各一人。司徒再核之責，在魏由長史負之，在晉由左長史負之。

中正之所鑑定並不是永久不變，而是三年一清。

魏始建九品之制，三年一清定之（晉書卷一百六石季龍載記上）。

此後公府辟除，郡國貢舉，吏部選任，必以中正所品第者為標準，即中正司評論，官府司擢用。司擢用者不得另立標準，而須以中正的評論為根據。

按魏晉以來，雖立九品中正之法，然仕進之門則與兩漢一而已。或公府辟召，或郡國薦舉，或由曹掾積累而升，或由世胄承襲而用，大率不外此三四塗轍。然諸賢之說多欲廢九品罷中正，何也。蓋鄉舉里選者採毀譽於眾多之論，而九品中正者寄雌黃於一人之口。且兩漢如公府辟掾屬，州郡選曹僚，皆自薦舉而自試用之，若非其人，則非特累衡鑑之明，抑且失侍毗之助，故終不敢徇其私心。至中正之法行，則評論者

自是一人，擢用者自是一人，評論所不許，則司擢用者不敢違其言，擢用或非其人，則司評論者本不任其咎。體統脈絡各不相關，故徇私之弊無由懲革。又必限以九品，專以一人，其法太拘，其意太狹，其跡太露，故趨勢者不暇舉賢……畏禍者不敢疾惡……快恩讎者得以自恣……以此……觀之，其法太嚴，然亦太拘。蓋人之履行稍虧者一入品目，遂不可以拔拭湔滌，則天下無全人矣。況中正所品者未必皆當乎。固不若採之於無心之鄉評，以詢其履行，試之以可見之職業，而驗其才能，一如兩漢之法也（文獻通考卷二十八舉士）。

這個制度只是權宜之制，而如晉李重所說：「九品始於喪亂軍中之政，誠非經國之法也」（晉書卷四十六李重傳）。其本來目的是用以品藻人之德行，非用以品第門閥高卑。最初中正評定人品，尚能依據鄉黨清議，故其褒貶所加，足為勸勵，猶有鄉論餘風。晉衛瓘說：

魏氏承顛覆之運，起喪亂之後，人士流移，考詳無地，故立九品之制，粗具一時選用之本耳。其始造也，鄉邑清議不拘爵位，褒貶所加足為勸勵，猶有鄉論餘風（晉書卷三十六衛瓘傳）。

但是鄉邑清議最多只能考其德行，至於隨才任用，依功考績，應有專司。而如夏侯玄所說：「若令中正但考行倫輩（即『中正唯考其行跡，別其高下』，此亦夏侯玄之言）……官長則各以其屬能否獻之臺閣，臺閣則據官長能否之第，參以鄉閭德行之次，擬其倫比，勿使偏頗……庶可以靜風俗而審官才矣」（魏志卷九夏侯尚傳）。這當是陳群提議設置九品中正的本意。問題所在乃是官長不肯負責考課屬下，而任命為中正的又均是著姓士族，而如唐柳沖所說：

魏氏立九品，置中正，尊世胄，卑寒士，權歸右姓，其州大中正主簿，郡中正功曹，皆取著姓士族為之，

以定門胄，品藻人物（新唐書卷一百九十九柳沖傳）。

人類均有利己之心，政治家若不注意及此，良好制度往往發生相反的結果。中正既有品第人物之權，偏頗者為之，不免以私意裁定，以喜怒升降。例如：

時苗字德胄，鉅鹿人也……為太官令，領其郡中正，定九品。至於敘人才，不能寬大，然紀人之短，雖在久遠，銜之不置（魏志卷二十三常林傳注引魏略）。

若再以著姓士族為中正，則中正免不了黨同伐異，「計官資以定品格，天下唯以居位為貴」（通典卷十四歷代選舉制中），而衣冠子弟亦得以九品中正為獵官的工具。朝有世及之榮，下無寸進之路，世族政治亦即士族政治遂見萌芽。馬端臨說：

自魏晉以來，始以九品中正為取人之法，而九品所取大概多以世家為主，所謂上品無寒門，下品無勢族。故自魏晉以來，仕者多世家……其起自單族匹士而顯貴者蓋所罕見（文獻通考卷三十四任子）。

就考課說，政治的革新固然需要選舉能夠得到才俊之士，而既得賢才而用之，還要看考課之法如何。魏世雖然不廢考課，其在中央，吏部有考功定課兩曹。

魏吏部尚書有考功定課二曹（通典卷二十三考功郎中）。

在地方，州郡亦置功曹。

州有功曹從事，郡有功曹掾（三國職官表）。

其考課事實見於歷史者，有解修之例。

解系父修，魏琅邪太守梁州刺史，考績為天下第一（晉書卷六十解系傳）。

唯在喪亂之時，各種制度往往或存或亡，明帝時，盧毓為吏部尚書，毓曰：「今考績之法廢，而以毀譽相進退，故真偽渾雜，虛實相蒙。帝（明帝）納其言，即詔作考課法」（魏志卷二十二盧毓傳）。此時固曾「大議考課之制，以考內外眾官」，「後考課終不行」（魏志卷十六杜恕傳）。所謂「即詔作考課法」大率是令劉劭作都官考課七十二條，法令雖有，徒成具文。

景初中，劉劭受詔作都官考課七十二條……會明帝崩，不施行（魏志卷二十一劉劭傳）。

其所以未曾施行，據杜預之言，乃因其法太過累細之故。

魏氏考課即京房之遺意，其文可謂至密，然而由於累細，以違其體，故歷代不能通也（晉書卷三十四杜預傳）。

我們深信「法簡則易行」之言，法令太過累細，其難實行，自是意料中的事。司馬光對此，曾批評曰，「欲知治經之士，則視其記覽博洽，講論精通，斯為善治經矣。欲知治獄之士，則視其曲盡情偽，無所冤抑，斯為善治獄矣。欲知治財之士，則視其倉廩盈實，百姓富給，斯為善治財矣。欲知治兵之士，則視其戰勝攻取，敵人畏服，斯為善治兵矣。至於百官，莫不皆然」（資治通鑑卷七十三魏明帝景初二年臣光曰）。這就是唐代考課之二十七最，何必再問其思想如何，文學如何。此外，魏世不能施行考課之法，當另有別的原因，考課乃以日月驗其職業之修廢，固然異能之士常見拔擢，然亦不免為日月所限，故凡「好不經之舉」者，乃欲「開拔奇之津」，即如蔣濟所說：「漢祖遇亡虜為上將，周武拔漁父為太師。布衣廝養可登王公，何必守文，試而後用」（魏志卷二十二衛臻傳）。然行之不得其法，又有害於政局的安定。所以衛臻對於蔣濟之提議，才說：「古人遺智慧而任度量，須考績而加黜陟。今子……好不經之舉，開拔奇之津，將使天下

馳騁而起矣」（魏志卷二十二衛臻傳）。何況考課乃依各人之功績，不察各人之出身。黃霸起於卒史，薛宣奮於書佐，朱邑選於嗇夫，丙吉出於獄吏。政治上的新陳代謝，大有害於世族之把持政權。京兆杜恕說：「焉有大臣守職辨課，可以致雍熙者哉」（魏志卷十六杜恕傳）。北地傅嘏亦言：「本綱未舉，而造制未呈，國略不崇，而考課是先，懼不足以料賢愚之分，精幽明之理也」（魏志卷二十一傅嘏傳）。清河崔林則謂「案周官考課，其文備矣。自康王以下，遂以陵遲，此即考課之法存乎其人也」（魏志卷二十四崔林傳）。即據崔林之意，不得其人，法制雖備，亦不過具文而已。

考課制度既然敗壞，黜陟陞降便無標準，而九品中正之制又有害於考課之實行。中正所評者為品，考課所定者為狀。品是履行之善惡，狀是才能之優劣，今以中正所定之品，以第人士既仕之後之狀，其不合理，事之至明。晉時，劉毅曾言：「以品取人，或非才能之所長，以狀取人，則為本品之所限」（晉書卷四十五劉毅傳）。漢世舉官，蓋如杜欽對策所說：「觀本行於鄉黨，考功能於官職」（漢書卷六十杜欽傳），就是鄉黨所評論者最多只限於履行之善惡。那有才能之優劣亦以鄉黨之褒貶為準。馬端臨說：

> 按既曰九品中正之官設之州縣，是即鄉舉里選之遺意。然未仕者居鄉有履行之善惡，所謂品也。既仕者居官有才能績效之優劣，所謂狀也。品則中正可得而定，狀則非中正可得而知。今欲為中正者以其才能之狀著於九品，則宜其難憑。要知既入仕之後，朝廷自合別有考課之法；而復以中正所定之品目，第其升沉，拘矣。況中正所定者又未必允當乎（文獻通考卷三十六舉官）。

又者，魏世「選才之職專任吏部」（魏志卷二十一傅嘏傳），天下之大，吏部尚書何能辨別九州人才。九品官人之法似是用以牽制吏部之用人。「凡吏部選用，必下中正，徵其人居及父祖官名」（通典卷十四歷代選

舉制），其所以發生流弊，乃因中正所鑑定者是依門閥以別賢愚，計官資以定品格。正始初，夏侯玄曾向司馬懿提議：

> 眾職之屬各有官長……各以其屬能否，獻之臺閣。臺閣則據官長能否之第，參以鄉閭德行之次，擬其倫比，勿使偏頗。中正則唯考其行迹，別其高下（魏志卷九夏侯玄傳）。

然而制度一經確立，苟有利於當塗，勢難改革。於是除少數例外，地寒者不得升遷，門高者常被拔擢。秦漢時代以智役愚的官僚政治，遂漸次變為魏晉南北朝以貴役賤的世族政治。

教育考選與考課三大制度無不敗壞，而九品中正又供為強宗大族獵官的工具，官僚政治轉變為世族政治，可以說是勢之必然。但是世族政治雖然依靠九品中正而確立，而九品中正卻又不是世族政治發生的根本原因。世族政治所以發生，乃有其根本原因。西漢初年雖為強幹弱枝之故，徙郡國豪強以實園陵。然而強宗大族的勢力並不少衰。吾人觀刺史以六條問事，其中一條乃察「強宗豪右，田宅踰制，以強淩弱，以眾暴寡」。另一條又察「二千石阿附豪強，通行貨賂，割損政令」（漢書卷十九上百官公卿表注引漢官典職儀），即可知之。然此壓制又未必就有效果。宣帝時代，涿郡「大姓西高氏東高氏，自郡吏以下皆畏避之，莫敢與牾，咸曰寧負二千石，無負豪大家」（漢書卷九十嚴延年傳）。元帝時代，潁川「郡大姓原褚（師古注，原褚二姓也）宗族橫恣，賓客犯為盜賊，前二千石莫能禽制」（漢書卷七十六趙廣漢傳）。此不過略舉兩例為證。此種豪強只是地方土豪，與膏粱世家不同。其力雖足以欺陵細民，而尚不足以抵抗政府，所以嚴延年一到涿郡，趙廣漢一到潁川，他們就不敢干犯法紀。降至東漢，豪宗大族愈益橫行。馬援為隴西太守，「任吏以職，但總大體而已……諸曹時白外事，援輒曰此丞掾事，何足相煩……若大姓侵小民，黠羌欲旅距（聚眾

相抗拒），此乃太守事耳」（後漢書卷五十五馬援傳）。由此可知漢世郡守固以壓制豪強為其主要任務之一。然而我們須知郡守對於貴戚還是莫如之何。光武南陽人，「前後二千石逼懼帝鄉貴戚，多不稱職」（後漢書卷五十八王暢傳）。末年，豪強兼併，土地大見集中。仲長統說：

> 豪人之室，連棟數百，膏田滿野，奴婢千群，徒附萬計（後漢書卷七十九仲長統傳理亂篇）。

而勳臣外戚金紹相繼，政治上漸發生了世官之制。

> 自金張世族，袁楊鼎貴⑩，委質服義，皆由漢氏，膏腴見重，事起於斯（南齊書卷二十三褚淵王儉傳論）。

自是而後，膏粱世家遂見重於世，袁楊四世三公已為當時人望所懸。

> 自震至彪四世太尉，德業相繼，與袁氏俱為東京名族（後漢書卷八十四楊彪傳）。

> 袁安為漢司空，自安以下，四世居三公位，由是勢傾天下（魏志卷六袁紹傳）。

而孔融又以數百年前，孔子問禮於老聃，對於李膺，自謂融與膺是累世通家。

> 河南尹李膺以簡重自居，不妄接士，賓客敕外，自非當世名人及與通家，皆不得白。孔融欲觀其人，故造膺門，語門者曰我是李君通家子弟。門者言之，膺請融問曰，高明祖父嘗與僕有恩舊乎。融曰然，先君孔子與君先人李老君，同德比義，而相親友，則融與君累世通家（後漢書卷一百孔融傳）。

一方社會尊重門第，同時人士又以過去的譜牒自誇，由是強宗大族在社會上就有了一種無形的勢力。三國時，夏侯氏一門鼎貴，明帝皇后毛氏出身寒微，夏侯玄恥與后弟毛曾並坐（魏志卷九夏侯尚傳附玄傳參閱卷五

---

⑩ 金張指西漢之金日磾與張湯之子孫，「湯子安世子孫相繼，自宣元以來，為侍中中常侍諸曹散騎列校尉者凡十餘人，功臣之世，唯有金氏張氏，親近貴寵比於外戚」（漢書卷五十九張湯傳）。袁楊指東漢之袁安楊震子孫，皆四世三公。

明悼毛皇后傳）。賈詡家世貧寒，後雖封侯，而「男女嫁娶不結高門」（魏志卷十賈詡傳），此亦可見當時風尚。兼以秦漢之際，郡縣初立，尚保存封建社會的習慣，郡守對其吏民，有君臣之分，即主僕的關係。顧炎武說：

漢時郡守之於吏民，亦有君臣之分，故有稱府君為后者。漢武都太守李翕，西狹頌云，赫赫明后，柔嘉維則。桂陽太守周憬銘云，懿賢后兮發聖英（日知錄卷二十四，后）。

到了東漢，這種習慣尚未革除，屬吏對其長官，不但名義上有君臣之分，並且道德上尚須周旋於生死患難之間，請看趙翼所舉的例。

觀史策所載，屬吏之於長官，已有君臣分誼……降至東漢，氣節相矜，並至有甘以身殉者。王充論衡云，會稽孟章父英為郡決曹掾，郡將撾殺無辜，英引為己罪，代將死。章為郡功曹，從太守討賊，為賊所迫，亦代將死。後漢書，臧洪為太守張超所置功曹，超遣詣幽州，中道為袁紹所留，以洪為東郡太守。會曹操圍超，洪乞師於紹救超，紹不許，超竟破滅。洪乃與紹絕，紹興兵圍之，至城破，被執不悟，卒以死殉。公孫瓚初為劉太守郡吏，太守坐事徙日南，瓚祭先人冢曰，昔為人子，今為人臣，當詣日南，今與先人辭於此，遂隨太守往。太守歐陽歙欲舉督郵繇延，主簿將引延上。郡吏郅惲起而言曰，延資性貪邪，明府以慈為善，主簿以直從曲，此既無君，亦復無臣，則並顯然有君臣之稱矣。劉表遣從事韓嵩詣許，欲以觀虛實，嵩曰若至京師，天子假一職，則成天子之臣，將軍之故吏耳，不能復為將軍死也。更可見未仕於朝者，猶為私臣也。甚至有為舉主及長官持服者，荀爽為司空袁逢所辟有道，不應，及逢卒，爽制服三年。桓鸞為太守向苗所舉孝廉，除膠東令，始到官，而苗卒，鸞即去官奔喪，終三年，此為舉主持服者也。王吉被

> 誅，故人莫敢至者，獨屬吏桓典收斂歸葬，服喪三年。劉瓚以冤死，王充為瓚吏，獨隨至京，送喪還其家，終三年乃歸，此為長吏持服者也（陔餘叢考卷十六郡國守相得自置吏）。

階級加上君臣之分，這便是身分的本質。土地集中是世族政治的經濟基礎，身分觀念是世族政治的精神條件。曹操為宦官曹騰之孫，父嵩雖然做過太尉，而太尉之職又是用錢買來的。

> 曹嵩靈帝時貨賂中官，及輸西園錢一億萬，故位至太尉（後漢書卷一百八曹騰傳）。

這種家世本來不齒於衣冠之士，換句話說，由曹操的出身看來，其利害是和膏粱世家衝突的。只因董卓作亂，燔燒雒陽，世家受害甚慘。

> 時洛中貴戚室第相望，金帛財產，家家殷積。董卓縱放兵士突其廬舍，淫略婦女，剽虜資物，謂之搜牢（後漢書卷一百二董卓傳）。

這個消息傳播各地之後，當然可以引起各地世族的反抗。當此之時曹操適在陳留，欲興義兵，陳留大姓曾捐出財產，資助曹操起兵。

> 陳留孝廉衛茲以家財資太祖，使起兵，眾有五千人（魏志卷一武帝紀注引世語）。

曹操起兵由於世族資助，曹操對於世族當然不能採取敵視的態度。建安之初，曹袁爭雄，袁紹所藉以號召天下者乃是四世三公。曹操要與袁紹抗爭，不是利用平民之力，打倒一切世族，就須拉攏別的世族，以打倒袁系一派。就當時情況說，曹操只能採用第二方法。因為東漢以來，強宗大族頗有勢力，亂禍既生，他們或聚宗族賓客，築塢堡以自衛，如許褚是。

> 許褚漢末聚少年及宗族數千家，共堅壁以禦寇（魏志卷十八許褚傳）。

或率徒黨部曲，參加政權的奪取，如李乾是。

> 李乾合賓客數千家在乘氏，初平中，以眾隨太祖，破黃巾於壽張，又從擊袁術，征徐州呂布之亂（魏志卷十八李典傳）。

這兩種強宗大族在群雄兼併之時，有舉足輕重之勢。例如曹操與袁紹相拒於官渡，李典率宗族及部曲，輸穀帛供軍（魏志卷十八李典傳）。劉備兵敗於下邳，麋竺送奴客二千，金銀貨幣以助軍資，備於時困匱，賴此復振（蜀志卷八麋竺傳）。在這種情況之下，曹操要打敗袁紹，不能不拉攏他們，而要拉攏他們，就不能不承認東漢以來他們既得的地位。於是遂收羅了那些有賓客部曲的豪族，如任峻李典臧霸呂虔許褚等輩，以作謀臣武將。

他們都有家兵，他們與家兵有君臣之分，而他們歸屬於曹操之後，他們的家兵又間接成為曹操的勁旅。曹操能夠破黃巾，征徐州，取淮南，平袁紹，而統一北方各州，有恃於諸將家兵之力者甚多。在這種形勢之下，曹操當然不能反抗強宗大族。這就是強宗大族經過喪亂之後而尚有勢力的原因。

強宗大族既有家兵，曹操如何控制他們？是時漢帝都許昌，曹操則居鄴城。凡強宗大族之有家兵者，其宗族皆徙居於鄴，以作人質。例如：

> 田疇盡將其家屬及宗人三百餘家居鄴（魏志卷十一田疇傳）。
>
> 李典徙部曲宗族萬二千口居鄴（魏志卷十八李典傳）。
>
> 臧霸求遣子弟及諸將父兄家屬詣鄴（魏志卷十八臧霸傳）。

而又嚴罰逃兵。

> 鼓吹宋金等在合肥亡逃。舊法，軍征士亡，考責其妻子。太祖患猶不息，更重其刑。金有母妻及二弟皆給官，主者奏盡殺之。柔曰云云，太祖曰善，即止不殺金母弟……頃之，護軍營士竇禮近出不還，營以為亡，表言逐捕，沒其妻盈及男女為官奴婢。盈連至州府稱冤自訟（高柔廉得竇禮為同營士焦子文所殺），詔書復盈母子為平民（魏志卷二十四高柔傳）。

由此可知兵士逃亡，妻子雖不見殺，亦必沒為官奴婢。這是曹操控制世族及其家兵的方法。當時三方鼎立，不但君要擇臣，而臣亦要擇君，所以政府對於他們苟無控制之法，他們稍不滿意，往往不惜背叛。例如蜀國，孟達懼罪（因不發兵往救關羽），率部曲四千餘家歸魏（蜀志卷十劉封傳，參閱魏志卷三明帝紀太和元年注引魏略）。魏延以部曲隨先主入蜀，數有戰功，諸葛亮死後，延與楊儀不和，遂生內難（蜀志卷十魏延傳）。又如吳國，孫權歿後，「名宗大族皆有部曲，阻兵仗勢足以違命」（魏志卷二十八鄧艾傳）。武將的家兵雖可供為爪牙之用，亦可成為心腹之憂，所以必須設法控制。

但是強宗大族的勢力何以到了三國益見增大呢？三國戶口以魏為最多。魏的戶口不及漢的一州，戶僅六十六萬，口僅四百四十三萬。若再加上蜀亡之時，戶二十八萬，口九十四萬，吳亡之時，戶五十三萬，口二百三十萬，則三方所有戶口總數，戶不過一百四十七萬，口不過七百六十七萬。這個數目值得我們研究。固然「建安以來，野戰死亡，或門殫戶盡，雖有存者，遺孤老弱」（魏志卷三明帝紀景初元年注引魏略）。然在三國之前者為東漢，東漢戶口比之三國約多十倍。

> 桓帝永壽三年，戶千六十七萬七千九百六十，口五千六百四十八萬六千八百五十六，斯亦戶口之滋殖者也（晉書卷十四地理志上）。

在三國之後者為西晉，西晉戶口比之三國約多一倍。

> 太康元年平吳，大凡戶二百四十五萬九千八百四十，口一千六百一十六萬三千八百六十三（晉書卷十四地理志上）。

東漢戶口到了三國，忽然銳減，三國戶口到了西晉，忽又增加，這個事實可使我們發生疑問，即三國戶口固然減少，但其減少程度不會這樣厲害。然則戶口逃到那裡呢？三國初期，司馬朗曾說：

> 兵難日起，州郡鼎沸，郊境之內，民不安業，捐棄居產，流亡藏竄，雖四關設禁，重加刑獄，猶不絕息（魏志卷十五司馬朗傳）。

例如：

> 袁譚為青州刺史，別使兩將募兵下縣，有賂者見免，無者見取。貧弱者多，乃至於竄伏丘野之中，放兵捕索，如獵鳥獸。邑有萬戶者，著籍不盈數百，收賦納稅，參分不入一（魏志卷六袁紹傳注引九州春秋）。

諸葛亮初見劉備之時亦說：

> 今荊州非少人也，而著籍者寡（蜀志卷五諸葛亮傳注引魏略）。

可知戶口銳減乃是因為逃避賦役而不著籍之故。這個時候強宗大族多築塢堡以自衛。塢堡一方是軍事組織，同時又是經濟組織。當時民人分散，土業無主，土地多為大族兼併。其結果，便弄成：

> 大族田地有餘，而小民無立錐之地（魏志卷十六倉慈傳）。

一般平民為保存自己的生命，其離開鄉里之後，常投靠於塢堡之中，在塢主保護之下，租借田地，從事耕種，而以其剩餘勞動力貢獻給塢主。這樣，塢主事實上便成為擁有民人和土地的領主，而平民亦變成

塢主的領民，受其統治。例如：

田疇入徐無山中，營深險平敞地而居……百姓歸之，數年間至五千餘家……疇乃為約束，相殺傷犯盜諍訟之法。法重者至死，其次抵罪，二十餘條。又制為婚姻嫁娶之禮，興舉學校講授之業，班行其眾，眾皆便之，至道不拾遺。北邊翕然，服其威信（魏志卷十一田疇傳）。

是則領主對其領民，乃操有生殺與奪之權。領民就身分說，可以分為兩種，一種稱為賓客，另一種稱為部曲，茲試分別述之。

賓客是戰國時代食客的轉變，只因投靠世族，遂為世族所役屬，其制似已盛行於西漢末期。例如：

王莽末，漢兵起……岑彭將賓客戰鬪甚力（後漢書卷四十七岑彭傳）。

王郎起，劉植率宗族賓客，聚兵數千人，據昌城，聞世祖從薊還，乃開門迎（後漢書卷五十一劉植傳）。

馬援亡命北地，因留牧畜，賓客多歸附者，遂役屬數百家（後漢書卷五十四馬援傳）。

由此數例，可知當時士族可將賓客組織為軍隊，又可令其從事生產工作。光武中興，建武二十八年「詔郡縣捕王侯賓客坐死者數千人」（後漢書卷一下光武帝紀），「蓋懲西京外戚賓客，故皆以法繩之，大者抵死徙，其餘至貶黜」（後漢書卷五十八上馮衍傳）。然而無補無事。桓靈之際，賓客的地位更見降低，社會往往以客代奴。

長吏雖欲崇約，猶當有從者一人，假令無奴，當復取客，客庸月一千（全後漢文卷四十六崔實政論）。

到了三國，賓客的地位益低，差不多與奴隸為伍，所以常稱為奴客。例如：

后曰奴客不在目前（魏志卷五文德郭皇后傳）。

當時賓客的名稱甚多，除稱賓客（魏志卷十二司馬芝傳）或奴客（魏志卷五文德郭皇后傳）外，又單稱為客

（魏志卷九曹休傳），或稱人客（魏志卷十一王修傳），或稱家客（魏志卷十一田疇傳），或稱私客（吳志卷十一呂範傳），或稱親客（吳志卷十一呂範傳），或稱僮客（吳志卷十二虞翻傳）。這個時候主客之間已有隸屬關係，主人可將自己的賓客傳給子孫或送給別人，如曹純繼承父時的人客（魏志卷九曹仁傳注引英雄記），而麋竺且以奴客為嫁妝，送與劉備（蜀志卷八麋竺傳）。由此可知三國時代賓客之於主人，已由廕庇關係變為主奴關係，當時強宗大族的賓客多者至千餘家。例如：

郡主簿劉節舊族豪俠，賓客千餘家（魏志卷十二司馬芝傳）。

部曲一語本來是指軍隊的編制形式。

其領軍皆有部曲，大將軍營五部，部校尉一人，比二千石，軍司馬一人比千石。部下有曲，曲有軍候一人比六百石。曲下有屯，屯長一人，比二百石……其餘將軍置以征伐，無員職，亦有部曲司馬軍候以領兵（後漢書卷三十四百官志一）。

到了三國，竟用之以稱個人的私兵。其身分與賓客相似。但是部曲是從軍的，賓客未必從軍，賓客之從軍者常改稱為部曲，如李乾合賓客數千家在乘氏，初平中，乾以眾隨曹操，破黃巾，擊袁術，征徐州，其後從子典代領其眾，便稱典部曲三千餘家居乘氏（魏志卷十八李典傳）。部曲對其主人也有隸屬的關係，如馬騰死後，馬超領其部曲（蜀志卷十六馬超傳），孫堅死後，孫策領其部曲（吳志卷一孫策傳），孟達率部曲四千餘家降魏（魏志卷三明帝紀太和元年注引魏略），魏延以部曲隨劉備入蜀（蜀志卷十魏延傳），是則部曲不但依附主人，而主人且可將部曲傳給子孫。當時強宗大族的部曲多者竟達巨萬。例如：

朱桓部曲萬口，妻子盡識之（吳志傳十一朱桓傳）。

除賓客部曲之外，尚有門生故吏。所謂門生乃起源於東漢時代。當時每一宿儒門下著錄者至千百人，最初尚從宿儒受業，後來不過藉此依附權勢，規圖仕進，於是教育上的師生關係乃變為政治上的隸屬關係。徐幹曾言：「有策名於朝而稱門生於富貴之家者，比屋有之。為之師，而無以教，弟子亦不受業……求志屬託，規圖仕進」（中論卷下第十二篇譴交）。所以趙翼說：

唐以後，始有座主門生之稱。六朝時，所謂門生則非門弟子也。其時仕宦者許各募部曲，謂之義從，其在門下親侍者，則謂之門生，如今門子之類耳（陔餘叢考卷三十六門生）。⓫

所謂故吏即其舊時屬吏。前曾說過，秦漢以後，屬吏對其長官有君臣之誼，而須周旋於死生患難之間。然一旦離開舊主，另有高就，則其對於舊主，成為故吏。最初故吏對其舊主，似無同患難，共生死之義務，所以劉表遣韓嵩詣許，嵩曰「嵩使京師，天子假嵩一官，則天子之臣，而將軍之故吏耳，義不得復為將軍死也」（魏志卷六劉表傳注引傅子曰）。然群雄割據州郡，天子徒擁虛位，任用官吏之權已完全不屬於天子，而屬於群雄。人民只知有長官，不知有天子。他們感知遇之恩，由屬吏變為家臣，縱令離職而去，而對其舊主，尚保存君臣之分，乃是必然之事。

現在試來研究當時的人何以願意為世族的領戶，而不願意為國家的編戶。三國時代兵亂不息，丈夫從

⓫ 趙翼又說：「按漢時門生本非弟子之稱。蓋其時五經各有其專門名家，其親受業者為弟子，轉相傳授者為門生，如所云為梁邱氏學，為歐陽氏學之類也。後漢書楊厚傳，門生上名錄者三千餘人，曰上名錄，則不必親受業，但習其學即是也。賈逵傳，詔諸儒各選高才生受左氏春秋及古文尚書，逵所選弟子及門生皆拜為郎。曰門生及弟子，可見門生及弟子有別也」（陔餘叢考卷三十六門生）。

軍旅，老弱轉糧餉，傜役繁重，人民疲於奔命，而依附豪族的人卻有免役的權利，所以憚役的人均願投靠世族，求其蔭庇。

魏氏給公卿以下，租牛客戶，數各有差，自後小人憚役，多樂為之，貴勢之門動有百數（晉書卷九十三王恂傳）。

舉例言之：

郡主簿劉節舊族豪俠，賓客千餘家……而賓客每不與役（魏志卷十二司馬芝傳）。

投靠於世族的人一方是豪族的佃客，同時又是世族的家兵，當時戶口減耗，誰能多領戶口，誰就能多收租稅，多置甲兵，所以世族無不歡迎人民投靠，而挾藏之以為領民。

時四方大有還民，關中諸將多引為部曲（魏志卷二十一衛覬傳）。

世族挾藏的領戶不算在國家的編戶之中，領戶增加，編戶當然減少，國家的租稅和甲兵亦隨之減少。世族的勢力壓倒了政府，塢堡的組織代替了郡縣，卒至「郡縣貧弱，不能與爭」。衛覬說：

關中膏腴之地，頃遭荒亂，人民流入荊州者十餘萬家，聞本土安寧，皆企望思歸。而歸者無以自業，諸將各競招懷以為部曲。郡縣貧弱，不能與爭，兵家遂強（魏志卷二十一衛覬傳）。

於是國家與世族之間便發生了爭奪戶口的鬥爭。因為戶口乃是租稅與力役的源泉，領戶愈多，財力愈大，兵力也愈大。這種情形是和兩漢時代不同的。兩漢時代世族只是地主，佃農仍是國家的編戶。三國時代世族變成領主，其所蔭庇的人都是世族的領戶。世族的領戶對於國家不必負擔納稅與當兵的義務。世族多一個戶口，國家便少一個戶口。所以國家常用嚴刑禁止人民逃亡。

時天下草創，多逋逃，故重士亡法，罪及妻子（魏志卷二十二盧毓傳）。

但是世族在政治上既有勢力，而國家的編戶又竄藏為世族的領戶，則欲用嚴刑峻法禁止人民逃亡，未必就有效果。政治腐化，賦役繁重，戶口必然的逃匿於世族。政治修明，賦役簡輕，戶口又願意歸還於國家。這是三國一直至南北朝的共通現象。

第三節　正始之風與思想的頹廢

凡討論三國歷史，不可不知「正始之風」。因為正始之風對於兩晉南北朝，影響極大。禮教因之崩壞，戎狄因之橫行，國家因之分裂，民生因之憔悴，其為禍之久，約有三百餘年。何謂正始之風？依顧炎武說：

魏明帝殂，少帝即位，改元正始，凡九年。其十年則太傅司馬懿殺大將軍曹爽，而魏之大權移矣。三國鼎立，至此垂三十年，一時名士風流，盛於雒下，乃其棄經典而尚老莊，蔑禮法而崇放達，視其主之顛危若路人焉，即此諸賢為之倡也。自此以後，競相祖述……晉書（卷九十一）儒林傳序云：「擯闕里之典經，習正始之餘論，指禮法為流俗，目縱誕以清高」⑫，以至國亡於上，教淪於下，羌戎互僭，君臣屢易，非林下諸賢之咎，而誰咎哉（日知錄卷十三正始）。

吾人研究兩漢歷史，就可知道正始之風不是突然發生，所謂履霜堅冰，其所由來也久矣。秦用法家之

⑫ 晉書儒林傳序，於「目縱誕以清高」之下，繼著又云：「遂使憲章弛廢，名教頹毀，五胡乘間而競逐，二京繼踵以淪胥，運極道消，可為長歎息者矣」。

說，西漢初年，崇奉黃老主義。黃老之「老」與老莊之「老」固然均以老子一書為根據。但其旨意不盡相同。老莊思想側重於玄虛，黃老主義則如司馬遷所說：「道家無為，又曰無不為」⑬，正義解釋云：「無為清淨也，無不為者生育萬物也」，其為術也，「以虛無為本」，「以因循為用」⑭，「與時遷移，應物變化」（以上均見史記卷一百三十太史公自序）。大凡新朝創立伊始，國基未固，為政之道，對內應清淨無為，予民休息。故老子云：「我無為而民自化，我無事而民自富」（老子第五十七章）。對外須依時勢的需要或剛或柔，國弱則「守柔曰強」（韓非子第二十一篇喻老），國強則用剛以伐強梁。用柔本「無為」之意，用剛則是「無不為」矣⑮。故老子說：「將欲奪之，必固與之」（老子第三十六章）。西漢初年固曾應用黃老主義，內以培養民力，外則採和親政策，國力既強，然後征伐四夷。但吾人尚須知道的，漢初，雖崇黃老主義，然尚兼用法家思想。司馬遷著史記，老子與韓非同傳，這固然可以說「法」出於「道」，吾人觀韓非子一書有「解老」、「喻老」兩篇，即可知之；抑亦因為法家思想與道家思想須相輔而行。法家明罰飭法，道家清淨無為，有了法家的制度，而後政府方能因循法令，垂拱而治，有了道家的精神，而後法令不至煩碎，人民容易接受。

⑬ 此語乃根據老子第三章：「為無為，則無不治」。

⑭ 此即法家所謂：「古之王者，其所為小，其所因多。因者君術也，為者臣道也。為則擾矣，因則靜矣。故曰君道無知無為，而賢於有知有為，則得之矣」（申子）。若舉道家之言證之，文子說：「因即大，作即小。古之瀆水者因水之流也，生稼者，因地之宜也……能因則無敵於天下矣」（文子第十八篇自然）。

⑮ 此即兵家所說：「能柔能剛，其國彌光。能弱能強，其國彌彰。純柔純弱，其國必削。純剛純強，其國必亡」（三略上）。秦以純剛純強而亡，宋以純柔純弱亦亡，唯西漢知用剛柔並濟之道。

法令滋章，不但道家反對，法家也不贊成。所以韓非才說：「法禁變易，號令數下，可亡也」（韓非子第十五篇亡徵），又說：「治大國而數變法，則民苦之，是以有道之君貴虛靜而重變法」（仝上第二十篇釋老）。反之，老莊思想則與黃老主義不同，遺其大體，摭其偏言，取其柔弱而棄其剛毅，取其退縮而棄其進攻，取其固與而棄其欲奪，於是道家思想就為世人所誤解，由虛無而遁世，終而陷入頹廢主義。

自漢武表章六經，罷黜百家，而至元成以後，不但法家，就是道家也漸次沒落。而所謂道家，又將黃老主義與老莊思想混為一談。至於儒家亦只取孔子消極的狷主義：「非禮勿視，非禮勿聽，非禮勿言，非禮勿動」（論語第十二篇顏淵）；而放棄孔子積極的狂主義：「己欲立而立人，己欲達而達人」（論語第六篇雍也）。光武中興，崇尚儒學，朝廷所任用者多係循常習故之徒，而非奮發有為之士，整個政界彌漫著暮氣沉沉的現象。在這時期陰陽學說由於董仲舒的闡明（參閱其所著春秋繁露），大見流行。然而蒼天的震怒卻不能引起人主的警惕，朝綱廢弛，奢靡是尚（參閱潛夫論第十二篇浮侈）；終由閹戚之爭，引起黨錮之禍，凡稱善士多被殺戮。而又加之以黃巾之亂，繼之以董卓的凶逆，政權顛覆，牧守割據。三國鼎立，干戈雲擾，垂數十年。建安年間，曹操秉政，他鑑東漢之末，刑賞無章，豪侈成俗，政治方面拘之以申韓之法，審核名實，御下至嚴，「掾屬公事，往往加杖」（魏志卷十二何夔傳）。中州士大夫已經厭惡檢括苛碎之苦。而生活方面魏武又示之以儉，「後宮食不過一肉，衣不用錦繡，茵褥不緣飾，器物無丹漆」（魏志卷二十一衛覬傳）。其臣化之，「士大夫故汙辱其衣，藏其輿服，朝府大吏或自挈壺餐，以入官寺」（魏志卷二十三和洽傳）。至乃「長吏還者垢面羸衣，常乘柴車，軍吏入府，朝服徒行」（魏志卷十二毛玠傳注引先賢行狀）。矯枉過正，人士均感覺生活的枯燥，建安七子[16]之一的徐幹曾言：「囚人者非必著之桎梏，而置之囹圄之謂也，拘係之、憂愁

之之謂也。使在朝之人欲進則不得陳其謀，欲退則不得安其身，是則以綸組為繩索，以印佩為鉗鐵也」（中論卷下亡國第十八）。漢亡魏興，文帝（曹丕）受禪，他是一位風流名士，傅玄說過：「魏文慕通達，而天下賤守節」（晉書卷四十七傅玄傳）。其所交遊多倜儻放蕩不守節義的人。徐幹恬淡寡欲，已視為難能可貴。

文帝書與元城令吳質曰，昔年疾疫，親故多罹其災，徐（幹）陳（琳）應（瑒）劉（楨）一時俱逝，觀古今文人，類不護細行，鮮能以名節自立。而偉長（徐幹）獨懷文抱質，恬淡寡欲，有箕山之志，可謂彬彬君子矣（魏志卷二十一王粲傳）。

吾國固有文化的禮法已經動搖，由文帝經明帝，至齊王正始年間，乃是魏晉易代興廢之時，政權搖搖，無法控制人士的生活，因之反動思想就有發生的機會，一切方面無不要求解放。所謂解放就是歸於自然之意。在古代各種思想之中，最鼓吹歸於自然的莫如老莊學說。當時又值奸雄當國，「天下多故，名士少有全者」（晉書卷四十九阮籍傳）。人士言動稍不注意，就有殺身之禍。在這種環境之下，士大夫不是學道家之柔，含垢忍辱，苟全性命，就須學道家之放，放情肆志，以求全生。於是正始年間乃愈益崇拜老莊，這稱為正始之風，經兩晉南北朝猶受後人企慕。

案儒家思想自董仲舒發表「春秋繁露」之後，已與陰陽學說合流。陰陽學說尚有人定勝天之意，到了後來，竟然一變而為事皆前定的運命之說，再變而為世運日衰的悲觀論調，關此三者，本書已簡單說明於東漢之章。三國紛爭，干戈不已，當此之時，士大夫不是潛伏，苟全性命於亂世，就要奔競，以求聞達於

⑯ 建安中，孔融、陳琳、王粲、徐幹、阮瑀、應瑒、劉楨等七人，同時以文學齊名，號建安七子。他們多玩世不恭，不甚拘於禮法。

諸侯。而在大戰之時，田園破壞，物價騰貴，凡欲獨善其身者，必不能維持一家的生計。由是炫耀以邀聲譽，標榜以求利祿，便成為一時風氣。魏太和年間，杜恕已戒人主之好名，他說：

人主之大患莫大乎好名。人主好名，則群臣知所要矣。夫名之所以名，善者也。善修而名自隨之，非好之之所能得也。苟好之甚，則必偽行要名，而姦臣以偽事應之。一人而受其慶，則舉天下應之矣。君以偽化天下，欲貞信敦樸，誠難矣。雖有至德至達之主，由無緣見其非而知其偽，況庸主乎（全三國文卷四十二杜恕撰君）。

但是「凡人臣之事君也，多以主所好事君」（商君書第十四篇修權）。六韜亦云：「君以世俗之所譽者為賢，以世俗之所毀者為不肖，則多黨者進，少黨者退。若是則群邪比周而蔽賢，忠臣死於無罪，姦臣以虛譽取爵位，是以世亂愈甚，則國不免於危亡」（第九篇舉賢）。所以董昭才說：

竊見當今年少，不復以學問為本，專更以交遊為業，國士不以孝悌清修為首，乃以趨勢游利為先。合黨連群，互相褒歎，以毀訾為罰戮，用黨譽為爵賞。附己者則歎之盈言，不附者則為作瑕釁，至乃相謂今世何憂不度邪，但求人道不勤，羅之不博耳，又何患其不知己矣，但當吞之以藥而柔調耳（魏志卷十四董昭傳）。

吾人明瞭時尚所趨，就可知道何晏著「无名論」（全三國文卷三十九，文長不錄），假老莊之言，明无名之理。不是沒有原因的。何晏說：

為民所譽，則有名者也。无譽，无名者也。若夫聖人名无名，譽无譽，謂无名為道，无譽為大，則夫无名者可以言有名矣，无譽者可以言有譽矣。然與夫可譽可名者豈同用哉。此比於无所有，故皆有所有矣；而於有所有之中，當與无所有相從，而與夫有所有者不同……夏侯玄曰天地以自然運，聖人以自然用。自

然者道也，道本无名，故老氏曰強為之名。仲尼稱堯蕩蕩，无能名焉，下云巍巍成功，則強為之名，取世所知而稱耳。豈有名而更當云无能名焉者邪。夫惟无名，故可得徧以天下之名名之，然豈其名也哉（全三國文卷三十九无名論）。

何晏之「无名論」實在費解，不外攻擊世人之好名。照他說，无名往往是有名之人，而有名之人卻未必真正有名。名之有無在於自然得之，固非矯偽所能沽釣。前已舉過明帝告吏部尚書盧毓之言：「選舉莫取有名，有名如畫地作餠，不可啖也」（魏志卷二十二盧毓傳）。此言可以闡明何晏之「无名論」的真意。

老莊思想與黃老主義不同，吾人已述之於上。這個學說產生於春秋戰國之世。春秋戰國時代乃是吾國文化轉變的時代，一方舊制度習慣舊思想失去權威，他方新制度新習慣新思想尚未確立，人們解放於傳統之外，個性就有自由發展的機會，而得自由思考，自由立論，從而各種學說便在這個時期出現。這是文化轉換期的現象。班固云：「周秦之敝，罔密文峻」（漢書卷五景帝紀贊曰），罔密文峻，周乃與秦並稱，吾人觀尚書呂刑及周禮（卷三十六）司刑之篇，可知周代法網之峻，再觀禮記及儀禮所載，又知周代禮儀之繁。人士一舉一動均受禮法拘束，毫無自由。於是一派學者便提倡素朴，而欲歸於自然。案老氏學說是雙面的，一面主張「無為」，他面主張「無不為」，無為乃以佐無不為之用。猶如孔氏學說之為雙面，一面主張「禮義」，他面主張刑政，刑政亦以補禮義之不足。取其一面，而棄其他面，必有所偏。可惜正始年間許多名流乃單取老氏「無為」之一面，而欲歸於自然，此其失也。老子曾言：

人法地，地法天，天法道，道法自然。王弼注曰道不違自然，乃得其性。法自然者，在方而法方，在圓而法圓，於自然無所違也（老子第二十五章）。

既由「無為」觀念而側重於歸於自然，結論便欲回歸到太古生活。老子說：

小國寡民，使有什伯之器而不用，使民重死而不遠徙，雖有舟輿，無所乘之，雖有甲兵，無所陳之，使人復結繩而用之，甘其食，美其服，安其居，樂其俗。鄰國相望，雞犬之聲相聞，民至老死，不相往來（老子第八十章）。

莊子亦說：

子獨不知至德之世乎，昔者容成氏、大庭氏、伯皇氏，中央氏、栗陸氏、驪畜氏、軒轅氏、赫胥氏、尊盧氏、祝融氏、伏犧氏、神農氏、當是時也，民結繩而用之，甘其食，美其服，樂其俗，安其居，鄰國相望，雞狗之聲相聞，民至老死，而不相往來，若此之時，則至治已（莊子第十篇胠篋）。

太古之時，沒有政治，沒有法律，也沒有倫理觀念，而人民生活卻甚歡娛，於是老莊又進一步，反對一切社會規範。老子說：

大道廢，有仁義，慧智出，有大偽，六親不和，有孝慈，國家昏亂，有忠臣（老子第十八章）。

又說：

絕聖棄智，民利百倍，絕仁棄義，民復孝慈，絕巧棄利，盜賊無有（老子第十九章）。

而莊子之言更激烈。他說：

夫至德之世，同與禽獸居，族與萬物並，惡乎知君子小人哉。同乎無知，其德不離。同乎無欲，是謂素樸。素樸而民性得矣。及至聖人，蹩躠為仁，踶跂為義，而天下始疑矣。澶漫為樂，摘僻為禮，而天下始分矣。故純樸不殘，孰無犧樽。白玉不毀，孰為圭璋。道德不廢，安取仁義。性情不離，安用禮樂。五色

不亂，孰為文采。五聲不亂，孰應六律。夫殘樸以為器，工匠之罪也。毀道德以為仁義，聖人之過也……夫赫胥氏之時，民居不知所為，行不知所之，含哺而熙，鼓腹而遊，民能已此矣。及至聖人，屈折禮樂，以匡天下之形，縣企仁義，以慰天下之心，而民乃始踶跂好知，爭歸方利，不可止也，此亦聖人之過也（莊子第九篇馬蹄）。

又說：

聖人不死，大盜不止……為之斗斛以量之，則並與斗斛而竊之。為之權衡以稱之，則並與權衡而竊之。為之符璽以信之，則並與符璽而竊之。為之仁義以矯之，則並與仁義而竊之。何以知其然耶，彼竊鉤者誅，竊國者為諸侯，諸侯之門，而仁義存焉，則是非竊仁義聖知耶……故絕聖棄智，大盜乃止。擿玉毀珠，小盜不起。焚符破璽，而民朴鄙，掊斗折衡，而民不爭。殫殘天下之聖法，而民始可與論議。擢亂六律，鑠絕竽瑟，塞瞽曠之耳，而天下始人含其聰矣。滅文章，散五采，膠離朱之目，而天下始人含其明矣。毀絕鉤繩而棄規矩，攦工倕之指，而天下始人有其巧矣。故曰大巧若拙。削曾史之行，鉗楊墨之口，攘弃仁義，而天下之德始玄同矣。彼人含其明，則天下不鑠矣。人含其聰，則天下不累矣。人含其知，則天下不惑矣。人含其德，則天下不僻矣。彼曾史楊墨師曠工倕離朱皆外立其德，而以爚亂天下者也，法之所無用也（莊子第十篇胠篋）。

這種思想已經錯誤。社會進步，人類的慾望隨之增加。慾望既然發生，就不能消極的令其節慾，只能積極的增加生產，以滿足人類的慾望，生產停滯，消費增加，社會未有不亂。吾國古代哲人關於經濟方面，只注意消費，而忽略生產，這是吾國政治思想的缺點。所以老莊所謂「歸於自然」，吾人只可同西漢初年那

樣，解釋為自由放任。倘若拘泥語句，解釋為還於太古，未免是時代錯誤。然而到了魏代，老莊之言又為士大夫所誤解，為其代表者，一是嵇康，二是何晏，三是阮籍。固然除此三人之外，尚有其他許多名流，但此三人均死於曹魏之世。據晉書所載：

嵇康恬靜寡慾，含垢匿瑕，好老莊，與魏宗室婚，拜中散大夫，彈琴詠詩，自足於懷……所與神交者惟陳留阮籍，河內山濤，豫其流者，河內向秀，沛國劉伶，籍兄子咸，琅邪王戎，遂為竹林之游，世所謂竹林七賢也。戎自言，與康居山陽二十年，未嘗見其喜慍之色……性絕巧而好鍛……嘗與向秀共鍛於大樹之下，以自贍給。潁川鍾會貴公子也，精練有才辯，故往造焉，康不為之禮，而鍛不輟……會以此憾之……因譖康言論放蕩，非毀典謨，帝王者所不宜容，宜因釁除之，以淳風俗。帝（司馬昭）遂害之（晉書卷四十九嵇康傳）。

嵇康著作不少，其要旨不外主張循性從欲，而歸於自然。他謂六經開榮利之塗，仁義不足以為治。鍾會斥其非毀典謨，固有理由。嵇康說：

夫民之性，好安而惡危，好逸而惡勞。故不擾則其願得，不逼則其志從。洪荒之世，大樸未虧，君無文於上，民無競於下，物全理順，莫不自得。飽則安寢，飢則求食，怡然鼓腹，不知為至德之世也。若此，則安知仁義之端，禮律之文。及至人不存，大道陵遲，乃始作文墨以傳其意，區別群物使有類族，造立仁義以嬰其心，制其名分以檢其外，勸學詣文以神其教。故六經紛錯，百家繁熾。開榮祿之塗，故奔騖而不覺……推其原也，六經以抑引為主，人性以從容為歡。抑引則違其願，從欲則得自然。然則自然之得不由抑引之六經，全性之本不須犯情之禮律。故仁義務於理偽，非養真之要術。廉讓生於爭奪，非自然之所出

也（仝三國文卷五十難張遼叔自然好學論）。

然則如何使人循性，嵇康主張無為而治。他說：

> 古之王者承天理物，必崇簡易之教，御無為之治。君靜於上，臣順於下。玄化潛通，天人交泰。……蕩滌塵垢，群生安逸，自求多福，默然從道，懷忠抱義，而不覺其所以然也（仝上卷四十九聲無哀樂論）。

又說：

> 聖人不得已而臨天下，以萬物為心，在宥群生，由身以道，與天下同於自得。穆然以無事為業，坦爾以天下為公。雖居君位，饗萬國，恬若素士接賓客也。雖建龍旂，服華袞，忽若布衣之在身。故君臣相忘於上，烝民家足於下，豈勸百姓以尊己，割天下以自私，以富貴為崇高，心欲之而不已哉（仝上卷四十八答向子朗難養生論）。

何晏亦好老莊。他娶曹操之女為婦，即與嵇康同為曹氏之姻戚。所不同者，他不若嵇康之坐聽曹氏魚肉，而願依附曹爽，與司馬懿鬥爭。魏志謂：

> 何晏等咸有聲名，進趣於時，明帝以其浮華，皆抑黜之。及爽秉政，乃復進敘，任為腹心……晏等專政，共分割洛陽野王典農部桑田數百頃，及壞湯沐地以為產業，承勢竊取官物，因緣求欲，州郡有司望風莫敢忤旨。晏等與廷尉盧毓素有不平，因毓吏微過，深文致毓法，使主者先收毓印綬，然後奏聞，其作威如此……爽作窟室，綺疏四周，數與晏等會其中，縱酒作樂……晏好老莊言，作道德論（魏志卷九曹爽傳）。

魏略亦謂：

> 晏動靜粉白不去手，行步顧影。晏為尚書，主選舉，其宿與之有舊者，多被拔擢（魏志仝上引魏略）。

但吾人讀各書所載，魏書與魏略之言未必可信。晉書（卷四十七）傅咸傳，咸上言曰「正始中，任何晏以選舉，內外之眾職各得其才，粲然之美，於斯可觀」。是則何晏為吏部尚書，選舉尚見公平。他崇奉老氏無為之說，蓋亦有故。在齊王芳之前者為明帝，明帝好興土木，陳壽斥其「宮館是營」（魏志卷三明帝紀評）。毌丘儉謂「臣愚以為天下所急除者二賊，所急務者衣食，誠使二賊不滅，士民飢凍，雖崇美宮室，猶無益也」（魏志卷二十八毌丘儉傳）。史述明帝之興土木及群臣之諫如次：

> 是歲徙長安鍾簴、橐佗、銅人、承露盤於洛陽。盤折，聲聞數十里。銅人重不可致，留於霸城。大發銅，鑄銅人二，號曰翁仲，列坐於司馬門外。又鑄黃龍、鳳皇各一，龍高四丈，鳳高三丈餘，置內殿前。起土山於芳林園西北陬，使公卿群僚皆負土樹松竹雜木花草於其上，捕山禽雜獸置其中。司徒軍議掾董尋上疏諫曰，建安以來，野戰死亡，或門殫戶盡，雖有存者，遺孤老弱。若今宮室狹小，當廣大之，猶宜隨時，不妨農務。況乃作無益之物，青龍、鳳皇、九龍、承露盤，此皆聖明之所不興也，其功三倍於殿舍。陛下既尊群臣，顯以冠冕，被以文繡，載以華輿，所以異於小人。而使穿方舉土，面目垢黑，衣冠了鳥，毀國之光，以崇無益，甚非謂也。孔子曰君使臣以禮，臣事君以忠，無忠無禮，國何以立。高堂隆上疏曰今天下彫敝，民無儋石之儲，國無終年之畜，外有強敵，六軍暴邊，內興土木，州郡騷動，若有寇警，臣懼版築之士不能投命虜廷矣。又將吏俸祿稍見折滅，方之於昔，五分居一，諸受休者又絕廩賜，不應輸者今皆出半，而度支經用更每不足。且夫祿賜穀帛人主所以惠養吏民，而為之司命者也。若今有廢，是奪其命矣。既得之而又失之，此生怨之府也。尚書衛覬上疏曰，當今之務，今君臣上下計校府庫，量入為出，猶恐不及，而工役不輟，侈靡日崇，帑藏日竭，糜費功夫，誠皆聖慮所宜裁制也（資治通鑑卷七十三魏明帝黃初元

年）。

在這種無益民生的「有為」政情之下，何晏依老子所說：「民之饑，以其上食稅之多，是以饑」（老子第七十五章），希望政府清靜無為，不能不說是合於時代的需要。他說：

天地萬物皆以無為為本。無也者開物成務，無往不成者也。陰陽恃以化生，萬物恃以成形，賢者恃以成德，不肖恃以免身。故無之為用，無爵而貴矣（全三國文卷三十九何晏撰無為論，世界版）。

同時又謂：

善為國者必先治其身。治其身者慎其所習，所習正則其身正，其身正則不令而行。所習不正，則其身不正，其身不正，則雖令不從。是故為人君者所與遊必擇正人，所觀察必察正象，放鄭聲而弗聽，遠佞人而弗近，然後邪心不生，而正道可弘也。季末，闇主不知損益，斥遠君子，引起小人，忠良疏遠，便辟褻狎，亂生近暱，譬之社鼠，考其昏明，所積以然。故聖賢諄諄，以為至慮。舜戒禹曰鄰哉鄰哉，言慎所近也。周公戒成王曰其朋其朋，言慎所與也。詩云一人有慶，兆民賴之。可自今以後，御幸式乾殿及游後園，皆大臣侍從，因從容戲宴兼省文書，詢謀政事，講論經義，為萬世法（全三國文卷三十九何晏撰奏請大臣侍從游幸）。

據魏志（卷四齊王紀），此奏是在正始七年。這種言論乃深合於孔子所謂「政者正也」，「放鄭聲，遠佞人」的道理，何能謂其「蔑棄典文，不遵禮度，游辭浮說，波蕩後生」（晉書卷七十五范甯傳）。案何晏與曹魏有姻戚關係（晏尚曹操女金鄉公主），欲同阮籍一樣，明哲保身，苟全性命於亂世，未必可能。故乃加入曹爽集團，而與司馬懿鬥爭。史謂「是時曹爽輔政，識者慮有危機。晏有重名，與魏姻戚，內雖懷憂，而無復退

也。著有五言詩以言志曰，鴻鵠比翼遊，群飛戲太清，常畏大網羅，憂禍一旦并，豈若集五湖，從流唼浮萍，永寧曠中懷，何為怵惕驚」（世說新語卷中之下第十篇規箴注引名士傳）。嵇康與魏宗室婚，雖然「性含垢藏瑕，愛惡不爭於懷，喜怒不寄於顏」，亦為司馬昭所殺（世說新語卷上之上第一篇德行注引康別傳，參閱晉書卷四十九嵇康傳）。何晏憂禍，轉而依附曹爽，這是人之常情。曹爽失敗，何晏伏誅，晉代士大夫欲加何晏以罪，遂多詆誣之言。但他生長於宮廷之中，生活稍見奢靡，思想流於唯美主義，是免不了的。

阮籍與何晏不同，其出仕在曹爽失敗之後，即在高貴鄉公即位之時，當時曹氏與司馬氏的鬥爭尚未結束，朝臣固多司馬黨與，而地方長官之忠於曹氏者仍有其人。在這期間，阮籍託老莊之名，行鄉愿之實，雖然除官封爵（司馬懿為太傅，命籍為從事中郎，及懿薨，復為司馬師大司馬從事中郎，高貴鄉公即位，封關內侯，徙散騎常侍），而乃曠務尸祿。蓋不願參加曹氏與司馬氏的鬥爭，只求置身事外，不問勝敗誰屬，均得苟全性命。據歷史言：

> 阮籍任性不羈……尤好老莊……當其得意，忽忘形骸……籍本有濟世志，屬魏晉之際，天下多故，名士少有全者，籍由是不與世事，遂酣飲為常。文帝初欲為武帝求婚於籍，籍醉六十日，不得言而止。鍾會數以時事問之，欲因其可否，而致之罪，皆以酣醉獲免……會帝（文帝司馬昭）讓九錫，公卿將勸進，使籍為其辭，籍沉醉忘作……籍雖不拘禮教，然發言玄遠，口不臧否人物。性至孝，母終，正與人圍棋，對者求止，籍留與決賭，既而飲酒二斗，舉聲一號，因又吐血數升，毀瘠骨立，殆致滅性……籍嫂嘗歸寧，籍相見與別，或譏之，籍曰禮豈為我設耶。鄰家少婦有美色，當壚沽酒，籍嘗詣飲，醉便臥其側。籍既不自嫌，其夫察之，亦不疑也。兵家女有才色，未嫁而死，籍不識其父兄，徑往哭之，盡哀而還。其外坦蕩而

內淳至，皆此類也……著達莊論，敘無為之貴（晉書卷四十九阮籍傳）。

阮籍著有「通老」、「達莊」、「大人先生傳」諸篇。其述「通老」，希望「君臣垂拱，完太素之樸，百姓熙怡，保性命之和」。其述「達莊」，由「萬物一體」，而認為人生世上，無所謂生死，無所謂壽夭，無所謂大小，「天地日月非殊物也，故曰自其異者視之，則肝膽楚越也。自其同者視之，則萬物一體也……以生言之，則物無不壽，推之以死，則物無不夭。自小視之，則萬物莫不小，自大觀之，則萬物莫不大。殤子為壽，彭祖為夭。秋毫為大，泰山為小。故以生死為一貫，是非為一條也。別而言之，則鬚眉異名，合而說之，則體之一毛也」（以上兩篇均載在全三國文卷四十五）。最能表現阮籍之思想的，則為「大人先生傳」（全三國文卷四十六），茲摘要其警句如次，以供讀者參考。

汝獨不見夫虱之處於褌之中乎。深縫匿乎壞絮，自以為吉宅也。行不敢離縫際，動不敢出褌襠，自以為得繩墨也。饑則嚙人，自以為無窮食也。然炎斤火流，焦邑滅都，群虱死於褌中而不能出。汝君子之處區域之內，亦何異夫虱之處褌中乎……夫無貴則賤者不怨，無富則貧者不爭，各足於身而無所求也。恩澤無所歸，則死亡無所仇。奇聲不作，則耳不易聽。淫色不顯，則目不改視。耳目不相易改，則無以亂其神矣。此先世之所至止也。今汝尊賢以相高，競能以相尚，爭勢以相君，寵貴以相加，驅天下以趣之，此所以上下相殘也。竭天下萬物之至，以奉聲色無窮之欲，此非所以養百姓也。於是懼民之知其然，故重賞以喜之，嚴刑以威之。財匱而賞不供，刑盡而罰不行，乃始有亡國戮君潰散之禍，此非汝君子之為乎。汝君子之禮法誠天下殘賊亂危死亡之術耳，而乃目以為美行不易之道，不亦過乎。

阮籍之言如此，而其行為又如彼，此果老莊之道麼?察阮籍之狂放，酣飲終日，不過藉此以求避免後

日之後患。此又與何晏之積極的協助曹爽，絕不相同。何晏為魏之外戚，阮籍與魏非親非戚，在世無定主，而不能責之以忠（文中子中說，事君篇）之時，阮籍固不必為曹氏而死，其與司馬氏不即不離，實是苟全性命之法。

嵇康、何晏、阮籍三人，雖然境遇不同，但三人均好老莊，因之言論不免流入玄虛。何晏也許仰慕風流，而阮籍是否藉老莊學說，以達成其仕不事事之本意，吾人不能無疑。余研究老莊學說，老氏之言乃無為而無不為，西漢初年稱之為黃老主義，本書已有說明。他所重視的為清淨無為，其原因乃如文子所引老子之言：「欲治之主不世出，可與治之臣不萬一。以不世出，求不萬一，此至治所以千歲不一也」（文子第十九篇下德）。「事煩難治，法苛難行，求苛雖贍……故功不厭約，事不厭省，求不厭寡。功約易成，事省易治，求寡易贍」（文子第二十篇上仁），此即管子所說：「君有三欲於民，三欲不節，則上位危。三欲者何也。一曰求，二曰禁，三曰令。求必欲得，禁必欲止，令必欲行。求多者，其得寡。禁多者，其止寡。令多者，其行寡。求而不得，則威日損。禁而不止，則刑罰侮。令而不行，則下凌上。故未有能多求而多得者也，未有能多禁而多止者也，未有能多令而多行者也。故曰，上苛則下不聽」（管子第十六篇法法）。莊子如何呢？他固有言：

上無為也，下亦無為也，是下與上同德。下與上同德，則不臣。下有為也，上亦有為也，是上與下同道。上與下同道，則不主。上必無為，而用天下；下必有為，為天下用，此不易之道也（莊子第十三篇天道）。

此又與慎子所說：「君臣之道，臣事事，而君無事，君逸樂而臣任勞。臣盡智力以善其事，而君無與焉，仰成而已，故事無不治」（慎子，民雜篇），若合符節。豈但法家，孔子亦言：「舜有臣五人，而天下治」（論

語第八篇泰伯）。「無為而治者，其舜也與。夫何為哉，恭仁正南面而已矣」（論語第十五篇衛靈公）。

老莊之言如斯解釋，則正始年間，士大夫所推崇的，已經離開黃老，而為莊列，更確實言之，只是列子。列子之書遺失已久，西漢成帝永始年間，劉向搜集八篇，東晉張湛又加注解。列子學說不是清靜無為，而是虛幻，欲放浪於形骸之外。此種思想的盛行是在魏晉之際。列子假託孔子之言，謂「西方之人有聖者焉，不治而不亂，不言而自信，不化而自行，蕩蕩乎民無能名焉。丘疑其為聖，弗知其為聖歟，真不聖歟」（列子第四篇仲尼）。所謂西方聖人似指佛陀。廣弘明集（卷一）「商太宰問孔子聖人」之篇亦引此言，且註云「出列子」，而直指孔子所謂西方聖人乃天竺之佛。案佛教傳入中國始於東漢明帝時代，姑不問列子是在孔子之前或在孔子之後，當時必不知道西方有佛。人謂列子一書乃東晉張湛集道家之言而成，似亦可信。佛教以涅槃為解脫，所以列子假子貢之言：「大哉死乎，君子息焉，小人伏焉」（列子第一篇天瑞）。又假晏子之言：「善哉，古之有死也。仁者息焉，不仁者伏焉。死也者德之徼也（德者得也，徼者歸也，言各得其所歸）。古人謂死人為歸人，夫言死人為歸人，則生人為行人矣。行而不知歸，失家者也」（列子仝上）。故結論云：「靜也，虛也，得其居矣。取也，與也，失其所矣」（列子仝上）。此種虛幻思想雖見於莊子之書，而老子並未曾言。

列子由虛幻思想，遂謂人生若夢。吾人若能以真為夢，則夢亦可視之為真。有老役夫者筋力竭矣，晝為阜隸，呻吟而執事，夜則昏憊而熟睡，夢為國君，居人民之上，總一國之政，恣意所欲，其樂無比。人若告以何必勤苦如是。老役夫卻說：「人生百年，晝夜各分，吾晝為僕虜，苦則苦矣。夜為人君，其樂無比，何所怨哉」（列子第三篇周穆王）。人生既然如夢，則毀譽得失生死貧富何必關懷（參閱列子第四篇仲尼，引

龍叔之言)。他甚至懷疑「死於是者，安知不生於彼」。「亦又安知吾今之死，不愈昔之生乎」(列子第一篇天瑞，引材類之言)。「人胥知生之樂，未知生之苦。知老之憊，未知老之佚。知死之惡，未知死之息也」(列子第一篇天瑞，引孔子之言)。

列子更進一步，以為古往今來，理無常是，亦無常非，今生之所是，安知後來不會變而為非。今生之所非，安知後來不會變而為是。他說：「且天下理無常是，事無常非。先日所用，今或棄之。今之所棄，後或用之。此用與不用無定是非也」(列子第八篇說符，引施氏之言)。此種相對論的是非實與儒家之視仁義為萬古不變之道德者不同。

列子深信命與運，命是個人的命，運是時代的運。命與運相符，縱是一介凡人亦可飛黃騰達。命與運相乖，縱以孔子之聖，而竟在陳絕糧。他述「力」與「命」之對話如次：

力謂命曰，若之功奚若我哉。命曰，汝奚功於物，而欲比朕。力曰壽夭窮達貴賤貧富，我力之所能也。命曰彭祖之智，不出堯舜之上，而壽八百。顏淵之才不出眾人之下，而壽四八。仲尼之德不出諸侯之下，而困於陳蔡。殷紂之行不出三仁之上，而居君位。季札無爵於吳，田恆專有齊國，夷齊餓於首陽，季氏富於展禽，若是汝力之所能，奈何壽彼而夭此，窮聖而達逆，賤賢而貴愚，貧善而富惡邪。力曰，若如是言，我固無功於物，而物若此耶，此則若之所制邪。命曰既謂之命，奈何有制之者邪。朕直而推之，曲而任之，自壽自夭，自窮自達，自貴自賤，自富自貧，朕豈能識之哉，朕豈能識之哉(列子第六篇力命)。

又述時運之說，謂施氏與其鄰人孟氏各有二子，所業相同，而皆遊說諸侯，然施氏之子顯貴，孟氏之子一遭宮刑，一遭刖刑，孟氏之父問於施氏。施氏答曰：

凡得時者昌，失時者亡。子道與吾同，而功與吾異，失時者也，非行之謬也（列子第八篇說符）。

既信命運之說，凡事皆視為前定，人力莫如之何，則君民何必努力。說到這裡，不能不回溯而述東漢王充所說：「民治與亂，皆有命焉」。他謂：

民治與亂皆有命焉，或才高行潔，居位職廢，或智淺操洿，治民而立……夫賢君能治當安之民，不能化當亂之世。良醫能行其針藥，使方術驗者，遇未死之人，得未死之病也。如命窮病困，則雖扁鵲末如之何。夫命窮病困之不可治，猶夫亂民之不可安也，……故世治非賢聖之功，衰亂非無道之致。國當衰亂，賢聖不能盛。時當治，惡人不能亂。世之治亂在時，不在政。國之安危在數，不在教（論衡第五十三篇治期）。

由黃老而老莊，由老莊而列子，思想每況愈下，趨於頹廢，遂由頹廢的思想發生正始之風，更由正始之風，引起戎狄侵陵，中華民族失去自信力與自尊心，晉雖統一天下，不及數年，就發生八王之亂，五胡亂華，終至南北分立，後人歸咎於正始之風，不無原因。

第四節　北方經濟的復興與晉的統一

三國初期，豪傑並起，攻剽城邑，殺略民人，農村破壞，城市蕭條，往往數百里內不見人煙。在這種情況之下，商路不免斷絕，而商業亦不存在。農民所生產的穀糧是需要商人運販的。商業停止，農業就由市場生產改變為家計生產，換言之，生產非以販賣為目的，而以供給一家需要為目的。農業生產力已經降低了，而自董卓壞五銖，更鑄小錢之後，錢貨就不通行。

董卓壞五銖錢，更鑄為小錢，大五分，無文章，肉好，無輪郭，不磨鑢，於是貨輕而物貴，穀一斛至數十萬，自是後錢貨不行（魏志卷六董卓傳）。

到了文帝受禪，黃初二年復五銖錢，不久，又以穀貴罷之。

黃初二年春三月初復五銖錢，冬十月以穀貴，罷五銖錢（魏志卷二文帝紀）。

即錢幣通行不過半年，在錢幣停止通行之時，借貸用實物。

文帝在東宮，嘗從曹洪貸絹百匹，洪不稱意（魏志卷九曹洪傳注引魏略）。

贈送用實物。

胡質之為荊州也，威（質子）自京都省之，告歸，臨辭，質賜其絹一匹，為道路糧（魏志卷二十七胡質傳注引晉陽秋）。

買賣用實物，不，一切價格均以絹匹計算。

任嘏與人共買生口，各顧八匹。後生口家來贖，時價直六十匹。共買者欲隨時價取贖，嘏自取本價八匹。共買者慙，亦還取本價（魏志卷二十七王昶傳注引任嘏別傳）。

貨幣不能通行，借貸贈送買賣均用穀帛，後因人民競濕穀以要利，作薄絹以為市，發生各種流弊，乃於魏明帝太和元年復行五銖。

太和元年夏四月乙亥復行五銖錢（魏志卷三明帝紀）。

黃初二年魏文帝罷五銖錢，使百姓以穀帛為市。至明帝時，錢廢穀用既久，人間巧偽漸多，競濕穀以要利，作薄絹以為市，雖處以嚴刑，而不能禁也。司馬芝等舉朝大議，以為用錢非徒豐國，亦所以省刑，今

若更鑄五銖錢，則國豐刑省，於事為便。魏明帝乃更立五銖錢（晉書卷二十六食貨志）。

國民經濟既然破壞，因之，軍閥的財政也感困難，而糧食問題尤見嚴重。袁紹軍人皆資桑椹，袁術戰士取給蒲蠃。

自遭荒亂，率乏糧穀，諸軍並起，無終歲之計，饑則寇略，飽則弃餘，瓦解流離，無敵自破者不可勝數。袁紹之在河北，軍人仰食桑椹，袁術在江淮，取給蒲蠃。民人相食，州里蕭條（魏志卷一武帝紀建安元年注引魏書）。

而曹操軍隊且有雜食人脯之事。

初太祖乏食，程昱略其本縣，供三日糧，頗雜以人脯（魏志卷十四程昱傳注引世語）。

於是怎樣解決糧食，就成為重要問題，最初是從消費方面著手，禁酒可以視為一例。

時年饑兵興，曹操表制酒禁（後漢書卷一百孔融傳）。

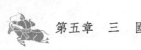

關此，孔融與曹操書云：

二代之禍及眾人之敗，以酒亡者，實如來誨。雖然……夏商亦以婦人失天下，今令不斷婚姻，而將禁酒獨急者，疑但惜穀耳，非以亡王為戒也（後漢書卷一百孔融傳注引融集與操書）。

即由孔融觀之，曹操禁酒，目的乃在惜穀。但是糧食不從生產方面解決，是沒有效果的。民人分散，田園荒蕪，社會不是相對的貧窮，而是絕對的貧窮，單單節省消費，當然無補於事，所以不久又從生產方面著手。三國初期，曹操「大議損益，韓浩以為當急田」（魏志卷九夏侯惇傳注引魏書）。文帝受禪，鮑勛亦謂「今之所急，唯在軍農」（魏志卷十二鮑勛傳）。蓋三方未定，商鞅所謂農戰在當時不失為一種良好的國策。然要

解決生產問題，一宜安定地方秩序，二宜減輕各種租稅，於是曹操就任用許多循吏以為刺史太守，委以大權，令其便宜行事。例如茂涼為泰山太守，「旬月之間襁負而至者千餘家」（魏志卷十一茂涼傳），劉馥為揚州刺史，「數年中，恩化大行，百姓樂其政，流民越江山而歸者以萬數」（魏志卷十五劉馥傳）。張既為京兆尹，「招懷流民，興復縣邑，百姓懷之」（魏志卷十五張既傳）。蘇則為金城太守，「於時變亂之後，吏民流散饑窮，戶口損耗，則撫循之甚謹，旬月之間流民皆歸，得救千家」（魏志卷十六蘇則傳）。此外如兗州刺史司馬朗、并州刺史梁習、梁州刺史溫恢、豫州刺史賈逵、河東太守杜畿、京兆尹鄭渾、敦煌太守倉慈，無不善於撫循，而為魏代的良二千石（參閱魏志卷十五及卷十七各本傳）。

同時又釐定稅制，建安九年曹操平定袁氏鄴都，九月令曰：

> 有國有家者不患寡而患不均，不患貧而患不安。袁氏之治也，使豪強擅恣，親戚兼并，下民窮弱，代出租賦，衒鬻家財，不足應命……欲望百姓親附，甲兵強盛，豈可得邪。其收田租畝四升，戶出絹二匹，綿二斤而已，他不得擅興發。郡國守相明檢察之，無令強民有所隱藏，而弱民兼賦也（魏志卷一太祖紀建安九年注引魏書）。

這個稅制似非單單實行於冀州之地，而可以視為魏代的普遍制度。依據這個稅制，魏的租稅分為兩種：一是田租，二是戶調。漢代除田租外，有算賦口錢更賦戶稅等稅。魏代似將漢世的算賦口錢更賦戶稅等包括於戶稅之中，而稱之為戶調。合田租、徭役、戶調三者已開始了隋唐的租庸調制度之先聲。魏世戶調不比漢代雜賦為苛，至於田租尚比漢代為輕。漢的田租三十稅一，漢文帝時代農業生產力是很低的。晁錯說：「百畝之收不過百石」（漢書卷二十四上食貨志），即一畝收米一石。三十稅一，即一畝要納米〇・〇三三石。

依姚鼐計算，斛與石之比為二〇〇比一五〇（參閱漢書卷二十四上食貨志補注），所以〇．〇三三石應為四升四合，這已比魏世為高了。倘魏世田租用粟不用米，則依九章算術，漢之田租應為七升三合（$44 \div \frac{3}{5} = 73$），是更比魏代為高。何況魏代田租是固定的，不論每畝收穫多少，只稅四升，西漢時田租則隨生產力的增高而增加。上述之米四升四合或粟七升三合乃指農業生產力最低時期所納的田租。兼以魏尺又比西漢的尺長四分有餘（晉書卷十六律曆志上），所以魏代之畝亦比西漢略大。固然魏斛稍大，即魏之一斛約合漢代九斗七升四合（晉書卷十六律曆志上），然其所大之數甚微。總之曹操雖在兵馬倥傯時代，仍注意培養稅源，不惜減輕田租，使人民有勸耕之心。

安定地方的秩序，減輕農民的負擔，這是予民休息之意。但是生產力過度破壞，單單予民休息，似亦無濟於事，於是魏世又採用積極政策，而謀經濟的復興。當時人眾流散，土業無主，多為政府沒收，充為公田。

> 大亂之後，民人分散，土業無主，皆為公田（魏志卷十五司馬朗傳）。

於是如何利用公田，就成為問題。兩漢政府為對付匈奴，每用屯田之法，以解決軍糧問題。舉最近之例說，靈帝時，傅燮為漢陽太守，「廣開屯田，列置四十餘營」（後漢書卷八十八傅燮傳）。漢陽郡本天水郡（見後漢書卷三十三上郡國志，漢陽郡注），地近胡羌，傅燮所開的屯田稱之為「營」，似為軍屯，蓋當時牧守均常領兵也。三國時代，英雄棊跱，兵亂相承，當時感覺困難的也是軍糧。軍閥要擴軍，必須積穀，要積穀，必須務農，而務農之法又莫便於屯田。建安元年曹操得到許下，試行屯田之制，既有成績，又推行於各地。

> 建安元年，是歲用棗祇韓浩等議，始興屯田[17]。注引魏書曰，曹公曰夫定國之術在於強兵足食，秦人以

急農兼天下，孝武以屯田定西域，此先代之良式也。是歲乃募民屯田許下，得穀百萬斛，於是州郡列置田官，所在積穀，征伐四方，無運糧之勞，遂兼滅群雄，克平天下（魏志卷一武帝紀）。

魏的屯田分為兩種：一是軍屯，二是民屯。軍屯乃選擇軍事險要之地或進軍必經之路，使兵士且田且守。建安十四年曹操引水軍，自渦入淮，出淝水，軍合肥，開芍陂屯田（魏志卷一太祖紀），即其例也。管理軍屯的人不是當地領兵之將，而是另置度支中郎將，度支校尉與度支都尉。

度支中郎將二千石，第六品，掌諸軍屯田（三國職官表）。

度支校尉比二千石，第六品，掌諸軍屯田（同上）。

度支都尉六百石，第七品，掌諸軍屯田（同上）。

最重要的乃是民屯。民屯是選擇灌溉容易而土壤肥沃之地，雇用農民，耕作公田。政府是地主，農民是佃戶，而為晉的占田制，北朝隋唐的均田制的先聲。農民最初是用徵調的方法，強迫他們遷到屯田所在地。但是農民安土重遷，時時逃亡，所以後來又改為招募，招募貧民佃作。

是時新募民開屯田，民不樂，多逃亡。袁渙白太祖曰夫民安土重遷，不可卒變，易以順行，難以逆動，宜順其意，樂之者乃取，不欲者勿強。太祖從之，百姓大悅（魏志卷十一袁渙傳）。

佃作公田的人稱為屯田客或典農部民。例如：

屯田客呂並自稱將軍，聚黨據陳倉，趙儼攻之，賊即破滅（魏志卷二十二趙儼傳）。

⑰ 魏志卷九夏侯惇傳注引魏書曰，「時大議損益，韓浩以為當急田，太祖善之」。卷十六任峻傳，「是時軍食不足，棗祗建置屯田」。

鄧艾少為襄城典農部民，與石苞皆年十二三（魏志卷二十八鄧艾傳注引世說）。

管理民屯的人有典農中郎將，典農校尉及典農都尉。

典農中郎將郡縣有屯田者置，二千石，第六品，主屯田（三國職官表）。

典農校尉郡縣有屯田者置，比二千石，第六品，所主如中郎將（同上）。

典農都尉郡縣有屯田者置，秩六百石或四百石，第七品，主屯田（同上）。

大郡置典農中郎將，小郡置典農校尉，典農都尉則置於各縣。

咸熙元年詔罷屯田官，以均政役，諸典農皆為太守，都尉皆為令長，是典農中郎將校尉分列諸郡國，典農都尉分列諸縣也。其或置中郎將或置校尉，則郡國大小之別（三國職官志）。

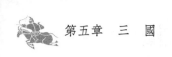

典農之職始於兩漢，前志（漢書卷十九上百官公卿表）云：「農都尉……武帝初置」。農都尉直隸於大司農，「班況舉孝廉為郎，積功勞，至上河農都尉，大司農奏課連最，入為左曹越騎校尉」（漢書卷一百上敍傳），即其證也。續志（後漢書卷三十八百官志五）云：「邊郡置農都尉，主屯田殖穀」。建武八年梁統為酒泉典農都尉（後漢書卷六十四梁統傳），即農都尉亦稱為典農都尉。三國初年，陶謙為徐州牧，曾表陳登為典農校尉，登「巡土田之宜，盡鑿溉之利，秔稻豐積」（魏志卷七張邈傳注引先賢行狀）。謙於興平元年病死，可知民屯之制並不是創始於曹操。凡郡屯田不廣，典農校尉由郡守兼之，例如傅玄在魏時為弘農太守，領典農校尉（晉書卷四十七傅玄傳）。其置典農校尉者，典農校尉與典農都尉均不受郡守管轄。典農都尉又稱為屯田都尉，其官階雖比令長，而卻不屬於郡。

賈逵領弘農太守，其後發兵，逵疑屯田都尉藏亡民，都尉自以不屬郡，言語不順。注引魏略曰，逵前在

弘農，與典農校尉爭公事，不得理，乃發憤生癭（魏志卷十五賈逵傳）。

此蓋典農之職直隸於大司農之故。

典農屬大司農，見司馬芝傳。司馬芝為大司農，先是諸典農各部吏民，末作治生，以要利入。芝奏曰臣愚以為不宜復以商事雜亂，專以農桑為務，於國計為便，明帝從之，可以見當時典農之制。又曹爽傳注魏略桓範傳，桓範為大司農，謂爽弟羲曰，洛陽典農治在城外，呼召如意，而大司農印章在我，亦典農屬大司農之證（三國職官表）。

但是典農部民與郡縣編戶系統不同，在同一地區之內，而有此種區別，自非久行之法。所以魏末，即陳留王咸熙元年，就廢屯田官，以均政役，諸典農皆為太守，都尉皆為令長（魏志卷四陳留王紀）。茲宜特別一言者，不問軍屯或民屯，每人所受的田均沒有一定畝數，凡能耕多少田，就可以受多少田。此蓋地廣人稀，一方要處分荒地，同時又顧到人力之故。晉傅玄說：

近魏初課田，不務多其頃畝，但務修其功力（晉書卷四十七傅玄傳）。

至其所納賦稅則和一般農民不同，農民所納者為田賦，他們所納者為佃租。佃租多少，是看他們所用的牛是官牛或是私牛。持官牛者須將六成收穫物繳給政府；持私牛者須將五成收穫物繳納政府。晉武帝時，傅玄說明魏代屯田的佃租如次。

舊兵持官牛者官得六分，士得四分，自持私牛，與官中分（晉書卷四十七傅玄傳）。

傅玄之言用「兵」字，甚似只指軍屯，若依封裕所說，似民屯也是一樣。他說：

魏晉雖道消之世，猶削百姓不至於七八，持官牛田者，官得六分，百姓得四分，私牛而官田者，與官中

分，百姓安之（晉書卷一百九慕容皝載記）。

這種官六民四或與官中分的佃租，不但當時的人不以為多，而晉代人士且稱之為公平。

傅玄上疏曰，又舊兵持官牛者，官得六分，士得四分，自持私牛者，與官中分。施行來久，眾心安之。今一朝減持官牛者，官得八分，士得二分，持私牛及無牛者，官得七分，士得三分。人失其所，必不歡樂。臣愚以為宜佃兵持官牛者與四分，持私牛與官中分，則天下兵作歡然悅樂，愛惜成穀，無有損弃之憂（晉書卷四十七傅玄傳）。

這又有似是指軍屯了。魏行屯田之後，結果甚佳，經濟上則百姓殷足。

武皇帝特開屯田之官，專以農桑為業。建安中，天下倉庫充實，百姓殷足（魏志卷十二司馬芝傳）。

財政上則倉廩充實。

棗祗建置屯田，數年中，所在積粟，倉廩皆滿（魏志卷十六任峻傳）。

軍事上則無運糧之勞。

州郡列置田官，所在積穀，征伐四方，無運糧之勞，遂兼滅群雄，克平天下（魏志卷一武帝紀建安元年注引魏書）。

但中國農業是依靠雨水的。雨水不調，可以破壞中國的農事，而使千萬畝的土地變為池沼或變為沙田，所以魏在推行屯田之時，又講求水利之策。

魏武又以沛國劉馥為揚州刺史，鎮合肥，廣屯田，脩芍陂茹陂七門吳塘諸堨，以灌稻田，公私有蓄，歷代為代。賈逵之為豫州，南興吳接，修守戰之具，堨汝水，造新陂，又通運渠三百餘里，所謂賈侯渠是也。

當黃初中，四方郡守墾田又加，以故國用不匱……鄭渾為沛郡太守，郡居下濕，水澇為患，百姓飢乏。渾於蕭相二縣，興陂堨，開稻田，郡人皆不以為便。渾以為終有經久之利，遂躬帥百姓興工，一冬皆成，比年大收，頃畝歲增，租入倍常。郡中賴其利，刻石頌之，號曰鄭陂。魏明帝世，徐邈為涼州，土地少雨，常苦乏穀。邈上修武威酒泉鹽池，以收虜穀。又廣開水田，募貧民佃之，家家豐足，倉庫盈溢……其後皇甫隆為敦煌太守，敦煌俗不使耬犂，及不知用水，人牛功力既費，而收穀更少。隆到，乃教作耬犂，又教使溉灌，歲終計率所省庸力過半，得穀加五，西方以豐。嘉平四年關中饑，宣帝表徙冀州農夫五千人佃上邽，興京兆天水南安鹽池，以益軍實。青龍元年開成國渠，自陳倉至槐里，築臨晉陂，引汧洛溉舃鹵之地三千餘頃，國以充實焉。正始四年宣帝又督諸軍伐吳將諸葛恪，焚其積聚，恪弃城遁走。帝因欲廣田積穀，為兼併之計，乃使鄧艾行陳項以東，至壽春地。艾以為田良水少，不足以盡地利，宜開河渠，可以大積軍糧，又通運漕之道，乃著濟河論以喻其指……宣帝善之，皆如艾計施行……兼修廣淮陽百尺二渠，上引河流，下通淮潁，大治諸陂，於潁南潁北穿渠三百餘里，溉田二萬頃，淮南淮北皆相連接，自壽春到京師，農官兵田，雞犬之聲，阡陌相屬。每東南有事，大軍出征，汎舟而下，達於江淮，資食有儲，而無水害，艾所建也（晉書卷二十六食貨志）。

於是生產力就漸次提高，北方土廣人稀，墾者均係上田。

今者土廣民稀，中地未墾（後漢書卷四十九仲長統傳損益篇）。

而又加以水利之功，所以每畝可收十餘斛或數十斛。傅玄說：

近魏初……白田收至十餘斛，水田收數十斛（晉書卷四十七傅玄傳）。

傅玄之言雖有誇張之處，然國民經濟的復興是不容懷疑的，由是人民流亡出境者就漸次歸還本土。比方關中，建安初年，地甚荒涼，百姓流入荊州者十餘萬戶，及聞本土安寧，均歸還關中，而使關中充實起來。

> 建安初，關中百姓流入荊州者十餘萬家，及聞本土安寧……流人果還，關中豐實（晉書卷二十六食貨志）。

又如冀州，曹操初得冀州之時，案戶籍，只有三十萬眾，便視為大州（魏志卷十二崔琰傳），後來戶口增加，田多墾闢。

> 冀州戶口最多，田多墾闢（魏志卷十六杜畿傳）。

而使文帝欲徙冀州十萬戶以實河南。

> 文帝欲徙冀州士家十萬戶實河南，時連蝗民饑，群司以為不可，帝遂徙其半（魏志卷二十五辛毗傳）。

固然經濟破壞，戶口減耗，到了明帝之時尚未完全恢復。青龍三年張茂說：

> 自衰亂以來，四五十載，馬不捨鞍，士不釋甲，每一交戰，血流丹野，創痍號痛之聲於今未已（魏志卷三明帝紀青龍三年注引魏略）。

景初元年董尋亦言：

> 建安以來，野戰死亡，或門殫戶盡，雖有存者，遺孤老弱（魏志卷二明帝紀景初元年注引魏略）。

然正始以後，朝中雖有政變，而國外尚無大規模的戰爭，人民得息仔肩，於是三國勢力的均衡就破壞了。中國文化是由北方漸向南方發展。隋唐以前，北方文化比南方高，北方戶口也比南方多。戶口是古代兵力與財力的源泉，北方戶口多於南方，就是北方的兵力與財力大於南方。由秦漢而至三國，司隸之地，即三輔三河弘農可以視為北方的心臟，欲由南方征服北方，必須保有荊益二州。荊州有襄陽，襄陽北通河洛，

西接益梁，南遮湖廣，東瞰吳越。益州有漢中，北瞰關中，南蔽巴蜀，東通荊襄，西控秦隴。由襄陽出兵，可以威脅洛陽。由漢中出兵，可以竄食關中。但是三國分立之後，蜀失荊州，不能取襄陽，以迫洛陽。吳無巴蜀，不能由漢中，以取關中。而吳蜀兩國利害又不一致，只能消極的共同防禦，不能積極的共同攻戰，所以就形勢說，蜀吳兩國自始就處於敗北的地位。更進一步觀之，吳跨有荊揚，而定都於東南的建業，欲圖東南，必爭江漢，欲窺中原，必得淮泗。有江漢而無淮泗，國必弱，有淮泗而無江漢的上流，國必危。吳於淮泗之地，東不得廣陵。顧祖禹說：

> 廣陵根柢淮左，遮蔽金陵，自昔為東南都會，吳王濞稱兵於此，漢室幾為動搖。孫權不得廣陵，雖數爭淮南，而終以長江為限（讀史方輿紀要卷二十三揚州府）。

西不得合肥，今再舉顧祖禹之言，以證明合肥在軍事上之價值。

> 合肥為淮右噤喉，江南脣齒，自大江而北出，得合肥，則可以西問申蔡，北向徐壽，而爭勝於中原。中原得合肥，則扼江南之吭而拊其背矣。三國時吳人嘗力爭之。魏主叡曰先帝東置合肥，南守襄陽，西固祁山，賊來輒破之於三城之下者，地有所必爭也⑱。蓋終吳之世曾不能得淮南尺寸地，以合肥為魏守也（讀史方輿紀要卷二十六盧州府）。

所以終吳之世不能與魏人爭雄於中原，而荊州的襄陽又始終保於曹魏之手，這對於吳，不但使其無法進窺西北，且使其不易固守東南。顧祖禹說：

---

⑱ 魏青龍二年，吳主權曾三路出兵北伐，一向合肥，二向廣陵，三向襄陽，均無功而還。魏明帝曰，「先帝東置合肥，南守襄陽，西固祁山，賊來，輒破於三城之下者，地有所必爭也」（資治通鑑卷七十二魏明帝青龍二年）。

夫襄陽者天下之腰膂也，中原得之，可以併東南，東南得之，亦可以圖西北者也……三國爭荊州，吳人不能得襄陽，引江陵之兵以攻魏，輒破於襄陽之下……故不能越漢江尺寸地……彼襄陽者，進之可以圖西北，退之猶足以固東南者也。有襄陽而不守，敵人踰險而南，漢江上下，罅隙至多，出沒縱橫，無後顧之患矣……所謂上可以通關陝，中可以向許洛，下可以通山東者，無如襄陽……昔人謂東南可以問中原者莫如襄陽（讀史方輿紀要卷七十五湖廣方輿紀要序）。

又說：

襄陽跨連荊豫，控扼南北，三國以來，嘗為天下重地。曹操赤壁之敗，既失江陵，而襄陽置戍，屹為藩捍。關壯繆在荊州，嘗力爭之，攻沒于禁等七軍，兵勢甚盛，徐晃往救，襄陽不下。曹操勞晃曰，全襄陽，子之力也。蓋襄陽失，則沔漢以北危。當操之失南郡而歸也，周瑜說權曰，據襄陽以蹙操，北方可圖。及壯繆圍襄陽，操憚其鋒，議遷都以避之矣。吳人懼蜀之逼，遽起而議其後，魏終得以固襄陽，而吳之勢遂屈於魏。自後諸葛瑾陸遜之師屢向襄陽，而終無尺寸之利，蓋勢有所不得逞也。而於魏人之保襄陽，亦如手足之救頭目。然方吳人之攻曹仁也，司馬懿曰襄陽水陸之衝，禦寇要地，不可失也。魏明帝亦言，地有所必爭矣。晉人因之，而襄陽遂為滅吳之本。羊祜鎮襄陽，進據險要，開建五城，收膏腴之利，奪吳人之資，石城以西，盡為晉有，又廣事屯田，預為儲蓄。祜之始至也，軍無百日之糧，及至季年，有十年之積。杜預繼祜之後，遵其成算，遂坐而弋吳矣（讀史方輿紀要卷七十九襄陽府）。

蜀如何呢？自失去荊州之後，只能退保益州。觀蜀之險，其守不可出，其出不可繼。固然尚有漢中之地，可以北瞰關中，西控秦隴。但是由秦地入漢中之道有三，由漢中入蜀之道有二，五道無不險阻。

由漢中出關或入蜀道表

種類	道名	里數	備考
由關中入漢中道	褒斜道	四七〇里	太和中，曹真表欲數道伐蜀，從斜谷入，陳群以為斜谷險阻，難以進退，轉運必見鈔截，多留兵守要，則損戰士，不可不慮也，帝從群議（魏志卷二十二陳群傳）。景耀三年鍾會分兵從斜谷趨漢中（魏志卷二十八鍾會傳）。
	儻駱道	四二〇里	正始五年曹爽發卒六七萬人伐蜀，從駱谷入，牛馬騾驢多死，民夷號泣道路，入谷行數百里，蜀因山為固，兵不得進，乃引軍還（魏志卷九曹爽傳）。景耀三年鍾會分兵從駱谷趨漢中（魏志卷二十八鍾會傳）。
	子午道	六六〇里	太和四年曹真伐蜀，從子午道入，會大霖雨三十餘日，棧道斷絕，詔曹真還軍（魏志卷九曹真傳）。景耀三年鍾會分兵從子午谷入漢中（魏志卷二十八鍾會傳）。
由漢中入蜀正道	金牛道		由漢中過陽安關，越朝天嶺，而至四川的劍州。鍾會所率軍隊下關城（陽安關），趨劍閣，即由是道。
	米倉道		由漢中過米倉山，越孤雲山，而至四川的巴州。
由漢中入蜀間道	左儋道		由陰平，過馬閣，至四川的龍州江油縣，鄧艾入蜀即由是道。艾自陰平，道行無人之地七百餘里，鑿山通道，造作橋閣，山高谷深，至為艱險，艾以氈自裹，推轉而下，將士皆攀木緣崖，魚貫而進（魏志卷二十八鄧艾傳）。

入漢中之道險阻，則敵人固然不易伐我，而我也必不易伐敵。劉邦能夠平定三秦，實因秦人痛恨三秦王，而三秦王又未曾慮到劉邦出關，所以劉邦可以乘其無備，兼併秦隴。劉備於建安二十四年得到漢中，同年關羽失去荊州，翌年曹操死，子丕受禪。劉備捨魏而去伐吳，大敗而歸，旋即崩殂。到了後主即位，

魏的勢力已經鞏固，蜀欲由漢中以窺秦隴，實非易事。諸葛亮「誠有匡佐之才，然處孤絕之地，戰士不滿五萬」（蜀志卷五諸葛亮傳注引袁子曰），六出祁山，均因「眾寡不侔，攻守異體」（蜀志卷五諸葛亮傳），而道路險阻，運糧困難，所以每次北伐，常以糧盡而還。孫子（第二篇作戰）云，「久累師，則國用不足」。「國之貧於師者遠輸，遠輸則百姓貧」。此中道理，諸葛亮不是不知的。固然諸葛亮太過謹慎，其出師征伐，魏延「輒欲請兵萬人，與亮異道會於潼關，如韓信故事，亮制而不許」（蜀志卷十魏延傳）。魏延之策雖深合於孫子（第十一篇九地）所說：「兵之道貴速，由不虞之道，攻其所不戒也」。但是諸葛亮亦有難言之苦衷，蜀帶甲將士雖有十萬二千（通典卷七歷代盛衰戶口），而據司馬昭估計，戰士不出九萬，四萬駐防國內，其能迎敵作戰者不過五萬。兵力如斯寡弱，其所以不願閉關守險，而必空勞師旅，無歲不征，豈但因為漢賊不兩立，王業不偏安，我不伐賊，王業亦亡，惟坐待亡，孰與伐之（後出師表）而已。蓋亮乃以攻為守，即如王船山所說：「其出師以北伐，攻也，特以為守焉耳。以攻為守，而不可示其意於人，故無以服魏延之心，而貽之怨怒。秦隴者非長安之要地，乃西蜀之門戶也。……公之定算，名為攻，而實為守計也」（讀通鑑論卷十，三國）。孫子（第八篇九變）云：「用兵之法，無恃其不來，恃吾有以待之，無恃其不攻，恃吾有所不可攻也」。如何使敵不來不攻，只有依孫子之言，而反唐太宗的解釋，即「不可勝者守也，可勝者攻也」（此係出於孫子第四篇軍形），守之法，要在示敵以有餘（太宗作不足），攻之法示敵以不足（太宗作有餘）。示敵以不足，則敵必來攻。示敵以有餘，則敵必自守（參閱李衛公問對卷下）。東漢時虞詡率眾數千，禦萬餘之羌。「令吏士各作兩灶，日倍增之，羌不敢逼。或曰孫臏減灶，而君增之，何也。詡曰，虜眾多，吾兵少。孫臏見弱，吾今示強，勢有不同，故也」（後漢書卷八十八虞詡傳）。此即諸葛亮雖知眾寡不侔，而必用兵不戢，屢耀其武

的理由。然而司馬懿亦非弱者，他固以守為攻⑲。王船山說：「漢以初出之全力，求敵以戰，其氣銳，魏空關中之守，即險以爭，其勢危，皆敗道也。一敗潰而漢乘之，長安不守，漢且出關以搗宛雒，是高祖破項之故轍也，魏惡得而不危。兵據要害，敵即盛而險不可踰。據秦川沃野之粟，坐食而制之，雖孔明之志銳而謀深，無如此漠然不應者何也」。「魏所必守者長安也。長安不拔，漢固無如魏何」（讀通鑑論卷十，三國）。孫子（第三篇攻謀）云：「知彼知己，百戰不殆。不知彼而知己，一勝一負。不知彼不知己，每戰必敗」。吳子（第三篇治兵）云：「以近待遠，以佚待勞，以飽待饑」。懿固深知漢兵千里運糧，不能持久，乃深溝固壘，不與交鋒，亮雖數挑戰，而遺以巾幗婦人之飾，懿均不出（參閱晉書卷一宣帝紀青龍元年）⑳。漢魏兩軍對壘於武功五丈原，相持百餘日，亮病卒，北伐之師不能不退。

---

⑲ 王船山謂「孔明之北伐也，屢出而無功，以為司馬懿之力能拒之，而早決大計於一言者，則孫資也」（讀通鑑論卷十，三國）。今據通鑑（卷七十魏明帝太和元年），「帝（魏明帝）聞諸葛亮在漢中，欲大發軍就攻之，以問孫資。資曰武皇帝（曹操）聖於用兵，察蜀賊棲於山巖，不責將士之力，不爭一朝之忿，誠所謂見勝而戰，知難而退也……但以今日見兵，分命諸將據諸要險，威足以震攝強寇，鎮靜疆埸，將士虎睡，百姓無事，數年之間，中國日盛，吳蜀二虜必自罷敝，帝乃止」。六韜（第二十九篇兵徵）云：「知可攻而攻，不可攻而止」。孫子（第四篇軍形）云：「善戰者立於不敗之地，而不失敵之敗也。是故勝兵先勝而後求戰，敗兵先戰而後求勝」。魏多足智善謀之士，卒能收效於數十年之後，不是沒有原因的。

⑳ 諸葛亮亦知司馬懿之不願戰。懿雖然表請決戰，魏主遣衛尉杖節以制之。「姜維謂亮曰，辛毗杖節而至，賊不復出矣。亮曰彼本無戰心，所以固請者，以示武於其眾耳。將在軍，君命有所不受，苟能制吾，豈千里而請戰耶」（晉書卷一宣帝紀魏青龍元年，蜀志卷五諸葛亮傳注引漢晉春秋亦有同一記載）。

案蜀據長江上流，下臨荊楚，其勢足以奪長江之險。從來有取天下之略者莫不切切於用蜀，秦欲兼諸侯，則先并蜀，并蜀而秦益強，富厚輕諸侯。孫權曾說：「若操得蜀，則吳危矣」（吳志卷二孫權傳建安十五年注引獻帝春秋）。夏侯惇亦謂「宜先滅蜀，蜀亡則吳服」（魏志卷一武帝紀建安二十四年注引曹瞞傳）。所以司馬昭欲統一華宇，不是南下江南，而是由關中而入巴蜀。

> 司馬昭欲大舉伐漢，朝臣多以為不可。昭諭眾曰吳地廣大而下濕，攻之用功差難，不如先定巴蜀。三年之後，因順流之勢，水陸並進，此滅虢取虞之勢也。計蜀戰士九萬，居守成都及備他境不下四萬，然則餘眾不過五萬……以劉禪之闇……其亡可知也（資治通鑑卷七十八魏元皇帝景元三年）。

唯為牽制吳蜀相助之故，乃「勑青徐兗豫荊揚諸州並使作船，又令唐咨作浮海大船，外為將伐吳者」（魏志卷二十八鍾會傳）。此時也，諸葛亮已死，姜維掌握兵權，維乃自棄其險，不守漢中，而守漢樂二城，本欲誘敵深入，結果敵乃平行而至漢中。楊洪說：「漢中則益州咽喉，存亡之機會，若無漢中，則無蜀矣」（蜀志卷十一楊洪傳）。黃權亦說：「若失漢中，則三巴不振」（蜀志卷十三黃權傳）。魏景元三年，即蜀景耀六年蜀亡。顧祖禹云：

> 初昭烈留魏延鎮漢中，皆實兵諸圍，以禦外敵。敵若來攻，使不得入，後皆承此制。姜維以為諸圍適可禦敵，不獲大利，不若斂兵聚穀，退就漢樂二城，聽敵入平，重關頭鎮守以捍之。敵攻關不克，野無散穀，千里運糧，自然疲乏，引退之日，然後諸城並出搏之，此殄敵之術也。後主從之。及鍾會來侵，遂平行至漢中，由維自弃其險也（讀史方輿紀要卷五十六漢中府，參閱蜀志卷十四姜維傳）。

蜀亡之後，魏的政局也發生了變化。吾國自秦漢以來，歷代政府均鑑前代之失，而努力於鞏固帝權的

安定。秦鑑周因諸侯而亡，乃改封建為郡縣，漢鑑秦因孤立而亡，又廣封同姓為諸侯。七國叛變，漢武復努力於建設中央集權的國家。內重外輕，王莽秉政，遂假周公之事，而為田常之亂。東漢鑑西漢之亡於權臣，乃建立三公之制，以分其權。至魏，一方鑑西漢七國叛變之事，所以雖然封建侯王，而諸侯皆寄名空地，徒有國土之名，而無社稷之實。

魏興，承大亂之後，民人損減，不可則以古始。於是封建侯王，皆使寄地空名，而無其實。王國使有老兵百餘人，以衛其國，雖有王侯之號，而乃儕於匹夫，懸隔千里之外，無朝聘之儀，鄰國無會同之制，諸侯游獵不得過三十里，又為設防輔監國之官，以伺察之。王侯皆思為布衣而不能得，既違宗國藩屏之義，又虧親戚骨肉之恩（魏志卷二十武文世王公傳評注引袁子曰）。

而同姓兄弟又不得宰州臨郡，且看魏宗室曹冏之言。

今之州牧郡守，古之方伯諸侯，皆跨有千里之土，兼軍武之任，或比國數人，或兄弟並據，而宗室子弟曾無一人間廁其間，與相維持，非所以強幹弱枝，備萬一之虞也。今之用賢，或超為名都之主，或為偏師之帥。而宗室有文者，必限小縣之宰，有武者必置百人之上，使夫廉高之士畢志於衛軛之內，才能之人恥與非類為伍，非所以勸進賢能，褒異宗室之禮也（魏志卷二十武文世王公傳評注引魏氏春秋）。

同時又鑑東漢閹宦之禍，乃限制閹人為官不得過諸署令。

文皇帝諱丕……嗣位為魏王……其宦人為官者不得過諸署令，為金策著令，藏之石室（魏志卷二文帝紀）。

復鑑東漢外戚之禍，詔群臣不得奏事太后，太后之家不得當輔政之任，又不得橫受茅土之爵。

黃初三年九月甲午詔曰，夫婦人與政，亂之本也。自今以後，群臣不得奏事太后，后族之家不得當輔政

之任，又不得橫受茅土之爵。以此詔傳後世，若有背違，天下共誅之（魏志卷二文帝紀）。

其防微杜漸不可謂不慎，然而禍患之來往往出於吾人預料之外。魏之禍患既不是來自宗室，亦不是來自外戚，更不是來自閹宦。案曹操之父嵩乃中常侍曹騰之養子，嵩為夏侯氏之子（魏志卷一太祖紀）。曹氏為魏武之名義上宗族，夏侯與魏武有實際上血統關係。曹操雖然收羅許多強宗大族以為羽翼，而專方面、負重任者以曹及夏侯兩家之人為多（參閱魏志卷九各傳）。魏文即位，夏侯一家似無繼起人才，負重任者則為曹休曹真。然此兩人亦缺乏匡佐之才，致令魏文不能不登用新進之士，如陳群司馬懿等。文帝臨崩之時，召中軍大將軍曹真、鎮軍大將軍陳群、征東大將軍曹休、撫軍大將軍司馬懿並受遺詔輔嗣主[21]。案司馬懿在曹操時代，既無汗馬之勞，亦無運籌之功，而曹操又以其有狼顧相，復夢三馬同食一槽，不欲委以重任（參閱晉書卷一宣帝紀）。文帝踐祚，司馬懿雖為尚書，遷尚書僕射，亦尚無弄權的機會。其後舊臣宿將逐漸病歿，司馬懿遂能露出頭角，官至撫軍大將軍。文帝崩殂，就與曹休曹真陳群同受遺詔輔政。曹休於太和二年薨，曹真於太和五年薨，陳群於青龍四年薨，於是司馬懿更遭時際會，常都督諸州軍事，西抗蜀國，用拖延之計，使孔明不能伸其志，東滅遼東，立大功於國外，終而成為明帝末年的重臣。明帝將崩，令大將軍曹爽（曹真子）太尉司馬懿輔少主（魏志卷三明帝紀景初三年），即同姓與異姓共同輔政，其防範權臣亦甚周到[22]。

---

[21] 魏志卷二文帝紀黃初七年，但據魏志卷九曹真傳、晉書卷一宣帝紀及晉略武帝紀，文帝臨崩之時受遺輔政者，只有曹真陳群司馬懿三人，蓋曹休為揚州牧，不在洛陽之故。

[22] 明帝疾甚，召司馬宣王（懿），引入臥內，「時太子芳（齊王）年八歲，秦王九歲在於御側。帝執宣王，目太子曰死乃復可忍，朕忍死待君，君其與爽輔此。宣王曰陛下不見先帝屬臣以陛下乎」（魏志卷三明帝紀景初二年注引魏氏

然其結果，正始年間竟然發生曹爽與司馬懿的鬥爭。曹爽既「白天子發詔轉司馬懿為太傅，外以名號尊之，內欲令尚書奏事，先來由己，得制其輕重也」。又任命弟羲為中領軍，訓武衛將軍，其餘諸弟皆以列侯侍從，出入禁闈，貴寵莫盛。復引用何晏（以為吏部尚書）鄧颺（以為尚書）李勝（以為河南尹）丁謐（以為尚書）畢軌（以為司隸校尉）桓範（以為大司農）等人。此輩雖有才華，但皆缺乏政治經驗。曹爽以紈綺子弟何能抵抗老奸巨猾的司馬懿，而懿又有許多權詐之士，為其謀臣策士（參閱魏志卷九曹爽傳）。曹爽失敗，魏之政權就由曹家移歸司馬。司馬懿受兩世託孤之命，就友誼言，亦應竭股肱之力，效忠貞之節，而乃心懷貳志，欺陵孤兒寡婦。子師廢齊王而立高貴鄉公，昭弒高貴鄉公而立陳留王，每乘廢置，竊取威權。三世秉政，權大勢強。古來權臣欲篡取帝位，必先建立武勳，苟能樹奇功於外國，則人望已歸，禪讓之事必能成功。司馬昭之心路人皆知，其接受九錫必在平蜀之後，理由在此。傳至子炎，遂於咸熙二年代魏，改國號曰晉。

王船山說：「天下者非一姓之私也，興亡之修短有恆數，苟易姓而無原野流血之慘，則輕授他人而民不病。魏之授晉，上雖逆而下固定，無乃不可乎」（讀通鑑論卷十一晉武帝）。司馬炎既已代魏，就著手於平吳工作。自司馬懿秉政之後，即定下伐吳之計，其政策分為三種。一是經濟進攻，於沿邊各郡大事屯田，積穀以待時機。屯田之制由來已久，漢武帝時，曾用之以困匈奴，宣帝時趙充國又用之以破西羌，其在三國，則於建安元年，由棗祗韓浩提議，曹操行之於許下，關於屯田之利，王船山有詳細的說明。他說：

屯田之利有六，而廣儲芻糧不與焉。戰不廢耕，則耕不廢守，守不廢戰，一也。屯田之吏士據所屯以為

春秋），即日帝崩。

己之樂土，探伺密，而死守之心固，二也。兵無室家，則情不固，有室家，則為行伍之累。以屯安其室家，出而戰，歸而息，三也。兵從事於耕，則樂與民親，而殘民之心息。即境外之民亦不欲淩轢而噬齕之。敵境之民且親附而為我用，四也。兵可久屯，聚於邊徼，束伍部分不離其素，甲胄器仗，以暇而修，卒有調發，符旦下而夕就道，敵莫能測其動靜之機，五也。勝則進，不勝則退，有所止，不至駭散而內訌，六也（讀通鑑論卷十，三國）。

王船山雖舉六利，吾觀其中所言實即晁錯徙民實邊之策（漢書卷四十九晁錯傳），而且只能行於徵兵制度之下。兵皆傭兵，船山所舉六利未必皆可實現，所以船山又云：

雖然，有其地，有其時矣。許昌之屯，乘黃巾之亂，民皆流亡，野多曠土也。兩淮之屯（鄧艾屯田於陳項壽春），魏吳交戰之地，弃為甌脫，田皆蕪廢也。五丈原之屯（諸葛亮最後兵出祁山之時，屯兵於五丈原），秦隴階文之間，地廣人稀，羌胡據山澤而弃乎土，數百里而皆草萊也……此屯之必以其地也。屯於戰爭之時，壓敵境而營疆埸。以守為本，以戰為心，而以耕為餘力，則釋耒耜，援戈矛，兩不相妨以相廢。若在四海蕩平之後，分散士卒，雜處民間，使食利於耕……是弭兵養懦之術也……此屯之必以其時也（仝上）。

三國末期的屯田，開始於司馬氏秉權之時。鄧艾倡其端。他謂「國之所急，惟農與戰，國富則兵強，兵強則戰勝，然農者勝之本也」（魏志卷二十八鄧艾傳）。

昔破黃巾，因為屯田積穀於許都，以制四方。今三隅已定，事在淮南，每大軍征舉，運兵過半，功費巨億，以為大役。陳蔡之間，土下田良，可省許昌左右諸稻田，并水東下，令淮北屯二萬人，淮南三萬人，十二分休，常有四萬人且田且守。水豐，常收三倍於西，計除眾費，歲完五百萬斛，以為軍費。六七年間，

可積三千萬斛於淮北，此則十萬之眾，五年食也。以此乘吳，無往而不克矣。宣王（司馬懿）善之，事皆施行（魏志卷二十八鄧艾傳）。

羊祜承其嗣：

羊祜為都督荊州諸軍事，假節……鎮南夏……以詭計，令吳罷守。於是戍邏減半，分以墾田八百餘頃，大獲其利。祜之始至也，軍無百日之糧，及至季年，有十年之積（晉書卷三十四羊祜傳）。

反之，吳如何呢？

孫皓即位，軍資空匱，倉廩不實……居無積年之儲，出無應敵之蓄……而都下諸官所掌別異，各自下調，不計民力，輒與近期，長吏畏罪，晝夜催民，委舍佃事，遑赴會日，定送到都，或蘊積不用，而徒使百姓消力失時，到秋收月，督其限入，奪其播殖之時，而責其今年之稅，如有逋懸，則藉沒財物，故家戶貧困，衣食不足（吳志卷二十華覈傳）。

吳「軍資空匱，倉廩不實」，晉「積穀養民，專心東向」（吳志卷二十華覈傳），晉在經濟上已戰勝了東吳。次是政治進攻，晉在沿邊各地，開誠布公，以懷柔吳人，使吳人願受晉之統治。同是中國之人，在割據時代，凡欲取得別國土地者，須先取得別國人民之心。

武帝有滅吳之志，以羊祜為都督荊州諸軍事，假節……鎮南夏……與吳人開布大信，降者欲去，皆聽之……自是前後降者不絕，乃增修德信，以懷柔初附……人有略吳二兒為俘者，祜遣送還其家，後吳將來降，二兒之父亦率其屬與俱……祜出軍行吳境，刈穀為糧，皆計所侵，送絹償之。每會眾江沔遊獵，常止晉地。若禽獸先為吳人所傷，而為晉兵所得者，皆封還之。於是吳人翕然悅服，稱為羊公，不之名也（晉書卷三

十四羊祜傳）。

對此，吳如何呢？

孫皓自登位以來，法禁轉苛，賦調益繁，中宮內豎分布州郡，橫興事役，競造姦利。百姓罹杼軸之困，黎民罷無已之求，老幼飢寒，家戶菜色。而所在長吏迫畏罪負，嚴法峻刑，苦民求辦，是以人力不堪，家戶離散，呼嗟之聲，感傷和氣。又江邊戍兵，遠當以拓土廣境，近當以守界備難，宜時優育，以待有事。而徵發賦調，煙至雲集，衣不全短褐，食不贍朝夕，出當鋒鏑之難，入抱無聊之慼，是以父子相弃，叛者成行（吳志卷二十賀邵傳）。

三是軍事進攻，吳的軍備頗見廢弛。陸抗說：

西陵國之西門，若有不守，荊州非吳有也。臣前乞精兵三萬，而至者各循常，未肯差赴。今臣所統千里，外禦強寇，內懷百蠻，而上下見兵才有數萬，羸弊日久，難以待變。乞特詔……使臣所部足滿八萬，若其不然，深可憂也（資治通鑑卷八十晉武帝泰始十年，參閱吳志卷十三陸抗傳）。

而晉則依羊祜建議，有精密的軍事計畫。

羊祜以伐吳必藉上流之勢，上疏曰今若引梁益之兵，水陸俱下（王濬唐彬統梁益兵）。荊楚之眾進臨江陵（荊楚羊祜所統，祜歿，杜預代之）。平南豫州直指夏口（胡奮為平南將軍，王戎為豫州刺史）。徐揚青兗並向秣陵（徐揚王渾所統，青兗琅邪王司馬伷所統）。鼓旆以疑之，多方以誤之，以一隅之吳，當天下之眾，勢分形散，所備皆急。巴漢奇兵，出其空虛，一處傾壞，則上下震蕩。吳緣江為國，無有內外，東西數千里，以藩籬自持，所敵者大，無有寧息……其俗急速，不得持久。弓弩戰楯不如中國，唯有水戰是其所便。

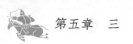

一入其境，則長江非復所固，還保城池，則去長入短……軍不踰時，剋可必矣。帝深納之（晉書卷三十四羊祜傳）。

咸寧五年晉分六路進軍，司馬伷出涂中，王渾出江西，王戎出武昌，胡奮出夏口，杜預出江陵，王濬唐彬下巴蜀。晉師所至，吳軍無不土崩瓦解，望風而降。太康元年，王渾兵至橫江，王濬攻陷石頭，孫皓出降，吳遂滅亡，於是三國鼎立之局告一段落。然吳蜀雖平，而吳並不易治也。自董卓肆凶而至於天下混一，將近百年，而吳立國江東則有六十年之久，吳士自認為吳人，而斥北士為傖（參閱晉書卷五十八周玘傳）。劉頌上疏謂：「且自吳平以來，東南六州將士更守江表，此時之至患也。又內兵外守，吳人有不自信之心，宜得壯王以鎮撫之，使內外各安其舊。又孫氏為國，文武眾職，數擬天朝，一旦堙替，同於編戶，而災困逼身，自謂失地，用懷不靖。今得長王以臨其國，隨才授任，文武並敘，士卒百役，不出其鄉，求富貴者取之於國內。內兵得散，新邦乂安，兩獲其所，於事為宜」（晉書卷四十六劉頌傳）。又太康中刺史嵇紹舉華譚秀才，武帝策之曰：「吳蜀恃險，今既蕩平，蜀人服化，無攜貳之心，而吳人趑雎，屢作妖寇。豈蜀人敦樸，易可化誘，吳人輕銳，難安易動乎。今將欲綏靜新附，何以為先。對曰蜀染化日久，風教遂成，吳始新附，未改其化（案平蜀在司馬昭之時，即魏景元四年。平吳在晉武太康元年，中間共隔十七年），非為蜀人敦慤，而吳易動也。然殊俗遠境，風土不同。吳阻長江，舊俗輕悍。所安之計，當先籌其人士，使雲翔閶闔。進其賢才，待以異禮。明選牧伯，致以威風，輕其賦斂。將順咸悅，可以永保無窮，長為人臣者也」（晉書卷五十二華譚傳）。這便是元帝渡江，建立南方政權，必須設法籠絡東吳豪傑的原因。

第五節　魏的政治制度

第一項　中央官制

三國鼎峙，干戈雲擾，國家法制無遑改革，多沿東漢之舊。魏據中原，吳蜀偏安一隅，皆不能混一華夏，雖有天子之名，力醜德齊，與古之列國無異。只因魏傳於晉，晉滅蜀吳，化割據而為一統，而晉又繼承魏之制度，經南北朝，傳於隋唐，以及於宋。魏的影響較大，所以討論三國政治制度之時，只述魏制，而略蜀吳。

魏之中央官制，舉其要者，可列表如次。

魏中央官制表㉓

種類	官名	官品	官秩	例證	備考
上公	相國	一品		甘露五年以司馬昭為相國（見魏志卷四高貴鄉公紀）。	魏無丞相，嘉平元年以太傅司馬懿為丞相，固讓乃止（見魏志卷四齊王紀）。
	太傅	一品		明帝即位，以太尉鍾繇為太傅（見魏志卷三明帝志）。	魏無太師，初年惟置太傅，以鍾繇為之，末年始置太保，

㉓ 各書均未詳載官品，此表乃據唐六典，通典卷三十六魏官品及文獻通考卷六十六官品。

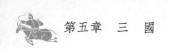

	太保	一品		景元四年以司徒鄭沖為太保（見魏志卷四陳留王紀）。	以鄭沖為之（見晉書卷二十四職官志）。
	大司馬	一品		黃初二年十月以大將軍曹仁為大司馬（見魏志卷三明帝紀）。	魏有太尉，而大司馬大將軍各自為官，位在三司上（見晉書卷二十四職官志）。
	大將軍	一品		黃初二年四月以車騎將軍曹仁為大將軍（見魏志卷三明帝紀）。	
	太尉	一品		黃初元年賈詡為太尉（見魏志卷十賈詡傳）。	太尉司徒司空自漢歷魏，置以為三公（見晉書卷二十四職官志）。
	司徒	一品		黃初元年華歆為司徒（見魏志卷十三華歆傳）。	
	司空	一品		黃初元年王朗為司空（見魏志卷十三王朗傳）。	
將軍	驃騎將軍	二品		正始六年以左光祿大夫劉放為驃騎將軍（見魏志卷四齊王紀）。	驃騎以下諸大將軍不開府，非持節都督者，品秩第二，開府者皆為位從公（見晉書卷二十四職官志）。
將軍	車騎將軍	二品		正始二年以征東將軍王淩為車騎將軍（見魏志卷四齊王紀）。	
將軍	衛將軍	二品		正始六年以右光祿大夫孫資為衛將軍（見魏志卷四齊王紀）。	
將軍	中軍大將軍	二品		黃初七年，帝疾篤，召中軍大將軍曹真，撫軍大將軍司馬懿，鎮軍大將軍陳群並受遺詔輔少主（見魏志卷二文帝紀）。	
將軍	撫軍大將軍	二品			
將軍	鎮軍大將軍	二品			
將軍	領軍將軍	三品		正始三年以領軍將軍蔣濟為太尉（見魏志卷四齊王紀）。	文帝踐祚，始置領軍將軍，以曹休為之，主五校中壘武衛等三營。魏初，置護軍將軍，主武官選，隸領軍（見晉書卷二十四職官志）。

九卿	太常	三品	中二千石	黄初五年董昭為太常（見魏志卷十四董昭傳）。
	光祿勳	三品	中二千石	黄初元年和洽為光祿勳（見魏志卷二十三和洽傳）。
	衛尉	三品	中二千石	黄初元年程昱為衛尉（見魏志卷十四程昱傳）。
	太僕	三品	中二千石	黄初七年董昭為太僕（見魏志卷十四董昭傳）。
	廷尉	三品	中二千石	黄初元年鍾繇為廷尉（見魏志卷十三鍾繇傳）。
	大鴻臚	三品	中二千石	黄初元年董昭為大鴻臚（見魏志卷十四董昭傳）。
	宗正	三品	中二千石	青龍元年中山王兗薨，詔使宗正弔祭（見魏志卷二十中山王兗傳）。
	大司農	三品	中二千石	太和二年梁習為大司農（見魏志卷十五梁習傳）。
	少府	三品	中二千石	黄初元年常林為少府（見魏志卷二十三常林傳）。
諸官	執金吾	三品	中二千石	黄初元年臧霸為執金吾（見魏志卷十八臧霸傳）。
	将作大匠	三品	二千石	明帝時鄭渾為将作大匠（見魏志卷十六鄭渾傳）。
	御史中丞	四品	千石	御史中丞本係御史大夫的官屬，東漢時御史大夫轉為司空，中丞出外為御史臺主，

司隸校尉	三品	比二千石	正始元年徐邈為司隸校尉，百寮敬憚之（見魏志卷二十七徐邈傳）。	而文屬少府，至魏才獨立。

附三國職官比較表

	魏	蜀	吳
相國		丞相 章武元年諸葛亮為丞相，政事無巨細，咸決於亮，亮薨因闕（見蜀志卷五諸葛亮傳）。	丞相 吳置丞相，寶鼎元年分置左右，建衡中復舊，如黃武四年以太常顧雍為丞相（見吳志卷二孫權傳）。寶鼎元年以鎮西大將軍陸凱為左丞相，常侍萬彧為右丞相（見吳志卷三孫皓傳）。
太傅		太傅 先主為漢中王時曾置是官，如建安二十四年許靖由左將軍長史遷太傅（見蜀志卷八許靖傳）。	太傅 太元元年孫權不豫，徵諸葛恪以大將軍領太子太傅。二年權薨，太子即位，恪更拜太傅（見吳志卷十九諸葛恪傳）。
太保		無考	無考
大司馬		大司馬 延熙二年蔣琬由大將軍進位大司馬（見蜀志卷十四蔣琬傳）。	大司馬 吳置大司馬，赤烏九年分置左右，建興中復舊。如黃武七年呂範由前將軍遷大司馬（見吳志卷十八呂範傳）。赤烏九年朱然由車騎將軍遷左大司馬，全琮由衛將軍遷右大司馬（見吳志卷二孫權傳）。
大將軍		大將軍 建興十三年蔣琬由尚書令進位大將軍（見蜀志卷十四蔣琬傳）。	大將軍 吳有上大將軍，又置大將軍，後皆並設。如黃龍元年陸遜由輔國將軍遷上大將軍（見吳志卷十三

		陸遜傳）。而諸葛瑾由左將軍遷大將軍（見吳志卷七諸葛瑾傳）。
太尉	太尉 置而不常設，如章武三年追謚昭烈皇后，丞相亮上言，請太尉告宗廟（見蜀志卷四甘后傳）。	太尉 建衡三年以武昌督范慎為太尉（見吳志卷三孫皓傳）。
司徒	司徒 章武元年許靖由漢中王太傅遷司徒（見蜀志卷八許靖傳）。	司徒 寶鼎三年以左御史大夫丁固為司徒（見吳志卷三孫皓傳）。
司空	無考	司空 寶鼎三年以右御史大夫孟仁為司空（見吳志卷三孫皓傳）。
驃騎將軍	驃騎將軍 章武元年馬超由左將軍遷驃騎將軍（見蜀志卷六馬超傳）。	驃騎將軍 黃龍元年步騭由將軍遷驃騎將軍（見吳志卷七步騭傳）。
車騎將軍	車騎將軍 蜀置車騎將軍，又有左右車騎將軍，如章武元年張飛由右將軍遷車騎將軍（見蜀志卷六張飛傳）。景耀中張翼為左車騎將軍，廖化為右車騎將軍（見蜀志卷十四姜維傳）。	車騎將軍 黃龍元年朱然由征北將軍遷車騎將軍（見吳志卷十一朱然傳）。
衛將軍	衛將軍 咸熙十年姜維由鎮西將軍遷衛將軍（見蜀志卷十四姜維傳）。	衛將軍 黃龍元年全琮由綏南將軍遷衛將軍（見吳志卷十五全琮傳）。
中軍大將軍	無考	無考
撫軍大將軍	撫軍將軍 蜀置撫軍將軍，不稱大，建興八年蔣琬為丞相府長史，加撫軍將軍（見蜀志卷十四蔣琬傳）。	撫軍將軍 吳置撫軍將軍，不稱大，赤烏十一年步協為撫軍將軍（見吳志卷七步騭傳）。

鎮軍大將軍	領軍將軍	太常	光祿勳	衛尉	太僕	廷尉
鎮軍大將軍 景耀元年宗預由征西大將軍遷鎮軍大將軍（見蜀志卷十五宗預傳）。	領軍將軍 章武中，龔衡為領軍將軍（見蜀志卷十五讚龔德緒注）。	太常 建興中，杜瓊為太常（見蜀志卷十二杜瓊傳）。	光祿勳 建興中，向朗為光祿勳（見蜀志卷十一向朗傳）。	衛尉 建興初，劉琰由固陵太守遷衛尉（見蜀志卷十劉琰傳）。	太僕 禪（後主）遣太僕蔣顯，有命敕姜維（見蜀志卷三後主傳景耀六年注引王隱蜀記）。	廷尉 居是官者無考。
鎮軍大將軍 黃龍三年孫慮為鎮軍大將軍（見吳志卷十四孫慮傳）。	領軍將軍 吳置領軍將軍，又有左右領軍將軍，如孫異官至領軍將軍（見吳志卷六孫韶傳）。黃龍元年徐詳為左領軍將軍，胡綜為右領軍將軍（見吳志卷十七胡綜傳）。	太常 吳初置奉常，黃武四年改為太常，如孫權為吳王，顧雍為奉常，黃武四年，隨官改為太常（見吳志卷七顧雍傳）。	光祿勳 吳初置郎中令，孫權稱尊號，改為光祿勳。如劉基黃武初為郎中令，後隨官改為光祿勳（見吳志卷四劉基傳）。	衛尉 五鳳二年使衛尉馮朝城廣陵（見吳志卷三孫亮傳）。	太僕 居是官者無考，惟吳志卷三孫休傳，永安二年備九卿官，則吳自有太僕。	廷尉 吳初置大理，後改為廷尉，如孫權為吳王，顧雍遷大理（見吳志卷七顧雍傳）。蜀零陵太守郝普降吳，官至廷尉（見蜀志卷十五季漢輔臣贊注）。

大鴻臚	大鴻臚 建興中，杜瓊為大鴻臚（見蜀志卷十二杜瓊傳）。	大鴻臚 寶鼎元年大鴻臚張儼弔祭晉文帝（見吳志卷三孫皓傳）。
宗正	宗正 居是官者無考。	宗正 孫奕官至宗正卿（見吳志卷六孫韶傳）。
大司農	大司農 建興三年秦宓由左中郎將遷大司農（見蜀志秦宓傳）。	大司農 吳初置大農，後改稱大司農，如孫權為吳王，劉基遷大農（見吳志卷四劉基傳）。孫皓時，樓玄由會稽太守入為大司農（見吳志卷二十樓玄傳）。
少府	少府 延熙中，鐔承為少府（見華陽國志卷十中廣漢士女）。	少府 黃龍三年潘濬為少府（見吳志卷十六潘濬傳）。
執金吾	執金吾 尹賞官至執金吾（見蜀志卷十四姜維傳）。	執金吾 嘉禾三年使執金吾許晏等將兵萬人，金寶珍貨九錫備物乘海授公孫淵（見吳志卷二孫權傳）。
將作大匠	無考	將作大匠 寶鼎二年薛詡為將作大匠（見吳志卷十四孫和傳）。
御史中丞	御史中丞 景耀中向條為御史中丞（見蜀志卷十一向朗傳）。	御史中丞 吳有御史大夫，且分為左右，如寶鼎三年以左右御史大夫丁固孟仁為司徒司空（見吳志卷三孫皓傳）。亦有御史中丞，孫權以劉璋子闡為御史中丞（見蜀志卷一劉璋傳）。大率吳之官制最初是沿西漢之舊，後來亦採用東漢之制。
司隸校尉	司隸校尉 章武元年張飛以車騎將軍領司隸校尉（見蜀志	無考

卷六張飛傳）。

中國官制到了魏世，日益紊亂。兩漢上公只置太傅，西漢末年才有太師太保，大司馬之號乃用之以冠將軍，其不冠將軍者，亦與太尉迭置不並列。魏世既有相國，又有太傅太保，又有大司馬大將軍，復有太尉司徒司空。東漢以來，三公無權，事歸臺閣，所以上述諸公均是優崇之位，而非使命之官。官之品秩亦甚複雜，兩漢官秩以石為名，官品與官祿均寓於官秩之中。魏創九品之制㉔。

> 魏官置九品，第一品，第二品，第三品，第四品，第五品，第六品，第七品，第八品，第九品（通典卷三十六秩品）。

同時又不廢除漢代的官秩，而官品，官秩復不一致。同是第三品，九卿中二千石，大長秋二千石，司隸校尉比二千石，尚書令千石，列曹尚書六百石。這種紊亂已經可使政制發生問題，其尤甚者，尚書之外，又置中書，因之東漢時「位」、「權」、「責」三者混亂的現象不但未曾革除，且又加甚。

西漢以丞相總百官，而九卿分治天下之事。東漢以三公綜理眾務，九卿分隸於三公。中世以後，事歸臺閣，三公之職備員而已。魏沿其制，雖置三公，然皆無事，希與朝政。

> 魏初，三公無事，又希與朝政（魏志卷二十四高柔傳）。

三公既然希與朝政，「遂各偃息養高，鮮有進納」（魏志卷二十四高柔傳），於是國有災異，策免三公之制，

㉔ 馬端臨說：「此所謂九品者官品也，以別官之尊卑。陳群所謂九品者人品也，以定人之優劣。二者皆出於曹魏之初，皆名以九品。然人品自為人品，官品自為官品……固難因其同時同名，而遂指此為彼也」（文獻通考卷六十七官品）。

遂於文帝黃初二年下詔停止。

黃初二年六月戊辰晦。日有食之。有司奏免太尉，詔曰災異之作，以譴元首，而歸過股肱，豈禹湯罪己之義乎。其令百官各虔厥職，後有天地之眚，勿復劾三公（魏志卷二文帝紀）。

反之，尚書更成為機衡之任。前曾說過，尚書本來只是天子的侍從祕書，唯因其有宣示詔令的權，遂得出納王命，賦政四海；又因其有閱讀章奏的權，遂得審查章奏，決定政策。積時既久，就漸次變為最高行政機關，而為其長官者則為尚書令與尚書僕射。尚書令與僕射的關係有似於丞相與御史大夫。尚書令事無不總，為宰相之職，僕射則為副相，令缺，僕射總之。

魏晉以下，任總機衡，事無大小，咸歸令僕（通典卷二十二尚書令）。

尚書令既成為宰相之職，其地位便隨之提高。東漢之世，尚書令秩只千石，銅印墨綬，然其地位已經提高。到了魏世更見華重，往往郡守累遷之後，才為尚書令或尚書僕射。

郡守遷尚書令或尚書僕射表

姓名	原官	初遷	再遷	三遷	備考
徐奕	魏郡太守	尚書	吏部尚書	尚書令	魏志卷十二徐奕傳
華歆	豫章太守	尚書	侍中	尚書令	魏志卷十三華歆傳
杜畿	河東太守	尚書	司隸校尉	尚書僕射	魏志卷十六杜畿傳
傅嘏	河南尹	尚書	尚書僕射		魏志卷二十一傅嘏傳
桓階	趙郡太守	尚書	吏部尚書	尚書令	魏志卷二十二桓階傳
陳矯	魏郡太守	尚書	吏部尚書	尚書令	魏志卷二十二陳矯傳

徐宣	魏郡太守　司隸校尉　尚書	尚書左僕射	魏志卷二十二徐宣傳
盧毓	廣平太守　侍中　吏部尚書	尚書僕射	魏志卷二十二盧毓傳

令僕代替丞相御史大夫的地位，於是列曹尚書也蠶食九卿的職權，成為執行政務的機關。陳壽說：

魏世事統臺閣，重內輕外，故八座尚書即古六卿之任也（魏志卷二十二桓階等傳評）。

其權任最重者乃是吏部尚書。吏部主選用，有選用百官的權。傅嘏說：

方今選才之權專任吏部（魏志卷二十二傅嘏傳）。

古代君主所恃以專制天下者，有三種大權，一是軍隊統帥權，二是財政支配權，三是官吏任免權。權臣要專擅朝政，必須奪取這三種大權，因之吏部尚書之職就不肯給與別人。例如：

盧毓為吏部尚書，曹爽秉政，將樹其黨，徙毓僕射，以侍中何晏代毓（魏志卷二十二盧毓傳）。

而居是職者，苟非大公無私，難免黨同伐異，利用職權，以扶植自己的勢力。

何晏為尚書，主選舉，其宿與之有舊者，輒被拔擢（魏志卷九曹爽傳注引魏略）。[25]

其權任之重實在各曹尚書之上，所以任命為吏部尚書者，常明言吏部尚書，或加以「主選舉」一語，而任命為別曹尚書者，只云尚書。

吏部曹職右於諸曹尚書，授此職者，或云吏部尚書，若授諸曹尚書，直云尚書（三國職官表）。

㉕ 晉書卷四十七傅咸傳，咸上言曰「正始中，任何晏以選舉，內外之眾職各得其才，粲然之美於斯可觀」，是則何晏為吏部尚書，選舉尚見公平。

尚書令常由吏部尚書遷補，其他尚書須先徙吏部，或遷僕射，而後才得為尚書令。

尚書令遷補表

姓名	原官	始遷	再遷	三遷	備考
徐奕	尚書	吏部尚書	尚書令		魏志卷十二徐奕傳
桓階	尚書	吏部尚書	尚書令		魏志卷二十二桓階傳
陳群	尚書	尚書僕射	尚書令		魏志卷二十二陳群傳
陳矯	尚書	吏部尚書	尚書令		魏志卷二十二陳矯傳
裴潛	尚書	河南尹	大司農	尚書令	魏志卷二十三裴潛傳
司馬孚	尚書	尚書右僕射	尚書令		晉書卷三十七安平獻王孚傳

東漢之世，尚書尚屬於少府，魏時，少府之職已卑，而尚書臺的組織又甚龐大，所以不屬少府，而成為獨立的機關。

> 尚書令總典綱紀，無所不統，所居曰尚書臺，出征則以行臺從。漢猶隸少府，魏時，政歸臺閣，則不復隸矣（三國職官表）。

其組織如次：

魏尚書臺組織表

官名	官品㉖	官秩	員數	備考
錄尚書事				錄尚書事猶古冢宰總己之義，自魏晉以後，亦公卿權重者為之（見晉書卷二十四職官志）。
尚書令	第三品	千石	一	
僕射	第三品	六百石	一或二	案漢本置一人，至獻帝建安四年以執金吾榮邵為尚書左僕射，僕射分置左右，蓋自此始。經魏至晉，迄於江左，省置無恆，置二則為左右僕射，或不兩置，但曰尚書僕射。令闕，則左為省主，若左右並闕，則置尚書僕射，以主左事（見晉書卷二十四職官志）。
列曹尚書 吏部	第三品	六百石	一	後漢以六曹並令僕二人，謂之八座。尚書雖有曹名，不以為號。靈帝以侍中張鵠為選部尚書，於此始見曹名。及魏改選部為吏部，又有左民、客曹、五兵、度支。凡五曹尚書二僕射一令為八座（見晉書卷二十四職官志）。
列曹尚書 左民	第三品	六百石	一	
列曹尚書 客曹	第三品	六百石	一	
列曹尚書 五兵	第三品	六百石	一	
列曹尚書 度支	第三品	六百石	一	
左右丞	第六品	四百石	各一	光武唯置左右丞，左右丞蓋自此始也。自此至晉不改（見晉書卷二十四職官志）。
尚書郎	第六品	四百石	二五	魏尚書郎有殿中、吏部、駕部、金部、虞曹、比部、南主客、祠部、度支、庫部、農部、水部、儀曹、三公、倉部、民曹、二千石、中兵、外兵、都兵、別兵、考功、定課凡二十三郎。青龍二年尚書陳矯奏置都官、騎兵，合凡二十五郎（見晉書卷二十四職官志）。

㉖ 官品據通典卷三十六魏官品。

到了這個時候，尚書已經不是天子的私人祕書，而是國家的機關了。既是國家機關，天子就不便以之位置私人，於是又成立了中書。固然中書之名始於西漢，西漢中書與尚書或則迭置，或則並置。東漢有尚書而無中書，魏世的中書乃有其他起源。

尚書本來只是天子的侍從祕書，東漢之時固然權任優重，然而尚有侍從祕書的性質。中葉以後，性質漸變，曹操秉政，以荀彧荀攸為尚書令，但是二荀所掌者為運籌帷幄，而非典作文書。

荀彧守尚書令，太祖雖征伐在外，軍國事皆與彧籌焉（魏志卷十荀彧傳）。

荀攸為尚書令，自從太祖征伐，常謀謨帷幄，時人及子弟莫知其所言（魏志卷十荀攸傳）。

因之，起草章奏，不能不另有其人，於是又設置了祕書令之職。

魏武為魏王，置祕書令典尚書奏事（唐六典卷九中書令）。

文帝受禪，改祕書為中書，置監令，自是而後，中書遂和尚書並置[27]。

黃初初，改祕書為中書，以劉放為監，孫資為令，遂掌機密（魏志卷十四劉放傳）。

中書也是一個獨立機關，而稱為中書省。

中書之官久矣，謂之中書省，自魏晉始焉（通典卷二十一中書省）。

---

[27] 同時仍置祕書監，掌圖書祕記。唐六典（卷十祕書監）云：「至桓帝延熹二年始置祕書監，屬太常，掌禁中圖書祕記，故曰祕書。漢官云，祕書監一人，秩六百石。魏武為魏王，置祕書令，典尚書奏事，即中書之任也，兼掌圖書祕記。文帝黃初中，分祕書，立中書，因置監令，乃以散騎常侍王肅領祕書……魏初，祕書屬少府，及王肅為監，以為祕書之職即漢東觀之任（東漢將內庫書藏於東觀），安可復屬少府，自此之後不復屬焉。」

中書省成立之後，起草詔命，敷奏萬機之權，就由尚書移於中書。例如，劉放為監，孫資為令，「放善為書檄，三祖詔命有所招喻，多放所為」（魏志卷十四劉放傳）。中書既為天子喉舌，遂代尚書而為機衡之任。其組織如次。

魏中書省組織表

官名	官品㉘	官秩	員數	職掌	備考
中書監	第三品	千石	一	魏晉以來，中書監令掌贊詔命，記會時事，典作文書。見通典卷二十一中書令。	
中書令	第三品	千石	一		
中書侍郎	第五品		四	掌詔草，即漢尚書郎之任，見通典卷二十一中書侍郎。	魏黃初初，中書既置監令，又置通事郎，後改通事郎為中書侍郎。見通典卷二十一中書侍郎。
中書通事舍人	第七品		一	掌呈奏案章，見通典卷二十一中書舍人。	魏置中書通事舍人，或曰舍人通事各為一職，晉江右乃合之，謂之通事舍人。見通典卷二十一中書舍人。

魏世中書之於尚書頗有似於東漢尚書之於三公，前者漸次奪取後者的職權，而成為國之樞機。秦漢以來，近臣不斷的發展為政治的中樞，尚書本來只是天子的近臣，一旦演變為國之宰相，位雖華貴，地漸疏遠。天子畏帝權傍落，懼大臣竊命，又欲剝奪其權，而更信任其他近臣。這個時候中書監令既處樞近之地，

㉘官品據通典卷三十六魏官品。

而居喉舌之任，於是比之尚書令僕，遂能多承恩寵，而得掌管機密。

> 魏晉以來，中書監令掌贊詔命，記會時事，典作文書，以其地在樞近，多承寵任，是以人因其位，謂之鳳凰池焉（通典卷二十一中書令）。

魏明帝時代，「中書監令號為專任」（魏志卷十四蔣濟傳）。帝「內圖禦寇之計，外規廟勝之畫，資（孫資）皆管之」（魏志卷十四劉放傳注引資別傳）。而天子用人，亦常諮詢監令。例如「張緝太和中，為溫令，名有治能。會諸葛亮出，緝上便宜，詔以問中書令孫資，資以為有籌略，遂召拜騎都尉，遣參征蜀軍」（魏志卷十五張既傳注引魏略）。辛毗不與劉放孫資往來，明帝欲拜毗為尚書僕射，「以訪放資，放資對曰，毗實亮直，然性剛而專，聖慮所當深察也，遂不用」（魏志卷二十五辛毗傳）。監令既得判斷時政，又能左右天子用人，所以陳壽才說：「劉放孫資並管喉舌，權聞當時」（魏志卷十四劉放傳評），而令一般大臣莫不與之交好。

> 時中書監劉放，令孫資見信於主，制斷時政，大臣莫不交好（魏志卷二十五辛毗傳）。

對此，蔣濟曾有所言。

> 時中書監令號為專任，濟上疏曰，大臣太重者國危，左右太親者身蔽，古之至戒也……威權在下，則眾心慢上，勢之常也……今外所言，輒云中書，雖使恭慎不敢外交，但有此名，猶惑世俗。況實握事要，日在目前，儻因疲倦之間，有所割制，眾臣見其能推移於事，即亦因時而向之……當今柱石之士雖少，至於行稱一州，智效一官，忠信竭命，各奉其職，可並驅策，不使聖明之朝有專吏之名也（魏志卷十四蔣濟傳）。

於是政治中心又由尚書移於中書，中書決定政令，尚書不過聽命受事而已。

> 魏置中書省，有監令，遂掌機衡之任，而尚書之權漸減矣……自魏晉重中書之官，居唯舌之任，則尚書

之職稍以疏遠……尚書但聽命受事而已（通典卷二十二尚書省）。

魏世既有尚書以作奉行機關，又有中書以作出命機關，而居三公之位者又盡是老病不任事，依違不侵權的人，所以三公愈益成為具員，中書尚書便變成真宰相。

按自後漢時，雖置三公，而事歸臺閣，尚書始為機衡之任。然當時尚書不過預聞國政，未嘗盡奪三公之權也。至魏晉以來，中書尚書之官始真為宰相，而三公遂為具員。其故何也？蓋漢之典事尚書中書者號為天子之私人，及叔季之世，則姦雄之謀篡奪者亦以其私人居是官。而所謂三公者，古有其官，雖鼎命將遷之時，大權一出於私門，然三公未容遽廢也，故必擇其老病不任事，依違不侵權者居之。東漢之末，曹公為丞相，而三公則楊彪趙溫，尚書令中書監則二荀華歆劉放孫資之徒也。魏之末，司馬師昭為丞相，而三公則王祥鄭沖，尚書令中書監則賈充荀勗鍾會之徒也。蓋是時凡任中書者皆運籌帷幄，佐命移祚之人，凡任三公者皆備員高位，畏權遠勢之人，而三公之失權任，中書之秉機要，自此判矣（文獻通考卷四十九宰相）。

按尚書中書所以能夠演變為宰相者，乃是因為它有出納王命的權。漢世出納王命者為尚書，魏時出納王命者為中書，凡密詔欲下州郡及邊將者，往往不由尚書，而由中書。

魏中書典尚書奏事，若密詔下州郡及邊將，則不由尚書（唐六典卷九中書令）。

在君主專制時代，一切政務最後均由天子決定，而天子決定者則用詔令的形式，頒布天下。所以誰有出納王命的權，誰就有頒布詔令的權，而誰有頒布詔令的權，又容易貢獻意見，參知政事。尚書與中書所以成為宰相，原因在此。中書所以奪取尚書的權，原因亦在此。

最後尚須一述者則為御史臺的組織，這不但因為御史為吾國特有的制度，而且元代以後，監察又與行

政、軍事成為三權鼎立之勢。魏沿東漢之制，以御史中丞為御史臺率，但御史臺不屬於少府，而成為獨立機關。茲將魏御史臺之組織列表如次。

魏御史臺組織表

官名	員數	官品	備考
御史中丞	一人	第四品	魏初，改中丞為宮正，舉鮑勛為之，百僚嚴憚，後復為中丞（參閱魏志卷十二鮑勛傳）。
侍御史	八人	第六品或第七品	晉志（晉書卷二十四職官志）云：「案漢宣帝幸宣室，齋居而決事，令侍御史二人治書侍側，後因別置，謂之治書侍御史，蓋其始也。及魏，又置治書執法，掌奏劾，而治書侍御史掌律令，二官俱置」。沈約宋志（宋書卷四十百官志）云：「魏又有殿中侍御史二人，蓋是蘭臺遣二御史居殿內，察非法也」。侍御史之官品，據通典（卷三十六魏官品）有的是第六品，有的是第七品。

案建安十三年罷三公官，置丞相，以曹操為之，又置御史大夫，以郗慮居焉。魏文受禪，復三公官，黃初元年，改丞相為司徒，二年又改御史大夫為司空，中丞復為御史臺率（通典卷二十一宰相，卷二十四御史大夫，中丞）。御史臺之組織，本書已列表於上，茲宜提醒讀者的，魏既保留東漢之治書侍御史，又復增設殿中侍御史。這就是後來御史臺三院的起源。

御史制度，自大夫轉為司空之後，漸次失去作用，東漢如此，魏晉以降，尤見其然。魏明帝時，天子當大會殿中之時，竟不知御史何官，所掌何事。

魏置御史八人，當大會殿中，御史簪白筆，側陛而坐。帝問左右，此何官何主。辛毗曰此謂御史，舊時

篙筆以奏不法，何當如今者直備位，但毦筆耳（通典卷二十四侍御史）。

所以杜恕才對明帝說：

自陛下踐祚以來，司隸校尉御史中丞寧有舉綱維以督姦宄，使朝廷肅然者耶（魏志卷十六杜恕傳）。

前漢監察機關，除御史外，又置司直，復置司隸。東漢廢司直，而司隸略近於一州刺史。魏世稱京輔所部（如漢之三輔三河）為司州，以司隸校尉統之。

初以司隸官屬制置如州儀，而俗稱之司州，及魏晉乃以京輔所部定名，置司州，以司隸校尉統之。及東晉渡江，罷司隸校尉官，變其職為揚州刺史（通典卷三十二司隸校尉）。

這樣，監察機關更減少了。不能同西漢一樣，由三個機關之互相監察，以預防御史臺的腐化。自是而降，官紀敗壞，幾乎一代不如一代，吾人讀歷史，即可知之。

第二項　地方官制

地方官制承東漢末年刺史職權發展的趨勢，成為州郡縣三級制度。州置刺史，郡置太守，縣置令長。鄉亭以下，因為漢末大亂，百姓流亡，什伍組織既然破壞，而戶口減耗，又不必過事敷張，所以鄉亭之制均有其名而無其實。

魏地方官制表

地區	官名		官品[29]	官秩	備考
州	刺史	領兵	第四品	六百石	魏分所屬為十三州，其一州屬司隸校尉，為司州（見三國職官表）。魏制，沿邊諸州，刺史與領兵都督並置，其兗豫青并諸州或但置刺史，無常制（見三國職官表）。自魏晉以後，刺史多帶將軍，開府則州與府各置僚屬，州官理民，府官理戎（見通典卷三十二總論州佐）。自魏以來，庶姓為州而無將軍者，謂之單車刺史（見通典卷三十六州牧刺史）。其或置牧，則二千石（見三國職官表）。
州	刺史	單車	第五品	六百石	
郡	太守		第五品	二千石	河南尹二千石，第三品，主治京師（見三國職官表）。每郡都尉一人，比二千石，第五品，大郡或置二人，或為東西部，或為南北部，典兵禁備盜賊（見三國職官表）。
縣	令		第六品	千石	
縣	令		第七品	六百石	
縣	長		第九品	三百石	

魏取北方之地，置州十三，郡九十有一（參閱讀史方輿紀要卷二歷代州域形勢三，三國），茲應特別提出討論者乃是州之制度。魏世刺史與漢代刺史不同，非司監察之任，而是地方行政長官。陳壽說：

自漢季以來，刺史總統諸郡，賦政於外，非若曩時司察之而已（魏志卷十五賈逵傳評）。

時值喪亂，朝廷欲增加牧伯權力，常使將軍領刺史之職，或加刺史以將軍之號。例如：

㉙ 官品據通典卷三十六魏官品。

曹休遷征東將軍，領揚州刺史（魏志卷九曹休傳）。

呂虔遷徐州刺史，如威虜將軍（魏志卷十八呂虔傳）。

刺史無將軍之號者稱為單車刺史。

自魏以來，庶姓為州而無將軍者，謂之單車刺史（通典卷三十二州牧刺史）。

這個制度乃起源於漢代守尉互兼其職之制。西漢時代郡置太守，又置都尉，太守治民，都尉領兵。但是都尉或兼太守之職，吾丘壽王為東郡都尉，武帝以壽王故，不復置太守，其所賜璽書，有「連十餘城之守，任四千石之重」之語，就是因為壽王兼守尉之任（漢書卷六十四上吾丘壽王傳）。翟義為南陽都尉，行太守事，行縣至宛，以事按宛令，威震南陽（漢書卷八十四翟方進傳）。由此可知漢時都尉不特典兵，且有兼領太守之事，這便是魏世將軍領刺史之職的起源。而太守也常兼都尉之職。西漢郡國共一百有三，都尉八十九，邊郡都尉多者或置三人，所以郡國之有都尉者不過五十七（參閱漢書卷二十八地理志），其餘四十六則均不置都尉。郡國不置都尉，或置都尉，而都尉缺職者，輕車騎士材官樓船各種隊伍當然是由太守領之。嚴延年為涿郡太守，郡人稱之為新將，師古曰「新為郡將也，謂太守為郡將者，以其兼領武事也」（漢書卷九十嚴延年傳）。由此可知太守不特治民，且有兼領都尉之事，這就是魏世刺史帶將軍之號的起源。東漢建武六年省諸郡都尉，並職太守，凡遇事變，輒由刺史或太守領兵征討，於是太守遂通稱為郡將。末年四方旱災，流民叛變，郡守帶兵之事竟成為一定法制。

張綱為廣陵太守，前遣郡守率多求兵馬，綱獨請單車之職（後漢書卷八十六張綱傳）。

但是魏世沿邊各州尚置都督諸州軍事，這個制度開始於文帝黃初三年。

> 文帝黃初三年始置都督諸州軍事，或領刺史（晉書卷二十四職官志）。

都督或與刺史並置，比方正始四年揚州之地一方有征東將軍王淩都督揚州諸軍事，同時又有揚州刺史諸葛誕加昭武將軍。這個事實不但可以說明魏世將軍與漢代將軍不同，抑亦可以證明刺史雖加將軍之號，苟其地別置都督者，刺史未必就有領兵的權。漢之將軍皆主征伐，除重號將軍有時開府置吏之外，其他將軍無不事訖即罷，兵歸於田，將歸於朝，所以戎車屢動，而驕兵悍將卻未曾有。魏世將軍除大將軍中軍大將軍撫軍大將軍有時尚總戎機，或典禁兵之外，大率均是寵勳之用，而非統兵之職。所以刺史雖帶將軍之號，而沿邊各州必須再置一個都督，以作領兵之官，而都督固然也加號將軍，但是這個將軍卻不是臨時設置，而是永居其地。一州之內既有刺史，又置都督，而兩者又治在一州。

> 昔魏武帝置都督，類皆與州相近。胡三省注云：如揚州刺史治壽春，都督揚州諸軍事亦治壽春之類（資治通鑑卷八十晉武帝咸寧三年）。

兩者衝突是必然的。都督治軍，刺史治民，而在離亂之際，軍權高於一切，所以都督往往欺淩刺史。

> 明帝時桓範遷征虜將軍中郎將、使持節、都督青徐諸軍事，治下邳，與徐州刺史鄒岐爭屋，引節欲斬岐（魏志卷九曹爽傳注引魏略）。

都督與刺史不相和諧，而三方鼎立，干戈不息，朝廷既欲防禦敵寇，又慮藩臣不和，於是寇警較少之地只置刺史，使其領兵，而加將軍之號；寇警較多之地只置都督，使其治民，兼領刺史之職。都督治軍，刺史治民，二者兼領，職任始重。他們在其州內，既有州官如別駕治中之類，又有府官如長史司馬之類。

文武僚佐為其羽翼，一切割據稱雄與陰謀叛亂遂由此而生㉚。

其尤甚者，都督不但都督一州軍事而已，有時且得都督諸州軍事，如都督雍涼，都督荊揚益等是。其如何合置與分置可列表如次。

魏都督表

名稱	例證	備考
都督荊揚益州	延康元年曹仁以車騎將軍都督荊揚益州諸軍事。見魏志卷九曹仁傳。	不常設。
都督荊豫	正始六年王昶以征南將軍，假節，都督荊豫諸軍事，見魏志卷二十七王昶傳。	荊豫二州或合置都督，或分置都督。
都督揚豫	甘露三年王基行鎮東將軍，都督揚豫諸軍事，見魏志卷二十七王基傳。	不常設。
都督揚州	嘉平四年毌丘儉以鎮東將軍，假節，都督揚州諸軍事，見魏志卷二十八毌丘儉傳。	甘露二年分揚州為二都督，又置都督淮北一人。
都督淮北	甘露三年陳騫以安東將軍，使持節，都督淮北諸軍事，見晉書卷三十五陳騫傳。	
都督荊州	甘露四年王基以征南將軍，使持節，都督荊州諸軍事，見魏志卷二十七王基傳。	都督南方即都督荊州，甘露四年分荊州為二都督，又置都督江北一人。

㉚ 通典云：自魏晉以後，刺史多帶將軍開府，則州與府各置僚屬，州官（原註，別駕治中以下是）理民，府官（原註，長史司馬等官是）理戎（通典卷三十二總論州佐）。

別駕從刺史行部，別乘傳車，故謂之別駕，歷代皆有。治中居中治事，主諸曹文書，漢制也，歷代皆有（通典仝上）。長史，秦置郡丞，其郡當邊戍者，丞為長史，掌兵馬，漢因而不改，遂為軍府官。司馬本主武之官，自魏晉以後，刺史多帶將軍開府者，則置府僚司馬，為軍府之官，理軍事（通典卷三十三總論郡佐）。

都督南方	黃初元年夏侯尚以征南將軍，領荊州刺史，假節，都督南方諸軍事。見魏志卷九夏侯尚傳。	
都督江北	景元四年王沈以征虜將軍，持節，都督江北諸軍事，見晉書卷三十九王沈傳。	
都督豫州	嘉平四年諸葛誕以鎮南將軍，假節，都督豫州諸軍事，見魏志卷二十八諸葛誕傳。	都督豫州亦云都督江南。
都督江南	甘露三年州泰以征虜將軍，假節，都督江南諸軍事，見魏志卷二十八鄧艾傳。	
都督青徐	正始二年胡質以征東將軍，假節，都督青徐諸軍事，見魏志卷二十七胡質傳。	青徐二州或合置都督，或分置都督。
都督青州	黃初元年臧霸以鎮東將軍，假節，都督青州諸軍事。見魏志卷十八臧霸傳。	
都督徐州	咸熙二年衛瓘以鎮東將軍，使持節，都督徐州諸軍事。見晉書卷二十六衛瓘傳。	
都督雍涼	黃初元年曹真以鎮西將軍，假節，都督雍梁諸軍事。見魏志卷九曹真傳。	甘露二年分雍州為二都督，別置都督隴右一人，後遂分置關中隴右都督各一人。
都督隴右	甘露元年鄧艾以鎮西將軍，假節，都督隴右諸軍事。見魏志卷二十八鄧艾傳。	
都督關中	景元四年鍾會以鎮西將軍，假節，都督關中諸軍事。見魏志卷二十八鍾會傳。	
都督河北	嘉平四年劉靖以鎮北將軍，假節，都督河北諸軍事。見魏志卷十五劉馥傳。	都督河北兼轄冀幽并三州軍事。

都督諸州軍事若領刺史之職，關於民政方面，亦只能治其所駐的一州。

魏晉都督兼領刺史者，止治其所駐的一州，其餘則仍別置刺史，所謂單車刺史，俾專治民之責（歷代職

官表卷五十總督巡撫）。

但是軍權既然高於一切，則都督諸州軍事不免干涉單車刺史的行政。他們轄地既廣，職權又大，內親民事，外領兵馬，東漢末年所醞釀的外重之局日益加甚，歷兩晉南北朝，釀禍亂，恣專橫，而移國祚者，可以說是都督制度為之厲階。

秦漢郡縣二級制度，到了魏世，變成州郡縣三級制度，郡守地位因之降低，與漢世之二千石絕不相同。曹操秉政，雖知簡擇賢能，以為郡守，郡守亦能招懷流民，撫循百姓。由魏文而至明帝之末，三方鼎立既久，三級制度更見確立，而當時朝中大臣又將開始中央政權的爭奪，無遑顧到地方行政，於是郡守人選漸輕，明帝時，何曾上疏言：

郡守之權雖輕，猶專任千里，比之於古，則列國之君也。上當奉宣朝恩以致惠和，下當興利而除其害。得其人則可安，非其人則為患……臣聞諸郡守有年老或疾病，皆委政丞掾，不恤庶事，或體性疏怠，不以政理為意，在官積年，惠澤不加於人。然於考課之限，罪亦不至黜免，故得經延歲月，而無斥罷之期（晉書卷三十三何曾傳）。

兼以刺史與都督既得治民，又得領兵，文武紊亂，政治當然不能步上軌道。因此，魏代的人對於刺史制度，就提出兩種改革的意見。其著眼於刺史治民者，多謂既有刺史，宜省郡守。夏侯玄說：

夏侯玄以為今之長吏，皆君吏民，橫重以郡守，累以刺史，若郡所攝唯在大較，則與州同，無為再重，宜省郡守，但任刺史，刺史職存，則監察不廢（魏志卷九夏侯玄傳）。

而著眼於刺史領兵者，則謂刺史應專管民政，不宜委以兵事。照杜恕之言：

杜恕以為古之刺史奉宣六條，以清靜為名，威風著稱，今可勿令領兵，以專民事（魏志卷十六杜恕傳）。

魏世，州僅十三，郡亦不過九十有一，廢郡存州，地方團體未免太大，大則不易控制，夏侯玄之言自難實行。杜恕主張刺史無再領兵，專司民事。但是既有守令，而刺史又掌民政，地方行政等級過多，承上轉下有許多周折，政令自難貫徹施行。漢武於行政區的郡之上，另設監察區的州，州置刺史，監察非法，不過六條，傳車周流，匪有定鎮。秩栽六百，威望輕寡，既有舉察之勤，而無陵犯之釁。這種刺史制度亘前後兩漢，均未曾發生禍亂。靈帝改牧，才啟禍端。所以與其省郡守而存刺史，不如恢復漢武所定的制度，尤為妥善。問題所在，乃是都督制度。都督在其管地之內，既有甲兵，自可利用甲兵，干涉地方行政。這個時候刺史雖然專管民事而不領兵，亦必無補於事。

其實，明帝以後，這種改革乃是不可能的事。何以說呢？三方未寧，攻戰不已，都督制度已經不易撤廢，而司馬一家又有問鼎之心。在外重之局已經形成之際，奸雄要竊取皇位，不但要布植勢力於朝廷，且須布植勢力於地方。魏氏傳祚雖淺，然而天下確是曹操打得的。他說：「假使國家無有孤，不知當幾人稱帝，幾人稱王」（魏志卷一武帝紀建安十五年注引魏武故事），並不是欺人孤兒寡婦，狐媚以取天下。由曹操而至齊王嘉平之初，中間所歷約有五十年之久，內而公卿，外而牧守，均是曹氏的人。司馬懿時代，太尉王淩欲清君側，「王淩固忠於魏之社稷者」（魏志卷二十八王淩傳）。司馬師時代，鎮東將軍都督揚州諸軍事毌丘儉「感明帝之顧命」（魏志卷二十八毌丘儉傳注引習鑿齒曰），又舉義兵。司馬昭時代，鎮東大將軍都督揚州諸軍事諸葛誕復舉兵反，誕亦曹氏之死黨。曹充謂誕曰，「洛中諸賢皆願禪代，君所知也，君以為云何」。誕厲色曰，「卿非賈豫州（賈逵）子，世受魏恩，如何負國，欲以魏室輸人乎，非吾所忍聞，若洛中有難，吾當

死之」（魏志卷二十八諸葛誕傳注引魏末傳）。在這種局勢之下，司馬氏欲奪取帝位，自宜任命自己的人為都督，既可以廣布黨羽，藉以自重，又可以牽制魏的都督，使其不敢反抗。這樣，都督制度當然無法撤銷。

這個外重之局又影響於中央官制之上，而使中央官制變其實質。魏世尚書與中書為宰相之職，然而尚書令與中書監又與漢代的丞相不同，不能完全左右國政。左右國政者須有軍權，外足以控制各地領兵之將，內又足以控制尚書與中書，所以他們一方必須都督中外諸軍事，他方又須錄尚書事而總萬機。唯在政權交替之際，權臣雖兼這兩種職務，還是不足靠的。曹爽專擅朝政，諸弟並典禁兵，兄弟「數俱出遊，桓範謂曰總萬機，典禁兵，不宜並出，若有閉城門，誰復內入者」（魏志卷九曹爽傳注引魏末傳）。曹爽不聽其言，卒為司馬懿所殺。諸葛誕發兵之時，司馬師必挾太后與帝俱往討伐（魏志卷四高貴鄉公紀甘露二年）。鍾會伐蜀，潛謀叛變，密譖鄧艾，司馬昭檻車徵艾，必奉天子西征，次於長安（晉書卷二文帝紀咸熙元年），即因中外勢力尚未鞏固之故。

都督中外諸軍事開始於文帝黃初三年。

> 魏文帝黃初三年，上軍大將軍曹真都督中外諸軍事，假黃鉞，則總統內外諸軍矣（晉書卷二十四職官志）。

錄尚書事固然開始於東漢，而在魏世，則公卿權重者為之。

> 錄尚書事，自魏晉以來，亦公卿權重者為之（晉書卷二十四職官志）。

自是而後，權臣常兼領此兩種職務，今試列表如次：

魏權臣都督中外諸軍事並錄尚書事表

姓名	官職
曹爽	景初三年明帝寢疾，拜爽為大將軍，假節鉞，都督中外諸軍事，錄尚書事，與太尉司馬懿受遺詔輔少主。嘉平元年免官族誅（見魏志卷九曹爽傳）。
司馬懿	景初三年明帝大遽，太尉司馬懿與大將軍曹爽並受遺詔輔少主，及齊王即位，遷侍中，持節都督中外諸軍事，錄尚書事。爽欲使尚書奏事先由己，乃言於天子，徙懿為太傅，嘉平元年懿矯詔誅爽。懿三年卒（晉書卷一宣帝紀）。
司馬師	司馬懿卒，子師以撫軍大將軍輔政，嘉平四年遷大將軍，持節都督中外諸軍事，錄尚書事，六年廢齊王，立高貴鄉公，進號大都督，假黃鉞，正元二年卒（晉書卷二景帝紀）。
司馬昭	司馬師疾篤，弟昭拜衛將軍。師卒，進位大將軍，加侍中，都督中外諸軍事，錄尚書事、輔政。甘露元年進號大都督，假黃鉞。五年帝親討司馬昭，不克，被殺。昭立陳留王。景元四年命鄧艾鍾會率師伐蜀，蜀平，昭進位相國，封晉公，加九錫。咸寧元年進爵為晉王，二年卒（見晉書卷二文帝紀）。
司馬炎	司馬昭卒，子炎紹封襲位，總攝百揆。咸熙二年十二月受禪，改國號曰晉，改元為泰始元年。

但是政治上的領袖又須任命自己黨羽為刺史都督，而後勢力方見鞏固。曹爽固然「專擅朝政，兄弟並典禁兵」（晉書卷一宣帝紀正始八年），然而握權未久，不及布植勢力於地方，既無都督以作藩衛，又無刺史以作聲援，所以司馬懿一旦反抗，曹爽就受族誅之禍。嘉平以後，政歸司馬，三世秉政，而猶不敢擅移魏祚，也是因為強有力的都督多係曹氏之黨。晉書（卷四十）賈充傳，司馬昭「新執朝權，恐方鎮有異」，可知都督的勢力可以壓迫權臣。其後魏臣或死或誅，諸州都督漸次換以司馬黨羽，咸熙元年平北將軍王乂都督河北諸軍事，鎮西將軍衛瓘都督關中諸軍事，征南將軍陳騫都督荊州諸軍事，鎮南將軍王沈都督江北諸軍事，征東將軍石苞都督揚州諸軍事，安東將軍司馬駿都督淮北諸軍事，左將軍司馬亮監豫州諸軍事，平東將軍

魯芝監青州諸軍事，右將軍司馬伷監兗州諸軍事。天下都督盡是司馬黨羽，所以司馬炎紹封襲位，曾無幾時，就能高拱而竊天位，一朝而臣四海。然而晉代八王之亂已於此時種下了肧子。

附錄 三國建元表

㈠魏

文帝曹丕 黃初七

明 帝 叡 太和六 青龍四 景初三

齊 王 芳 正始九 嘉平六

高貴鄉公髦 正元二 甘露五

元 帝 奐 景元四 咸熙二

右魏五帝，四十八年。

㈡蜀

昭烈帝劉備 章武三

後 主 禪 建興十五 延熙二十 景耀五 炎興

右蜀漢二帝，四十四年。

㈢吳

大帝孫權 黃武七 黃龍三 嘉禾六 赤烏十三 太元一 神龍一

會稽王亮 建興二 五鳳二 太平三

景 帝 休 永安七

歸命侯皓　元興一　甘露一　寶鼎三　建衡三　鳳凰二　天璽一　天紀四

右吳四帝，六十年。

第六章 晉

第一節　封建制度與八王之亂

晉代封建制度乃開始於司馬昭時代，昭為晉王，命裴秀等建立五等之制。對此，胡三省云：「賞平蜀之功也，今雖復五等爵，亦虛封也」（資治通鑑卷七十八魏元帝咸熙元年注）。其實司馬昭之目的乃欲布自己勢力於地方。五等之制如次：

> 晉文帝為晉王，命裴秀等建立五等之制。惟安平郡公孚邑萬戶，制度如魏諸王。其餘縣公邑千八百戶，地方七十五里。大國侯邑千六百戶，地方七十里。次國侯邑千四百戶，地方六十五里。大國伯邑千二百戶，地方六十里。次國伯邑千戶，地方五十五里。大國子邑八百戶，地方五十里。次國子邑六百戶，地方四十五里。男邑四百戶，地方四十里（晉書卷十四地理志上）。

觀此記事，似是分戶受租，而如魏世一樣，徒有國土之名，而無社稷之實。武帝受禪，時東吳未平，戎馬未息，而領土遼廣，交通不便，凡得一地者不能不守一地，這個守土之責常付之攻城略地的人。他們在其領土之內，既有其土地，又有其人民，又有其甲兵，又有其財賦，駐防既久，防地往往變為封地。封地既然成立，一旦王室式微，他們就可以連衡叛上。所以防地若須設置，同時必廣封宗室以作屏藩。這就是晉武帝恢復封建制度的原因。

> 武帝泰始元年，封諸王以郡為國，邑二萬戶為大國，置上中下三軍，兵五千人。邑萬戶為次國，置上軍下軍，兵三千人。五千戶為小國，置一軍，兵五百人。王不之國，官於京師。罷五等之制，公侯邑萬戶以

上為大國，五千戶以上為次國，不滿五千戶為小國（晉書卷十四地理志上）。

所謂罷五等之制是罷司馬昭為晉王時分戶受租之制，而徹底實行封建，以作屏藩。對此，王船山有所批評。其言如次：

晉詔諸王，大國置三軍，次國二軍，小國一軍。其依倣之名，曰周制也。古之諸侯皆自有兵，周弗能奪而非予之也。其自周始建之國各使有兵，彼有而此不得獨無也。郡縣之天下，兵皆統於天子，州郡不能自有其人民。獨假王侯以兵，授以相競之資，何為也哉。夫晉豈果循周制，以追三代之久安長治也乎。懲魏之虧替宗室，而使權臣乘之耳。乃魏之削諸侯者，疑同姓也。晉之授兵宗室以制天下者，疑天下也。疑同姓而天下乘之，疑天下而同姓乘之。力防其所疑，而禍發於所不疑，其得禍也異，而受禍於疑則同也。嗚呼，以疑而能不召亂亡之禍者無有……以一人之疑敵天下，而謂智計之可恃以防，其愚不可瘳，其禍不可救矣（讀通鑑論卷十一晉武帝）。

越十數年，司馬炎即位既久，因為「王不之國，官於京師」，非所以隆盤石之固，乃依楊珧及荀勗之建議，更制戶邑。

咸寧三年衛將軍楊珧與中書監荀勗以齊王攸（武帝同母弟，出繼為司馬師之嗣）有時望，懼惠帝有後難……從容共陳時宜於武帝，以為古者建侯，所以藩衛王室，今吳寇未殄，方岳任大……異姓諸將居邊，宜參以親戚。而諸王公皆在京都，非扞城之義，萬世之固。帝初未之察，於是下詔議其制。有司奏從諸王公更制戶邑，皆中尉領兵。其平原汝南琅邪扶風齊為大國，梁趙樂安燕安平義陽為次國，其餘為小國，皆制所近縣益滿萬戶。又為郡公制度，如小國王，亦中尉領兵。郡侯如不滿五千戶王，置一軍一千一百人，亦

中尉領之……泰始中……縣王邑千戶，至是改正縣王增邑為三千，制度如郡侯，亦置一軍。自此非皇子不得為王。而諸王之支庶皆皇家之近屬至親，亦各以土推恩受封。其大國次國始封王之支子為公，承封王之支子為侯，繼承封王之支子為伯。小國五千戶以上，始封王之支子為子，不滿五千戶，始封王之支子及始封公侯之支子皆為男，非此皆不得封。其公之制度如五千戶國，侯之制度如不滿五千戶國，亦置一軍千人，中尉領之，伯子男以下各有差，而不置軍。大國始封之孫罷下軍，曾孫又罷上軍。次國始封子孫亦罷下軍，其餘皆以一軍為常。大國中軍二千人，上下軍各千五百人。次國上軍二千人，下軍千人。其未之國者，大國置守土百人，次國八十人，小國六十人，郡侯縣公亦如小國。制度既行，遣就國，而諸公皆戀京師，涕泣而去（晉書卷二十四職官志）。

即咸寧三年之改制，目的在令諸王尤其齊王攸就國。而其制度注重在諸王公之軍隊逐代減少，使數葉之後，親者雖漸至於疏，亦不致威脅京師。今試分析其制度如次。

藩國就地區說，有郡縣兩種。就爵位說，有王及公侯伯子男五等。同姓才得封王，咸寧三年以後，封王的限於皇子。郡王之國分為三等，大國戶二萬，次國戶一萬，小國戶五千，縣王之國戶三千（咸寧三年改制）。即晉代封建不是以領土大小為標準，而是以戶口多寡為標準。然而吾人觀諸王封戶之數與地理所載戶數並不吻合。例如司馬孚封安平王，邑四萬戶（晉書卷三十七安平王孚傳），而安平國戶只二萬一千（晉書卷十四地理志上）。司馬幹封平原王，邑萬一千三百戶（晉書卷三十八平原王幹傳），而平原國戶有三萬二千（晉書卷十四地理志上）。據職官志言，「平原汝南琅邪扶風齊為大國，梁趙樂安燕安平義陽為次國，其餘為小國」。茲將地理志所載各地戶數，列表如次。

各國戶數表

國級	國名	縣數	戶數
大國	平原	九	三一、〇〇〇
	汝南	一五	一一、五〇〇
	琅邪	九	二九、五〇〇
	扶風	六	二三、〇〇〇
	齊	五	一四、〇〇〇
次國	梁	一二	一三、〇〇〇
	趙	九	四二、〇〇〇
	樂安	八	一一、〇〇〇
	燕	一〇	二九、〇〇〇
	安平	八	二一、〇〇〇
	義陽	一二	一九、〇〇〇

地理志除汝南扶風義陽稱之為郡之外，其餘均明言為國。次國如趙燕安平者，戶數均在二萬以上，大國如汝南齊者，戶數又在二萬以下。固然職官志有「皆制所近縣益滿萬戶」之言，例如武帝踐祚，封司馬彤為梁王，邑五千三百五十八戶，咸寧中，復以陳國汝南南頓增封為次國。梁國戶數在一萬以上，陳為梁國之縣，南頓為汝南郡之縣，由此可知凡封於某郡者未必盡以該郡之地封之。至各封地超過萬戶者，例如趙，是否因次國之故，減少其縣，當考。

至於公侯伯子男五等之爵，大率只唯皇族之封為公侯者才稱為國。其國也分三等，萬戶以上為大國，

五千戶以上為次國，不滿五千戶為小國。周制，公侯百里，伯七十里，子男五十里，不及五十里者曰附庸。國之等級以領土大小為標準，而領土大小則與爵位高低相稱。晉制，公侯之國固然也以戶數多少為標準，分為大次小三等，但是國之等級卻與爵位高低無關。庶姓之封於郡縣者有似封君，即只食其戶稅，而不得治其人民。故段灼云「今國家大計，使異姓無裂土之邑，同姓並據有連城之地」（晉書卷四十八段灼傳）。但爵位之高低又與稅戶之多寡無關，不但郡侯之戶可以多過郡公，縣侯之戶可以多過縣公，甚至縣侯之戶尚可以多過郡公。例如王濬以平吳功，封襄陽縣侯，邑萬戶（晉書卷四十二王濬傳），而裴秀以佐命功，封鉅鹿郡公，邑只三千戶（晉書卷三十五裴秀傳）。案鉅鹿國戶二萬一千（晉書卷十四地理志上），而裴秀所得，不過三千戶❶。此又可以證明凡封於某郡者未必盡以該郡之地封之。而國之等級雖以戶數為標準，爵位高低卻不能決定國之大小，而封郡封縣也與國之等級無關。

諸侯在其領土之內有各種權限，一是行政權，藩國文武官吏均由諸侯自除。

> 其仕在天朝者與之國同，皆自選其文武官（晉書卷二十四職官志）。

而諸王尚有選任縣之令長的權。

> 武帝踐祚，特詔諸王自選令長，琅邪王伷表讓，不許（晉書卷三十八琅邪王伷傳）。

選任不當，須受制裁。

> 時諸王自選官屬，梁王肜以汝陰上計吏張蓄為中大夫。蓄素無行，為有司所奏，詔削一縣（晉書卷三十八梁王肜傳）。

❶ 這也許因為裴秀受封，在武帝剛剛受禪之時，王濬受封，在平吳之後，晉之領土與戶口前後不同之故。

這種制度當然容易養成尾大不掉之勢，最初司馬攸就出來反對，然而武帝乃不聽其言。

武帝踐祚，詔令藩王自選國內長吏，齊王攸奏議曰，今雖庸蜀順軌，吳猶未賓，宜俟清泰，乃議復古之制。書比三上，輒報不許。其後國相上長吏缺，典書令請求差選。攸下令曰官人敘才皆朝廷之事，非國所宜裁也，其令自上請之。帝又不許（晉書卷三十八齊王攸傳）。

二是軍事權。各國置兵多少，晉書所載，不甚明瞭。先述王之制度，郡王大國三軍，兵五千人，次國二軍，兵三千人，小國一軍，兵一千五百人，這是地理志明言的。縣王如何呢？職官志說：「郡侯如不滿五千戶王，置一軍，一千一百人」，據地理志，郡王戶數至少五千，所以「不滿五千戶王」當指縣王，如是，縣王亦置一軍，兵一千一百人。

次就公侯言之，職官志說：「郡公制度，如小國王……郡侯如不滿五千戶王，置一軍，兵一千一百人」。郡侯一軍，兵一千一百人已經知道了。「郡公制度如小國王」，地理志說：「小國置一軍，兵千五百人」，所以郡公亦置一軍，兵一千五百人。縣公縣侯有兵多少？職官志敘述諸王推恩分封之後，繼以「其公之制度如五千戶國。侯之制度如不滿五千戶國，亦置一軍千人」之言。郡侯置一軍，一千一百人，現在所說的侯雖然亦置一軍，而其兵數只有千人，則這個公侯自與郡之公侯不同，既然不是郡之公侯，其為縣之公侯，理之至明。如是，縣侯一軍，兵一千人，自無問題。縣公如何呢？縣公制度如五千戶國，五千戶國有兩種解釋，一是諸王所封的小國，二是公侯所封的次國。若指前言，則縣公一軍為兵一千五百人，若指後者，則縣公一軍只能和郡侯一樣，為一千一百人。職官志提到「王」的地方，均加「王」字，如「小國王」，「不滿五千戶王」是，所以五千戶國似指公侯所封的次國，即縣公一軍，兵一千一百人。茲將晉代諸侯的戶數

及兵數列表如次。

晉代諸侯的戶數及兵數表

爵號	封地國別		戶數	兵數
王	郡	大國	二萬戶	五、〇〇〇人
		次國	一萬戶	三、〇〇〇人
		小國	五千戶	一、五〇〇人
	縣		三千戶	一、一〇〇人
公	郡	大國	萬戶以上	一、五〇〇人
		次國	五千戶以上	一、一〇〇人
侯	縣	小國	不滿五千戶	一、〇〇〇人

諸侯之未就國者，只置守土，而不置軍，郡王大國百人，次國八十人，小國六十人，這是職官志明言的。職官志未曾提到郡縣之公侯，但是職官志有「郡公制度如小國王」，小國六十人，則郡公亦置守土六十人。職官志又有「郡侯縣公亦如小國」，則郡侯縣公的守土亦為六十人。職官志復有「縣王制度如郡侯」，郡侯六十人，則縣王亦為六十人，只唯縣侯無法稽考，但守土必須有人，以常理測之，大率亦置守土六十人。

三是財政權，諸侯在其領土之內，有否徵收租稅之權，史無明文記載，晉書只說，江左諸國並三分食一，南渡以後，改為九分食一❷。

❷ 晉書卷七成帝紀，咸和元年十一月壬子改定王侯國秩九分食一。如是，九分食一之制不是更定於元帝太興元年，而是更定於成帝咸和元年。

> 太康元年平吳……而江左諸國，並三分食一，元帝渡江，太興元年始制九分食一（晉書卷十四地理志上）。

上文只提江左諸國，而未提中原諸國，是否中原諸國另有一種制度，史闕其文。但吾人知道「江左王侯不之國」（晉書卷二十一禮志下）。「三分食一」似指食其戶稅。但諸王留在京都者，衣食又由御府供給。

> 時王家人衣食皆出御府，攸表租秩足以自供，求絕之，前後十餘上，帝又不許（晉書卷三十八齊王攸傳）。

所以諸王都很富裕，例如「梁趙二王，國之近屬，貴重當時。裴楷歲請二國租錢百萬，以散親族」（晉書卷三十五裴楷傳）。案古代地方稅與中央稅未曾判然劃分，地方政府可就地徵稅，以供地方行政費之用。齊王攸傳云：

> 攸雖未之國，文武官屬下至士卒，分租稅以給之，疾病死喪賜與之，而時有水旱，國內百姓則加振貸，須豐年乃責，十減其二，國內賴之（晉書卷三十八齊王攸傳）。

是則諸侯在其國內固有徵稅的權。所謂三分食一，當指江左諸國可留三分之一的賦稅以為祿俸。八王大亂，元帝渡江，領土狹小，而中央財政又甚困難，所以只許九分食一，而將其餘輸於中央。然究實際情況，八王亂後，五等封建，已經破壞，九分食一似是戶稅，而與西漢中葉以後，「諸侯唯得衣食稅租，不與政事，勢與富室無異」（漢書卷十四諸侯王表），完全相同。

晉代封建既有懲於曹魏之因孤立而亡，又有鑑於漢世吳楚之亂，所以雖然廣封同姓，而又採用下述兩種政策，以預防藩國叛變。

一是分封，最初國基未固，自須仰藉同姓以作屏藩。傳祚稍久，親者已疏，諸侯對於皇室漸失愛戴之心，而啟覬覦帝位之意，故依主父偃的推恩分封之法，以達賈誼所謂「眾建諸侯而小其力」之目的。當議

遣諸王就國之時，段灼建議：

臣以為諸王年十五以上，悉遣之國……連城開地，為晉魯衛，所謂盤石之宗，天下服其強矣。雖云割地，譬猶囊漏貯中，亦一家之有耳。若慮後世強大，自可豫為制度，使得推恩以封子弟，如此，則枝分葉布，稍自削小，漸使轉至萬國，亦後世之利，非所患也（晉書卷四十八段灼傳）。

其後，段灼又言：「今諸王有立國之名，而無襟帶之實」（晉書仝上）。復謂：「大晉諸王二十餘人，而公侯伯子男五百餘國。欲言其國皆小乎，則漢祖之起俱無尺土之地，況有國者哉。將謂大晉世世賢聖，而諸侯之胤常不肖邪，則放勛欽明，而有丹朱，瞽叟頑凶，而有虞舜。天下有事無不由兵，而無故多樹兵本，廣開亂原，臣故曰五等不便也。臣以為諸王宜大其國，增益其兵，悉遣守藩，使形勢足以相接，則陛下可高枕而臥耳」（晉書仝上）。段灼之言不甚明顯，似謂異姓功臣不宜封爵授土，同姓諸王宜大其國，而增其兵，但須令其推恩以封子弟。武帝是否依段灼之言，實行推恩分封之制。若依職官志所載，有司奏請「諸王之支庶皆皇家之近屬至親，亦各以土推恩受封。其大國次國始封王之支子為公，承封王之支子為侯，繼承封王之支子為伯。小國始封王之支子為子。不滿五千戶，始封王之支子及始封公侯之子皆為男。非此皆不得封」。如是，則晉初，推恩分封已成為定制了。

二是減軍，諸侯軍隊乃隨代遞減。大國有上中下三軍，傳至孫，須罷下軍，傳與曾孫，須罷上軍。次國有上下二軍，傳至孫，須罷下軍。其餘只有一軍，所以不再減少。其分封的人，公置一軍，兵一千一百人，侯置一軍，兵一千人，伯子男以下皆不置軍。

晉置藩國，以預防牧守的憑陵，而對於藩國又代代降低其爵，減少其軍。防微杜漸，設計不可謂不佳。

山齋易氏說：

古者天子必內有異姓大夫，所以正骨肉也。外有同姓大夫，所以正異族也。蓋同姓親也，於內為逼，故處於外，而使之正異族。異姓疏也，於親為有間，故處於內，而使之正族屬（文獻通考卷一百五十兵制）。

雖然荀勗曾言：「其五等體國經遠，實不成制度，然但虛名其於實事，略與舊郡縣鄉亭無異」（晉書卷三十九荀勗傳）。劉頌亦謂：「今諸王裂土皆兼於古之諸侯，而君賤其爵，臣恥其位，莫有安志，其故何也。法同郡縣，無成國之制，故也」（晉書卷四十六劉頌傳）。按荀勗之言乃在議遣王公之國之時，劉頌之言，據資治通鑑，當在太康末年。可知晉之封建乃議而不決，決而未行。於是為固盤石之隆，諸王乃紛紛出鎮。其終引起大亂，可以說未必由於封建，而是由於諸王出擁旄節，而為方岳。

晉代雖參考漢制，用分封之法，以救五等封建之弊。但是漢時，「宗室不得典三河」（漢書卷三十六劉歆傳）晉如何呢？「石函之制，非親親不得都督關中」（晉書卷五十九河間王顒傳），此蓋關中之地可以威脅洛陽之故。然而親親又何足恃。司馬駿封為扶風郡王，使持節都督雍涼等州諸軍事（晉書卷三十八扶風王駿傳）。司馬亮亦曾封為扶風郡王，持節都督關中雍涼諸軍事（晉書卷五十九汝南王亮傳）。既封以關中之地，又令其都督關中軍事，這與漢代「宗室不得典三河」之制完全相反。豈但關中而已，武帝又徙封諸王於其都督之地。

咸寧三年乃詔諸王為都督者，各徙其國使相近。八月徙扶風王亮為汝南王，出為鎮南大將軍，都督豫州諸軍事。琅邪王倫為趙王，督鄴城守事。勃海王輔為太原王，監并州諸軍事。以東莞王伷在徐州，徙封琅邪王。汝陰王駿在關中，徙封扶風王。又徙太原王顒為河間王，汝南王柬為南陽王。其無官者皆遣就國，諸王公戀京師，皆涕泣而去（資治通鑑卷八十晉武帝咸寧三年）。

上述諸王於其封地鄰近，持節都督諸州軍事，是在平吳以前。此時外有敵國，內有武將，固然不得不如此布置。那知平吳之後，還是一樣。

太康十年，徙南陽王柬為秦王，都督關中諸軍事。始平王瑋為楚王，都督荊州諸軍事。濮陽王允為淮南王，都督揚州諸軍事（資治通鑑卷八十三晉武帝太康十年）。

這種制度固然是有鑑於魏世「徒分茅社，實傳虛爵，本根無所庇廕，遂乃三葉而亡」（晉書卷五十九八王傳序）之禍。然而矯枉過正，在國家太平時代，尚無問題，一旦中央發生政變，勢將引起諸王覬覦帝位之心。何況武帝平吳之後，又令州郡悉去兵備。

太康元年詔曰，昔自漢末，四海分崩，刺史內親民事，外領兵馬。今天下為一，當韜干戈，刺史分職皆如漢氏故事（胡三省注，察舉郡縣長吏而已），悉去州郡兵，大郡置武吏百人，小郡五十人。交州刺史陶璜上言，交廣東西數千里，不賓屬者六萬餘戶，至於服從官役，才五千餘家。二州脣齒，唯兵是鎮。又寧州諸夷接據上流，水陸並通，州兵未宜約損，以示單虛。僕射山濤亦言，不宜去州郡武備，帝不聽。及永寧以後，盜賊群起，州郡無備，不能禽制，天下遂大亂，如濤所言。然其後刺史復兼兵民之政，州鎮愈重矣（資治通鑑卷八十一晉紀武帝太康元年，參閱晉書卷四十三山濤傳）。

州郡是否不設武備，不盡可信。劉昭論靈帝改牧，而謂「委之邦宰之命，授之斧鉞之重，假之都督之威，開之征討之略……晉武帝又見其弊矣，雖有其言，不卒其事」（後漢書卷二十八百官志五注臣昭曰）。由「雖有其言，不卒其事」八字觀之，是則晉代並無廢州郡握兵之事，問題所在乃是諸王均擁強兵，如果他們的勢力只在地方，也許可作中央的聲援，而隆盤石之固。顧武帝又常徵召他們入秉朝政，例如武帝受禪之時，

司馬孚封為安平王，邑四萬戶，進拜太宰，持節都督中外諸軍事（晉書卷三十七安平王孚傳）。末年汝南王亮又徵為太尉，錄尚書事（晉書卷五十九汝南王亮傳）。諸王「出擁旌節，莅嶽收之榮，入踐台階，居端揆之重」（晉書卷五十九八王傳序），所謂親疏相間、內外相維之意已經消滅。武帝崩殂，惠帝即位，性愚闇，不堪政事。

> 惠帝之為太子也，朝廷咸知不堪政事……及居大位，政出群下，綱紀大壞，貨賂公行，勢位之家以貴陵物，忠賢路絕，讒邪得志，更相薦舉，天下謂之互市焉……帝又嘗在華林園，聞蝦蟆聲，謂左右以此鳴者為官乎私乎。或對曰在官地為官，在私地為私。及天下荒亂，百姓餓死，帝曰何不食肉糜，其蒙蔽皆此類也（晉書卷四惠帝紀光熙元年）。

遂為其后賈氏所制，終由賈后的暴戾，引起八王之亂。

武帝臨崩，欲以汝南王亮（司馬懿之子，武帝叔父）與皇后父楊駿同輔政，駿匿其詔，矯令亮出鎮許昌。惠帝既立，賈后擅權，殺楊駿，廢楊太后，徵亮入，與衛瓘同輔政。亮與楚王瑋（武帝第五子，惠帝之弟）不協，瑋諂於賈后，誣亮瓘有廢立之謀，后乃使帝詔瑋殺亮瓘，又坐瑋以矯殺亮瓘之罪，即日殺瑋。后益肆淫恣，廢太子遹（惠帝長子，非賈后生），弒楊太后，時趙王倫（懿第九子，惠帝之叔祖）在京師，素諂賈后，其嬖人孫秀說以太子之廢，人言公實與謀，宜廢后以雪此聲，倫從之。秀又恐太子聰明，終有疑於倫，不如待后殺太子，而廢后，為太子報仇，可以立功，乃使后黨諷后，后果殺太子。倫遂矯詔，與齊王冏（齊王攸之子，惠帝從弟）率兵入宮，廢后幽於金墉城，尋害之。倫自為相國侍中，都督中外諸軍事，孫秀等恃勢肆橫。冏內懷不平，秀覺之，出冏鎮許昌。倫僭位，以惠帝為太上皇，遷於金墉。於是冏及河間王顒（司馬孚之孫，惠帝從叔，時鎮長安）成都王穎（武帝第十六子，惠帝之弟，時鎮鄴中）共起兵討

倫。倫兵敗，其將王輿廢倫斬秀，迎惠帝復位，倫尋伏誅，穎遂還鄴。冏入京，帝拜冏大司馬，如宣景輔魏事。冏大權在握，沉湎酒色，不入朝，坐召百官，恣行非法。有校尉李含奔於長安，詐稱有詔使河間王顒討冏，顒遂上表請廢冏，以成都王輔政，並檄長沙王乂（武帝第六子，惠帝之弟）為內主。冏遣兵襲乂，乂徑入宮，奉帝討斬冏。顒本以乂弱冏強，冀乂為冏所殺，而以殺乂之罪討之，因廢帝立穎，己為宰相，可以專政。及乂先殺冏，其計不遂。穎亦以乂在內，已不得遙執朝政，於是顒遣將張方率兵與穎同向京師。帝又詔乂為大都督拒方等，連戰，先勝後敗。東海王越（司馬泰之子，惠帝從叔祖）在京，慮事不濟，與殿中將收乂送金墉，乂為張方所殺。穎入京，尋歸於鄴，顒表穎為皇太弟，位相國，乘輿服御及宿衛兵皆遷於鄴，朝政悉穎主之。左衛將軍陳眕不平，奉帝討穎，穎遣將石超敗帝於蕩陰，超遂以帝入鄴。平北將軍王浚起兵討穎，穎戰敗，仍擁帝還洛陽。時顒遣張方救穎，方遂挾帝及穎歸於長安。顒廢穎，立豫章王熾（武帝第二十五子，惠帝之弟，是為懷帝）為皇太弟。東海王越自徐州起兵迎大駕，顒又命穎統兵拒之河橋，戰敗，越兵入關，奉惠帝還洛陽。穎竄於武關新野間，有詔捕之，為劉輿所殺。顒亦單騎逃太白山，其故將迎入長安，有詔徵顒為司徒，顒入京，途次為南陽王模所殺。惠帝崩，懷帝即位，越出討石勒而卒，此八王始末也（廿二史劄記卷八，八王之亂）。

八王作亂不是單單限於中央而已。他們要奪取中央的政權。遂由蕭牆之禍，致令黎民塗炭，寇盜蜂起，茲引晉書所言，以作本節的結論。

自惠皇失政，難起蕭牆，骨肉相殘，黎元塗炭，胡塵驚而天地閉，戎兵接而宗廟隳，支屬肇其禍端，戎羯乘其間隙，悲夫（晉書卷五十九，八王傳史臣曰）。

第二節　蠻族移動與晉的南渡

國家之亂常由於社會貧窮，社會貧窮分為兩種，一是相對的貧窮，就是社會的生產可以供給社會的需要，只因分配不均，所以多數人不能生存。二是絕對的貧窮，就是社會的生產不能供給社會的需要，縱令分配均平，而人民也必無法維持生計。社會若是絕對的貧窮，政府非從經濟方面著手改革，任何仁政都不能挽回狂瀾，支大廈於將傾，而只能延長大廈傾倒的時間。社會若是相對的貧窮，則政治的隆汙影響於社會治亂者甚大。明君在位，可用各種政策解決困難，庸主在位，則由各種虐政引起棼亂。晉武帝受禪之初，因為江南未平，厲精圖治，而對於人民生計，尤甚注意，所以人安其業而樂其事，而使中國現出小康的狀態。

> 是時江南未平，朝廷厲精於稼穡，四年（泰始四年）……立常平倉，豐則糴，儉則糶，以利百姓……平吳之後……天下無事，賦稅平均，人咸安其業而樂其事（晉書卷二十六食貨志）。

吾國經濟以農為本，農業需要水利，武帝講求水利，不遺餘力。

> 杜預又言，自頃戶口日增，而陂堨歲決，良田變生蒲葦，人居沮澤之際，水陸失宜，放牧絕種，樹木立枯，皆陂之害也。陂多則土薄水淺，潦不下潤，故每有水雨，輒復橫流，延及陸田……臣計漢之戶口，以驗今之陂處，皆陸業也。其或有舊陂舊堨，則堅完修固，非今所謂當為人害者也……今者水潦瓮溢，大為災害。臣以為與其失當，寧瀉之不滀。宜發明詔，敕刺史二千石，其漢氏舊陂舊堨及山谷私家小陂，皆當修繕以積水，其諸魏氏以來所造立，及諸因雨決溢蒲葦馬腸陂之類，皆決瀝之……其舊陂堨溝渠當有所補

塞者，皆尋求微跡，一如漢時故事……朝廷從之（晉書卷二十六食貨志）。

當時牛羊被野，餘糧棲畝，有天下無窮人之諺。干寶說：

太康中，天下書同文，車同軌，牛馬被野，餘糧委畝，行旅草舍外閭不閉，居相遇者如親，其匱乏者取資於道路，故於時有天下無窮人之諺（干寶晉紀總論）。

但是禍亂之原早已萌芽於泰始年間，是時朝臣分為兩派，一派為賈充荀顗荀勗，另一派為任愷裴楷庾純。史謂「賈充無公方之操，不能正身率下，專以諂媚取容。任愷庾純等剛直守正」（晉書卷四十賈充傳）。大凡黨爭發生之時，君子常為小人所打倒，吾人可稱之為政治上的格勒善法則 (Gresham's law)。因為君子有所不為，而小人則不擇手段之故。

侍中尚書令賈充與侍中任愷皆為帝所寵任。充欲專名勢而忌愷，於是朝士各有所附，朋黨紛然。帝知之，召充愷宴於式乾殿，而謂之曰朝廷宜壹，大臣宜和，充愷等各拜謝。既而充愷以帝已知而不責，愈無所憚，外相崇重，內怨益深。充乃薦愷為吏部尚書，愷侍覲轉希。充因與荀勗馮紞承間共譖之，愷由是得罪，廢於家（資治通鑑卷七十九晉武帝泰始八年秋七月，參閱泰始七年五月）。

平吳之日，又有王渾與王濬之爭功：

王濬之入建業也，其明日王渾乃濟江，以濬不待己至，先受孫皓（吳主）降，意甚愧忿，將攻濬。何攀勸濬送皓與渾，由是事得解……渾濬爭功不已……帝以渾為上功，濬為中功……王濬自以功大，而為渾父子及黨羽所挫抑，每進見，陳其攻伐之勞及見枉之狀，或不勝忿憤，徑出不辭，帝每寬恕之（資治通鑑卷八十一晉武帝太康元年）。

而帝又因六合為一，「見土地之廣，謂萬葉而無虞，覩天下之安，謂千年而永治，不知處廣以思狹，則廣可長廣，居治而忘危，則治無常治」（晉書卷三武帝紀論曰）。而乃怠於政術，耽於遊宴，政事日漸廢弛，

> 平吳之後，天下乂安，遂怠於政術，耽於遊宴……彝章紊廢，請謁行矣（晉書卷三武帝紀太熙元年）。
>
> 帝自太康以後，天下無事，不復留心萬機，惟耽酒色（晉書卷四十楊駿傳）。

以新集易動之基，而無久安難拔之慮，由是從前天災可藉人事以救濟者，現在人事反加甚天災了。八王大亂，農民奔迸流移，耕者寡而食者眾，社會的消費力已經超過社會的生產力。而內亂不已，中央政府無力開鑿河渠或建築堤防，淫雨則河流潰決，久旱則螟蝗為災。茲舉惠帝以後最嚴重的天災如次。

> 惠帝元康七年七月雍梁大旱，關中饑，米斛萬錢，詔骨肉相賣者不禁。
>
> 懷帝永嘉三年三月大旱，江漢河洛皆竭可涉。四年五月幽并司冀秦雍等六州大蝗，食草木馬毛皆盡。五年六月百姓饑儉，米斛萬餘價。
>
> 愍帝建興四年十月京師饑甚，米斗金二兩，人相食，死者大半（以上見晉書各本紀）。

於是政治問題就轉變為社會問題，其表現出來的現象，一是大眾貧窮，二是米價踴貴。當時情況如次。

西晉國民經濟及米價表

年代	國民經濟	米價
武帝	牛馬被野，餘糧委畝，故於時有天下無窮人之諺（見干寶晉紀總論）。	穀賤而布帛貴（見晉書卷二十食貨志）。
惠帝	關中饑，詔骨肉相賣者不禁（見晉書卷四惠帝紀元康七年）。	關中米斛萬錢（見晉書卷四惠帝紀元康七

	元康中，關西擾亂，頻歲大饑，百姓乃流移就穀（見晉書卷一百二十李特載記）。	米石萬錢（見晉書卷四惠帝紀太安二年）。
懷帝	至於永嘉，喪亂彌甚，雍州以東，人多饑乏，更相鬻賣，奔迸流移，不可勝數，兼以饑饉，百姓又為寇賊所殺，流尸滿河，白骨蔽野（見晉書卷二十六食貨志）。 永嘉喪亂，百姓流亡，中原蕭條，千里無煙，饑寒流隕，相繼溝壑（見晉書卷一百九慕容皝載記）。	米斛萬餘價（見晉書卷五懷帝紀永嘉五年）。
愍帝	天下崩離，長安城中，戶不盈百，牆宇頹敗，蒿棘成林（見晉書卷五愍帝紀建興五年）。 諸郡百姓饑饉，白骨蔽野，百不一存（見晉書卷六十賈疋傳）。	京師米斗金二兩（見晉書卷五愍帝紀）。 斗米二金（見晉書卷二十六食貨志）。

大眾受了貧窮的壓迫，只有流移就穀，開始逃亡。

惠帝之後，政教陵夷，至於永嘉，喪亂彌甚……人多饑乏，更相鬻賣，奔迸流移，不可勝數（晉書卷二十六食貨志）。

雍涼人民多由漢中，散在梁益。

長安遺人四千餘家奔漢中（晉書卷五懷帝紀永嘉五年）。

秦州人鄧定等二千餘家，饑餓流入漢中，保於城固，漸為抄盜（晉書卷五十七張光傳）。

元康中，關西擾亂，頻歲大饑，百姓乃流移就穀，相與入漢川者數萬家，由是散在益梁，不可禁止（晉書卷一百二十李特載記）。

梁益人民或東入荊湘。

> 於時流人在荊州十餘萬戶，羈旅貧乏，多為盜賊（晉書卷六十六劉弘傳）。

> 巴蜀流人汝班蹇碩等數萬家布在荊湘間，而為舊百姓之所侵苦，并懷怨恨（晉書卷一百杜弢傳）。

或南至寧州。

> 蜀民皆保險結塢，或南入寧州，或東下荊州，城邑皆空，野無煙火（資治通鑑卷八十五晉惠帝太安二年）。

寧州人民復流入交州。

> 寧州頻歲饑疫，死者以十萬計，吏民流入交州者甚眾（資治通鑑卷八十六晉惠帝光熙元年）。

并州人民多赴司州。

> 東嬴公騰自晉陽鎮鄴，并土饑荒，百姓隨騰南下，餘戶不滿二萬，寇賊縱橫，道路斷塞……晉陽府寺焚毀，僵戶蔽地，其有存者，饑羸無復人色，荊棘成林，豺狼滿道（晉書卷六十二劉琨傳）。

司州人民或奔豫州，

> 河東平陽弘農上黨（上黨屬并州）諸流人之在潁川襄城汝南南陽（南陽屬荊州）河南者數萬家（晉書卷一百王彌傳）。

或赴冀州。

> 平陽饑甚，司隸部人奔於冀州二十萬戶（晉書卷一百二劉聰載記）。

而司冀并兗四州人民逃往遼西者亦不少。

> 司冀并兗州流人數萬戶在於遼西，迭相招引，人不安業（晉書卷一百四石勒載記上）。

由此可知他們流亡乃無預定地區。先離開本土而至鄰地，鄰地饑饉，又流亡至稍遠之地，稍遠之地旱蝗，

復流亡至更遠之地。當他們離開本土之時，也許尚帶有少許錢財，經數次流亡之後，錢財盡了，老弱死了。永嘉元年劉琨為并州刺史，其於沿途所見的情形如次。

臣自涉州疆，目覩困乏，流移四散，十不存二。攜老扶弱，不絕於路，及其存者，鬻賣妻子。生相捐弃，死亡委厄，白骨橫野，哀呼之聲，感傷和氣（晉書卷六十二劉琨傳）。

惠皇失政，朝綱廢弛，加之以師旅，因之以饑饉，人民流亡，觀上文所舉之例，可知規模極大。他們流亡之時，為集體安全起見，常推舉一位智勇之士以作領袖。例如：

京師大亂，逖率親黨數百家，避地淮泗，以所乘車馬，載同行老弱，躬自徒步，藥物衣糧與眾共之，又多權略，是以少長咸宗之，推逖為行主（晉書卷六十二祖逖傳）。

又如：

永嘉之亂，百姓流亡，所在屯聚。峻糾合得數千家，結壘于本縣。于時豪傑所在屯聚，而峻最彊，遣長沙徐瑋宣檄諸屯，示以王化，又收枯骨而葬之。遠近感其恩義，推峻為主（晉書卷一百蘇峻傳）。

他們「懼死求生，遂相結聚」。最初不過「守善自衛」（晉書卷一百杜弢傳）。到了輾轉流亡，羈旅貧乏，就出為盜賊。

於時流人在荊州十餘萬戶，羈旅貧乏，多為盜賊（晉書卷六十六劉弘傳）。

及至老弱者填於溝壑，而只殘存壯而有力之人之時，他們破產，而又亡家，既無家庭後顧之憂，於是怨恨之氣遂發洩而為盜匪，攻城剽邑，作顛覆政權的豪舉。茲將西晉時代流人作亂列表如次。

西晉時代流人作亂表

年代		流人作亂
惠帝	永康元年	元康中，關西擾亂，頻歲大饑，略陽天水六郡人民流移就穀，相與入梁益者數萬家。氐人李特李庠李流兄弟三人亦隨流民入蜀，沿途營護流民，甚得眾心，流民遂推之為主。會詔徵益州刺史趙廞為大長秋，以成都內史耿滕代廞，廞賈后之姻親也，賈后已敗，廞聞徵甚懼，乃傾倉廩賑施流民，以收眾心。以李特兄弟材武，厚遇之以為爪牙，帥眾拒耿滕。滕敗死，廞自稱大都督將軍益州牧。特弟庠帥四千騎歸廞，以庠為威寇將軍，委以心膂（資治通鑑卷八十三晉惠帝永康元年，晉書卷一百二十李特載記）。
	永寧元年	李庠驍勇得眾心，趙廞忌殺之。李特怨廞，引兵攻殺廞，傳首京師。朝廷拜特為宣威將軍，弟流奮武將軍，皆封侯。會朝廷符下秦雍州，使召還流民入蜀者。流民聞州郡迫遣，人人愁怨，不知所為。且水潦方盛，年穀未登，無以為行資，乃相率歸特，旬月間，過二萬人。李特遂反，與蜀民約法三章，施捨賑貸，禮賢拔滯，軍政肅然，蜀民大悅（資治通鑑卷八十四晉惠帝永寧元年，晉書卷一百二十李特載記）。
	太安二年	朝廷以梁州刺史羅尚為益州刺史，遣兵討李特，斬之。李流統其餘眾，數月卒，眾推特子雄為主，逐羅尚，取成都（資治通鑑卷八十五晉惠帝太安二年，晉書卷一百二十一李雄載記）。 壬午年詔書令荊州發武勇赴益州討李流，號壬午兵。民憚遠征，皆不欲行。時江夏大稔，民就食者數千口，張昌因之誑惑百姓，聚眾反，諸流民及避戍役者多從之（資治通鑑卷八十五晉惠帝太安二年，晉書卷一百張昌傳）。
懷帝	永嘉元年	劉淵將王彌寇襄城諸縣，河東平陽弘農上黨諸流人之在潁川襄城汝南南陽河南者數萬家，為舊居人所不禮，皆焚燒城邑，殺二千石長吏以應彌（資治通鑑卷八十六晉懷帝永嘉元年，晉書卷一百王彌傳）。 秦州人鄧定等二千餘家，饑餓流入漢中，保於城固，漸為抄盜，進迫漢中，二千石長吏棄官而遁（資治通鑑卷八十六晉懷帝永嘉元年，晉書卷五十七張光傳）。 頓丘太守魏植為流人所迫，眾五六萬，大掠兗州（資治通鑑卷八十六晉懷帝永嘉元年，晉書卷六十一苟晞傳）。
	永嘉四年	雍州流民多在南陽，詔書遣還鄉里。流民以關中荒殘，皆不願歸。征南將軍山簡南中郎將杜蕤

帝	年	事
		各遣兵送之，促期令發。流人王如遂潛結壯士，夜襲二軍破之。於是南安人龐寔，馮翊人嚴嶷，京兆人侯脫各聚眾攻城鎮，殺令長，以應之（資治通鑑卷八十七晉懷帝永嘉四年，晉書卷一百王如傳）。
	永嘉五年	平陽人李洪帥流人入定陵作亂（晉書卷五懷帝紀）。
		巴蜀流人汝班蹇碩等數萬家，布在荊湘間，而為舊百姓之所侵苦，并懷怨恨。會蜀人李驤聚眾據樂鄉反，荊州刺史王澄討之，驤請降，澄偽許而襲殺之，沉九千餘人於江，流民益怨忿。蜀人杜疇蹇撫等復擾湘州。湘州刺史荀眺聞巴蜀流民皆欲反，欲盡誅流民。汝班等懼死，聚眾以應疇，以蜀人杜弢州里重望，共推為主（資治通鑑卷八十七晉懷帝永嘉五年，晉書卷四十三王澄傳，卷一百杜弢傳）。
愍帝	建興元年	流人楊武攻陷梁州（晉書卷五愍帝紀）。

統治龐大的國家，需要強有力的政府，政府能夠強有力，則以政局安定為前提。惠皇失政，禍起蕭牆，中樞衰弱，不能控制地方，因之流民作亂，地方也不能平定。在這八王亂於上，流民亂於下之時，乘機出來者則為五胡。五胡指匈奴羯鮮卑氐羌五個種族。自惠帝永興元年劉淵建號稱王，至宋文帝元嘉十六年北涼降魏止，其為亂共一百三十六年。

蠻族內徙開始於西漢武帝之時，武帝雄才大略，不但要征服四夷，且欲同化四夷。四夷來降者，或徙置內地，令與漢人雜居，使其漸次同化，或以其地為郡縣，而分置降胡於邊疆，分其眾乃以弱其力。「西漢末，呼韓邪單于攜率部落入臣於漢。漢割并州北界以安之，於是匈奴五千餘落，入居朔方諸郡，與漢人雜處。多歷年所，戶口漸滋，彌漫北朔，轉難禁制」（晉書卷九十七匈奴傳）。到了東漢，自光武始，往往盛納降胡，建武二十五年封烏桓渠帥為侯王君長者八十一人，皆居塞內，布於沿邊諸郡，令其招徠種人，給其

衣食（後漢書卷一百二十烏桓傳）。而馬援又置諸羌於天水隴西扶風三郡（後漢書卷一百十七西羌傳）。竇固復徙降羌七千餘口居三輔（後漢書卷一百十七西羌傳）。到了安帝，西羌作亂，不但寇邊，且能深入腹地，寇河東而至河內。國家乃於衝要之地，建築塢壁，以防剽略。魏郡趙國常山中山有六百一十塢，河內有三十二塢，馮翊有五百塢，扶風漢陽隴道有三百塢（後漢書卷一百十七西羌傳），外寇已經轉變為內患。桓帝之世，「自雲中五原，西至漢陽二千餘里，匈奴種羌並擅其地」（後漢書卷九十五段熲傳）。漢末大亂，戎馬不息，羌胡遂乘「中國多事，不遑外討」之際，「得擅漢南之地，寇暴城邑，殺略人民」（魏志卷三十烏丸傳）。而漢族人士因不能忍受內亂之禍，逃入蠻族之中者，人數亦復不少。

> 時承喪亂之餘，胡狄在界，雄張跋扈，吏民亡叛，入其部落，兵家擁眾，作為寇害，更相扇動，往往棊跱（魏志卷十五梁習傳）。

> 是時邊民流散山澤，又亡叛在鮮卑中者，處有千餘（魏志卷二十六牽招傳）。

漢人亡入胡中，西漢元帝時已經有之，此時逃亡的人不過奴婢而已。照侯應說，「邊人奴婢愁苦，聞匈奴中樂，時有亡出塞者」（漢書卷九十四下匈奴傳）。降至東漢，漢人有臣事匈奴，而勸其叛漢者（參閱資治通鑑卷四十九漢安帝永初三年韓琮之事），又有勾結西羌，入據內縣者（參閱資治通鑑卷四十九漢安帝永初五年杜琦之事）。案漢人入胡，不但增加蠻族的戶口，且又提高蠻族的知識。

> 軻比能本小種鮮卑……部落近塞，自袁紹據河北，中國人多亡叛歸之，教其作兵器鎧楯，頗學文字（魏志卷三十鮮卑傳）。

而中原蕭條，尤以關中為甚，所以曹魏政府又復盛納降胡。例如：

> 張既為雍州刺史……既之武都，徙氐五萬餘落出居扶風天水界（魏志卷十五張既傳）。
>
> 楊阜為武都太守，前後徙民氐使居京兆扶風天水界者萬餘戶（魏志卷二十五楊阜傳）。
>
> 郭淮為雍州刺史，案撫柔氐三千餘落，拔徙以實關中（魏志卷二十六郭淮傳）。
>
> 建安十一年太祖自征蹋頓（鮮卑種）於柳城，擊破其眾，臨陣斬蹋頓首……悉徙其族居中國（魏志卷三十烏丸傳）。
>
> 文帝踐祚，田豫為烏丸校尉，持節，並護鮮卑，屯昌平。步度根（鮮卑種）遣使獻馬，帝拜為王……步度根部眾稍寡弱，將其眾萬餘落，保太原雁門郡（魏志卷三十鮮卑傳）。

由此可知三國時代蠻族已經入居內郡。匈奴種族盤踞於晉陽汾澗一帶之地（晉書卷一百一劉元海載記）。鮮卑種族散布於太原雁門之間（魏志卷三十鮮卑傳）。羌氐種族則布在河湟之間，漸入雍涼二州（晉書卷一百七石季龍載記下）。他們與漢人雜居既久，「多知中國語」，似已開始同化。

> 氐……其俗語不與中國同。及羌雜胡同，各自有姓，姓如中國之姓矣……多知中國語，由與中國錯居故也。其還種落間，則自氐語（魏志卷三十烏丸鮮卑傳評曰注引魏略）。

前曾說過，東漢政府常將攻戰守禦之責委於戎狄。三國初期，各地牧守擁兵稱雄，多勾結戎狄，以張聲勢。董卓軍隊已有大批的羌胡，且看鄭太對董卓說：

> 且天下強勇，百姓所畏者，有并涼之人及匈奴屠各湟中義從西羌八種，而明公擁之，以為爪牙，譬驅虎兕以赴犬羊也（後漢書卷一百鄭太傳）。

而袁紹且與烏丸通婚，以作外援。

三郡烏丸承天下亂，破幽州，略有漢民，合十餘萬戶。袁紹皆立其酋豪為單于，以家人子為己女，妻焉。遼西單于蹋頓尤強，為紹所厚（魏志卷一太祖紀建安十一年）。

其後袁尚（紹子）兵敗，奔於蹋頓，猶欲借其兵力，以圖中原。

及紹子尚敗，奔蹋頓……尚欲憑其兵力，復圖中國（後漢書卷一百二十烏桓傳）。

到了魏蜀交戰，蜀固欲誘羌胡，以為羽翼。

諸葛亮在祁山，遣使連結軻比能（鮮卑種族），比能至故北地石城，與相首尾。明帝乃詔牽招使從便宜討之（魏志卷二十六牽招傳）。

姜維自以練西方風俗，兼負其才武，欲誘諸羌胡，以為羽翼，謂自隴以西可斷而有也（蜀志卷十四姜維傳）。

魏為防止蜀與戎勾結，又拔徙氐人以實關中。

正始元年蜀將姜維出隴西，郭淮遂進軍，迫至彊中。維退，遂討羌迷當等，案撫柔氐三千餘落，拔徙以實關中（魏志卷二十六郭淮傳）。

由此可知由東漢而至三國，漢胡已經雜居，而胡人且成為中國的重要軍隊。在曹魏之世，漢胡雜居，尚可相安無事。阮种說：

自魏氏以來，夷虜內附，鮮有桀悍侵漁之患，由是邊守遂怠，鄣塞不設，而令醜虜內居，與百姓雜處（晉書卷五十二阮种傳）。

固然三國時代已經有人注意到華夷雜居問題，但是他們所顧慮者乃是文化上的蠻夷猾夏，不是政治上的蠻夷猾夏。換言之，他們只怕「禮義之邦」的人民受了戎狄「貪悍之性」的薰染，將喪失廉恥，趨入姦

宄。至於蠻族割據州郡，稱兵作亂，他們是未曾考慮到的。

鄧艾又陳羌胡與民同處者，宜以漸出之，使居民表崇廉恥之教，塞姦宄之路（魏志卷二十八鄧艾傳）。

所以提議徙戎的鄧艾不久也納鮮卑降者數萬，置於雍梁之間。

鄧艾納鮮卑降者數萬，置於雍涼之間，與民雜居（資治通鑑卷七十九晉武帝泰始五年）。

他們休養生聚，到了晉代初年，戶口漸滋，而武帝又復盛納降胡。

武帝踐祚後，塞外匈奴大水塞泥黑難等二萬餘落歸化，帝復納之，使居河西故宜陽城下，後復與晉人雜居，由是平陽西河太原新興上黨樂平諸郡靡不有焉……至太康五年，復有匈奴胡太阿厚率其部落二萬九千三百人歸化。七年又有匈奴胡都大博及萎莎胡等各率種類大小凡十萬餘口，詣雍州刺史扶風王駿降附。明年匈奴都督大豆得一育鞠等復率種落大小萬一千五百口、牛二萬二千頭、羊十萬五千口、車驢什物不可勝紀，來降，並貢其方物，帝並撫納之。北狄以部落為類，其入居塞者有屠各種……羯種，凡十九種，皆有部落，不相雜錯（晉書卷九十七匈奴傳）。

他們雜居內地之時，多淪為豪強的佃客。

太原諸部亦以匈奴胡人為田客，多者數千（晉書卷九十三王恂傳）。

而受方任者又非其材，既不知懷柔政策，使其漸次同化，而乃狙詐侵侮，或妄加討戮，而如阮种所說：

受方任者又非其材，或以狙詐侵侮邊夷，或干賞啗利，妄加討戮。夫以微羈而御悍馬，又乃操以煩策，其不制者，固其理也（晉書卷五十二阮种傳）。

武帝時，傅玄曾說：

臣以為胡夷獸心，不與華同，鮮卑最甚。本鄧艾苟欲取一時之利，不慮後患，使鮮卑數萬散居人間，此必為害之勢也（晉書卷四十七傅玄傳）。

郭欽亦疏請徙戎於邊。

郭欽上疏曰戎狄強獷，歷古為患，魏初民少，西北諸郡皆為戎居，內及京兆魏郡弘農往往有之。今雖服從，若百年之後，有風塵之警，胡騎自平陽上黨不三日而至孟津，北地西河太原馮翊安定上郡盡為狄庭矣。宜及平吳之威，謀臣猛將之略，漸徙內郡雜胡於邊地，峻四夷出入之防，明先王荒服之制，此萬世之長策也，帝不聽（資治通鑑卷八十一晉武帝太康元年，晉書卷九十七匈奴傳）。

惠帝時，江統又謂：

江統以為戎狄亂華，宜早絕其原。乃作徙戎論以警朝廷曰，夫關中土沃物豐，帝王所居，未聞夷狄宜在此土也。非我族類，其心必異。而因其衰敝，遷之畿服，士庶翫習，侮其輕弱，使其怨恨之氣，毒於骨髓，至於蕃育眾盛，則坐生其心。以貪悍之性，挾憤怒之情，候隙乘便，輒為横逆。而居封域之內，無障塞之隔，掩不備之人，收散野之積，故能為禍滋蔓，暴害不測，此必然之勢，已驗之事也。當今之宜，宜及兵威方盛，眾事未罷，徙馮翊北地新平安定界內諸羌，著先零罕开析支之地。徙扶風始平京兆之氐，出還隴右，著陰平武都之界。廩其道路之糧，令足自致，各附本種，反其舊土，使屬國撫夷就安集之。戎晉不雜，並得其所。縱有猾夏之心，風塵之警，則絕遠中國，隔閡山河，雖為寇暴，所害不廣矣。朝廷不能用（資治通鑑卷八十三晉惠帝元康九年，晉書卷五十六江統傳）。

到了八王大亂，加以旱蝗，百姓流移就穀，蠻族也同中原百姓一樣，開始亡散，並乘中原多事之際，

乘機作亂，發洩其平日怨恨之氣。

大安中，并州饑亂，石勒與諸小胡亡散……會建威將軍閻粹說并州刺史東瀛公騰，執諸胡於山東，賣充軍實……騰虜群胡，將詣冀州。兩胡一枷，勒時年二十餘，亦在其中……既而賣與茌平人師懽為奴……懽亦奇其狀貌而免之……遂……為群盜（晉書卷一百四石勒載記上）。

元康中，關西擾亂，頻歲大饑，百姓乃流移就穀，相與入漢川者數萬家，李特隨流人……入於蜀……散在益梁，不可禁止……特等聚眾，專為寇盜……六郡流民推特為主（晉書卷一百二十李特載記）。

百姓流亡，不絕於道，社會秩序已經破壞。於是除羯人石勒，氐人李特之外，五胡均乘機蠢動。五胡之中最強悍者莫過匈奴。匈奴自前漢以來，均居吾國邊境，多歷年所，戶口漸滋，彌漫北朔，轉難禁制。建安中，曹操分其眾為五部，部置都尉一人，選漢人為司馬以監督之。

前漢末，匈奴大亂，五單于爭立，而呼韓邪單于失其國，攜率部落入臣於漢。漢嘉其意，割并州北界以安之，於是匈奴五千餘落入居朔方諸郡，與漢人雜處……其部落隨所居郡縣，使宰牧之，與編戶大同，而不輸貢賦。多歷年所，戶口漸滋，彌漫北朔，轉難禁制……建安中，魏武帝始分其眾為五部，部立其中貴者為帥，選漢人為司馬以監督之。魏末，復改帥為都尉。其左部都尉所統，可萬餘落，居於太原故泫氏縣。右部都尉可六千餘落，居祁縣。南部都尉可三千餘落，居蒲子縣。北部都尉可四千餘落，居新興縣。中部都尉可六千餘落，居太陵縣（晉書卷九十七匈奴傳）。

在中國強盛之時，尚可以相安無事，一旦中原有風塵之警，則胡人猥多，勢必為寇。永興元年，其酋劉淵便乘機起事。

惠帝失馭，寇盜蜂起……劉宣（劉淵從祖）等竊議曰司馬氏骨肉相殘，四海鼎沸，興邦復業，此其時矣……於是密共推元海（劉淵字）為大單于……劉宣等曰晉為無道，奴隸御我……今司馬氏父子兄弟自相魚肉，此天厭晉德，授之於我……方當興我邦族，復呼韓邪之業……今天假手於我，不可違也……元海曰善……帝王豈有常哉……永興元年元海乃為壇於南郊，僭即漢王位（晉書卷一百一劉元海載記）。

在戎禍發生之時，朝廷幾乎束手無策。八王亂於上，流人亂於下，百姓逃亡流散，戶口多給豪強挾藏，徵兵又感困難。惠帝時代，已經發奴助兵。

大安二年十一月發奴助兵，號為四部司馬（晉書卷四惠帝紀）。

五胡作亂，「雍容貴戚，進不貪功，退不懼罪」（晉書卷六十孟觀傳）。而征鎮亦多袖手傍觀，竟匪勤王之師。懷帝檄徵天下兵，「謂使者曰，為我語諸征鎮，若今日尚可救，後則無逮矣，時莫有至者」（晉書卷五懷帝紀永嘉四年）。於是只有坐觀戎狄橫行，洛陽秩序已經大亂。「宮省無復守衛，荒饉日甚，殿內死人交橫，府寺營署並掘塹自守，盜賊公行，枹鼓之音不絕」（晉書卷五懷帝紀永嘉四年）。「饑甚，人相食，百官流亡者十八九」（晉書卷五懷帝紀永嘉五年）。愍帝即位，避難長安，時「屬永嘉之後，天下崩離，長安城中，戶不盈百，牆宇頹毀，蒿棘成林，朝廷無車馬章服，唯桑版署號而已。眾唯一旅，公私有車四乘，器械多闕，運饋不繼」（晉書卷五愍帝紀建興五年）。而財政自惠帝末年以後，就有窮匱之感。

永寧之初，洛中尚有錦帛四百萬，寶珠金銀百餘斛。惠后北征，蕩陰反駕，寒桃在御，隻雞以給，其布衾兩幅，囊錢三千，以為車駕之資焉。懷帝為劉曜所圍，王師累敗，府帑既竭，百官飢甚，比屋不見火烟，飢人自相啖食。愍皇西宅，餒饉弘多，斗米二金，死者大半。劉曜陳兵，內外斷絕，十䴵之麴，屑而供帝，

君臣相顧，莫不揮涕（晉書卷二十六食貨志）。

茲將西晉財政情況列表如次。

西晉財政情況表

時代	財政情況
武帝時代	世屬升平，物流倉府，宮闈增飾，服玩相輝（見晉書卷二十六食貨志）。
惠帝時代	公私窮踧，米石萬錢，詔命所至，一城而已（見晉書卷四惠帝紀太安二年）。
惠帝時代	府帑既竭，百官飢甚（見晉書卷二十六食貨志）。
愍帝時代	自長安以西，不復奉朝廷，百官飢乏，採梠自存（見晉書卷六十索綝傳）。

兼以士風頹唐，不講廉恥，夷禍所經，「衣冠之士靡不變節，未有能以大義進退者」（晉書卷一百四石勒載記上）。羊后身為國母，而竟屈事劉曜。

洛陽敗，惠羊皇后沒於劉曜。曜僭位，以為皇后，因問曰吾何如司馬家兒。后曰胡可並言，陛下開基之聖主，彼亡國之暗夫，有一婦一子及身三耳，不能庇之。貴為帝王，而妻子辱於凡庶之手。遺妾爾時實不思生，何圖復有今日。妾生於高門，常謂世間男子皆然，自奉巾櫛以來，始知天下有丈夫耳（晉書卷三十一惠羊皇后傳）。

王衍貴為三公，乃勸石勒稱帝。

石勒王彌寇京師，詔以王衍都督征討諸軍事，持節，假黃鉞以拒之……俄而舉軍為石勒所破，勒呼王公，與之相見，問衍以晉故。衍為陳禍敗之由，云計不在己。勒甚悅之，與語移日。衍自說少不豫事，欲求自

免，因勸勒稱尊號。勒怒曰君名蓋四海，身居專任，少壯登朝，至於白首，何得言不豫世事邪？破壞天下，

　正是君罪。使左右扶出……使人夜排牆填殺之（晉書卷四十三王衍傳）。

男無氣節，女不貞良，國家安得不亡。永嘉五年劉曜攻破洛陽，虜懷帝而去，建興四年劉曜又犯長安，虜愍帝而去，自是而後，中原遂淪陷於蠻族。各族更興迭仆，其能建邦立國者十又六家。就民族言，屬於匈奴者三（劉淵、赫連勃勃、沮渠蒙遜），屬於羯者一（石勒），屬於鮮卑者五（慕容皝、慕容垂、慕容德、乞伏國仁、禿髮烏孤），屬於氐者三（李雄、苻健、呂光），屬於羌者一（姚萇），屬於漢者三（張軌、李暠、馮跋）。就國號言，稱趙者二（劉淵的前趙石勒的後趙），稱燕者四（慕容皝的前燕，慕容垂的後燕，慕容德的南燕，馮跋的北燕），稱秦者三（苻健的前秦，姚萇的後秦，乞伏國仁的西秦），稱涼者五（張軌的前涼，李暠的西涼，沮渠蒙遜的北涼，呂光的後涼，禿髮烏孤的南涼），稱成（蜀）者一（李雄），稱夏者一（赫連勃勃），故後人稱之為五胡十六國。

五胡十六國興亡表❸

姓名	國名	領域	史略
劉淵（匈奴）	前趙	二劉盛時，其地東不過太行，南不越嵩洛，西不踰隴坻，北不出汾晉。	劉淵新興匈奴人，冒頓之後也。東漢建武初，南匈奴入居西河美稷，多歷年所，戶口漸滋，彌漫北朔，轉難禁制。魏武分其眾為五部，部立其中貴者為帥。魏末，復改帥為都尉，左部都尉劉豹最強，晉武帝太康十年，豹子淵襲位。惠帝初，拜匈奴五部大都督，永興元年，其黨推淵為大單于，都離石，既而遷都左國城，建國號曰漢，淵自稱漢王，略取太原上黨西河境內數邑。懷帝永嘉二年寇陷平陽及河東郡，於是徙都蒲子，自稱皇帝。遣石勒等寇掠

❸此表據晉書及讀史方輿紀要，冉閔之魏，慕容永之西燕，譙縱之成，楊茂搜之秦均不在十六國之內，故不列表。

	石勒（羯）	慕容皝（鮮卑）
	後趙	前燕
	石趙盛時，其地南逾淮漢，東濱於海，西至河西，北盡燕代。	慕容燕盛時，南至汝潁，東盡青齊，西抵崤黽，北守雲中。
冀州諸郡及兗豫以東，三年徙都平陽，寇陷上黨郡邑。四年淵死，子聰弒太子和自立，五年寇陷洛陽，虜懷帝而去。愍帝建興四年，復陷長安，虜愍帝而去。元帝太興元年聰死，靳準作亂，弒太子粲，盡誅劉氏。劉曜起兵討準，誅之，遂自立為皇帝，徙都長安，改國號曰趙。大興三年曜取隴右諸郡，既又南降仇池，西脅涼州。成帝咸和三年曜攻石勒於金墉，戰敗被擒。曜子熙走上邽，四年石虎取上邽，前趙亡。	石勒上黨羯人也，初匈奴別種曰羯，入居上黨。石勒生長於武鄉，其祖及父並為部落小率。太安中，并州饑亂，諸胡亡散，勒被掠賣為奴，其主奇其狀貌而免之，乃聚眾為群盜，寇掠冀兗二州。懷帝永嘉元年降於劉淵，統兵寇掠，所向有功，東越豫兗，南極江漢，悉被殘毀。永嘉六年據襄國，以為基礎，山東郡縣多為所陷。建興中，襲幽取并，北至代郡。元帝太興元年靳準作亂，勒與劉曜討滅之，曜封勒為趙公。既而貳於曜，二年自稱趙王，有幽冀并三州之地。明帝大寧初，又克廣固，並有青州，復略兗豫之境，取許昌，與劉曜爭洛陽。成帝咸和三年，曜攻金墉，勒馳救，與曜戰，獲之，長安亦來降，進并秦隴，涼州稱藩，於是淮漢以北悉為趙境。五年勒自稱趙天王，旋稱帝。八年勒死，石虎篡位。咸康元年徙都於鄴。穆帝永和五年虎卒，諸子爭立，六年冉閔篡位，改國號曰魏。後趙亡。	慕容皝昌黎鮮卑人，魏景初中，鮮卑莫護跋自塞外入居遼西，建國於棘城之北，號慕容部。再傳至涉歸，數從中國征伐有功，拜鮮卑單于，遷於遼東之北，漸慕諸夏之風。又再傳至廆，大為邊患。晉武帝太康十年，廆請降，拜鮮卑都督，以遼東僻遠，遷於徒河之青山。惠帝元康四年復徙大棘城，教以農桑，法制同於上國。永嘉初，自稱鮮卑大單于。元帝稱制江左，廆遣使浮江勸進，晉拜廆為平州牧，封遼東郡公。成帝咸和八年廆卒，子皝嗣，盡有遼東之境。咸康三年自稱燕王，四年西并段氏（鮮卑段氏立國於遼西，與慕容氏接境），既又北滅宇文（鮮卑宇文亦立國於遼西，康帝建元二年皝滅之），日以強盛。東兼夫餘（夫餘東夷之國，時西徙近燕，穆帝永和二年皝滅之），穆帝永和四年皝卒，子儁嗣，因趙之衰，席捲幽州，遷都於薊（永和六年），

	苻（氐）健	姚（羌）萇
	前秦	後秦
	苻堅盛時，南至邛僰，東抵淮泗，西極西域，北盡大磧。	姚秦盛時，其地南至漢川，東逾汝潁，西控西河，北守上郡。
進略冀州，擊滅冉閔，遂取鄴城，僭即帝位（永和八年）。旋復南并三齊（永和十二年），漸窺河南，永升元年自薊遷鄴，於是西取并州，南略豫兗。四年儁歿，子暐嗣，慕容恪輔政，復陷許昌（哀帝興寧二年），取洛陽（三年），東至泗上，南至宛城，皆為燕境。及恪卒（廢帝太和二年），政治漸亂，苻堅乘機取洛陽，拔壺關，克晉陽，長驅圍鄴，廢帝太和五年暐降，前燕亡。	苻健略陽氐人也，父洪（本姓蒲）多權略善騎射，屬永嘉之亂，乃散千金，召英傑之士，訪以安危變通之術，宗人遂推洪為盟主。元帝大興二年降於劉曜，曜亡，降於後趙。石虎徙關中豪傑及羌氐十餘萬戶於關東，以洪為流民都督，居枋頭。及穆帝永和五年，石虎卒，鄴中亂，秦雍流民推洪為主。六年洪自稱三秦王，改姓苻氏，旋為降將麻秋酖死。子健統其家，西入關，據長安，略秦雍二州地，永和七年僭稱天王，國號秦，八年稱帝。時并州亦附於秦，又併有隴西地。十一年健卒，子生嗣。升平元年苻堅舉兵廢生自立。是時平陽宏農以東皆為燕境，廢帝太和四年，取燕洛陽，五年分軍攻上黨，略晉陽，長驅入鄴，遂滅燕，盡得其地。簡文帝咸安元年取仇池，孝武帝寧康元年陷漢中，取成都，梁益二州皆沒，邛筰夜郎悉附於秦。太元初，攻涼克姑臧，盡取河西地，至於高昌。既又擊定代地，分代為東西二部。四年陷晉襄陽，又東取彭城下邳。八年大舉入寇，敗於肥水，奔還。於是慕容垂稱兵於河北，姚萇等作亂於關中，晉亦乘間收復河南及梁益徐諸州地。十年堅為慕容沖所逼，長安困危，出奔五將山，為姚萇所執，縊死。堅世子丕守鄴，困於慕容垂，西奔晉陽稱帝，十一年為慕容永所敗，走死。其族子登，前為狄道長，帥眾下隴，拔南安，丕封之為南安王，及丕死，登稱帝，都雍。太元十九年登悉眾伐姚秦，為姚興所殺。子崇奔湟中稱帝，又為乞伏乾歸所殺，秦亡。	姚萇南安羌人也，世為羌酋，父姚弋仲，永嘉六年東徙隃眉，戎夏襁負隨之者數萬，自稱護羌校尉雍州刺史扶風公。明帝大寧初，降於劉曜，曜亡降於後趙。成帝咸和八年石虎以弋仲為西羌大都督，帥眾數萬，徙居清河。穆帝永和八年弋仲卒，子襄降晉，晉處襄於譙城。殷浩憚其威名，遷襄於梁國。

			襄遂叛，侵擾淮泗，出沒許洛間。升平初，襄自河東圖關中，秦苻生擊之，襄敗死，弟萇帥眾降秦。孝武帝太元八年苻堅入寇，大敗於肥水。九年慕容垂起兵關東，慕容泓等應之，軍於華陰，堅使苻叡討之，以萇為司馬，叡敗死，萇懼罪，奔渭北，羌豪共推萇為盟主，萇自稱秦王，進屯北地，攻新平，克之，復取安定。十年堅自長安出奔，萇遣將執堅，既而殺之。十一年萇自安定引兵而南，據長安稱帝，十八年萇卒，子興嗣，擊敗苻登，登走死，遂西取上邽，東收蒲阪。安帝隆安初，略取宏農上洛諸郡，三年陷洛陽，淮漢以北諸城多降於興。四年伐西秦，取枹罕，西秦王乾歸降。五年伐後梁，呂隆亦降。於是禿髮傉檀沮渠蒙遜李暠皆奉朝貢為藩臣。義熙元年割南陽諸郡歸於晉，二年以姑臧畀傉檀，三年赫連勃勃叛，嶺北郡縣多被侵陷。六年乾歸復攻略隴西諸郡，秦日以弱。十二年興卒，子泓嗣，十三年為劉裕所滅。
李（氐）雄	成	李成盛時，東守三峽，南兼僰爨，西盡岷邛，北據南鄭。	李雄略陽氐人也，其先住於巴西，漢末，遷於漢中，又徙居於略陽。晉元康中，關西擾亂，頻歲大饑，百姓流移就穀，相與入漢川者數萬家。雄父李特隨流人將入於蜀，至漢中，求寄食巴蜀，朝廷從之，由是散在梁益，不可禁止。惠帝永康元年益州刺史趙廞據州反，特等依之。永寧元年趙廞殺特弟庠，特等怨廞，引兵攻成都，廞走死。朝議以梁州刺史羅尚為益州刺史，特等迎尚入成都。尚復與特有隙，又敦迫流民還秦雍，特等因之作亂，屯聚綿竹，進取廣漢，攻羅尚於成都。大安二年羅尚攻殺李特，特弟流統其餘眾，還據綿竹，尋徙據郫城。流旋卒，眾推特子雄為益州牧，進攻羅尚，尚遁走，雄入成都，即成都王位。光熙元年雄僭自稱帝，國號大成。於是北取漢中，東略涪陵巴郡，西收漢嘉越巂，久之，復取巴東及建平二郡，甯州亦盡入於成。成帝咸和九年雄卒，子期篡立（雄以其兄蕩有奇才大功，乃立兄子班為太子，期弒班自立）。咸康四年李壽（特弟驤之子）廢期自立，改國號曰漢。康帝建元元年壽卒，子勢立，穆帝永和二年桓溫討滅之。
張（漢）軌	前涼	張氏盛時，嘗南逾河湟，東至秦隴，西包葱嶺，北暨居延。	張軌安定人，漢常山王耳十七代孫也，仕晉為散騎常侍。惠帝永寧元年軌以時方多難，隱有保據河西之志，乃求為涼州，從之。既至姑臧，芟夷盜賊，討破鮮卑，威著西土。於時天下既亂，所在使命莫有至者，軌遣使貢獻，歲

建國者	國名	疆域	事蹟
			時不替，朝廷嘉之。愍帝建興二年軌卒，子寔嗣。元帝大興三年寔為其下所殺，弟茂代為涼州刺史，取隴西南安之地。明帝太寧二年茂卒，子駿嗣。成帝咸和二年劉曜進兵枹罕，駿軍大敗，遂失河南之地。曜亡，駿因長安亂，復收河南地，至於狄道，又遣將伐龜茲鄯善西域諸國，焉耆于闐之屬皆詣姑臧朝貢。穆帝永和元年駿卒，子重華嗣，五年自稱涼王。九年重華卒，子曜靈嗣，庶子祚廢殺之，而篡其位。十一年祚復為其下所殺，眾共立曜靈弟元靚為涼王。哀帝興寧元年重華弟天錫殺元靚自立，天錫荒於聲色，不卹政事。時苻堅強盛，每進攻之，兵無寧歲，孝武帝太元元年遂為秦所滅。
李暠（漢）	西涼	西涼有郡凡七，最為弱小，敦煌酒泉晉昌建康涼興皆故郡也，又有會稽郡廣夏郡皆李暠所置。	李暠隴西人，仕段業為效穀令，安帝隆安四年敦煌護軍郭謙等共推暠為敦煌太守。既而晉昌太守唐瑤以郡叛業，移檄六郡（敦煌酒泉晉昌涼興建康祁連），推暠為沙州刺史涼公。暠遣兵東取涼興，西取玉門以西諸城。五年蒙遜所部酒泉涼寧二郡來降。安帝義熙元年暠自稱秦涼二州牧，遷治酒泉。十二年卒，子歆嗣。宋武帝永初元年，為蒙遜所殺，弟恂自立於敦煌，二年又為蒙遜所滅，西涼亡。
沮渠蒙遜（匈奴）	北涼	蒙遜盛時，西控西域，東盡河湟，前涼舊壤幾奄有之矣。	沮渠蒙遜臨松盧水胡人也，其先世為匈奴左沮渠，遂以官為氏焉。安帝隆安初，蒙遜諸父沮渠羅仇等仕於呂光，為光所殺，蒙遜因與諸部結盟起兵，推建業太守段業為涼州牧。二年拔敦煌，取張掖，因徙治焉。三年段業稱涼王，五年蒙遜襲殺業，其黨共推蒙遜為涼州牧張掖公。義熙三年攻南涼，取姑臧，八年遷於姑臧，稱河西王。九年敗南涼兵，圍其樂都，取湟河郡。十年南涼為西秦所滅，十一年蒙遜攻西秦，拔其廣武郡。十三年敗西涼兵，城建康而戍之。宋永初元年蒙遜滅西涼，並其地，元嘉五年攻西秦樂都郡，六年取西平郡，八年魏拜蒙遜為涼州牧涼王。九年卒，子牧犍嗣，魏復拜為涼州刺史河西王。十六年魏主圍姑臧，姑臧潰，牧犍出降。
呂光（氐）	後涼	呂光初據姑臧，前涼舊壤宛然如昨也，迨其末葉，姑臧而外，惟餘二郡而已。	呂光略陽氐人也，世為酋豪，光仕苻堅，官至驃騎將軍。堅既平山東，士馬強盛，遂有圖西域之志。孝武帝太元七年堅使光率兵討西域，八年光行，越流沙三百餘里，焉耆等國皆降，九年進攻龜茲，王侯降者三十餘國，遂陷龜茲，撫定西域。十年引兵還，至玉門，苻堅涼州刺史梁熙，責光擅命還師，

			遣兵拒其入關，光擊敗其眾，自領涼州刺史。十一年聞苻堅為姚萇所害，奮怒哀號，三軍縞素，乃自稱涼州牧酒泉公，十四年取枹罕，稱三河王，二十一年稱涼天王。安帝隆安三年，立子紹為天王，自稱太上皇帝，旋卒。紹庶兄纂弒紹而代之。元興元年呂超殺纂而立其兄隆。三年秦主姚興伐涼，軍至姑臧，涼兵大敗，隆降。
慕容垂（鮮卑）	後燕	後燕盛時，南至琅邪，東訖遼海，西屆河汾，北暨燕代。	慕容垂，慕容皝之第五子也。慕容暐嗣位，慕容恪輔政，恪死，政亂，垂懼禍，奔於苻堅。王猛惡垂雄略，勸堅殺之，堅不從。垂在堅朝，所在征伐，皆有大功。堅之敗於肥水也，垂欲乘機起事，以洛陽四面受敵，不如取鄴據之，乃引兵而東。孝武帝太元九年，取滎陽，自稱燕王。渡河攻鄴克之，冀州郡縣次第皆降，乃分兵北取薊城，又取龍城，遼東之地皆為燕有。十一年定都中山，僭即帝位。遣將南伐，青兗徐諸州郡縣亦多附燕。十九年復并西燕，又遣將濟河，南略泰山琅邪諸郡，進軍臨海，轉入臨淄而還。二十一年垂卒，子寶嗣位。魏拓拔珪侵奪并州，東圍中山，盡取常山以東郡縣，安帝隆安元年中山圍急，寶遂東保龍城，既而魏克中山，取鄴，大河以北悉為魏地，龍城復亂，寶為其臣所弒。寶子盛立，復有遼西東地，又擊高句麗，拔其二城。五年盛為其臣所弒，慕容熙（垂之庶子）代立。義熙五年馮跋作亂，推高雲為主，後燕亡。
禿髮烏孤（鮮卑）	南涼	南涼盛時，東自金城，西至西海，南有河湟，北據廣武。	禿髮烏孤河西鮮卑人也，八世祖匹孤率其部自塞北遷於河西，三傳至樹機能，盡有涼州之地。晉武帝為之旰食。又四傳至烏孤，務農桑，修鄰好。孝武帝太元十九年呂光遣使拜為河西鮮卑大都統。安帝隆安初，自稱西平王，治兵廣武，克涼金城，二年取涼嶺南五郡，改稱武威王，三年徙治樂都，尋卒。弟利鹿孤立，徙治西平。五年更稱河西王，元興元年利鹿孤卒，弟傉檀襲位，更稱涼王，遷於樂都。義熙二年傉檀獻羊馬於秦，秦王姚興使為涼州刺史，遂入姑臧。四年傉檀復稱涼王，其後西討沮渠蒙遜，東伐赫連勃勃，無不敗北。於是姑臧入於蒙遜，傉檀復還樂都。十一年西秦王乞伏熾磐襲樂都，取之，傉檀降，旋為熾磐所殺，南涼亡。
慕容德	南燕	南燕之地，東至海，	慕容德，慕容皝之少子也，孝武帝太元二十一年後燕慕容寶嗣位，以德為冀

（鮮卑）		南濱泗上，西帶鉅野，北薄於河。	州牧，鎮鄴。既而魏拓拔珪取并州，自井陘進攻中山，分軍攻鄴，德拒卻之。安帝隆安元年燕主寶東走龍城，中山尋為魏所陷，將欲並軍攻鄴，德乃棄鄴，南徙滑臺，自稱燕王。三年滑臺叛降於魏，德又引師而南，據琅邪，取莒城，進克廣固，遂都之，四年德稱帝。義熙元年卒，兄子超嗣位，六年劉裕討滅之。南燕亡。
乞伏國仁（鮮卑）	西秦	乞伏盛時，其地西逾浩亹，東極隴坻，北距河，南略吐谷渾。	乞伏國仁隴西鮮卑人也，初乞伏述延居苑川，歸劉曜。曜亡，述延懼，遷於麥田。再傳至司繁，降秦，苻堅署為南單于。司繁卒，子國仁嗣。孝武帝太元八年，堅興肥水之役，以國仁為前將軍，領先鋒騎，會國仁叔父步頹反，堅命國仁還討之，步頹迎降。及堅敗，國仁遂迫脅諸部拒秦，十年國仁自稱大單于，築勇士城而居之。十三年國仁卒，眾推其弟乾歸為河南王，遷都金城。十九年乾歸取隴西郡，稱秦王。安帝隆安四年遷都苑川，是年後秦姚興伐乾歸，乾歸降，興留之於長安。五年興使乾歸還鎮苑川，義熙二年乾歸朝秦，復留之，而以其子熾磐監其部眾。五年熾磐克枹罕，乾歸聞之，逃歸苑川，復稱王，令熾磐鎮枹罕。六年攻秦，取略陽南安諸郡，七年攻南涼，取三河郡。八年乾歸為乞伏公府（國仁子）所弒，熾磐遣兵討誅之，還於枹罕，自稱河南王。十年襲南涼，遂並其地，復稱秦王。宋元嘉五年熾磐卒，子暮末立，為蒙遜所迫，退保南安，其故地皆入於吐谷渾。八年夏主赫連定南安，暮末降，旋為夏所殺。
馮跋（漢）	北燕	馮氏襲燕舊壤，有遼東遼西之地。	馮跋長樂信都人也，仕後燕，慕容寶時，官至中衛將軍。及慕容熙即位，無道，跋得罪，亡命山澤。安帝義熙三年，因間入龍城，與其徒作亂，推建威將軍高雲（高句麗人，慕容寶養子）為主，執熙殺之。五年雲為寵臣所殺，眾推跋為主，跋遂即天王位。宋元嘉七年，跋卒，弟宏篡位。十三年魏伐燕，宏走死高句麗，北燕亡。
赫連勃勃（匈奴）	夏	勃勃盛時，南阻秦嶺，東戍蒲津，西收秦隴，北薄於河。	赫連勃勃朔方匈奴人，右賢王去卑之後，劉淵之族也。父劉衛辰入居塞內，苻堅以為西單于，督攝河西諸虜，屯於代來城。及堅國亂，遂有朔方之地，控弦之士三萬八千。孝武帝太元十六年魏主拓拔珪擊殺衛辰，少子勃勃奔薛干部，薛干部送之於姚興高平公沒弈干。姚興以勃勃為安北將軍五原公，配

以三交五部鮮卑及雜虜二萬餘落，鎮朔方。會秦復與魏通，勃勃怒，遂謀叛秦，襲殺沒弈干，而並其眾。安帝義熙二年自稱大夏天王，既而破鮮卑薛干等部，進攻秦三城以北諸戍，侵略嶺北諸城，秦人為之困弊。又西擊禿髮傉檀，大獲而還。九年築統萬城而居之，改姓曰赫連氏。十三年劉裕滅秦，勃勃知其不能久留，乃進據安定，嶺北郡縣鎮戍皆降。十四年入長安稱帝，東略至陝，又取蒲阪。宋元嘉二年勃勃卒，子昌嗣，尋為魏所擒，弟定僭號於平涼，又為魏所滅。

元帝渡江，組織政府，建都建康，計其所有領土，不過江左數州❹。

> 元帝渡江，建都揚州（建康）……是時司冀雍涼青并兗豫幽平諸州皆淪沒，江南所得但有揚荊湘江梁益交廣，其徐州則有過半，豫州唯得譙城而已（晉書卷十五地理志下）。
>
> 梁益二州凡三沒。惠帝永安以後，沒於李氏，穆帝永和三年桓溫滅蜀。孝武帝寧康元年又沒於苻堅，太元十年復為晉有。安帝義熙初，沒於譙縱，九年劉裕討平之。
>
> 甯州於成帝咸和四年，沒於李雄，咸康五年復入於晉。

現在試來研究東晉偏安江南，何以不受五胡蹂躪，而能傳國一百餘年之久。長江天塹，固然可以阻止蠻族南下，而如孫綽所說：

> 中宗龍飛，非惟信順協於天人而已，實賴萬里長江畫而守之耳（晉書卷五十六孫綽傳）。

況五胡亂華並不是以一種族滅亡西晉，而是諸種族同時蜂起，使晉的政權分崩瓦解。晉亡之後，各種

❹ 晉有州二十一，北方未舉秦州，因為秦州是割雍涼一部而置。南方未舉甯州，因為甯州是割益交一部而置。

族利害不同，互相攻戰，沒有一個種族能夠組織鞏固的政權，當然不能大舉南攻。兼以各種族的戶口均不繁庶，當其僻處一隅之時，勢力固然雄厚，而一旦開始侵略，自己隊伍就因為久經戰陣，日益減少。到了進入中原，勢不能不招募其他種族，編為軍隊，而將軍事大權委託於異族的渠帥。這樣，在侵略進行之中，便種下了破壞的胚子。他們對於別的種族，猶如對於漢族一樣，力脅威迫，令其帖服。「終為夷狄之邦，未辨君臣之位」（晉書卷一百三劉曜載記史臣曰），一旦軍事失敗，其所建設的國家就隨之分崩瓦解。按五胡之中，胡羯最悍，其與漢人雜居最久，「士庶玩習，侮其輕弱，使其怨恨之氣，毒於骨髓」（晉書卷五十六江統傳），所以一經作亂，就行同豺狼。劉曜好殺，「師之所處，荊棘生焉」（晉書卷一百三劉曜載記史臣曰）。石虎「降城陷壘，不復斷別善惡，坑斬士女，尠有遺類」（晉書卷一百六石季龍載記上）。其他的人也殘獷成性，剽城屠邑，坑師沉卒，往往而然。這種虐暴不但不能得到漢人擁護，而有地無人，租稅甲兵從何而得。

> 石勒遣季龍（石虎）統中外步騎四萬攻曹嶷，曹嶷降，季龍將盡殺嶷眾。其青州刺史劉徵曰今留徵，使牧人也，無人焉牧，徵將歸矣。季龍乃留男女七百配徵，鎮廣固（晉書卷一百五石勒載記下）。

又者，劉淵劉曜固然寇略縱橫，而皆不置戍卒，或則諸將各私其地，其行動有似流寇。

> 二劉盛時，王彌石勒以及曹嶷等雖寇略縱橫，東至青齊，南抵江漢，然皆不置戍卒，或各私其地，名為附漢而已（讀史方輿紀要卷三，十六國）。

石勒之世，北方幾成統一之局，但是石勒僭號，不過數年，而國民經濟太過破壞，錢幣不通。石勒「令公私行錢，而人情不樂，乃出公絹市錢，限中絹匹一千二百，下絹八百，然百姓私買中絹四千，下絹二千，巧利者賤買私錢，貴賣於官，坐死者十數人，而錢終不行」（晉書卷一百五石勒載記下）。石虎又復縱武窮兵，

自耗國力，所以石趙雖然強於劉趙，而對於東晉偏安江左，也無法進攻。

> 石季龍志在窮兵……百姓失業，十室而七……制征士五人車一乘，牛二頭，米各十五斛，絹十匹，調不辦者以斬論，將以圖江表。於是百姓窮窘，鬻子以充軍制，猶不能赴，自經於道路，死者相望，而求發無已（晉書卷一百六石季龍載記上）。

冉閔代趙，「與羌胡相攻，無月不戰。青雍幽荊州徙戶及諸氐羌胡蠻數百餘萬，各還本土，道路交錯，互相殺掠。且饑疫死亡，其能達者，十有二三。諸夏紛亂，無復農者」（晉書卷一百七冉閔載記）。冉閔漢人，雖為石虎之養孫，既見石虎之殘獷，民族意識不覺油然發生，遂亦虐殺胡羯，單單鄴城內外，胡羯死者已有二十餘萬。

> 冉閔知胡之不為己用也，班令內外趙人斬一胡首，送鳳陽門者，文官進位三等，武職悉拜牙門。一日之中，斬首數萬。閔躬率趙人誅諸胡羯，無貴賤男女少長，皆斬之。死者二十餘萬，尸諸城外，悉為野犬豺狼所食。屯據四方者所在承閔書誅之，於時高鼻多鬚至有濫死者半（晉書卷一百七石季龍載記下）。

且遣使告晉派兵共討。

> 閔僭即皇帝位……國號大魏……遣使臨江告晉曰，胡逆亂中原，今已誅之，若能共討者，可遣兵來也。朝廷不答（晉書卷一百七冉閔載記）。

時為晉穆帝永和六年。晉之朝廷所以不答，蓋冉閔已自立為帝，國號為魏。而鮮卑之慕容儁又由遼東，遷都於薊，取幽州，進略冀州，國號燕。氐族之苻健復西入關中，據長安，略取秦雍二地，國號秦。同時又值晉之政局不甚安定之際，三庾[5]已死，桓溫與殷浩正在奪權，內外形勢如斯，其不能率師北伐，自是

意中的事。

胡羯經此次殘殺之後，勢力大衰，不能再起。繼之而興者鮮卑最強。慕容起自遼東，慕容儁之世奄有關東之地。當時中原受了胡羯蹂躪，已經殘破不堪。常煒說：

> 自頃中州喪亂，連兵積年，或遇傾城之敗，覆軍之禍，坑師沉卒，往往而然，孤孫煢子，十室而九（晉書卷一百十慕容儁載記）。

計其全盛時代，全國戶口，據申紹言：

> 今之見戶不過漢之一大郡（晉書卷一百十一慕容暐載記）。

此又未免過甚其辭。西漢戶口比東漢多，然而西漢時，大郡戶數未有超過百萬者。口數以汝南潁川兩郡為最多，汝南郡，口二百五十九萬六千一百四十八人，戶不過四十六萬一千五百八十七（漢書卷二十八地理志上二）。潁川郡口二百二十一萬九百七十三人，戶不過四十三萬二千四百九十（漢書卷二十八地理志上）。而當苻堅滅燕之時，閱其名籍，戶二百四十五萬八千九百六十九，口九百九十八萬七千九百三十五（晉書卷一百十三苻堅載記上），即燕之戶口不但比曹魏時代，且比西晉初年的北方為多。此種戶口固然是包括漢胡雙方言之，若照三國時代十人一兵之比例，前燕只能出兵百萬，所以慕容儁欲圖南寇並經略關西之時，欲使步卒滿一百五十萬，「乃令州郡校閱見丁，精覆隱漏，率戶留一丁，餘悉發之」（晉書卷一百十慕容儁載記），何況「郡縣守宰每于差課之際，無不舍越殷強，首先貧弱，行留俱窘，資贍無所，人懷嗟怨，遂致奔亡」（晉書卷一百十一慕容暐載記）。兵士雖多，而國民經濟因之破壞，其不能持久作戰，終歸滅亡，可以說是勢之必然。

---

❺ 庾亮於成帝咸康六年薨，庾冰於康帝建元二年卒，庾翼於穆帝永和元年卒。

慕容滅亡之後，繼之而起者氐族最強。苻堅之世奄有北方之土，十六國中最為強盛。其能崛起關中，統一北方，不但因為關中形勢之地，可以高屋建瓴之勢，控制中原，亦因他的作風與別國不同，各國所恃者為武力，武力愈用愈疲。苻堅知道與民休息，改革政治，振興經濟，而謀國力的充實。

> 苻堅脩廢職，繼絕世，禮神祇，課農桑，立學校，鰥寡孤獨高年不自存者，賜穀帛有差，其殊才異行孝友忠義德業可稱者，令在所以聞……開山澤之利，公私共之，偃甲息兵，與境內休息……堅廣脩學宮，召郡國學生通一經以上充之，公卿已下子孫並遣受業，其有學為通儒，才堪幹事，清脩廉直孝弟力田者，皆旌表之。於是人思勸勵，號稱多士，盜賊止息，請託路絕，田疇脩闢，帑藏充盈，典章法物，靡不悉備。……堅頗留心儒學，王猛整齊風俗，政理稱舉，學校漸興，關隴清晏，百姓豐樂。自長安至於諸州，皆夾路樹槐柳，二十里一亭，四十里一驛，旅行者取給於途，工商貿販於道。百姓歌之曰，長安大街，夾樹楊槐，下走朱輪，上有鸞栖，英彥雲集，誨我萌黎（晉書卷一百十三苻堅載記上）。

到了北方奠定，又平巴蜀，便欲大舉南侵，而謀六合為一。這個時候東晉國運固然危險，而苻秦內部也有隱憂。苻氏興於略陽，盤據關中。雍涼之地自東漢以來，就為羌人的勢力範圍。苻堅剪平諸國，欲收英豪，以建不世之功，既不肯誅其豪酋，且復授以官職，令其將兵，又徙鮮卑四萬餘戶於長安（晉書卷一百十一慕容暐載記），復徙關東雜夷十萬戶於關中（晉書卷一百十三苻堅載記上）。羌及鮮卑彌漫秦隴，同時卻把自己種族十五萬戶分屬諸方要鎮。

> 苻堅以關東地廣人稀，思所以鎮靜之。引其群臣於東堂議曰，凡我族類，支胤彌繁，今欲分三原九嵕武都汧雍十五萬戶於諸方要鎮，不忘舊德，為磐石之宗，於諸君之意如何。皆曰此有周所以祚隆八百，社稷

之利也……諸戎子弟離其父兄者，皆悲號哀慟，酸感行人，識者以為喪亂流離之象（晉書卷一百十三苻堅載記上）。

一方把異族移植於自己的巢窟，同時把自己的族類分散於諸鎮，這是苻堅的失策。王猛為苻堅的謀臣，臨死，曾告苻堅剪除鮮卑及羌。

王猛疾篤，苻堅親臨省病，問以後事。猛曰鮮卑羌虜我之讎也，終為人患，宜漸除之，以便社稷，言終而死（晉書卷一百十四王猛載記）。

苻堅南侵之際，苻融亦說：

陛下寵育鮮卑羌羯，布諸畿甸，舊人族類斥徙遐方。今傾國而去，如有風塵之變者，其如宗廟何。監國（太子）以弱卒數萬留守京師，鮮卑羌羯攢聚如林，此皆國之賊也，我之讎也。臣恐非但徒返而已，亦未必萬全（晉書卷一百十四苻堅載記下）。

伐晉之舉，氐族大臣無不反對，贊成之者乃是羌族的姚萇，鮮卑的慕容垂。他們國家都給苻堅吞併，當然希望秦師傾敗。他們贊成伐晉，本來不懷好意，乃是要乘機起事，興復社稷。

慕容垂姚萇等常說堅以平吳之事。堅之將入寇也，苻融又切諫曰，陛下聽信鮮卑羌虜諂諛之言，臣恐非但無成，亦大事去矣。垂萇皆我之讎敵，思聞風塵之變，冀因之逞其凶德，不足採也。堅弗納（晉書卷一百十四苻融載記）。

唐代李靖曾謂太宗曰：「臣觀苻堅載記曰，秦諸軍皆潰敗，惟慕容一軍獨全。堅以千餘騎赴之，垂子寶勸垂殺堅，不果。此有以見秦軍皆亂，慕容垂獨全。蓋堅為垂所陷，明矣」（唐李衛公問對卷上）。苻堅不

知異族之不可恃，而乃傾國伐晉，卒至淝水一戰，晉師未渡，而秦軍已經奔敗。

> 苻堅遣征南苻融，驃騎張蚝、撫軍苻方、衛軍梁成、平南慕容暐、冠軍慕容垂率步騎二十五萬為前鋒。堅發長安戎卒六十餘萬，騎二十七萬，前後千里，旗鼓相望。堅至項城，涼州之兵始達咸陽。蜀漢之軍順流而下，幽冀之眾至於彭城，東西萬里，水陸齊進……晉遣都督謝石、徐州刺史謝玄、豫州刺史桓伊、輔國謝琰等水陸七萬，相繼距融……秦列陣迫肥水，王師不得渡，遣使謂融曰，君懸軍深入，置陣逼水，此持久之計，豈欲戰者乎。若小退師，令將士周旋，僕與君公緩轡而觀之，不亦美乎。融於是麾軍卻陣，欲因其濟水，覆而取之，軍遂奔退，制之不可止。融馳騎略陣，馬倒被殺，軍遂大敗。王師乘勝追擊，至於青岡，死者相枕。堅為流矢所中，單騎遁於淮北……聞風聲鶴唳，皆謂晉師之至（晉書卷一百十四苻堅載記下）。

以秦師之眾而竟敗於南朝七萬之兵，卒至風聲鶴唳，皆謂晉師之至。此蓋苻堅的軍隊不是純粹由氐族組織之故。而當時除氐人外，無不希望苻堅失敗於南朝，吾人觀朱序之事即可知之。

> 朱序寧康初，拜梁州刺史，鎮襄陽。是歲苻堅遣其將苻丕等率眾圍序……襄陽遂沒，序降於苻堅，堅……以為尚書。太元中，苻堅南侵，謝石率眾距之。時堅大兵尚在項，苻融以三十萬眾先至。堅遣序說謝石，稱己兵威。序反謂石曰，若堅百萬之眾悉到，莫可與敵，及其未會，擊之可以得志。於是石遣謝琰選勇士八千人涉肥水挑戰，堅眾小卻。時序在軍後唱云，堅敗，眾遂大奔（晉書卷八十一朱序傳）。

秦師既敗，各族果然紛起獨立。慕容泓說：「秦為無道，滅我社稷，今天誘其衷，使秦師傾敗，將復興大燕」（晉書卷一百十四苻堅載記下）。於是北方又陷於混亂之中，沒有一個種族能夠組織鞏固的政權。固然

羌族姚萇所建設的國家比較強大，但是中原久經喪亂，民窮財匱，而「勃勃（赫連勃勃）乾歸（乞伏乾歸）作亂西北，傉檀（禿髮傉檀）蒙遜（沮渠蒙遜）擅兵河右」（晉書卷一百十八姚興載記下），戎馬交馳，儲用殫竭，所以國力亦甚薄弱。關河之間，戎狄之長，更興迭仆，中原遺黎固然殫於兵刃，而異族也互相攻戰，殘殺不已。孫綽說：

> 自喪亂已來，六十餘年，蒼生殄滅，百不遺一。河洛丘墟，函夏蕭條，井堙木刊，阡陌夷滅，生理茫茫，永無依歸（晉書卷五十六孫綽傳）。

中原蕭條，漢夷俱憊，於是代北游牧種族的拓拔魏便乘機入窺中原，漸次統一了北方。

以上乃就五胡不能滅亡東晉的原因言之，其實，東晉也有自全之道。就經濟言，國之強弱在於民之多少，民多則田墾而稅增，役眾而兵強，晉在極盛時代，南北戶口幾乎相等。

西晉戶口分布表❻

北方		南方		備考
州名	戶數	州名	戶數	
司州	四七五、七〇〇	揚州	三一一、四〇〇	
冀州	三一六、〇〇〇	荊州	三五七、五四八	
雍州	九九、五〇〇	湘州		湘州包括於荊廣之中
涼州	三〇、七〇〇	江州		江州包括於揚荊之中
青州	五三、〇〇〇	梁州	七六、三〇〇	

❻ 此表據晉書地理志。

并州	五九、二〇〇	益州	一四九、三〇〇	
兗州	八三、〇〇〇	交州	二五、六〇〇	
豫州	一一六、七九六	廣州	四三、一四〇	
幽州	五九、二〇〇	寧州	八二、四〇〇	
平州	一八、一〇〇	徐州	八一、〇二一	晉於徐州只有過半之地
秦州	三二、一〇〇			
總數	一、三三三、五九六	總數	一、一二六、七〇九	

北方有戶一百三十三萬，南方有戶一百十二萬，兩相比較，相差無多。而自喪亂以來，北方受害甚慘。

> 自永嘉喪亂，百姓流亡，中原蕭條，千里無烟，飢寒流隕，相繼溝壑（晉書卷一百九慕容皝載記）。

南方精華在於荊揚，永嘉喪亂，兩州未蒙其禍。

> 荊揚晏安，戶口殷實（晉書卷六十五王導傳）。

中原士女避難江左者為數不少。

> 洛京傾覆，中州士女避難江左者十六七（晉書卷六十五王導傳）。

人口的南移，引起南方經濟的發達，而江南之地待墾的良田尚多，「火耕水耨，為功差易」，若能稍加勵導，「則倉盈庾億，可計日而待」（晉書卷二十六食貨志）。然此繁榮亦不過暫時而已。元帝調諸葛恢為會稽太守，臨行，對他說：

> 今之會稽，昔之關中，足食足兵，在於良守。以君有莅任之方，是以相屈（晉書卷七十七諸葛恢傳）。

東晉偏安江左，「江左區區，戶不盈數十萬，地不踰數千里」（晉書卷八十五劉毅傳）。國之財賦仰給三吳。「朝

廷賦役繁重，吳會尤甚」（晉書卷八十王羲之傳）。三吳寡弱，經濟上已難協助東晉建立強有力的政府。明成以後政煩役殷，逃亡相續。江州餘戶只有五萬六千（晉書卷八十一桓伊傳）。荊州編戶不盈十萬（晉書卷八十五劉毅傳）。東晉地方可以說是凋敝極了。成帝時：

自江陵至於建康三千餘里，流人萬計，布在江州（晉書卷八十一劉胤傳）。

簡文帝時：

今政煩役殷，所在凋弊，倉廩空虛，國用傾竭，下民侵削，流亡相屬，略計戶口，但咸安以來，十分去三（晉書卷六十九劉波傳）。

孝文帝時：

時穀賤人飢，流亡不絕，由百姓單貧，役調深刻（晉書卷六十四會稽王道子傳）。

江南固然如此，而中原之地，戎狄之長更興迭仆，已難南下。而江左大鎮莫過荊揚，徐州又為捍衛江東的第一防線。東晉建都建康，可以控制揚州，而對於荊徐二州，則寄重任於方伯，其刺史常都督七八州軍事，非終於其軍者，不肯易人。將士服習於下，敵人畏敬於外，非忽來忽去，兵不適將，將不適兵之比，故能享國百年，五胡雲擾，竟不能窺江漢。洪邁說：

西晉南渡，國勢至弱……然其享國百年，五胡雲擾，竟不能窺江漢。苻堅以百萬之眾，至於送死肥水，後以強臣擅政，鼎命乃移，其於江左之勢固自若也，是果何術哉，嘗考之矣。以王事付一相，而不貳其任，以外寄付方伯，而不輕其權，文武二柄既得其道，餘皆概可見矣。百年之間……其真託國者王導庾亮何充庾冰蔡謨殷浩謝安劉裕八人而已。方伯之任莫重於荊徐。荊州為國西門，刺史常都督七八州，事力雄厚，

分天下半。自渡江迄於太元，八十餘年，荷閫寄者王敦陶侃庾氏之亮翼桓氏之溫豁沖石民八人而已，非終於其事，不輒易。將相服習於下，敵人畏敬於外，非忽來忽去，兵不適將，將不適兵之比也（容齋隨筆卷八東晉將相）。

但是東晉亦只能消極的保全江左，不能積極的恢復中原。固然當時將相均有北伐之志，而皆謀而未行，或行而無功。

東晉將相北圖中原表❼

時代	姓名	北伐史略
元帝時代	祖逖	逖以社稷傾覆，常懷振復之志。元帝拜逖為奮威將軍豫州刺史，給千人，廩布三千匹，不給鎧仗，使自招募。逖渡江，中流擊楫而誓曰，祖逖不能清中原而復濟者，有如大江。逖既收復黃河以南，方欲推鋒越河，掃清冀朔。會朝廷將遣戴淵為都督，逖以淵無弘致遠識，且已剪荊棘，收河南地，而淵雍容一旦來統之，意甚怏怏。且聞王敦與劉隗等構隙，慮有內難，大功不遂，感激發病卒。
成帝時代	庾亮	成帝以亮為征西將軍，都督江荊豫益梁雍六州諸軍事，領江荊豫三州刺史，假節鎮武昌。亮有開復中原之謀，以襄陽北接宛許，南阻漢水，其險足固，其土足食。上疏請移鎮襄陽，並佃並守，修進取之備，待戎士習練，乘釁齊進，以臨河洛，朝廷不許。會邾城陷沒，亮憂慨發疾卒。
康帝時代	庾翼	庾亮卒，成帝以翼為都督江荊司雍梁益六州諸軍事，安西將軍，荊州刺史，假節鎮武昌。翼以滅胡平蜀為己任，受任四年，惟以習戎為務，實欲因寇衰弊，漸臨迫之。康帝即位，翼欲率眾北伐，以襄陽西接益梁，與關隴咫尺，北去洛河，不盈千里，土沃田良，方城險峻，水路流通，轉運無滯，進可以掃蕩秦趙，退可以保據上流，乃遷鎮襄陽，繕修軍器，大佃積穀，欲圖後舉，俄而疽發背死。

❼ 此表據晉書及資治通鑑。

穆帝時代	殷浩	穆帝以浩為揚州刺史，中軍將軍，假節，都督揚豫徐兗青五州軍事。浩既受命，以中原為己任。永和八年，上疏北征許洛，師次壽陽，進至許昌，屢戰屢敗，器械都盡，乃退保譙城。桓溫因朝野之怨，上疏罪浩，坐廢為庶人。
穆哀廢帝時代	桓溫	穆帝永和二年桓溫率眾伐蜀，師次青衣，進至彭模，直指成都，縱火燒其城門，蜀人大懼，無復鬪志，李勢降。四年溫統步騎四萬，發江陵，水軍自襄陽入均口至南鄉，步兵自淅川趣武關，命梁州刺史司馬勳出子午道以伐秦，戰於藍田，屢破秦軍，進至霸上，居人皆安堵復業，持牛酒迎溫於路者十八九。耆老感泣曰，不圖今日，復見官軍。初溫恃秦麥熟，取以為軍資，而苻健芟苗清野，溫果乏食，遂歸。廢帝太和四年溫又悉眾伐燕，由彭城進次金鄉，時亢旱，水道不通，乃鑿鉅野三百餘里，以通舟運，自清水入河，進至枋頭，軍糧竭盡，溫軍敗績。
安帝時代	劉裕	安帝義熙五年劉裕北伐南燕，自淮入泗，至下邳，取琅邪，襲克臨朐，進圍廣固，遂平齊地。九年遣朱齡石伐蜀，師至白帝，分三路進攻，一路從外水向平模而取成都，一路從中水向牛鞞而取廣漢，一路從內水向黃虎而取涪城，譙縱走死，蜀地悉平。十三年裕又伐秦，分水陸進軍，陸路有三，王鎮惡檀道濟將步軍自壽春趣許洛，朱超石胡藩自南陽趨陽城，沈田子傅弘之自襄陽趣武關。水路均由彭城出發，沈林子劉遵考率水軍，出石門，由汴入河。王仲德督前鋒諸軍，開鉅野入河。王鎮惡檀道濟克許昌，進至柏谷，沈林子克倉垣，王仲德取滑臺，遂由石門進至成皐，共攻陷洛陽，進攻澠池，徑攻潼關。劉裕亦自將水軍，自淮泗入清河，泝河西上，尋入洛陽，自陝抵潼關。此時沈田子等亦入武關，大敗秦軍於青泥，而王鎮惡復帥水軍，自河入渭，趨長安，破秦軍於渭橋，遂克長安，姚泓降。劉裕本欲息駕長安，經略西北，會劉穆之卒，裕以根本無託，遂決意東歸，留子義真守之。十四年赫連勃勃伐義真，入長安，關中復沒於夏。宋武帝歿，河南州郡亦陷於魏。

這個時候，北方遺黎尚未喪失民族意識，桓溫劉裕進兵關中，三秦父老無不感激流淚。

桓溫進至霸上，居人皆安堵復業，持牛酒迎溫於路者十八九，耆老感泣曰，不圖今日，復見官軍（晉書卷九十八桓溫傳）。

高祖（劉裕）北征，大軍進長安，及關中平定，議欲東還。三秦父老詣門流涕訴曰，殘民不沾王化，於今百年矣，始覩衣冠，方仰聖澤，長安十陵是公家墳墓，咸陽宮殿數千間是公家屋宅，捨此欲何之，高祖為之愍然（宋書卷六十一廬陵王義真傳）。

桓溫時，氐族苻健割據三輔，氐苻方興未艾。溫進至灞上，健深溝自固，刈苗清野，溫果乏食，不得不歸。劉裕時，關中為羌族姚泓所據，羌姚已經日暮途窮。裕率軍西伐，以其心腹劉穆之留守建康。穆之「內統朝政，外供軍旅，決斷如流，事無擁滯」（宋書卷四十二劉穆之傳）。裕既平定關中，本欲長留長安，經營趙魏。會穆之卒，「京邑任虛」（劉穆之傳），裕恐有人反側，斷其後路，乃急急東歸，以其子義真為安西將軍雍州刺史，鎮長安。義真時年十二（此即南朝四代皇子甫離襁褓，即司方岳的起源），留心腹將佐以輔之，王脩為長史，征虜將軍王鎮惡兼安西司馬，振武將軍沈田子為安西參軍（宋書卷六十一孝獻王義真傳，卷六十五王鎮惡傳，卷一百序傳）。當裕之平姚泓也，崔浩謂魏明元帝曰：「秦地戎夷混并，虎狼之國，裕亦不能守之」（魏書卷三十五崔浩傳）。何況十二歲之義真，一方「諸將行役既久，咸有歸心」，他方將佐內訌，沈田子殺王鎮惡，王脩殺沈田子，義真左右復殺王脩（孝獻王義真傳）。兼以王鎮惡入關之時「極意收斂子女玉帛，不可勝數」（王鎮惡傳）。到了義真南歸，諸將又「競斂財貨，多載子女」（孝獻王義真傳）。關中遺黎欲沾王化，而王化竟然殘暴如此，所以赫連勃勃之兵一至，「關中郡縣悉降」。劉裕雖命朱齡石守長安，而百姓竟逐齡石，而迎勃勃（晉書卷一百三十赫連勃勃載記）。自是而後，南軍不能收復北土，遂成為定局。

抑有進者，自元帝而至安帝，一百餘年之中，東晉將相不忘北伐，而終不能成功，蓋有原因，即軍隊缺乏與財政困難，而軍隊所以缺乏，財政所以困難，又以編戶減耗為其主要原因。東晉政權成立之時，土

著百姓多給豪族挾藏。

江左初基，法禁寬弛，豪族多挾藏戶口，以為私附（晉書卷四十三山遐傳）。

而過江百姓又因為不著戶籍，租稅是隨意樂輸。

晉自中原喪亂，元帝寓居江左，百姓之自拔南奔者，並謂之僑人，皆取舊壤之名，僑立郡縣，往往散居，無有土著……其無貫之人不樂州縣編戶者，謂之浮浪人，樂輸亦無定數，任量准所輸，終優於正課焉（隋書卷二十四食貨志）。

於是國家的軍隊和財政只能仰給於土著的編戶。編戶減少，軍隊當然寡弱，財政當然困難。元帝渡江之際，軍隊多用奴兵。

元帝南渡。調兵不出三吳，大發毋禍三萬，每議出討，多取奴兵（文獻通考卷一百五十一兵制）。

祖逖渡江，志復中原，而元帝只給千人，不給鎧仗，使自招募。

帝乃以逖為奮威將軍豫州刺史，給千人，廩布三千匹，不給鎧仗，使自招募（晉書卷六十二祖逖傳）。

財政更覺困難，故以石勒那樣重要的人物，有斬其首者不過賞布千匹。

元帝渡江，軍事草創，蠻陬賧布，不有恆準，中府所儲，數四千匹。於時石勒勇銳，擾亂江南，帝懼其侵逼，甚患之，乃詔方鎮云，有斬石勒首者，賞布千匹（晉書卷二十六食貨志）。

元帝以後，情況還是一樣。

東晉軍隊❽及財政情況表

年代	軍隊	財政
元帝時代	大興四年五月詔曰，昔漢二祖及魏武皆免良人，武帝時涼州覆敗，諸為奴婢亦皆復籍，此累代成規也，其免中州良人遭難為揚州諸郡僮客者，以備征服（見晉書卷六元帝紀）。	時帑藏空竭，庫中唯有練數千端，鬻之不售，而國用不給，王導患之，乃與朝賢俱制練布單衣，於是士人翕然競服之，練遂踊貴，乃令主者出賣，端至一金（見晉書卷六十五王導傳）。
成帝時代		是時朝廷空罄，百官無祿，惟資江州漕運（見晉書卷八十一劉胤傳）。
康帝時代	康帝即位，庾翼欲率眾北伐，於是並發所統六州奴及車牛驢馬，百姓嗟怨（見晉書卷七十三庾翼傳）。	
孝武帝時代	元顯發東土諸郡免奴為客者號曰樂屬，移置京師，以充兵役，東土囂然，人不堪命（見晉書卷六十四會稽王道子傳）。	政煩役殷，所在凋弊，倉廩空虛，國用傾竭，下民侵削，流亡相屬，但咸安以來，十分去三（見晉書卷六十九劉波傳）。

軍隊寡弱，財政窮匱，東晉政府當然不能大舉北伐，而內亂不已，王敦桓溫殷仲堪桓玄皆利用荊州上流之勢，率兵犯闕，而祖約蘇峻孫恩盧循也招集烏合之眾，逞其不臣之心。

東晉內亂表❾

年代	姓名	亂事始末
元帝時代	王敦	王敦少有奇人之目，尚武帝女襄城公主。懷帝永嘉五年為揚州刺史，加廣武將軍。愍帝建興三年，進鎮東大將軍，加都督江揚荊湘交廣六州諸軍事，江州刺史。元帝初鎮江東，威名未著，敦與從弟導等，

❽ 東晉每出征伐，多取奴兵，其議為刁協所建。晉書卷六十九刁協傳，以奴為兵，取將吏客，使轉運，皆協所建也。

❾ 此表據晉書各本傳及資治通鑑。

	成帝時代	哀廢簡文時代	安帝時代
	祖約 蘇峻	桓溫	王恭 庾楷 殷仲堪 楊佺期
同心翼戴，以隆中興，時人為之語曰，王與馬共天下。太興元年改江州牧，兼荊州刺史。敦既專任閫外，手控強兵，遂欲專制朝廷，有問鼎之心。元帝畏而惡之，引劉隗刁協等以為心膂。敦不能平，於是嫌隙始構矣。永昌元年率兵犯闕，以誅隗為名，王師敗績。敦收周顗戴淵害之，還屯武昌。明帝太寧元年，敦移鎮姑孰，自為揚州牧，而以從弟舒為荊州，彬為江州，邃為徐州。三年復舉兵內向，帝親率六軍以禦，頻戰破之，敦憤惋而死。	成帝咸和二年豫州刺史祖約歷陽太守蘇峻等反。蘇峻青州長廣郡掖縣之塢主，率其所部數百家汎海南渡，既到廣陵，朝廷嘉之，假峻鷹揚將軍，累遷至冠軍將軍歷陽太守。明帝崩，庾亮欲徵之，峻素疑亮欲害己，於是遣人結祖約，謀作亂。祖約豫州刺史祖逖之弟也，逖卒，代逖為平西將軍豫州刺史，以不豫明帝顧命，遂懷怨望，聞蘇峻舉兵，遂以兵會峻。三年襲姑孰，濟橫江，登牛堵，遂陷宮城，縱兵大掠。時溫嶠陶侃已唱義於武昌，峻聞兵起，遷天子於石頭。帝哀泣升車，宮中慟哭。義師既至，峻出戰，墜馬死。賊黨復立峻弟逸為主，王師又攻殺之。祖約奔於石勒，為石勒所殺。	桓溫豪爽有風概，選尚南康長公主，累遷徐州刺史。溫與荊州刺史庾翼友善，翼嘗薦溫於明帝。翼卒，以溫為都督荊梁四州諸軍事，安西將軍，荊州刺史，領護南蠻校尉，假節。時李勢微弱，溫志在立勳於蜀，穆帝永和二年，率眾西伐，蜀降，進位征西大將軍。溫既立功上流，威勢甚振，朝廷憚之，乃引殷浩為心膂，以抗於溫。溫甚忿之，以國無他釁，遂得相持彌年，雖有君臣之跡，亦相羈維而已。既而殷浩北伐，屢戰屢敗，溫因朝野之怨，乃奏廢浩，自此內外大權一歸溫矣。永和十五年溫率師伐秦。進至壩上，因軍糧不繼，遂歸。哀帝興寧元年，加大司馬，都督中外諸軍事，錄尚書事，假黃鉞，二年兼揚州牧。三年召溫入參朝政，溫移鎮姑孰，而以弟豁為荊州刺史，沖為江州刺史。廢帝太和四年帥眾伐燕，至枋頭，溫軍敗績。溫久懷異志，欲先立功河朔，還受九錫，既蒙覆敗，遂有廢立之事。簡文帝咸安二年，帝不豫，溫初望簡文臨終，禪位於己。及帝崩，孝武帝即位，溫既不副所望，故甚憤怨，寧康元年溫薨。	安帝即位，司徒會稽王道子攝政，寵昵中書令王國寶，委以機權，謀削弱方鎮，內外騷動。隆安元年兗州刺史王恭與豫州刺史庾楷舉兵反，以討王國寶為名。道子懼，殺國寶，以悅於恭，恭乃罷兵。於時王恭威振內外，譙王尚之復說道子以藩伯強盛，宰相權弱，宜多樹置以自衛，道子然之。隆安二年以王愉為江州刺史，割庾楷豫州四郡，使愉督之。楷怒，乃約王恭及荊州刺史殷仲堪廣州刺史桓玄，剋期舉兵，同赴京師，以討王愉司馬尚之為名，推王恭為盟主。王恭殷仲堪素無戎略，軍旅之事，恭委其司馬劉牢之，殷仲堪亦委其司馬楊佺期。劉牢之背恭歸順，恭敗伏誅。庾楷奔依桓玄，玄等聞

	王恭敗死，三軍失色，無復固志。桓修告道子曰，若許佺期以重利，無不倒戈於仲堪者，道子納之，乃以玄為江州，佺期為雍州，黜仲堪為廣州，以桓修為荊州。仲堪等不肯受詔，朝廷深憚之，乃免桓修，復仲堪，以相和解。佺期仲堪與桓玄素不睦，佺期屢欲相攻，仲堪每抑止之。隆安三年桓玄遂舉兵討佺期，先攻仲堪，仲堪急召佺期，佺期率眾赴之，兵敗，俱被殺。
桓玄	桓玄大司馬溫之孽子也，時議謂溫有不臣之迹，故玄在荊楚積年優遊無事。及中書令王國寶用事，謀削弱方鎮，內外騷動，玄潛有意於功業，乃勸荊州刺史殷仲堪，興晉陽之師，以內匡朝廷。國寶既死，於是兵罷，玄乃求為廣州，朝廷不欲其在荊楚，故順其意，玄受命不行。隆安二年玄與王恭庾楷殷仲堪等率兵犯闕，王恭既死，詔以玄為江州，玄始得志。三年玄平荊（殷仲堪）雍（楊佺期），朝廷以玄為荊江二州刺史，都督八州軍事，於是樹用腹心，兵馬日盛，自謂三分有二，勢運所歸。於時會稽王道子之世子元顯執政，元興元年元顯稱詔伐玄。玄率眾下尋陽，至新亭，元顯自潰。玄入京師，害元顯於市，以兄偉為荊州刺史，脩為徐州刺史，石生為江州刺史，自為丞相，總百揆，都督中外諸軍事，錄尚書事，兼揚州牧，加假黃鉞，出鎮姑孰，而大政皆諮焉。二年玄又自稱相國，封楚王，尋即篡位。三年劉裕等起兵討玄，玄伏誅。
孫恩 盧循	安帝隆安三年妖賊孫恩陷會稽，有眾數萬，於是會稽吳郡吳興義興臨海永嘉東陽新安等凡八郡一時俱反，殺長吏以應之，旬日之間，眾數十萬。吳會承平日久，人不習戰，又無器械，故所在多被破亡。諸賊皆燒倉廩，焚邑屋，刊木堙井，虜掠財貨，相率聚於會稽。朝廷遣衛將軍謝琰輔國將軍劉牢之，迎擊走之，於是轉寇沿海各地，南至臨海，北至廣陵，無不受其蹂躪。至元興元年，始為臨海太守辛景所破，恩窮慼，赴海自沉，餘眾復推恩妹夫盧循為主。二年劉裕討循，循窘急泛海到番禺，寇廣州，逐刺史，自攝州事，號平南將軍，遣使貢獻。時朝廷新誅桓玄，中外多虞，乃權假循征虜將軍，廣州刺史。義熙六年劉裕北伐慕容超，循又乘虛而反，寇江州，南康盧陵豫章諸郡守相皆委任奔走。江州刺史何無忌率眾拒之，兵敗被殺。循遂進迫江寧，劉裕柵石頭，斷柤浦以距之。循攻柵不利，乃進攻京口，寇掠諸縣無所得，復南走尋陽，遁還豫章，退保廣州，均為劉裕所敗。七年盧循走交州，刺史杜慧度斬之。

政局如斯棼亂，東晉政府那有能力恢復中原。何況一般士大夫又復宴安耽祿，只知肆情縱慾，置國恥於不顧。成帝時，慕容皝遣使劉翔至建康，翔疾江南士大夫以驕奢酣縱相尚，嘗因朝會宴集，謂何充（時

為中書令錄尚書）等曰：

四海板蕩，奄踰三紀，宗社為墟，黎民塗炭，斯乃廟堂焦慮之時，忠臣畢命之秋也。而諸君宴安江沱，肆情縱慾，以奢靡為榮，以傲誕為賢，謇諤之言不聞，征伐之功不立，將何以尊主安民乎。

劉翔繼著又說：

昔少康資一旅以滅有窮，句踐憑會稽以報強吳。蔓草猶宜早除，況寇讎乎。今石虎李壽志相吞噬，王師縱未能澄清北方，且當從事巴蜀。一旦石虎先人舉事，併壽而有之，據形便之地，以臨東南，雖有智者，不能善其後矣（資治通鑑卷九十七晉紀成帝咸康七年）。

劉翔之忠告如此。然東晉大臣並不若南宋大臣之無意北伐。唯自桓玄亂後，「驅蹙殘毀，至乃男不被養，女無匹對，逃亡去就，不避幽深，自非財殫力竭，無以至此」（晉書卷八十五劉毅傳）。到了後來，人庶「播流江表，已經數世，在者長子老孫，亡者丘隴成行」，既絕望於本邦，宴安於所託，難免忘記故國，喪失鬥志，遂不肯「提挈萬里，踰險浮深，離墳墓，棄生業……捨安樂之國，適習亂之鄉，出必安之地，就累卵之危」（晉書卷五十六孫綽傳）。一方蠻族不能南侵，他方漢族不能北伐，其結果如何？三國初期，干戈雲擾，中原士女避難江左者為數不少，五胡亂華，江左漢族受了過江人士的壓迫，復因累次內亂，更向南方移殖。中華文化向南發展，於是南方各地便真正成為吾國的版圖。這個時候中原遺黎之遭殘殺者為數甚多，永嘉喪亂，單單雍秦一帶，漢族死者已有十之八九（資治通鑑卷九十晉元帝建武元年），中原空虛，蠻族便不斷的徙居內地。上郡有氐羌十餘萬落，劉曜徙氐羌二十餘萬口於長安（晉書卷一百三劉曜載記）。石勒徙烏丸三萬餘戶於襄國，又徙羌羯十餘萬落於司州，復徙氐羌十五萬落於司冀兩州（晉書卷一百四及卷一百五石勒載記）。石

虎徙鮮卑二萬戶於雍司兗豫四州之地。河湟之間有氐羌十餘萬落。冉閔屠殺胡羯，單單鄴城內外胡羯死者已有二十餘萬（晉書卷一百六及卷一百七石季龍載記）。慕容儁將匈奴部落三萬五千處於代郡（晉書卷一百十慕容儁載記）。苻堅徙鮮卑四萬餘戶於長安（晉書卷一百十一慕容暐載記），又徙關東豪傑及諸雜夷十萬戶於關中（晉書卷一百十三苻堅載記上），此只舉其犖犖大者。由此可知蠻族內徙比之漢族南渡，其數尤多。當時衣冠之士固然變節，劉隗以王敦「威權太盛，終不可制」，欲「竭股肱之力，效之以忠貞」，王敦作亂亦「以誅隗為名」，而王師敗績，竟然奔於石勒，勒以為太子太傅（晉書卷六十九劉隗傳）。然而多數人士深信胡人不能為華夏的帝王。

> 劉琨遺石勒書曰……自古已來，誠無戎人而為帝王者，至於名臣建功業者則有之矣（晉書卷一百四石勒載記上）。

王子春為石勒之舍人，奉表推崇王浚為天子，而說：「且自古誠胡人而為名臣者實有之，帝王則未之有也」（晉書卷一百四石勒載記上）。這固然是故作卑辭以驕王浚之意，而蠻族之中深信戎狄不能為天子者亦有之。慕容儁答群臣曰：「吾本幽漢射獵之鄉，被髮左衽之俗，歷數之籙寧有分邪」（晉書卷一百十慕容儁載記）。姚弋仲常戒諸子曰：「自古以來，未有戎狄作天子者，我死，汝便歸晉，當竭盡臣節，無為不義之事」（晉書卷一百十六姚弋仲載記）。案蠻族君長愛好中華文學者甚多，他們與秦漢時代的匈奴不同，不是純粹的胡虜，而是漢化的異族❿。

---

❿ 石勒雅好文學，雖在軍旅，常令儒生讀史書而聽之（晉書卷一百五石勒載記下）。慕容儁雅好文籍，凡所著述四十餘篇（晉書卷一百十慕容儁載記）。苻健修尚儒學（晉書卷一百十二苻健載記）。李雄聽覽之暇，手不釋卷（晉書卷

晉載記諸僭偽之君雖非中國人，亦多有文學。劉淵少好學，習毛詩京氏易馬氏尚書，尤好左氏春秋孫吳兵法，史漢諸子無不綜觀，嘗鄙隋陸無武，絳灌無文，一物不知，以為君子之恥。其子劉和亦好學，習毛詩左氏春秋鄭氏易。和弟宣師事孫炎，沉精積思，不舍晝夜，嘗讀漢書至蕭何鄧禹傳，未嘗不反覆詠之。劉聰幼而聰悟，博士朱紀大奇之，年十四，究通經史，兼綜百家言，工草隸，善屬文，著述懷詩百餘篇，賦頌五十餘篇。劉曜讀書，志於廣覽，不精思章句，亦善屬文，工草隸，小時避難，從崔岳質通疑滯，既即位，立太學於長樂宮，立小學於未央宮，簡民間俊秀千五百人，選朝廷宿儒教之。慕容皝尚經學，善天文，即位後，立東庠於舊宮，賜大臣子弟為官學生，親自臨考，自造太上章以代急就，又著典誡十五篇以教冑子。慕容儁亦博觀圖書。後慕容寶亦善屬文，崇儒學。苻堅八歲，向其祖洪請師就學，洪曰汝氐人，乃求學耶，及長，博學多才藝，既即位，一月三臨太學，謂躬自獎勵，庶周孔之微言不墜，諸非正道者悉屏之。自永嘉之亂，庠序無聞，至是學校漸興。苻登長而折節，博覽書傳。姚興為太子時，與范勗等講經籍，不以兵難廢業，時姜龕淳于岐等皆耆儒碩德，門徒各數百人，興聽政之暇輒引龕等講論。姚泓博學善談論，尤好詩咏，王尚段章以儒術，胡義周夏侯稚以文學，皆嘗游集，淳于岐疾，興親往問疾，拜於牀下。李流少好學，李庠才兼文武，曾舉秀異科。沮渠蒙遜博涉群史，曉天文。赫連勃勃聞劉裕遣使來，預命皇甫徽為答書，默誦之，召裕使至前，口授舍人為書，裕見其文曰吾不如也。此皆生於戎羌，以用武為急，而仍兼文學如此，人亦何可輕量哉（廿二史劄記卷八僭偽諸君有文學）。

他們進入中原之後，復實行各種漢化政策，以應付環境的需要，而謀漢胡界限的消滅。

一百二十二李雄載記）。慕容寶敦崇儒學，工談論，善屬文（晉書卷一百二十四慕容寶載記）。

五胡漢化表

種族	國名	漢化意識	文化	經濟	法制
匈奴	前趙	惠帝永興元年，劉淵為壇於南郊，僭即漢王位，下令曰，昔我太祖高皇帝以神武應期，廓開大業。太宗孝文皇帝重以明德，升平漢道，世宗孝武皇帝拓土攘夷，地過唐日。中宗孝宣皇帝搜揚俊義，多士盈朝。是我祖宗道邁三王，功高五帝云云，乃赦其境內，立漢高祖以下三祖五宗神主而祭之（晉書卷一百一劉元海載記）。	劉曜立太學於長樂宮東，小學於未央宮西，簡百姓年二十五以下，十三以上，神志可教者，選朝賢宿儒明經篤學以教之。曜臨太學，引試學生之上第者拜郎中（晉書卷一百三劉曜載記）。	劉曜始禁，自秋季農功畢，乃聽飲酒，宗廟社稷之祭，不得殺牛，犯者皆死（晉書卷一百三劉曜載記）。	（劉元海載記）有大司馬、大司徒、大司空、御史大夫、尚書令等官。（劉聰載記）有相國太師丞相太傅太保錄尚書事等官。
	北涼			沮渠蒙遜下書曰，戎車屢動，干戈未戢，農失三時之業，百姓戶不粒食，可蠲省百徭，專功南畝，明設科條，務盡地利（晉書卷一百二十九沮渠蒙遜載記）。	（沮渠蒙遜載記）有錄尚書事，中書侍郎等官。
	夏	安帝義熙二年赫連勃勃僭稱天王，自以匈奴夏后氏之苗裔也，國稱大夏。姚興鎮北參軍王買德來奔，勃勃謂買德曰，朕大			（赫連勃勃載記）有丞相、大將軍、御史大夫、司隸校尉、尚書令、尚書僕射、光祿勳、將作大匠等官。

	羯族 後趙	鮮卑 前燕
禹之後，今將應運而興，復大禹之業（晉書卷一百三十赫連勃勃載記）。		
	石勒立大學，簡明經善書吏，署為文學掾，選將佐子弟三百人教之。勒增置宣文宣教崇儒崇訓十餘小學於襄國四門，簡將佐豪右子弟百餘人以教之（晉書卷一百四石勒載記上）。 石勒命郡國立學官，每郡置博士祭酒二人，弟子百五十人，三考修成，顯升臺府（晉書卷一百五石勒載記下）。 石勒初置大小學博士，石虎復置國子博士助教（晉書卷一百六石季龍載記上）。	慕容廆以平原劉讚儒學該通，引為東庠祭酒，其世子皝率國胄束脩受業焉。廆覽政之暇，輒臨聽之，於是路有頌聲，禮讓
	石勒遣使循行州郡，勸課農桑。勒以右常侍霍浩為勸課大夫，與典農使者朱表典農都尉陸充等，循行州郡，核定戶籍，勸課農桑（晉書卷一百五石勒載記下）。	慕容廆以大棘城即帝顓頊之墟也。惠帝元康四年乃移居之，教以農桑，法制同於上國。嘗從容言曰稼穡者國之本也，不可以
	石勒清定五品，以張賓領選，復續定九品，署張班為左執法郎，孟卓為右執法郎，典定士族，副選舉之任（晉書卷一百五石勒載記下）。 石虎下書曰，魏始創九品之制，三年一清定之，雖未盡弘美，亦縉紳之清律，人倫之明鏡。從爾以來，遵用無改。吏部選舉可依晉氏九班選制，永為揆法。選畢，經中書門下宣示三省，然後行之，其著此詔書於令（晉書卷一百六石季龍載記上）。 （石季龍載記）有太尉、尚書令、司空、尚書僕射、侍中、中書令等官。	（慕容廆載記）法制同於上國。（慕容皝載記）有國相，司馬、列卿等官。（慕容儁載記）有太尉、侍中、尚書令、尚書僕射、中書監、中

	後燕	南燕
興矣（晉書卷一百八慕容廆載記）。 慕容皝立東庠於舊宮，以行鄉射之禮，每月臨觀，考試優劣，其經通秀異者，擢充近侍。皝雅好文籍，勤於講授，學徒甚盛，至千餘人（晉書卷一百九慕容皝載記）。 慕容儁立小學於顯賢里，以教胄子（晉書卷一百十慕容儁載記）。		慕容德建立學官，簡公卿以下子弟及二品士門二百人為太學生（晉書卷一百二十七慕容德載記）。
不急（晉書卷一百八慕容廆載記）。 慕容皝躬巡郡縣，勸課農桑。皝以牧牛給貧家，田於宛中，公收其八，二分入私。有牛而無地者亦田宛中，公收其七，三分入私。皝記室參軍諫曰云云，皝乃令曰農者國之本也。貧者全無資產，不能自存，各賜牧牛一頭，若私有餘力，樂取官牛墾官田者，其依魏晉舊法（晉書卷一百九慕容皝載記）。		
書令等官。	（慕容垂載記）有吏部尚書、侍中、都督中外諸軍事，司隸校尉，驃騎大將軍等官。 （慕容寶載記）有太尉太師太保等官。寶定士族舊籍，明其官儀。	（慕容德載記）有司空、尚書令、尚書僕射等官。

	氏族	
南涼	前秦	成
祠部郎中史暠曰，宜建學校，開庠序，選耆德碩儒以訓胄子。禿髮利鹿孤善之，於是以田玄沖趙誕為博士祭酒，以教胄子（晉書卷一百二十六禿髮利鹿孤載記）。	苻健修尚儒學（晉書卷一百十二苻健載記）。苻堅廣修學宮，召郡國學生通一經以上充之。公卿以下子孫並遣受業。堅親臨太學，考學生經義優劣，品而第之。自永嘉之亂，庠序無聞，堅頗留心儒學，學校漸興（晉書卷一百十三苻堅載記上）。	李雄興學校，置史官（晉書卷一百二十一李雄載記
禿髮烏孤嗣位，務農桑（晉書卷一百二十六禿髮烏孤載記）。禿髮利鹿孤以隆安五年僭稱河西王，其將鍮勿崙進曰，昔我先君肇自幽朔，被髮左袵，無冠冕之儀，遷徙不常，無城邑之制，用能中分天下，威振殊境。宜署晉人於諸城，勸課農桑，以供軍國之用，我則習戰法，以誅未賓。利鹿孤然其言（晉書卷一百二十六禿髮利鹿孤載記）。	苻堅親耕籍田，其妻苟氏親蠶於近郊（晉書卷一百十三苻堅載記上）。	
（禿髮烏孤載記）有驃騎大將軍，車騎大將軍等官。（禿髮利鹿孤載記）有祠部郎中、博士祭酒、尚書、左丞等官。（禿髮傉檀載記）有錄尚書事、尚書僕射、太尉、司隸校尉、大司農、衛尉等官。	（苻健載記）有丞相，都督中外諸軍事，車騎大將軍，司空等官。（苻堅載記）有錄尚書事、太尉、車騎大將軍、尚書令、尚書僕射、司隸校尉、中書侍郎、給事黃門侍郎等官。	（李雄載記）有太傅太保太尉司徒司空太宰等官。其

族	國				
			記）。		賦，男子歲穀三斛，女丁半之，戶調絹不過數丈，棉數兩。
	後涼	太廟新成，中書侍郎楊穎上疏，請依三代故事，追尊呂尚為始祖，永為不遷之廟，呂光從之（晉書卷一百二十二呂光載記）。			（呂光載記）有中書令、尚書僕射、侍中、太常、太尉、司徒等官。
羌族	後秦		姚萇立太學，禮先賢之後。令諸鎮各置學官，勿有所廢，考試優劣，隨才擢敘（晉書卷一百十六姚萇載記）。姚興勅關尉曰，諸生諮訪道藝，修己厲身，往來出入，勿拘常限。於是學者咸勸，儒風盛焉（晉書卷一百十七姚興載記上）。	姚萇勸課農桑（晉書卷一百十六姚萇載記）。	（姚萇載記）有司隸校尉、尚書令、尚書僕射等官。（姚興載記）有太尉、中書令、廷尉、大司農、大鴻臚等官。

一個民族沒有文化，一旦與高級文化的民族接觸，勢必受到影響，而漸次同化。五胡百餘年來，既與中原遺黎同居一地，當然要受薰陶，而逐漸同化於漢族。於是北方人民變為虜漢相雜，虜漢之畛域以同居久而日消，南北之界限以分裂久而益深。南北分裂，「南謂北為索虜，北謂南為島夷」（資治通鑑卷六十九魏文帝黃初二年司馬光曰）。這樣，就發生了南北朝的對立。

第三節　風俗頹敗與政治腐化

晉之代魏與魏之代漢，形式雖然相似，均以王國形式，奪取政權，更進而用禪讓的方法，代替前此的朝廷。此後南朝禪代均依此種形式，茲試列表如次。

晉及南北朝禪代形式表⑪

朝代／形式	建國	設官
晉	景元四年天子以并州司州雍州十郡之地，封司馬昭為晉公。咸熙元年天子進晉公昭爵為晉王，增封十郡，并前二十。二年天子命晉王昭建天子旌旗，出警入蹕。	晉國之職官，其詳已不可考。晉書卷二文
宋	義熙十二年天子以徐州兗州十郡之地封劉裕為宋公。策曰……此又君之功也……此又君之功也，共列舉九大功勳。十三年天子進宋公裕爵為宋王，增封十郡，并前二十郡。元熙元年天子命宋王建天子旌旗，出警入蹕。	義熙十二年天子封劉裕為宋公，加九錫，
齊	昇平三年三月天子以青州、徐州、南徐州揚州十郡之地封蕭道成為齊公。策曰……此又君之功也……此又君之功也，共列舉九大功勳。夏四月天子進齊公道成爵為齊王，增郡十郡，并前二十郡，復命齊王建天子旌旂，出警入蹕。	
梁	中興二年春正月天子以豫州南徐州揚州十郡之地封蕭衍為梁公，策曰……此又君之功也……此又君之功也，共列舉十二功勳。二月天子進梁公衍爵為梁王，增封十郡，并前二十郡。三月天子命梁王建天子旌旗，出警入蹕。	中興二年春正月天子封蕭衍為梁公，加九
陳	太平二年八月天子以南豫州、揚州南徐州十郡之地封陳霸先為陳公，策曰……此又君之功也……此又君之功也，共列舉十五功勳。十月天子進陳公霸先爵為陳王，增封十郡，并前二十郡。又命陳王建天子旌旂，出警入蹕。	太平二年八月天子封陳霸先為陳公，加九

⑪ 此表據晉書卷二文帝紀，卷三武帝紀及宋齊梁陳各書本紀。

	受禪
帝紀，景元四年天子封司馬昭為晉公，加九錫，申命曰，晉國置官司以下，率由舊式，往欽哉。咸熙二年晉國置御史大夫侍中，常侍尚書中領軍衛將軍等官。卷三武帝紀，咸熙二年晉國以何曾為丞相，賈充為衛將軍，裴秀為尚書令，由此可知晉國官司組織已與魏廷相同。	咸熙二年八月晉王昭薨，子炎嗣位，十二月魏帝知歷數有在，乃禪位於晉。
策曰，宋國置丞相以下，一遵舊儀，欽哉。	元熙二年晉帝禪位於宋，使太保謝澹太尉劉宣範奉皇帝璽綬，受終之禮，一如唐虞漢魏故事。
	昇平三年，宋帝以歷數在齊，乃下詔禪位，使太保褚淵太尉王僧虔奉皇帝璽綬，受終之禮，一如唐虞故事。
錫，策曰，梁國置丞相以下，一遵舊式，欽哉。二月又詔梁國依舊選諸要職，悉依天朝之制。	中興二年齊帝禪位於梁，使太保王亮太尉王志奉天子璽綬，受終之禮，一如唐虞故事。
錫。策曰，陳國置丞相以下，一遵舊式，往欽哉。	太平二年梁帝禪位於陳，使太保王通太尉王瑒奉皇帝璽綬，受終之禮，一依唐虞故事。

但是魏晉發跡又有不同之點。漢末，天下大亂，豪傑並起，大者連郡國，中者嬰城邑，小者聚阡陌。這個時候漢的政權已經土崩瓦解，曹操奮身於董卓肆凶之際，芟刈群雄，幾平海內，漢祚能夠延長二十餘年之久，實賴曹操之力。司馬懿受兩世託孤之命，就友誼說，亦應竭股肱之力，效忠貞之節，而乃欺凌幼主，誅戮大臣，子師廢齊王而立高貴鄉公，昭弒高貴鄉公而立陳留王，每乘廢置，竊取權柄，三世秉政，

卒遷魏鼎，其創業之本異於前代，而如石勒所說：「欺他人孤兒寡婦，狐媚以取天下」（晉書卷一百五石勒載記下）。所以王導陳述創業之跡，明帝不禁掩面，謂「晉祚復安得長」。

明帝時，王導侍坐，帝問前世之所以得天下，導乃陳宣帝創業之始及文帝高貴鄉公事。明帝以面覆牀曰，若如公言，晉祚復安得長（晉書卷一宣帝紀）。

按吾國皇室數傳之後，往往發生荒君暴主。西漢自高帝以後，賢聖之君六七作，可以視為例外，然而也有原因。漢高起自匹夫，為創業之主，固不必說。文帝來自外藩，宣帝興於閭閻，具知民事艱難，吏治得失。其他朝代一傳再傳之後，皇子長養深宮，沉淪富貴，無異紈綺子弟。而如庾亮所說：「入則在宮人之手，出則唯武官小人，讀書無從受音句，顧問未嘗遇君子」（晉書卷七十三庾亮傳），一旦即位，當然非荒即暴。司馬氏三世秉政，懿死師嗣，師死昭繼，已經有似於帝位的世襲。司馬炎紹封襲位，更是依靠門資，其能總攝百揆，竟登帝座，可以說是先代餘蔭。武帝既非創業之主，何能知道創業之難，當其受禪之初，雖能勵精圖治，

武皇……絕縑綸之貢，去雕琢之飾，制奢俗以變儉約，止澆風而反淳朴，雅好直言，留心采擢……仁以御物，寬而得眾，宏略大度，有帝王之量焉。於是民和俗靜，家給人足（晉書卷三武帝紀制曰）。

但是平吳之後，又耽於遊宴，不復留心萬機，國政漸次廢弛。皇帝如斯，朝臣如何？前已說過，東漢之世豪宗大族漸有勢力，而自魏文施行九品中正之後，膏粱世家又利用之以為獵官的工具，朝有世及之私，下無寸進之路。武帝受禪之際，佐命大臣多係漢魏華冑，而如劉頌對武帝所說：

泰始之初，陛下踐祚，其所服乘皆先代功臣之胤，非其子孫，則其曾玄（晉書卷四十六劉頌傳）。

他們也同武帝一樣，只是紈絝子弟。他們之居顯宦，不是依靠自己的才智，而是依靠祖宗的門蔭。他們之為佐命大臣，也不過遭時際會，攀龍附鳳，並沒有汗馬之勞或運籌之功。武帝即位，「八公同辰，攀雲附翼」（晉書卷二十四職官志），而八公的人格都有問題，有的備員高位，畏權遠勢，有似馮道之流，有的阿意苟合，襄助弒逆，而非純德之人。茲將八公人格列表如次：

泰始初年八公人格表

官名	姓名	人格
太宰	司馬孚	在魏為太傅，高貴鄉公遭害，百官莫敢奔赴，孚枕尸於股，哭之慟曰，殺陛下者臣之罪。武帝受禪，陳留王就金墉城，孚拜辭，執王手，流涕歔欷，不能自勝，曰臣死之日，固大魏之純臣也。然孚入晉，仍受封安平王，進拜太宰，持節都督諸軍事（見晉書卷三十七安平王孚傳）。
太傅	鄭沖	在魏為太保，沖雖位階臺輔，而不預世事。及魏帝告禪，使沖奉策。武帝踐祚，拜太傅，晉爵為公（見晉書卷三十三鄭沖傳）。
太保	王祥	在魏為太尉，高貴鄉公之弒也，朝臣舉哀，祥號哭曰老臣無狀，涕淚交流，眾有愧色。武帝踐祚，拜太保，進爵為公（見晉書卷三十三王祥傳）。
太尉	司馬望	性儉吝而好聚斂，身亡之後，金帛盈溢（見晉書卷三十七義陽王望傳）。
司徒	何曾	性奢豪，務在華侈，帷帳車服窮極綺麗，廚膳滋味過於王者，日食萬錢，猶曰無下箸處。時賈充權擬人主，曾卑充而附之（見晉書卷三十三何曾傳）。
司空	荀顗	無質直之操，唯阿意苟合於荀勗賈充之間（見晉書卷三十九荀顗傳）。
大司馬	石苞	不修細節，好色薄行（見晉書卷三十三石苞傳）。
大將軍	陳騫	素無謇諤之風（見晉書卷三十五陳騫傳）。

鼎革的目的在於除舊布新，要布其新，須除其舊，要除其舊，須斬其根。政治的革新不外人才的革新，

不但鼎革，就是平時，政界也應該保持新陳代謝的現象。按才不才之別乃以時代需要為標準，合於時代需要者為英才，不合時代需要者為蠢才。時代推移，國家所需要的人才自宜隨之變更。漢高祖起自匹夫，其臣多版築販牛之徒，然而天下未定，必須攻城略地，故不惜高位以求斬將搴旗之士，封韓信、王彭越、賞英布，而劉敬叔孫通之輩卻不能得到青睞。天下既定，必須制禮作樂，於是韓彭葅醢，英布伏誅，而搢紳之士又見重於一時。文景之世固然公卿盡是列侯，但是政治上各種策略均建議於新進之士。文帝時代有賈誼，誼雖遠謫，而其所陳頗被採納。景帝時代有鼂錯，錯雖見誅，而其政見卻已施行。到了武帝，卜式拔於芻牧，弘羊擢於賈豎，衛青奮於奴僕，日磾出於降虜。而武帝將崩之際，又託孤於霍光，霍光就由奉車都尉光祿大夫一躍而為大司馬大將軍，受遺詔輔政。總之，西漢皇帝隨時求才，而又不講資格，不拘門第，所以二百餘年之中，英才輩出，後世莫能比美。晉呢？開國之初，佐命功臣不是漢魏華胄，就是魏之公卿。公門有公，卿門有卿，他們在魏既然不能支大廈於將傾，在晉何能作大廈之棟樑。人物沒有新陳代謝，政治當然不能革新。

鼎革之後，不能一鼓作氣，革新政治，結果必江河日下，愈益腐化。何曾為八公之一，非純德之人，而告其子遵曰：「國家應天受禪，創業垂統，吾每宴見，未嘗聞經國遠圖，惟說平生常事，非貽厥孫謀之兆也，及身而已，後嗣其殆乎」（晉書卷三十三何曾傳）。以何曾之為人，尚知晉祚不長，何況明眼的人。案晉代政治腐化有兩種原因，一是風俗頹敗，二是制度廢弛。前者可以說是社會的原因，後者可以說是政治的原因。茲試分別述之。

就社會的原因說，魏亡，晉興，公卿大臣多係漢魏華胄，他們承正始之風，假託高超，喜談老莊，由

老莊之清靜而流於列子的玄虛。他們之中，有的熱衷於富貴，不惜奔走於權貴之門；有的雖居高位，而對於國家治亂，漠不關心，其視民生之憔悴，國勢之危殆，乃若秦人視越人之肥瘠。當時有七賢八達者，世人皆尊之為一代名流。茲將他們作風列表如次。

七賢表（依晉書列傳次序）

姓名	史略	備考
山濤	性好老莊，與嵇康善，後遇阮籍，便為竹林之遊。隱身不交世務，仕亦未達。因與宣穆后（司馬懿后，為濤之從祖姑）有中表親，乃往見景帝（司馬師），帝曰呂望欲仕耶。除郎中，遷吏部尚書郎，濤與鍾會裴秀並申欵昵，以二人居勢爭權，濤平心處中，各得其所，而俱無恨焉。師卒，昭嗣，昭卒，炎嗣。濤以一言而定太子之位，及武帝受禪，累遷吏部尚書，除尚書僕射，加侍中，掌選如故。居選職十有餘年，每一官缺，輒啟擬數人，詔旨有所向，然後顯奏，隨帝意所欲為先。故帝之所用，或非舉首，眾情不察，以濤輕重任意。濤善以退為進，每遷官，常以年老力辭，武帝均不之許。尚書令衛瓘奏濤久不視職，不宜居位，可免濤官，帝亦不准，太康四年薨，時年七十九。	（晉書卷四十三山濤傳）孫綽嘗鄙山濤，而謂人曰，山濤吾所不解，「吏非吏，隱非隱」（見晉書卷五十五孫綽傳）。
王戎	阮籍與戎父渾（非伐吳之王渾，此王渾為太原晉陽人，戎父渾為琅邪臨沂人，但又與王導王敦不是一家人）為友，戎少籍二十歲，而籍與之交。及渾卒於涼州，故吏賻贈數百萬，戎辭而不受，由是顯名。性至孝，不拘禮制，飲酒食肉，或觀奕棋，而容貌毀悴，杖然後起。戎受詔伐吳，吳平，徵為侍中，累遷至司徒。戎以晉室方亂，慕蘧伯玉之為人，與時舒卷，無蹇諤之節，但與時浮沉而已。性好興利，廣收八方園田水碓，周徧天下，積實聚錢，不知紀極。每自執牙籌晝夜算計，恆若不足，而又儉嗇不自奉養，天下人謂之膏肓之疾。家有好李，常出貨之。恐人得種，恆鑽其核，以此獲譏於世。永興二年薨，時年七十二。	晉書卷四十三王戎傳。
阮籍	其史略已述於前。	晉書卷四十九阮籍傳。
阮咸	任達不拘，與叔父籍為竹林之游，咸與籍居道南，諸阮居道北。北阮富，而南阮貧。	晉書卷四十九阮咸傳。

姓名	史略	備考
	七月七日，北阮盛曬衣服，皆錦綺粲目。咸以竿挂大布犢鼻於庭，人或恠之。答曰，未能免俗，聊復爾耳。歷仕散騎侍郎，山濤舉咸典選，武帝以咸耽酒浮虛，遂不用。咸居母喪，縱情越禮。素幸姑之婢，姑當歸於夫家，初云留婢，既而自從去。時方有客，咸聞之，遽借客馬追婢，既及，與婢累騎而還。諸阮皆飲酒，咸至，宗人間共集，不復用杯觴斟酌，以大盆盛酒，圓坐相向，大酌更飲。時有群豕來飲其酒，咸直接去其上便，共飲之。群從昆弟，莫不以放達為行。	
嵇康	其史略已述於前。	晉書卷四十九嵇康傳。
向秀	雅好老莊之學，莊周著內外數十篇，秀為之解說，惠帝之世，郭象又述而廣之，儒墨之迹見鄙，道家之言遂盛焉。嵇康善鍛，秀為之佐，相對欣然，傍若無人。康既被誅，秀入洛，文帝（司馬昭）問曰聞有箕山之志，何以在此，秀曰以為巢許狷介之士未達堯心，豈足多慕，帝甚悅。後為散騎侍郎，遷散騎常侍，在朝不任職，容迹而已，卒於任。	晉書卷四十九向秀傳。
劉伶	放情肆志，常以細宇宙齊萬物為心，澹默少言，不妄交游，與阮籍嵇康相遇，欣然神解，攜手入林，初不以家產有無介意，常乘鹿車攜一壺酒，使人荷鍤而隨之謂曰死便埋我，其遺形骸如此。嘗為建威參軍，泰始初對策，盛言無為之化，時輩皆以高第得調，伶獨以無用罷，竟以壽終。	晉書卷四十九劉伶傳。

八達表（依晉書列傳之次序）

姓名	史略	備考
阮孚	初辟太傅府，遷騎兵。屬避亂渡江，元帝以為安東參軍，蓬髮飲酒不以王務嬰心。終日酣飲，恆為有司所按，帝每優容之。遷散騎常侍，嘗以金貂換酒，復為有司彈劾，帝宥之。明帝即位，遷侍中，從平王敦，賜爵南安縣侯，轉吏部尚書。及帝疾大漸，溫嶠入受顧命，過孚，要與同行，升車乃告之曰主上遂大漸，江左危弱，實資群賢共康世務，卿時望所歸，今欲屈卿同受顧託，孚不答，固求下車，嶠不許。乘至臺門，告嶠內迫，求暫下，便徒步還家。咸和初，拜丹陽尹。時太后臨朝，政出舅族。孚謂所親曰，今江東雖累世，而年數實淺，主幼時艱，運終百六。而庾亮	晉書卷四十九阮孚傳。

	年少，德信未孚，以吾觀之，將兆亂矣。會廣州刺史劉顗卒，遂苦求出，王導等以孚疎放，非京尹才，乃除都督交廣寧三州軍事，鎮南將軍，領平越中郎將，廣州刺史，假節。未至鎮卒，年四十九。	
阮放	放少與孚並知名，中興除太學博士，太子中庶子。時雖戎車屢駕，而放侍太子，常說老莊，不及軍國，明帝甚友愛之，遷吏部郎。成帝幼沖，庾氏執政，放求為交州，乃除監交州軍事，揚威將軍交州刺史。行至寧浦，逢陶侃將高寶，放設饌請寶，伏兵殺之。到州，見寶為祟，遂卒，時年四十四。	晉書卷四十九阮放傳。
謝鯤	好老易，太傅東海王越聞其名，辟為掾，任達不拘。鄰家高氏女有美色，鯤嘗挑之，女投梭折其兩齒。時人為之語曰，任達不已，幼輿折齒。鯤聞之，傲然長嘯曰，猶不廢我嘯歌。越尋更辟之，轉參軍事。鯤以時方多故，乃謝病去職，避地于豫章。左將軍王敦引為長史，以討杜弢功，封咸亭侯。鯤不徇功名，無砥礪行，居身於可否之間。敦有不臣之迹，顯於朝野，鯤知不可以道匡弼，乃優游寄寓，不屑政事，從容諷議卒歲而已。尋卒官，時年四十三。	(晉書卷四十九謝鯤傳)子謝尚，姪謝安均有傳。
胡毋輔之	性嗜酒，任縱不拘小節，為太尉王衍所昵，辟太尉掾，不就，以家貧，求試守繁昌令，遷尚書郎，豫討齊王冏，賜爵陰平男，累轉司徒左長史，復求外出，為建武將軍樂安太守，晝夜酣飲，不視郡事。東海王越引為從事中郎，復補振威將軍陳留太守。越薨，避難渡江，元帝以為揚武將軍湘州刺史，假節，未幾卒，時年四十九。	晉書卷四十九胡毋輔之傳。
畢卓	少希放達，太興末，為吏部郎，常飲酒廢職，比舍郎釀熟，卓因醉，夜至其甕間，盜飲之，為掌酒者所縛。明旦視之，乃畢吏部也，遽釋其縛。卓遂引主人宴於甕側，致醉而去。卓嘗謂人曰，得酒滿數百斛，船四時甘味，置兩頭，右手持酒杯，左手持蟹螯，拍浮酒船中，便足了一生矣。及過江，為溫嶠平南長史，卒官。	晉書卷四十九畢卓傳。
羊曼	少知名，避難渡江，元帝以為鎮東將軍，轉丞相主簿，委以機密。累遷晉陵太守，以公事免。曼任達頹縱，好飲酒。王敦既與朝廷乖貳，以曼為右長史，曼知敦不臣，終日酣飲諷議而已。敦以其士望，厚加禮遇，不委以事，故得不涉其難。敦敗，代阮孚為丹陽尹。蘇峻作亂，加前將軍，率文武守雲龍門，王師不振。或勸曼避峻，曼曰朝廷破敗，吾安所求生，勒馬不動，為峻所害。年五十五。	晉書卷四十九羊曼傳。

光逸	初為博昌少吏，後舉孝廉，為州從事，棄官，投胡毋輔之。輔之薦逸於太傅東海王越，越即辟焉。尋以世難，避亂渡江，復依輔之。初至，屬輔之與謝鯤、阮放、畢卓、羊曼、桓彝、阮孚，散髮裸袒，閉室酣飲已累日。逸將排戶入，守者不聽。逸便於戶外，脫衣露頭，於狗竇中窺之，而大叫。輔之驚曰他人決不能爾，必我孟祖（逸字）也。遽呼入，遂與飲不捨晝夜。時人謂之八達。元帝以逸補軍諮祭酒，中興建，為給事中，卒官。	晉書卷四十九光逸傳。
桓彝	少孤貧，雖簞瓢，處之晏如，性通朗，早獲盛名，與庾亮深交，雅為周顗所重。元帝中興，累遷尚書吏部郎，名顯朝廷。于時王敦擅權，嫌忌士望，彝以疾去職。明帝將伐王敦，拜彝散騎常侍，引叅密謀，及敦平，以功封萬寧縣男。丹陽尹溫嶠薦為宣城內史，在郡有惠政，為百姓所懷。蘇峻之亂也，彝以社稷危逼，義無晏安。乃遣將討賊於蕪湖，破之。會朝廷遣將軍司馬流先據慈湖，為賊所破。彝以郡無堅城，遂退據廣德，尋王師敗績，彝聞而慷慨流涕，進屯涇縣，時州郡多遣使降峻，其長史勸彝偽與通和，以紓交至之禍。彝曰吾受國厚恩，義在致死，焉能忍垢蒙辱，與醜逆通問，如其不濟，此則命也。彝固守經年，勢孤力屈。賊曰彝若降者，當待以優禮。將士多勸彝偽降，更思後舉。彝不從，辭氣壯烈，志節不撓，城陷，為賊所害，年五十三。	（晉書卷七十四桓彝傳）觀彝之言論及行為乃慷慨之士，似不宜與狂放之八達同稱。桓溫為彝之子，另有傳。

七賢之中，嵇康阮籍死於魏世之末，魏志未述二人之事，故晉書為之立傳。其他五人均死在西晉時代。八達之中，桓彝並不狂放，又不尸位曠職，遇到患難，復能殺身以成仁，與其他七人之曠務尸祿者，絕不相同。以之為八達之一，若不讀彝傳，必誤會其為人。此八人均死於東晉之世，此則七賢與八達區別之所在。吾人觀七賢之行為，可知晉祚之必亡，觀八達之行為，又知正始之風已隨名流渡江而南下。然而他們又為時望所歸，政風如此，東晉何能恢復中原。

抑有進者，七賢八達（桓彝應除外）崇尚玄虛，徒有其名；而不遵禮法，則為事實。凡崇尚玄虛之人

應淡於名利，而七賢八達乃矯飾其行，故作放達，迎合時代所尚，藉以沽名釣譽。既得令名，又不知奔競之恥，以求官職，既得官職，復不羞寵賂之彰，懷私苟得。他們口談玄虛，心冀名利，一登高位，乃以玄虛為幌，不恤國事。甚至平日莫逆之友遇到患難，竟然視若無睹，莫肯援手。向秀與嵇康友善，嵇康既誅，秀欲免禍，往見司馬昭，仕至散騎常侍。山濤隱身不與世務，因與司馬氏有中表之親，乃往見司馬師，以求官職。晉武受禪，濤居選職，每一官缺，輒擬數人，隨帝意所欲，然後啟奏，其干祿之法，可以說是神乎其技。至於王戎，只是市儈，社會竟予以莫大欽仰，身居三公之位，而無謇諤之節，但與時浮沉而已。晉祚之亡早已注定於武帝初年。當時風氣，干寶的「晉紀總論」，說之甚得要點，本書當隨處引用，以免重複。當時並不是無人出來矯正，例如西晉時，裴頠著崇有之論，意謂「悠悠之徒，闡貴無之議，而建賤有之論。是以立言藉其虛無，謂之玄妙，處官不親所司，謂之雅遠，奉身散其廉操，謂之曠達，故砥礪之風彌以陵遲。放者因斯，或悖吉凶之禮，而忽容止之表，瀆棄長幼之序，混漫貴賤之級。其甚者至於裸裎，言笑忘宜，以不惜為弘士，行又虧矣」（晉書卷三十五裴頠傳）。到了東晉，有江惇之「崇檢論」，以為「君子立行，應依禮而動，雖隱顯殊途，未有不傍禮教者也。若乃放蕩不羈，以肆縱為貴者，非但動違禮法，亦道之所棄也」（晉書卷五十六江惇傳）。又有王坦之之「廢莊論」，意謂「先王知人情之難肆，懼違行以致訟，故敦禮以崇化，日用以成俗。誠存而邪忘，利損而競息。若夫莊生者，其言詭譎，其義恢誕，眾人因藉之以為弊薄之資。天下之善人少，不善人多，莊生之利天下也小，害天下也多。禮與浮雲俱征，偽與利蕩並肆。人以克己為恥，士以無措為通。時無履德之譽，俗有蹈義之愆，驟語賞罰不可以造次，屢稱無為不可與適變，雖可用於天下，不足以用天下人」（晉書卷七十五王坦之傳）。范甯因浮虛相扇，儒雅日替，以為其源

始於王弼何晏，二人之罪深於桀紂，乃著論曰「王何蔑棄典文，不遵禮度，游辭浮說，波蕩後生。遂令仁義幽淪，儒雅蒙塵，禮壞樂崩，中原傾覆，古之所謂言偽而辯、行僻而堅者，其斯人之徒歟。王何叨海內之浮譽，資膏粱之傲誕，畫螭魅以為巧，扇無檢以為俗，鄭聲之亂樂，利口之覆邦，信矣哉，吾固以為一世之禍輕，歷代之罪重，自喪之釁小，迷眾之愆大也」（晉書卷七十五范甯傳）。然而風氣所趨，固非少數人所能為力。茲再舉潘尼之言，以證明晉代風俗頹廢，並不是由於玄虛思想，而是由於人士之多欲。他說：

> 崇德莫大乎安心，安心莫尚乎存正，存正莫重乎無私，無私莫深乎寡欲……憂患之接，必生於自私，而興於有欲。自私者不能成其私，有欲者不能濟其欲，理之至也。欲苟不濟，能無爭乎。欲苟不從，能無伐乎。人人自私，家家有欲；眾欲並爭，群欲交伐。爭則亂之萌也，伐則怨之府也。怨亂既構，危害及之，得不懼乎。然棄本要末之徒，知進忘退之士，莫不飾才銳智，抽鋒擢穎，傾側乎勢利之交，馳騁乎當塗之務，朝有彈冠之朋，野有結綬之友，黨與熾於前，榮名扇其後，握權則赴者鱗集，失寵則散者瓦解，求利則託刎頸之懽，爭路則構刻骨之隙。於是浮偽波騰，曲辯雲沸，寒暑殊聲，朝夕異價，駑蹇希奔放之跡，鉛刀競一割之用。至於愛惡相攻，與奪交戰，誹謗噂沓，毀譽縱橫，君子務能，小人伐技，風頹於上，俗弊於下，禍結而恨爭也不彊，患至而悔伐之未辯。大者傾國喪家，次則覆身滅祀，其故何邪，豈不始於私欲，而終於爭伐哉（晉書卷五十五潘尼傳）。

觀潘尼之言，試問晉代士大夫果依道家之言，淡泊寡欲乎，抑假道學之言以沽名釣譽乎。吾嘗謂晉代士大夫之沽名釣譽有似東漢士大夫。但東漢士大夫矯飾其行，乃表示其尊重禮教。晉代士大夫則以違反禮教為放達，有的好貨，有的好色，世人不之恥也，反視為風雅之事。此蓋東漢之時，儒學尚盛，魏晉之際，

列子思想方興，而世道多虞，士大夫只求自全之策，不遵禮法，生活因之頹廢，實是時勢使然。固然此種名流不但七賢八達而已，如樂廣，如王衍，「俱宅心事外，名重於時」（晉書卷四十三樂廣傳）。他們兩人均居顯職，又均仕不事事，此種人數之多，讀晉書所載，乃不勝枚舉。禮教崩弛，小人道長，君子道消，難怪五胡亂華，中原士大夫之殘留北方者，多奉五胡以為主。

茲宜特別一言的，正始以來，士大夫仰慕風流，述老莊，談玄虛，既如上述。他們所謂老莊，只是列子思想，所謂玄虛，不過出之於口。若論他們行為則完全與玄虛相反。然而因談玄虛，卻產生了一種時髦，稱為清談，至晉王衍樂廣而大盛，後進仰慕，遂成風氣。

清談起於魏正始中，何晏王弼祖述老莊，謂天地萬物皆以無為本，無也者開物成務，無往而不存者也（王衍傳）。是時阮籍亦素有高名，口談浮虛，不遵禮法（裴頠傳），籍嘗作大人先生傳，謂世之禮法君子，如蝨之處褌（阮籍傳）。其後王衍樂廣慕之，俱宅心事外，名重於時，天下言風流者以王樂為稱首（樂廣傳）。後進莫不競為浮誕，遂成風俗（王衍傳）。學者以老莊為宗而黜六經，談者以虛蕩為辨而賤名檢，行身者以放濁為通而狹節信，仕進者以苟得為貴而鄙居正，當官者以望空為高而笑勤恪（愍帝紀論）。其時未嘗無斥其非者，如劉頌屢言治道，傅咸每糾邪正，世反謂之俗吏。裴頠又著崇有論以正之（裴頠傳），江惇亦著通道崇檢論以矯之（江惇傳）。卞壺斥王澄謝鯤，謂悖禮傷教，中朝傾覆，實由於此（卞壺傳）。范甯亦謂王弼何晏二人之罪深於桀紂（范甯傳）。應詹謂元康以來，賤經尚道，永嘉之弊由此（應詹傳）。熊遠陳頵各有疏論，莫不大聲疾呼，欲挽回頹俗，而習尚已成，江河日下，卒莫能變也。今散見於各傳者，裴遐善言玄理，音詞清暢，冷然若琴瑟，嘗與郭象談論，一座盡服（裴遐傳）。衛玠善玄言，每出一語，聞者莫不咨嘆，以為

入微；王澄有高名，每聞玠言，輒歎息絕倒；後過江，與謝鯤相見，欣然言論終日；王敦謂鯤曰，昔王輔嗣吐金聲於中朝，此子復玉振於江表，不意永嘉之末，復聞正始之音（衛玠傳）。王衍為當時談宗，自以論易略盡，然亦有所未了，每曰不知此生當見有能通之者否，及遇阮修談易，乃嘆服焉（阮修傳）。王戎問阮瞻曰聖人貴名教，老莊明自然，其指同異。瞻曰將毋同，戎即辟之，時人謂之三語掾（阮瞻傳）。郭象善老莊，時人以為王弼之亞（庾敳傳）。桓溫嘗問劉惔，會稽王更進耶，惔曰極進，然是第三流耳。溫曰第一流是誰，惔曰故是我輩（劉惔傳）。張憑初詣劉惔，處之下座，適王濛來，清言有所不通，憑即判之，惔驚服（張憑傳）。此可見當時風尚大概也。其中未嘗無好學者，然所學亦正以供談資。向秀好老莊之學，嘗註解之，讀者超然心悟，郭象又從而廣之，儒墨之迹見鄙，道家之風遂盛（向秀傳）。潘京與樂廣談，廣深嘆之，謂曰君天才過人，若加以學，必為一代談宗，京遂勤學不倦（潘京傳）……是當時父兄師友之所講求，專推究老莊，以為口舌之助，五經中惟崇易理，其他盡束閣也。至梁武帝始崇尚經學，儒術由之稍振，然……梁時五經之外，仍不廢老莊，且又增佛義，晉人虛偽之習依然未改，且又甚然。風氣所趨，積重難返，直至隋平陳之後，始掃除之。蓋關陜樸厚，本無此風，魏周以來，初未漸染。陳人之遷於長安者又已衰苶不振，故不禁而自消滅也（廿二史劄記卷八、六朝清談之習）。

清談與東漢之清議不同，清議乃月旦人物，進而品覈公卿，裁量執政。清談則空談玄虛，逃避現實，例如阮籍「發言玄遠，口不臧否人物」（晉書卷四十九阮籍傳）。此蓋如前所言，正始年間正是魏晉易代興廢之時，「天下多故，名士少有全者」（晉書卷四十九阮籍傳），而晉武帝末年又「值世道多虞，朝章紊亂」，士大夫只可同樂廣一樣，「清已中立，任誠保素」（晉書卷四十三樂廣傳）。或同謝鯤一樣，「無砥礪行，居身於

可否之間」（晉書卷四十九謝鯤傳），而後方能保全生命。於是人士遂託老莊之言，而作浮虛之論。若研其實，魏晉士大夫祖述老莊，目的在於反對網密文峻，而希望政府垂拱無為。何晏謂「天下萬物皆以無為為本」（全三國文卷三十九何晏無為論），阮籍亦言「君臣垂拱，完太素之樸」（全上卷四十五阮籍通老論）。即鑑上舉徐幹之言：朝廷「以綸組為繩索，以印佩為鉗鐵」，而希望政府能若王弼所說：「達自然之至，暢萬物之情」（老子第二十九章王弼注），「若乃多其法網，煩其刑罰，塞其徑路，攻其幽宅，則萬物失其自然，百姓喪其手足，鳥亂於上，魚亂於下」（老子第四十九章王弼注）。他們由於主張無為，進而主張無政府主義，自是理論上必然之事。阮籍說：「無君而庶物定，無臣而萬事理」，「君立而虐興，臣設而賊生」（全三國文卷四十六阮籍大人先生論），鮑敬言亦謂「古者無君勝於有君」。「曩古之世，無君無臣」，「禍亂不作，干戈不用」。「降及杪季，君臣既立，眾慝日滋」，「有司設，則百姓困，奉上厚，則下民貧」。「且夫細民之爭，不過小小」，「孰若王赦斯怒，陳師鞠旅」，「僵尸則動以萬計，流血則漂櫓丹野」，「豈徒小小爭奪之患耶」（葛洪撰抱朴子外篇卷四十八詰鮑）。案葛洪生於西晉，而死於東晉之時（晉書卷七十二葛洪傳）。鮑敬言之身世，歷史無載，大約在阮籍之後，葛洪之前。吾人須知魏晉大多數士大夫未必了解老莊學說，只能拾其單言片語，以供談資。其尤甚者，模稜兩可之言，在可解不可解之間，且視為絕妙好辭。例如：

> 阮瞻見司徒王戎，戎問曰，聖人貴名教，老莊明自然，其旨同異。瞻曰，將無同。戎咨嗟良久，即命辟之，時人謂之三語掾（晉書卷四十九阮瞻傳）。

「將無同」三字實在費解，言者乃對於王戎提出的問題，不知如何解說，故用此以作遁辭。聽者因不知阮瞻之意何在，為要表示自己見解的高超，只得咨嗟良久，即命辟之。何況吾人觀七賢八達之行徑，老

莊所謂循性，或變之以任性不羈，或變之以縱情肆志，由是老莊的歸真返樸遂與楊朱的快樂主義合流。試看楊朱之言：

楊朱曰百年壽之大齊，得百年者千無一焉……則人之生也奚為乎，奚樂乎，為美厚爾，為聲色爾……遑遑爾競一時之虛譽，規死後之餘榮，偊偊爾慎耳目之觀聽，惜身意之是非，徒失當年之至樂，不能自肆於一時，重囚纍梏，何以異哉（列子第七篇楊朱）。

楊朱曰萬物所異者生也，所同者死也。生則有賢愚貴賤，是所異也。死則有臭腐消滅，是所同也……十年亦死，百年亦死，仁聖亦死，凶愚亦死。生則堯舜，死則腐骨，生則桀紂，死則腐骨，腐骨一矣，孰知其異，且趣當生，奚遑死後（仝上）。

楊朱曰天下之美歸之舜禹周孔，天下之惡歸之桀紂……彼四聖者生無一日之歡，死有萬世之名。名者固非實之所取也，雖稱之弗知，雖賞之不知，與株塊無以異矣……彼二凶也，生有從欲之歡，死被愚暴之名，實者固非名之所與也，雖毀之不知，雖稱之弗知，此與株塊奚以異矣。彼四聖雖美之所歸，苦以至終，同歸於死矣。彼二凶雖惡之所歸，樂以至終，亦同歸於死矣（仝上）。

楊朱思想可以說是亂世時代所產生的悲觀論調。晉在平吳之後，武帝怠於政術，耽於遊宴，而惠帝之為太子也，朝廷咸知不堪政事。衛瓘固曾託醉跪帝（武帝）床前，以手撫床曰此座可惜（晉書卷三十六衛瓘傳）。和嶠亦謂「皇太子有淳古之風，而季世多偽，恐不了陛下家事」（晉書卷四十五和嶠傳）。以新集易動之基，而無久安難拔之慮，一般公卿又出身於漢魏華冑，既知世事之不可為，遂倚其家產，乘天下尚安之時，優遊卒歲。於是楊朱思想遂透過阮籍何晏，而影響於晉代公卿。阮籍任性，由我們觀之，不是放達，而是

放蕩。何晏浮華，由我們觀之，不是循性，而是縱慾，晉代公卿乃兼二者而有之。放蕩與縱慾固然形式有別，而其本質則同，均是狂放。狂放以不遵禮法為高，阮籍說：「禮豈為我設耶」（晉書卷四十九阮籍傳）。王弼說：「夫禮者忠信之薄，而亂之首也」（老子第三十八章注）。他們為了表示宏達，乃蓬頭散髮，陶侃曾批評當時士君子。他說：

> 君子當正其衣冠，攝其威儀，何有亂頭養望，自謂宏達耶（晉書卷六十六陶侃傳）。

但是中國士大夫數百年來，受了禮教的拘束，何能一時脫離禮教，而狂放起來。晉代公卿欲得狂放之名，只有飲酒亂性。吾人觀七賢（參閱晉書卷四十九嵇康傳）八達（參閱晉書卷四十九光逸傳）之傳即可知之。史載：

> 是時王澄胡母輔之等皆以放任為達，或至裸體者（晉書卷四十三樂廣傳）。

> 光逸以世難避亂渡江，復依輔之。初至，屬輔之與謝鯤阮放畢卓羊曼桓彝阮孚散髮裸袒，閉室酣飲已累日，逸將排戶入，守者不聽，逸便於戶外，脫衣露頭，於狗竇中窺之而大叫，輔之驚曰他人決不能爾，必我孟祖（逸字）也。遽呼入，遂與飲不捨晝夜（晉書卷四十九光逸傳）。

所以范宣才說：

> 正始以來，世尚老莊，逮晉之初，競以裸袒為高（晉書卷九十一范宣傳）。

有的竟然矯偽造作，以表示自己放達，以為「復歸於嬰兒」。

> 惠帝末，澄為荊州刺史……澄將之鎮，送者傾朝，澄見樹上鵲巢，便脫衣上樹，探鷇而弄之，神氣蕭然，傍若無人（晉書卷四十三王澄傳）。

時值喪亂，以方鎮之尊而乃解袒登枝，裸形捫鵲，這何能視為放達，而只可視為輕薄。晉人仰慕阮籍，阮籍「不拘禮法」（晉書卷四十九阮籍傳）。於是世人遂以放蕩為天下第一名流。察時賢之所為，官是要做的，而責任則不肯負。這種風氣亦開始於何晏阮籍。

> 時俗放蕩，不尊儒術，何晏阮籍素有高名於世，口談浮虛，不遵禮法，尸祿耽寵，仕不事事（晉書卷三十五裴頠傳）。

庾峻曾言：

> 有朝廷之士，又有山林之士。朝廷之士佐主成化，猶人之有股肱心膂，共為一體也。山林之士，被褐懷玉，太上棲於丘園，高節出於眾庶。其次輕爵服，遠恥辱，以全名。最下就列位，雖無功而能知止。彼其清劭足以抑貪汙，退讓足以息鄙事。故在朝之士聞其風而悅之，將受爵者皆恥躬之不逮，斯山林之士避寵之臣所以為美也（晉書卷五十庾峻傳）。

顧晉代士大夫乃有一種誤謬觀念，而如鄧粲之言：

> 夫隱之為道，朝亦可隱，市亦可隱，隱初在我，不在於物（晉書卷八十二鄧粲傳）。

朝亦可隱，於是「群公卿士皆饜於安息」（晉書卷六十五王導傳）。西晉時，裴頠曾謂，「處官不親所司，謂之雅遠」（晉書卷三十五裴頠傳）。南渡之後，熊遠亦說，「當官者以理事為俗吏」（晉書卷七十一熊遠傳）。陳頵又說：「養望者為弘雅，政事者為俗人」（晉書卷七十一陳頵傳）。「山濤居魏晉之間，無所標明」（世說新語卷中之上第七篇識鑒）。孫綽「嘗鄙山濤，而謂人曰山濤吾所不解，吏非吏，隱非隱」（晉書卷五十六孫綽傳）。昔者孔子嘗為委吏矣，嘗為乘田矣，亦不敢曠其職，必曰會計當而已矣，必曰牛羊遂而已矣。那有身居公卿之

位，而乃不親所司。王戎王衍王澄兄弟三人無不名高一時，而均尸祿耽寵，不以經國為念。

> 王戎以晉室方亂，慕遽伯玉之為人，與時舒卷，無蹇諤之節。自經典選，未嘗進寒素，退虛名，但與時浮沉，戶調門選而已。尋拜司徒，雖位總鼎司，而委事僚寀，間乘小馬，從便門而出，游見者不知其三公也（晉書卷四十三王戎傳）。
>
> 王衍聲名籍甚，傾動當世，妙善玄言，唯談老莊為事，每捉玉柄麈，尾與手同色……後拜尚書令司空司徒，衍雖居宰輔之重，不以經國為念，而思自全之計（晉書卷四十三王衍傳）。⑫
>
> 王澄為荊州刺史，既至鎮，日夜縱酒，不親庶事，雖寇戎急務，亦不以在懷（晉書卷四十三王澄傳）。

中原大亂，元帝渡江，在這國勢危急之時，一般士大夫尚不知臥薪嘗膽，還是仰慕王澄謝鯤之狂放。

> 時貴遊子弟多慕王澄謝鯤為達。壼厲色於朝曰，悖禮傷教，罪莫斯甚，中朝傾覆，實由於此，欲推奏之，王導庾亮不從，乃止（晉書卷七十卞壼傳）。

而時論所歸仍在他們。此輩皆學王衍之「雅崇拱默，以遺事為高」（見上引世說新語）。明帝將崩，溫嶠入受顧命，邀吏部尚書阮孚同往，孚竟避之而去。蓋時局動盪，孚之作風既可沽名，又可避禍，阮孚之事如次：

> 阮孚避難渡江，元帝以為安東參軍，蓬髮飲酒，不以王務嬰心。時帝既用申韓以救世，而孚之徒未能弃也……轉丞相從事中郎，終日酣縱，恆為有司所按，帝每優容之……明帝即位，遷侍中……轉吏部尚書……及帝疾大漸，溫嶠入受顧命，過孚，要與同行，升車乃告之曰主上遂大漸，江左危弱，實資群賢共康世務，

---

⑫ 世說新語卷下之下第二十六篇輕詆，注引八王故事曰，「夷甫（衍字）雖居臺司，不以事物自嬰。當世化之，羞言名教。自臺郎以下，皆雅崇拱默，以遺事為高。四海尚寧，而識者知其將亂」。

卿時望所歸，今欲屈卿同受顧託。孚不答，固求下車，嶠不許，垂至臺門，告嶠內迫，求暫下，便徒步還家（晉書卷四十九阮孚傳）。

殷浩不過「善玄言」，「為風流談論者所宗」，而三府爭辟，皆不就，藉此養望，以提高自己的身價。「於時擬之管葛」，且「伺其出處，以卜江左興亡」，至「相謂曰，深源（浩字）不出，如蒼生何」。及其參綜朝權，上疏北征，而師徒敗績，「舟車焚燒，輜重覆沒，三軍積實反以資寇，精甲利器更為賊用」（晉書卷七十七殷浩傳）。蓋東漢以後，「處士純盜虛聲」。凡「倚杖虛曠，依阿無心者皆名重四海」（晉書卷五愍帝紀史臣曰）。他們率皆耽祿尸位，優遊卒歲，於是縱慾主義遂由楊朱思想，經嵇康之說明，而得到理論之根據。嵇康說：

六經以抑引為主，人性以從欲為歡。抑引則違其性，從欲則得自然（全三國文卷五十嵇康難張遼叔自然好學論）。

既然從欲，奢靡便成為一代風氣，王導說：

自魏氏以來，迄於太康之際，公卿世族豪侈相高，政教陵遲，不遵法度，群公卿士皆饜於安息，遂使姦人乘釁，有虧至道（晉書卷六十五王導傳）。

何曾為八公之一，即武帝的佐命功臣，「性奢豪，務在華侈，帷帳車服窮極綺麗，廚膳滋味過於王者。食日萬錢，猶曰無下箸處」，子劭「驕奢簡貴亦有父風，衣裘服翫，新故巨積，食必盡四方珍異，一日之供以錢二萬為限，時論以為大官御膳無以加之」（晉書卷三十三何曾傳）。此猶可以說何曾非純德之人，何劭不過紈絝子弟。任愷「性忠正，以社稷為己任」，而其奢侈乃有過於何劭。「一食萬錢，猶云無可下筯處」（晉書卷四十五任愷傳）。現在試舉石崇與王愷鬥侈之事，以證明當時的風氣。

> 石崇財產豐積，室宇宏麗，後宮百數，皆曳紈繡，珥金翠。絲竹盡當時之選，庖膳窮水陸之珍，與貴戚王愷羊琇之徒，以奢靡相尚。愷以粭澳釜，崇以蠟代薪。愷作紫絲布步障四十里，崇作錦步障五十里以敵之。崇塗屋以椒，愷用赤石脂，崇愷爭豪如此。武帝每助愷，當以珊瑚樹賜之，高三尺許，枝柯扶疎，世所罕比。愷以示崇，崇便以鐵如意擊之，應手而碎。愷既惋惜，又以為嫉己之寶，聲色方厲。崇曰不足多恨，今還卿，乃命左右悉取珊瑚樹，有高三四尺者六七株，條幹絕俗，光彩耀日，如愷比者甚眾，愷怳然自失矣（晉書卷三十三石崇傳）。

所以傅咸才說：

> 古者堯有茅茨，今之百姓競豐其屋。古者臣無玉食，今之賈豎皆厭粱肉。古者后妃乃有殊飾，今之婢妾被服綾羅。古者大夫乃不徒行，今之賤隸乘輕驅肥（晉書卷四十七傅咸傳）。

南渡之後，國勢岌岌，人士悲觀之極，更自暴自棄而去追求個人的享樂。即楊朱的快樂主義不但未曾小戢，而且日益加甚。孝武帝時范甯曾說：

> 今兼并之士……蒱酒永日，馳騖卒年，一宴之饌，費過十金。麗服之美不可貲算。盛狗馬之飾，營鄭衛之音……凡庸競馳，傲誕成俗（晉書卷七十五范甯傳）。

由奢生貪，勢之必然。何晏「承勢竊取官物，因緣求欲」（魏志卷九曹爽傳），而晏竟是晉代士大夫崇拜的對象，所以晉人不以貪墨為恥辱。山濤枉法受賄，因為「不欲異於時」。

> 陳郡袁毅嘗為鬲令，貪濁而賂遺公卿，以求虛譽，亦遺山濤絲百斤，濤不欲異於時，受而存於閣上（晉書卷四十三山濤傳）。

王戎懷私苟得，武帝謂其「不欲為異」。

> 南郡太守劉肇賂王戎筒中細布五十端，為司隸所糾，以知而未納，得故不坐，然議者尤之。武帝謂朝臣曰戎之為行，豈懷私苟得，正當不欲為異耳（晉書卷四十三王戎傳）。

其間雖有一二忠正之士如杜預者，縱有滅吳之功，而當其鎮戍荊州之時，亦須賂遺朝中權貴，求其無害於己。

> 杜預在鎮，數餉遺洛中貴要，或問其故，預曰吾但恐為害，不求益也（晉書卷三十四杜預傳）。

所以劉毅才對武帝說：

> 桓靈賣官，錢入官庫，陛下賣官，錢入私門，以此言之，殆不如也（晉書卷四十五劉毅傳）。

貪墨為致富之法，論其行徑實與強盜無異。晉代公卿既不以貪墨為羞，故其子弟亦不以劫掠為恥。例如：

> 戴若思（即戴淵）祖烈吳左將軍，父昌會稽太守，若思……少好遊俠，不拘操行。遇陸機赴洛，船裝甚盛，遂與其徒掠之。若思登岸據胡牀，指麾同旅，皆得其宜。機察見之，知非常人，在舫屋上，遙謂之曰卿才器如此，乃復作劫邪（晉書卷六十九戴若思傳）。

到了八王作亂，國勢危急，一般大臣更聚斂無厭，急急為身後之計。王戎為尚書令，對於國事，雖然「慕蘧伯玉之為人，與時舒卷，無蹇諤之節」，而於家事，乃「廣收八方園田水碓，周徧天下，積實聚錢，不知紀極，每自執牙籌，晝夜算計，恆若不足」（晉書卷四十三王戎傳）。悠悠風塵盡冒貨之士，列官千百無清廉之風，國家不亂，只可視為奇蹟。

南渡之後，貪墨之風不但未曾革除，而且日益加甚。陶侃為中興名臣，當其微時，范逵來訪，「倉卒無以待賓，其母乃截髮，得雙髲以易酒肴」。而既仕之後，竟然「媵妾數十，家僮千餘，珍奇寶貨富於天府」

（晉書卷六十六陶侃傳）。若非貪汙，試問此種財產從何而來。成帝時，豪將偷倉米，尚殺倉監督以塞責（晉書卷七十三庾翼傳）。穆帝時代，「倉監督耗盜官米，動以萬計」，而乃「檢校諸縣，無不皆爾」，餘姚一縣就有十萬斛為奸吏中飽（晉書卷八十王羲之傳）。其尤甚者侵占官物竟成為一種法制，官署是公家的，而東晉官吏辭職之後，可以乾沒官署為私宅。軍隊也是公家的，而東晉官吏辭職之後，可以收留軍隊為部曲⑬。孝武帝時范甯有言：

> 郡守長吏……牽曳百姓，營起廨舍……先之室宇皆為私家，後來新官復應修立……又方鎮去官，皆割精兵器仗以為送……送兵多者至於千餘家，小者數十戶。既力入私門，復資官廩布，兵役既竭，枉服良人，牽引無端，以相充補（晉書卷七十五范甯傳）。

職官成為儲財的工具，晉書（卷四十九）阮裕傳，「或問裕曰，子屢辭徵聘，而宰二郡（臨海太守及東陽太守）何耶。裕曰，既不能躬耕自活，必有所資，故曲躬二郡，豈以聘能，私計故耳」。阮裕「以德業知名」，尚復如此，其他的人更不必說。王述「安貧守約」，為宛陵令，「頗受贈遺，而修家具，為州司所檢，有一千三百條」，王導使人讓之，「述答曰足自當止」。足而能止，實係罕見的事。此後，述居州郡，固然「清潔絕倫」（晉書卷七十五王述傳），然而吾人由此亦可知道晉代官吏固以貪邪為致富之道。范甯曾說：

> 頃者選舉惟以卹貧為先，雖制有六年，而富足便退（晉書卷七十五范甯傳）。

這何異於世族們以職官為工具，輪流貪汙。於是人民方面，乞職以家弊為辭，政府方面，選舉以卹貧為先，

---

⑬ 明帝時，虞預已謂「自頃長吏輕多去來，送故迎新，交錯道路，受迎者惟恐船馬之不多，見送者惟恨吏卒之常少」（晉書卷八十二虞預傳）。可知送故迎新，故者可以吏卒為部曲，新者則以船馬為私產。

卒至世上無有清議，貪汙反視為清勤，守法竟斥為怯劣。且看劉波之言。

告時乞職者以家弊為辭，振窮恤滯者以公爵為施。古者為百姓立君，使之司牧，今者以百姓恤君，使之蠶食，至乃貪汙者謂之清勤，慎法者謂之怯劣（晉書卷六十九劉波傳）。

貪汙成為政界的普遍現象，人世事物無不還原為金錢，金錢乃測定價值的最高標準。人格的高低，學問的深淺，才幹的大小，無一不用金錢測定。魯褒說：

錢之為體，有乾坤之象，內則其方，外則其圓……親之如兄，字曰孔方。失之則貧窮，得之則富昌……錢多者處前，錢少者居後，處前者為君長，在後者為臣僕，君長者豐衍而有餘，臣僕者窮竭而不足……京邑衣冠，疲勞講肄，厭聞清談，對之睡寐，見我家兄，莫不驚視。錢之所祐，吉無不利，何必讀書，然後富貴……無德而尊，無勢而熱，排金門而入紫闥，危可使安，死可使活，貴可使賤，生可使殺。是故忿爭非錢不勝，幽滯非錢不拔，怨仇非錢不解，令問非錢不發。洛中朱衣，當塗之士，愛我家兄，皆無已已……凡今之人惟錢而已（晉書卷九十四魯褒傳）。

風俗的穨唐又影響於家庭之內，健全的國家須有健全的國民，而健全的國民又有恃於善良的母教。晉代婦女，據干寶說：

其婦女莊櫛織紝皆取成於婢僕，未嘗知女工絲枲之業，中饋酒食之事也。先時而婚，任情而動，故皆不恥淫佚之過，不拘妬忌之惡。有逆於舅姑，有反易剛柔，有殺戮妾媵，有黷亂上下，父兄弗之罪也，天下莫之非也，又況責之聞四教於古，修貞順於今，以輔佐君子者哉（干寶晉紀總論）。

當時世族似均有懼內之癖，武帝下列數事，均以楊后反對而止。

帝以皇太子（惠帝）不堪奉大統，密以語后，后曰立嫡以長不以賢，豈可動乎。初賈充妻郭氏使賂后，求以女為太子妃。及議太子婚，帝欲娶衛瓘女，然后盛稱賈后有淑德，又密使太子太傅荀顗進言，上乃聽之……泰始中，帝博選良家以充後宮……時卞藩女有美色，帝掩扇謂后曰卞氏女佳。后曰藩三世后族，其女不可枉以卑位，帝乃止（晉書卷三十一武元楊皇后傳）。

王衍「口未言錢」，而其妻郭氏乃聚斂無厭，衍雖「疾郭之貪鄙」，而不能禁。

衍妻郭氏，賈后之親，藉宮中之勢，剛愎貪戾，聚斂無厭，好干預人事，衍患之，而不能禁（晉書卷四十三王衍傳）。

王導為中興名臣，亦憚其妻曹氏。

王導妻曹氏性妬，導甚憚之，乃密營別館以處眾妾。曹氏知將往焉，導恐妾被辱，遽令命駕，猶恐遲之，以所執麈尾柄驅牛而進。司徒蔡謨聞之，戲導曰朝廷欲加公九錫，導弗之覺，但謙退而已。謨曰不聞餘物，惟有短轅犢車長柄麈尾，導大怒（晉書卷六十五王導傳）。

女性的凶悍只限於家庭之內，不過不能齊家而已，倘若進至政界，則必加甚政風的腐化。楊后以國母之尊，乃受郭氏之賄，卒成賈后之亂。王衍坐聽其妻聚斂無厭，干預人事。貪墨之風因女性好賄而益熾，西晉之亡，膏粱婦女應負責任。

風俗如此，制度如何呢？官僚政治的目的在使賢者在位，能者在職。要達到這個目的，須有學校培養人才。魏世太學只有其名而無其實。晉受魏禪，武帝泰始八年有司奏太學生七千餘人（宋書卷十四禮志上），咸寧二年立國子學[14]。南齊曹思文則謂「晉初，太學生三千人，既多猥雜，惠帝時欲辨其涇渭，故元康三

年始立國子學……太學之與國學，斯是晉世殊其士庶，異其貴賤耳。然貴賤士庶皆須教成，故國學太學兩存之也」（南齊書卷九禮志上）。今不問晉初太學生多少，國子學立於何時，而晉代既有太學，又置國子學，則為各書記載所同。這是晉制與漢⑮魏不同之點。我們所宜知道的，晉代太學生「既多猥雜」，而「有晉受命，值世多阻，庠序之業或廢或興」（宋書卷十四禮志一）。元帝渡江，建武元年十一月立太學（晉書卷六元帝紀），而「東序西膠，未聞於弦誦」。此蓋「有晉始自中朝，迄於江左，莫不……祖述虛玄，擯闕里之典經，習正始之餘論」（晉書卷九十一儒林傳序）。是以雖置太學，實同虛設。其所以如此者，蓋如庾亮所說：「學業致苦，而祿答未厚，由捷徑者多，故莫肯用心」（宋書卷十四禮志一）。孝武帝大元年間又立國子學，而「品課無章，士君子恥與其列」，學生皆「憚業避役」（宋書卷十四禮志一），且「多頑嚚，因風放火，焚房百餘間。是後考課不厲，賞黜無章，有育才之名，無收賢之實」（宋書卷三十二五行志二）。學校如斯，當然不能培養人才。而且吾國自三國以後，職官之數日益加多，官多已不能精選賢能，何況人才又復缺乏。王彪之說：

> 凡庸之族眾，賢能之才寡。才寡於世，而官多於朝，焉得不賢鄙共貫，清濁同官。官眾則闕多，闕多則

---

⑭ 晉書卷三武帝紀，但卷二十四職官志作咸寧四年武帝初立國子學

⑮ 東漢靈帝光和元年置鴻都門學，集解引汪文臺曰「其中諸生皆敕州郡三公舉用辟召，士君子皆恥與為列焉」（後漢書卷八靈帝紀」。即東漢在靈帝時，除太學外，又有鴻都門學。此時黨錮之禍已經發生，「太學諸生三萬餘人，其持危言覈論，以激濁揚清自負者，誅戮禁錮，殆靡子遺。而其在學授業者，至爭第相更告訟，無復廉恥」。靈帝設置之鴻都門學又不能代替太學培養人才，蓋太學公學也，鴻都學私學也，學乃天下公，而以為人主私，可乎？是以士君子之與為列者，則以為「恥」（文獻通考卷四十太學）。

遷速，前後去來，更相代補，非為故然，理固然耳，所以職事未修，朝風未澄者也。職事之修在於省官，朝風之澄在於并職。官省則選清而得久，職并則吏簡而俗靜，選清則勝人久於其事，事久則中才猶足有成。今內外百官較而計之，固應有并省者矣……若未能頓廢，自可因缺而省之（晉書卷七十六王彪之傳）。

晉在開國之初，朝中大臣盡是漢魏華冑，而又沿用九品中正之制，未加改革。九品中正之制，不問人之未仕與既仕，均以中正所品第者，定其升沉，故就制度本身言之，已有缺點。晉代人士反對九品中正之制者不乏其人。衛瓘說：

魏氏承顛覆之運，起喪亂之後，人士流移，考詳無地，故立九品之制，粗具一時選用之本耳。其始造也，鄉邑清議，不拘爵位，褒貶所加，足為勸勵，猶有鄉論餘風。中間漸染，遂計資定品，使天下觀望，唯以居位為貴……臣等以為宜……盡除中正九品之制，使舉善進才各由鄉論（晉書卷三十六衛瓘傳）。

劉毅說：

今立中出，定九品，高下任意，榮辱在手……所欲與者獲虛以成譽，所欲下者吹毛以求疵，高下逐強弱，是非由愛憎……或以貨賂自通，或以計協登進，附託者必達，守道者困悴……是以上品無寒門，下品無勢族……今一國之士，多者千數，或流徙異邦，或取給殊方，而猶不識。況盡其才力。而中正知與不知，其當品狀，采譽於臺府，納毀於流言。任己則有不識之蔽，聽受則有彼此之偏。所知者以愛憎奪其平，所不知者以人事亂其度。既無鄉老紀行之譽，又非朝廷考績之課，遂使進官之人弃近求遠，背本逐末，位以求成，不由行立，品不校功，黨譽虛妄……凡官不同事，人不同能，得其能則成，失其能則敗。今品不狀才能之所宜，而以九等為例。以品取人，或非才能之所長，以狀取人，則為本品之所限。若狀得其實，猶品

狀相妨，繫縶選舉，使不得精於才宜。況今九品所疎則削其長，所親則飾其短，徒結白論，以為虛譽，則品不料能，百揆何以得理，萬機何以得修（晉書卷四十五劉毅傳）。

段灼亦說：

> 今臺閣選舉，徒塞耳目，九品訪人，惟問中正，故據上品者非公侯之子孫，則當塗之昆弟也。二者苟然，則篳門蓬戶之俊，安得不有陸沉者哉（晉書卷四十八段灼傳）。

九品中正評論鄉黨人物，已經是「高下任意，榮辱在手」了。劉毅又謂「陛下賞善罰惡，無不裁之以法，獨置中正，委以一國之重，曾無賞罰之防，又禁人不得訴訟，使之縱橫任意，無所顧憚，諸受枉者抱怨積恨，不獲上聞」[16]。這是九品中正最大的缺點。但是晉初，許多名臣固然反對九品中正，而又不能提出代替的制度，最多不過欲使「舉善進才各由鄉論」（晉書卷三十六衛瓘傳），然「晉承魏氏彫弊之跡，人物播越，仕無常朝，人無定處」（晉書卷四十六李重傳）。何能依漢之法用鄉舉里選之制。何況鄉論自東漢中葉以後，已釀成人士集朋結黨，互相標榜，縱能實行，人才亦未必可得。尤有進者，九品中正既有利於豪宗大族，他們何肯放棄權利。為政之道應如熊遠所說：「求才急於疏賤，用刑先於親貴，然後令行禁止，野無遺滯」（晉書卷七十一熊遠傳）。晉之制度剛剛與此相反，用刑「避貴施賤」（參閱資治通鑑卷七十九晉武帝泰始三年臣光曰），求才呢？「據上品者非公侯之子孫，則當塗之昆弟」。例如：

> 國子祭酒鄒湛以閻纘才堪佐著，薦於祕書監華嶠。嶠曰此職閑廩重，貴勢多爭之，不暇求其才，遂不能用（晉書卷四十八閻纘傳）。

---

[16] 資治通鑑卷八十一晉武帝太康五年，晉書所載不及通鑑明顯，故用通鑑。

其結果如何呢？魏世以來，太學已經有名無實，而百官子弟懸名太學，又復不修學業，專事交遊。武帝時，傅玄曾說：

漢魏百官子弟不修經藝，而務交游，未知蒞事，而坐享天祿……徒懸名於太學，不聞先王之風（晉書卷四十七傅玄傳）。

縱是東宮以及諸王師友，官以文學為名，亦皆嬉遊博奕，而不讀書，閻纘說：

非但東宮，歷觀諸王師友文學皆豪族力能得者……官以文學為名，實不讀書，但共鮮衣好馬，縱酒高會，嬉遊博奕，豈有切磋，能相長益（晉書卷四十八閻纘傳）。

膏粱子弟多無學識，而又不知民間疾苦，令其擔任國政，當然是「於公則政事紛亂，於私則汙穢狼籍」（晉書卷五十二郤詵傳）。西漢之世，舉才之路甚廣，東漢舉了之後，均加考試，到了魏世，無不試經。晉初，公卿牧守選舉賢良方正，均有對策之事。武帝詔天下舉賢良，郤詵以對策上第，拜議郎（晉書卷五十二郤詵傳），阮种以對策第一，轉中書郎（晉書卷五十二阮种傳）。又晉書（卷五十一）王接傳，「惠帝復祚，以國有大慶，天下秀才一皆不試」。由此可知晉代初年，秀才也是要考試的。八王大亂，元帝渡江，考試制度似又中輟❶❼。

❶❼ 「中興初，以邊寇未靜，學校陵遲，特聽不試孝廉，而秀才猶依舊策試」，是則元帝初年秀才還是有試。湘州刺史甘卓舉桂陽谷儉為秀才。「諸州秀才聞當考試，皆憚不行。惟儉一人到臺，遂不復策試」。以上見晉書卷七十甘卓傳。

先是以兵亂之後，務存慰悅，遠方秀孝，到不策試，普加除署。至是，帝（元帝）申明舊制，皆令試經，有不中科，刺史太守免官……揚州諸郡接近京都，懼累及君父，多不敢行。其遠州邊郡，掩誣朝廷，冀於

不試，冒昧來赴，既到，審試，遂不敢會（晉書卷七十八孔坦傳）。

由孔坦傳，可知晉之秀孝試策，乃依魏制而用經義。考試尤其試經本來未必能夠選拔賢才，但既有考試了，舉官尚能公平。即如葛洪所說：「假令不能盡得賢才，要必愈於了不試也」（抱朴子外篇卷十五審舉）。考試停止，則出仕者將盡是公侯之子孫或當塗之昆弟。而在公卿子孫及當塗昆弟之中，又復「先白望而後實事」（晉書卷七十一陳頵傳）。換言之，「選官用人，惟在白望，不求才幹」（晉書卷七十一熊遠傳）。如斯人物出來擔任國政，當然僨事敗國十人而九。兼以選舉之後，又無考課，泰始年間，杜預受詔，固曾擬定考課之法。

詔河南尹杜預為黜陟之課，預奏魏氏考課，其文可謂至密（有七十二條），然失於苛細，故歷代不能通也。莫若委任達官各考所統，歲第其人，言其優劣。如此六載，主者摠集採案其言。六優者超擢，六劣者廢免。優多劣少者平敘，劣多優少者左遷。其有優劣徇情，不叶公論者，當委監司隨而彈之。若令上下公相容過，此為清議大穨，雖有考課之法，亦無益也。事竟不行（資治通鑑卷七十九晉武帝泰始四年，參閱晉書卷三十四杜預傳）。

傅玄曾謂「虞書曰三載考績，三考黜陟幽明，是為九年之後乃有遷敘也……六年之限，日月淺近，不周黜陟」（晉書卷四十七傅玄傳）。傅玄之言似在杜預以前。觀其「六年之限，日月淺近」，可知魏晉之世本來就有六載黜陟之制。杜預雖亦主張六考，但其本意乃在於責成長官，依簡易之法，歲較其屬功過。東晉孝武帝時，范甯上疏曰：「頃者選舉，惟以卹貧為先，雖制有六年，而富足便退」（晉書卷七十五范甯傳）。觀「制有六年」一語，是則六載黜陟似曾定為法制。按九載之說出自虞書，但古今異俗，俗變，法亦不可不

變。商君云：「賢人之為國也，因世而為之治，度俗而為之法」（商君書第八篇壹言）。韓非亦說：「法與時轉則治，治與世宜則有功」（韓非子第五十四篇心度）。唐代陸贄曾批評食古不化之人。他說：

> 虞書三載考績，三考黜陟幽明，是則必俟九年，方有進退。然其所進者或自側微而納於百揆，雖久於其任，復何病哉……至如鯀陻洪水，績用靡成，猶終九年，然後殛竄。後代設有如鯀之比者，豈復能九年而始行罰乎。臣固知其必不能也。行罰欲速而進官欲遲，以此為稽古之方，是猶卻行而求及前人也（陸宣公全集卷十一論朝官闕員及刺史等改轉倫序狀）。

九載過長，六年之期亦不算短。蓋時俗常情，樂新厭舊。其始也砥礪之心雖切，其久也因循之意必萌。何況制度雖備，而遷降全以門資為標準，即如應詹所說：「蒞官雖美，當以素論降替，在職實劣，直以舊望登敘」（晉書卷七十應詹傳）。兼以一方高官顯宦有遷無貶，縱令暫時褫職，不久又復授之以更高之位。庾峻說：

> 國無隨才任官之制，俗無難進易退之恥。位一高，雖無功而不見下。己負敗而復見用，故因前而升，則處士之路塞矣（晉書卷五十庾峻傳）。

他方中級官吏常依官次，定其升遷之序，甚至視勢力之大小，力大者先顯，力小者後敘。劉寔說：

> 官職有缺，主選之吏不知所用，但案官次而舉之。同才之人先用者，非勢家之子，則必為有勢者之所念也。非能獨賢，因其先用之資而復遷之無已，遷之無已，不勝其任之病發矣。觀在官之人，政績無聞，自非勢家之子，率多因資次而進也（晉書卷四十一劉寔傳）。

所謂「因資次而進」，就是後魏崔亮之「停年格」，唐代裴光廷之「循資格」。其所以用此制度，乃如劉

寔所言，「其所舉必有當者，不聞時有擢用，不知何誰最賢故也。所舉必有不當，而罪不加，不知何誰最小肖也」（晉書卷四十一劉寔傳）。如果專依資格，還覺公平，那知秉鈞當軸之士乃兼官以十數，而世族貴戚之子弟又得陵邁超越，不拘資次。且看干寶之言。

> 而秉鈞當軸之士，身兼官以十數，大極其尊，小錄其要，機事之失，十恆八九。而世族貴戚之子弟，陵邁超越，不拘資次（干寶晉紀總論）。

求才貴廣，考課貴精，廣則選擇的範圍大，精則能否之區別明。晉制恰恰與此相反，求才限於世家，考課等於虛設，選任既不以才為標準，升遷又不以才為準繩，當然請託之弊不能避免。武帝時，郤詵說過：

> 今之官者，父兄營之，親戚助之，有人事則通，無人事則塞（晉書卷五十二郤詵傳）。

元帝時熊遠亦說：

> 鄉舉道廢，請託交行，有德而無力者退，修望而助者進（晉書卷七十一熊遠傳）。

於是「浮競驅馳，互相貢薦，言重者先顯，言輕者後敘」（晉書卷七十一陳頵傳），因之奔競之風日益加甚，有如王沈所說：

> 京邑翼翼，群士千億，奔集勢門，求官買職。童僕闚其車乘，閽寺相其服飾。親客陰參於靖室，疏賓徙倚於門側。時因接見，矜厲容色，心懷內荏，外詐剛直。談道義謂之俗生，論政刑以為鄙極。高會曲宴，惟言遷除消息，官無大小，問是誰力（晉書卷九十二王沈傳）。

到了最後，一般官僚遂不知世間有羞恥事，得勢則門庭如市，失意則門張雀羅。一冷一熱，方見交情，東晉人士只知利害，而無友誼。例如：

> 王珣兒婚，賓客車騎甚眾。會聞王雅拜少傅，迴詣雅者過半。時風俗頹敝，無復廉恥，然少傅之任，朝望屬珣，珣亦頗以自許。及中詔用雅，眾遂赴雅焉（晉書卷八十三王雅傳）。

又有進者，官吏是依靠祿俸維持生計的，何琦說：「所以出身仕者，非謂有尺寸之能，以效智力，實利微祿，私展供養」（晉書卷八十八何琦傳）。這可以說是吾國士大夫出仕的真正目的。是故祿俸須能代耕，否則懷私苟得，勢所難免。魏世官祿比之漢代，只有五分之一。魏高堂隆說：

> 將吏奉祿稍見折減，方之於昔，五分居一，諸受休者又絕廩賜（魏志卷二十五高堂隆傳）。

晉武受禪，曾於泰始三年，下詔議增吏俸。

> 泰始三年九月甲申詔曰，古者以德詔爵，以庸制祿，雖下士猶食上農，外足以奉公忘私，內足以養親施惠。今在位者祿不代耕，非所以崇化之本也，其議增吏俸（晉書卷三武帝紀）。

晉制，百官祿秩多少，史闕其文。晉書（卷二十四）職官志所載，惟及諸公及開府位從公者、特進、光祿大夫、尚書令、太子二傅，而餘官祿秩皆無可考。茲試列表如次：

晉代百官祿秩表

官名	官品	官秩	官祿	其他津貼
諸公及開府位從公者	第一		俸日五斛	太康二年又給絹，春百匹，秋絹二百匹，綿二百斤。惠帝元康元年始給菜田十頃，田騶十人。
特進	第二		俸日四斛	太康二年始賜春服絹五十匹，秋絹百五十匹，綿一百五十斤。惠帝元康元年給菜田八頃，田騶八人。
光祿大夫		中二千石	俸日三斛	太康二年始給春賜絹五十匹，秋絹百匹，綿百斤。惠帝元康元年

				始給菜田六頃，田騶六人。
尚書令		千石	俸月五十斛	太康二年始給賜絹春三十匹，秋七十匹，綿七十斤。惠帝元康元年始給菜田六頃，田騶六人。
太子太傅		中二千石	俸日三斛	太康二年始給春賜絹五十匹，秋絹百匹，綿百斤。惠帝元康元年復給菜田六頃，田騶六人。
太子少傅		二千石		

由此可知晉代官祿不及兩漢之豐。兩漢三公萬石，穀月三百五十斛，而晉每日五斛，每月一百五十斛。光祿大夫比二千石，穀月百斛，而晉每日三斛，每月九十斛，尚書令千石，穀月九十斛（東漢千石穀月八十斛），而晉每月五十斛。太子二傅二千石（東漢，太子太傅中二千石，太子少傅二千石），穀月百二十斛，而晉每日三斛，每月九十斛（參閱漢書百官公卿表，後漢書百官志）。固然魏晉之斛比漢斛大，即漢之一斛等於魏晉九斗七升四合有奇（晉書卷十六律曆志上），而晉代又有春秋兩季絹綿之賜，惠帝太康二年以後，復有菜田與田騶之給。但是惠帝即位不久，就發生八王之亂。南渡以後，財政甚覺困難，因之，百官祿俸必有減而無增。舉一例說，孝武帝太元四年三月詔曰：「年穀不登，百姓多匱……眾官廩俸，權可減半」（晉書卷九孝武帝紀）。安帝初年，「自司徒已下，日廩七升」（晉書卷六十四會稽王子道傳）。祿不代耕，貪汙遂成為普遍現象。

固然御史臺由魏至晉，已經離開少府，成為獨立機關，但是單單獨立，未必有補於事。商鞅有言：「夫置丞立監者，且以禁人之為利也，而丞監亦欲為利，則何以相禁」（商君書第二十四篇禁使）。武帝創業之初，懲治貪汙已經刑賞無章，有如劉頌所說：「放兕豹於公路，而禁鼠盜於隅隙」（晉書卷四十六劉頌傳）。例如：

泰始初，司隸校尉李憙上言，故立進令劉友，前尚書山濤、中山王睦、故尚書僕射武陔各占官三更稻田，請免濤睦等官，陔已亡，請貶諡。詔曰友……侵剝百姓……其考竟友，以懲邪佞。濤等不貳其過者，皆勿有所問……憙亢志在公，當官而行，可謂邦之司直者矣（晉書卷四十一李憙傳）。

關此，司馬光有所評論。他說：

政之大本在於刑賞，刑賞不明，政何以成。晉武帝赦山濤而褒李憙，其刑賞兩失之。使憙所言為是，則濤不可赦，所言為非，則憙不足褒。褒之使言，言而不用，怨結於下，威玩於上，將安用之。且四臣同罪，劉友伏誅，而濤等不問，避貴施賤，可謂政乎。創業之初，而政本不立，將以垂統後世，不亦難乎（資治通鑑卷七十九晉武帝泰始三年）。

皇帝避貴施賤，監司便望風承旨，凡有彈劾，皆捨巨憝而舉微過。劉頌說：

近世以來，為監司者類大綱不振，而微過必舉……夫大姦犯政，而亂兆庶之罪者，類出富強。而豪富者，其力足憚，其貨足欲，是以官長顧勢而頓筆，下吏縱姦，懼所司之不舉，則謹微綱以羅微罪，使奏劾相接，狀似盡公，而撓法不亮，固已在其中矣（晉書卷四十六劉頌傳）。

監司失職，百官益無忌憚，賄賂公行，苞苴塞路，遂由八王之亂，引起五胡之禍，經南北朝而至隋唐，中國陷入紊亂之局者有三百餘年之久。

第四節　世族政治的成立

土地集中是世族政治的基礎，九品中正是世族政治的工具。換句話說，有了土地集中，而後才有世族階級，有了世族階級，而後九品中正才供為世族把持政權的工具。東漢末年，「豪人之室，連棟數百，膏田滿野」（後漢書卷七十九仲長統傳理亂篇）。三國時代，「大族田地有餘，而小民無立錐之土」（魏志卷十六倉慈傳）。到了晉代，土地集中愈益厲害。土地固然集中，而晉的戶口卻甚稀少，計其極盛時代，尚不及光武中元二年之數⑱。

太康元年平吳，大凡戶二百四十五萬九千八百四十，口一千六百一十六萬三千八百六十三（晉書卷十四地理志上）。

戶口銳減，待墾的田尚多。晉的政府一方要處分荒地，同時要抑制世族，就公布占田制度，將土地分給人民，一以保障平民有相當面積的土地，二以限制世族土地無超過一定面積。分配土地之時，自須以人民年齡為標準，所以丁法甚為重要。晉制，男女年十六以上至六十者為正丁，十五以下至十三，六十一以上至六十五為次丁，十二以下六十六以上為老小。

男女年十六以上至六十為正丁，十五以下至十三，六十一以上至六十五為次丁。十二以下六十六以上為

⑱ 光武中元二年，戶四百二十七萬九千六百三十四，口二千一百萬九千八百二十。見後漢書卷二十九郡國志一註引帝王世紀。

老小，不事（晉書卷二十六食貨志）。

平民不問正丁或次丁，男子每人占田七十畝，女子三十畝，此外丁男又課田五十畝，丁女二十畝，次丁男半之，女則不課。

男子一人占田七十畝，女子三十畝，其外丁男課田五十畝，丁女二十畝，次丁男半之，女則不課（晉書卷二十六食貨志）。

占田與課田的區別是農民於前者可將田之收穫收歸己有，於後者須將田之收穫獻給國家。即農民對於占田有使用的權利，對於課田有耕耘的義務。

國家既分配土地於人民了，人民自應繳納租稅，其稅稱為戶調。戶調之制，丁男之戶歲輸絹三匹緜三斤，女及次丁男為戶者半輸。邊郡近者輸前額三分之二，遠者三分之一。夷人輸賨布，戶一匹，遠者或一丈。遠夷不課田者，輸義米，戶三斛，遠者五斗，極遠者輸算錢，每人二十八文。

又制戶調之式，丁男之戶歲輸絹三匹緜三斤，女及次丁男為戶者半輸。其諸邊郡或三分之二，遠者三分之一。夷人輸賨布，戶一匹，遠者或一丈……遠夷不課田者輸義米，戶三斛，遠者五斗，極遠者輸算錢，人二十八文（晉書卷二十六食貨志）。

即晉代租稅，只有戶調一項，馬端臨說：

按兩漢之制，三十而稅一者田賦也。二十始傳，人出一算者戶口之賦也。今晉法如此，則似合二賦而為一焉。男子一人占田七十畝，丁男課田五十畝，則無無田之戶矣，此戶調所以可行歟（文獻通考卷二歷代田賦之制）。

但是晉代人民除繳納戶調之外，又因課田之故，而須耕耘官地。耕耘官地有似周代「共耕公田」之制，須將官地之收穫獻給國家，即如傅玄所言：

持官牛者，官得八分，士得二分。持私牛及無牛者，官得七分，士得三分（晉書卷四十七傅玄傳）。

傅玄之言乃在泰始四年，上述戶調之式則頒布於平吳後，到底占田與課田合併繳納戶調乎，抑或占田課戶調，課田另有賦，而如傅玄之言歟，待考。

官吏受田之數與平民不同。漢魏以來，豪宗大族頗有勢力，豪強兼併有害於君主的集權，所以晉的政府不能不限制他們所有的土地，同時他們自東漢以來，已經膏田滿野，所以又不能不承認他們有較多的權利。自魏創九品官人之法，朝有世及之私，下無寸進之路，豪宗大族已經演變為政治上的貴族。晉之受禪有恃於他們擁護者甚多。晉既不能剷除他們，自不能不與他們妥協，於是遂依官品高下，許他們各以貴賤占田，第一品五十頃，每降一品，減田五頃，至第九品，則為十頃。

其官品第一至於第九，各以貴賤占田。品第一者占五十頃，第二品四十五頃，第三品四十頃，第四品三十五頃，第五品三十頃，第六品二十五頃，第七品二十頃，第八品十五頃，第九品十頃（晉書卷二十六食貨志）。

此種各以貴賤占田之制是一經確定，就不變動麼？抑官今年二品占田四十五頃，明年遷為一品，增加五頃，或降為三品，減少五頃麼，文獻上無可稽考。而平民身死之後，有否還田，戶口變動之時，占田之畝數有否變更，歷史亦無紀錄。

土地的分配已不公平了，而勞役尤不均衡。晉志云：

> 其官品第一至第九，又各以品之高卑，蔭其親屬，多者及九族，少者三世，宗室國賓先賢之後及士人子孫亦如之。而又得蔭人以為衣食客及佃客，品第六以上得衣食客三人，第七第八品二人，第九品……一人。其應有佃客者，官品第一第二者佃客無過五十戶⑲，第三品十戶，第四品七戶，第五品五戶，第六品三戶，第七品二戶，第八品第九品一戶（晉書卷二十六食貨志）。

所謂「蔭其親屬」，固然晉書未曾解釋「蔭」之意義，唯據隋書（卷二十四）食貨志，南渡之後，王公貴人佃客衣食客之類，「皆無課役」，即所謂「蔭」是指免稅而又免役。所蔭之人既然免役，則王公貴人之家人子弟無須服役，自不必言。當時人民憚役尤其兵役甚於憚稅。在平吳之後，「天下懷靜」，而兵士戍守江表或給京城漕運，「父南子北，室家分離，咸更不寧，又不習水土，運役勤瘁，並有死亡之患」（晉書卷四十六劉頌傳）。所以平民無不願意投靠於豪宗大族，因之貴勢之家遂有無數客戶。

> 魏氏給公卿已下，租牛客戶數各有差，自後小人憚役，多樂為之，貴勢之門動有百數（晉書卷九十三王恂傳）。

世族之田由其客戶耕種，比方第九品有田十頃，而衣食客只一人，佃客只一戶，勞動力必感缺乏。當時地廣人稀，各人均得由國家那裡，享受土地的分配，當然不必再為別人勞動。於是豪宗大族欲取得勞動力，只有強制留用，於是晉代就有奴隸制度。其數之多，單單洛陽一地，已有一萬餘人。

> 張方大掠洛中官私奴婢萬餘人，而歸長安（晉書卷六十張方傳）。

總之，占田制固然承認世族的田可以多過平民。但是一方尚保證平民有一定面積的田，同時又限制世

⑲ 疑是十五戶之誤。

族的田無超過一定面積，所以不但和秦漢允許人民買賣土地毫不限制者不同，且又和限田制及井田制也有區別。

我們知道占田是鼓勵耕墾的，課田是強迫耕墾的。但是當時的人惟知擴大耕墾面積，而乃忘記了農民的耕墾能力。固然周代每夫授田百畝，然而由周至秦，均以六尺為步，周以百步為畝，秦漢以後以二百四十步為畝（晉書卷四十七傅玄傳），晉尺長於周尺又復四分有餘（晉書卷三十五裴頠傳及卷五十一摯虞傳）。所以周代百畝，在晉只有三十餘畝。何況周代受田的人限於男子，而受田百畝者又限於戶主，餘夫受田不過二十五畝，到了壯而有室，才再受百畝的田。晉呢？吾人由上所言，可列表如次。

晉代平民受田表

丁別	年齡	性別	占田數	課田數	受田總數
正丁	十六以上至六十	男	七〇畝	五〇畝	一二〇畝
		女	三〇畝	二〇畝	五〇畝
次丁	十五以下至十三 六十一以上至六十五	男	七〇畝	二五畝	九五畝
		女	三〇畝		三〇畝
老小	十二以下六十六以上				

一夫受田一百二十畝，丁女及次丁男女又別有田，則一戶所得的田平均當在二百畝以上。晉代政府不問人民能力如何，而乃為取得賦稅起見，強迫他們耕墾過大的土地。所以占田制固然保障平民有一定面積的土地，而由平民觀之，只是負擔，不是權利。人民疲於耕作，生產力日益降低，甚者竟至收穫乃不足以

償種。傅玄說[20]：

古以步百為畝，今以二百四十步為一畝，所受過倍。近魏初課田，不務多其頃畝，但務修其功力，故白田收至十餘斛，水田收數十斛。自頃以來，日增田頃畝之課，而田兵益甚，功不能修理，至畝數斛已還，或不足以償種，非與曩時異天地，橫遇災害也。其病正在於務多頃畝，而功不修耳（晉書卷四十七傅玄傳）。

占田的目的本來是要限制世族所有的土地，然在頒布占田制度之初，不但世族的田可以多過平民，而世族逾限的田如何處理，又沒有解決的方法。武帝時代，世族占田已經沒有定限，所以李重才說：

人之田宅既無定限，則奴婢不宜偏制其數（晉書卷四十六李重傳）。

朝中王公可以兼併八方園田。

王戎性好興利，廣收八方園田水碓，周徧天下（晉書卷四十三王戎傳）。

地方大姓且得占田至數百頃之多。

龐宗西州大姓，藍田令張輔奪宗田二百餘頃，以給貧戶（晉書卷六十張輔傳）。

世族在經濟上既有雄厚的勢力，於是又利用九品官人之制，壟斷了高官顯位，而成為政治上的貴族。案九品中正之制創始於漢獻帝延康元年，即魏文帝黃初元年。即如李重所說：「九品始於喪亂，軍中之政，誠非經國不刊之法也」（晉書卷四十六李重傳）。其所以發生流弊，晉人論之詳矣。劉毅謂其「上品無寒門，

[20] 傅玄所言魏時農業生產力頗有問題，東漢之末，每畝平均只收三斛（後漢書卷七十九仲長統傳損益篇），魏在喪亂之後，未聞有何改良耕種方法，何以忽然增加為十餘斛或數十斛。東晉成帝時代，度百姓田，取十分之一，率畝稅米三升（晉書卷二十六食貨志），即每畝只收三斗，這個生產又未免太少了。

下品無勢族」（晉書卷四十五劉毅傳）。段灼亦說：「據上品者非公侯之子孫，則當塗之昆弟也」（晉書卷四十八段灼傳）。於是人事方面便如王沈所說：

百辟君子，奕世相生，公門有公，卿門有卿，指禿腐骨，不簡蚩儜，多士豐於貴族，爵命不出閨庭。四門穆穆，綺襦是盈，仍叔之子，皆為老成。賤有常辱，貴有常榮，肉食繼踵於華屋，疏飯襲跡於耨耕，談名位者以諂媚附勢，舉高譽者因資而隨形（晉書卷九十二王沈傳）。

世族一旦變成政治上的貴族，他們便自矜門第，有輕視寒人之心[21]，武帝時石苞有佐命之功，位至大司馬，而王琛尚輕其素微。

石苞雅曠有智局，縣召為吏……既而販鐵於鄴市……苞有經國才略……武帝踐祚，遷大司馬，進封樂陵郡公……淮北監軍王琛輕苞素微（晉書卷三十三石苞傳）。

陶侃為中興功臣，當其微時，朝士因其寒素，竟不肯與之同車。

陶侃早孤貧，為縣吏……伏波將軍孫秀以侃寒宦，召為舍人。時豫章國郎中令楊晫，侃州里也，為鄉論所歸。侃詣之，晫與同乘。吏部郎溫雅謂晫曰，奈何與小人共載（晉書卷六十六陶侃傳）。

---

[21] 但是握權的人多喜用寒人，藉以牽制大族，張華少孤貧，自牧羊。武帝時，已拜中書令了，而荀勗自以為大族，憎疾之。惠帝即位，遷侍中中書監，賈謐與賈后共謀，以華庶族，無逼主之嫌，欲倚為援（晉書卷三十六張華傳）。又如劉隗，父不過縣令，刁協父只為御史中丞，戴淵之祖及父均仕於吳。此三人者，中原士族均視之為寒素，而元帝卻倚為心膂，藉以牽制王氏（晉書卷六十九各本傳）。這是西晉及東晉初年的事。到了後來，世族的地位更見鞏固，寒人除握兵外，均有自卑之心，不敢與世族較。

永嘉大亂，人民奔迸流移，世族一部分渡江，一部分殘留北方。南方在孫吳時代，世族已有勢力，而如葛洪所言：「勢利傾於邦君，儲積富乎公室……僮僕成軍，閉門為市，牛羊掩原隰，田池布千里」（抱朴子外篇卷三十四吳失）。晉武平吳，又承認他們的固有權利，不加壓制。同時渡江之世族復帶其部曲與賓客同行，晉代公卿多有家兵，司徒王渾歸第，有家兵千餘人（晉書卷四十二王渾傳）。蘇峻南渡，亦帶其部曲以從。

永嘉之亂，百姓流亡，所在屯聚。蘇峻糾合得數千家，結壘於本縣……時曹嶷為青州刺史，惡其得眾，將討之。峻懼，率所部數百家，汎海南渡……到廣陵（晉書卷一百蘇峻傳）。

所以在僑遷之中，仍保存其社會的地位。他們一方建立政權，這有恃於王謝二家之力者甚大。王家建立南方的政權，淝水之役，謝家戰敗北寇，維持南方的政權，所以王謝二家便成為江南世族的領袖。永嘉之初，王導知天下將亂，每勸元帝就國琅邪，到了徙鎮建康，三吳豪傑不甚歡迎。這個時候，王敦為荊州刺史，荊州居上流之勢，可以控制揚州，於是王導遂利用自己之社會的地位及王敦之政治的勢力，相依相輔，擁戴元帝，使江左政權得以建立起來。

元帝為琅邪王，與王導素相親善。導知天下已亂，遂傾心推奉，潛有興復之志，帝亦雅相器重，契同友執。帝之在洛陽也，導每勸令之國，會帝出鎮下邳，請導為安東司馬，軍謀密策，知無不為。及徙鎮建康，吳人不附，居月餘士庶莫有至者，導患之。會導從兄敦來朝，導謂之曰琅邪王仁德雖厚，而名論猶輕，兄威風已振，宜有以匡濟者。會三月上巳，帝親觀禊，乘肩輿，具威儀，敦導及諸名勝皆騎從。吳人紀瞻顧榮皆江南之望，竊覘之，見其如此，咸驚懼，乃相率拜於道左。導因進計曰……顧榮賀循此土之望，未若引之，以結人心，二子既至，則無不來矣。帝乃使導躬造循榮，二人皆應命而至，由是吳會風靡，百姓歸

心焉（晉書卷六十五王導傳）㉒。

他方他們同南方世族又在江南火耕水耨的地區之上，建立他們的生產組織，既兼併土地，

> 晉自中興以來，治綱大弛，權門兼併，強弱相凌，百姓流離，不能保其產業（宋書卷二武帝紀中）。

復封固山澤，

> 山湖川澤皆為豪強所專，小民薪採漁釣，皆責稅直（宋書卷二武帝紀中）。

又挾存戶口，以作私附。

> 江左初基，法禁寬弛，豪族多挾藏戶口，以為私附（晉書卷四十三山遐傳）。

晉之丁法本有問題，南渡之後沿而未改。范甯說：

> 禮十九為長殤，以其未成人也。十五為中殤，以為尚童幼也。今以十六為全丁，則備成人之役矣。以十三為半丁，所任非復童幼之事矣（晉書卷七十五范甯傳）。

而傜役又復繁重，即如范甯所說：

> 古者使人，歲不過三日，今之勞擾殆無三日休停，至有殘形剪髮，要求復除，生兒不復舉養，鰥寡不敢妻娶（晉書卷七十五范甯傳）。

王羲之亦說：

> 自軍興以來，征役及充運，死亡叛散，不反者眾，虛耗至此，而補代循常，所在凋困，莫知所出。上命

㉒ 晉書卷九十八王敦傳亦云：「元帝初鎮江東，威名未著，王敦與從弟導同心翼戴，以隆中興。時人為之語曰，王與馬共天下」。

所差，上道多叛，則吏及叛者席卷同去。又有常制，輒令其家及同伍課捕，課捕不擒，家及同伍尋復亡叛。百姓流亡，戶口日減，其源在此（晉書卷八十王羲之傳）。

同時投靠世族之人復同西晉一樣，可以免除課役，由是貧民遂爭相廕附，竟令政府不能不承認這個事實，而增加廕附的人的人數。

晉自中原喪亂，元帝寓居江左……都下人多為諸王公貴人左右佃客典計衣食客之類，皆無課役。官品第一第二，佃戶無過四十戶，第三品三十五戶，第四品三十戶，第五品二十五戶，第六品二十戶，第七品十五戶，第八品十戶，第九品五戶，其佃穀皆與大家量分。其典計，官品第一第二置三人，第三第四置二人，第五第六及公府參軍……議郎已上一人，皆通在佃客數中。官品第六已上並得衣食客三人，第七第八二人，第九品……一人，客皆注家籍（隋書卷二十四食貨志）。

權門兼併，百姓流離，不能保其產業，質言之，「晉綱寬弛，威禁不行，盛族豪右，負勢凌縱，小民窮蹙，自立無所」（宋書卷四十二劉穆之傳），因之，奴隸人數就跟著增加起來。陶侃有家僮千餘（晉書卷六十六陶侃傳），刁逵兄弟有奴婢數千人（晉書卷六十九刁逵傳），觀此兩例，已可知道一斑。部曲賓客奴隸都是豪族的領戶，領戶增加，國家的編戶隨之減少。西晉時代編戶已經不多，傅咸說：「戶口比漢十分之一」（晉書卷四十七傅咸傳）。到了東晉愈益凋寡，桓溫曾謂：

戶口凋寡，不當漢之一郡（晉書卷九十八桓溫傳）。

這固然因為東晉偏安江南，北方戶口均已淪亡。唯當元帝渡江之初，「荊揚宴安，戶口殷實」（晉書卷六十五王導傳）。其所以日益凋寡，實因政煩役殷，編戶逃避為世族的領戶。顏含對王導說：

王師歲動，編戶虛耗，南北權豪競招游食（晉書卷八十八顏含傳）。

於是國家需要勞動力之時，只有向世族借用人丁。西晉時代已經發奴助兵。

惠帝太安二年發奴助兵，號為四部司馬（晉書卷四惠帝紀）。

南渡之後，此例更多。

元帝太興四年五月免中州良人遭難為揚州諸郡僮客者，以備征役（晉書卷六元帝紀）。

成帝咸和六年正月以運漕不繼，發王公以下千餘丁，各運米六斛（晉書卷七成帝紀）。

穆帝升平三月詔以比年出軍，糧運不繼，王公以下，十三戶借一人，一年助運（晉書卷八穆帝紀）。

部曲已是軍隊，奴隸又可以改編為軍隊，於是世族不但經濟上政治上，便是軍事上也有勢力。這就是南渡以後，世族政治日益濃厚的原因。

奴隸既成為世族勢力的基礎，所以朝廷欲君主集權，必須解放奴隸，世族欲保持政權，又必反對奴隸之解放。元帝忌憚王敦，引劉隗刁協戴淵等以為心腹。刁協曾經建議以奴為兵（晉書卷六十九刁協傳）。戴淵亦調揚州百姓家奴萬人為兵（晉書卷六十九戴若思傳）。王敦率兵犯闕，以誅劉隗為名，謂其「免良人奴，自為惠澤」（晉書卷九十八王敦傳）。會稽王道子欲中央集權，其世子元顯亦下令解放奴隸，以充兵役（晉書卷六十四會稽王道子傳）。蓋免奴為兵不但可以增強國家的軍隊，而又可以削弱世族的勢力。

在這時期，朝廷與世族之間曾發生了許多明爭暗鬥，而結果無一不是朝廷失敗。元帝忌王氏之盛，用刁協劉隗為私人，即召王敦之亂。穆帝憚桓氏之盛，引殷浩為心膂，復召桓溫之禍。孝武帝欲抗王恭庾楷桓玄，信任宗室會稽王道子，亦引起數次內戰。政治上的明爭無不失敗，朝廷只有退一步，從事於經濟上

的暗鬥。古代軍隊與賦稅均以戶口為基礎，百姓隱匿為豪族的領戶，不為國家的編戶，其影響於國家甚大，所以國家與世族之間就發生了奪取戶口的鬥爭。王彪之為會稽內史，居郡八年，豪右斂跡，亡戶歸者三萬餘口（晉書卷七十六王彪之傳）。但是權貴之門勢力已經鞏固，強行搜括，必至失敗。例如：

> 山遐為餘姚令，時江左初基，法禁寬弛，豪族多挾藏戶口，以為私附，遐繩以峻法，到縣八旬，出口萬餘……諸豪強莫不切齒於遐……竟坐免官（晉書卷四十三山遐傳）㉓。

於是搜括戶口只能施行於無貫的人。陳頵為郡督郵，「檢獲隱匿者三千人」（晉書卷七十一陳頵傳），庾冰輔政，「隱實戶口，料出無名萬餘人，以充軍實」（晉書卷七十三庾冰傳）。但是戶口隱匿乃因賦役繁重，朝廷不求其本，而務其末，愈搜括，愈隱匿，由無貫之人隱匿為世族的領戶。「桓謙江左貴族，部曲徧於荊楚」（晉書卷一百十八姚興載記下），縱在桓玄失敗之後，桓氏的勢力依然存在。「諸桓世居西楚，群小皆為竭力」，「荊州湘江豫猶多桓氏餘燼，往往屯結」，「荊楚既桓氏義舊，並懷異心」（宋書卷五十一臨川王道規傳）。其他巨官顯宦無不皆然。

編戶減少，又影響於國家財政之上，國家為增加稅收起見，遂度百姓之田，使賦稅基礎由戶調改為田租。

> 咸和五年，成帝始度百姓田，取十分之一，率畝稅米三升……哀帝即位，乃減田租，畝收二升（晉書卷二十六食貨志）。

田租是以畝數為課稅的標準，誰有多少田，誰就納多少稅。豪強兼併，他們免稅麼，國家的收入不豐，

㉓ 晉書卷七十三庾翼傳，山遐作餘姚，半年而為官出二千戶，而群共驅之，不得安席。

他們不免稅麼，他們又感覺不利。何況什一之稅，每畝只稅三升，即每畝只產米三斗，這比之武帝時傅玄所說：「至畝數斛已還」（晉書卷四十七傅玄傳），相差遠了。生產力如斯減低，所以不及數年而至咸康之初，度田稅米竟然「空懸五十餘萬斛」（晉書卷二十六食貨志）。哀帝即位，固然減少田租，每畝只取二升，而國用增加，所以孝武帝時代，又改田租為口稅。

> 孝武太元二年，除度田收租之制，王公以下，口稅三斛，唯蠲在役之身。八年又增稅米口五石（晉書卷二十六食貨志）。

關此，馬端臨曾說：

> 按晉制，丁男一人授田七十畝，以畝收三升計之，當口稅二斛一斗；以畝收二升計之，當口稅一斛四斗。今除度田收稅之制，而口稅二斛增至五石，則賦頗重矣。豈所謂王公以下云者，又非泛泛授田之百姓歟，當考（文獻通考卷二歷代田賦之制）。

其實，南渡之後，占田制度已經破壞。而口稅又須以戶口調查精確為前提，縱令三斛或五石之稅不是課於「非泛泛授田之百姓」，而世族亦有逋稅之法，即利用政治上的權力，以多報少，所以沈約才說：

> 晉綱弛紊……編戶之命竭於豪門，王府之蓄變為私藏（宋書卷四十二王弘傳史臣曰）。

朝廷要限制世族的土地，不能實行；要限制世族的佃客，不能實行；要解放奴隸，世族出來反對；要改良稅制，世族出來掣肘，「晉綱寬弛，威禁不行，盛族豪右，負勢凌縱，小民窮蹙，自立無所」（宋書卷四十二劉穆之傳）。晉主雖有南面之尊，而無總御之實。元明時代，政在王氏（王導王敦），成康時代，政在庾氏（庾亮庾冰），穆帝以後，政在桓溫，孝武之世，政在謝安，安帝初年，政在桓玄，桓玄雖滅，劉裕繼起，

既控大權，遂移晉祚。所以韋華對姚興說：

晉主雖有南面之尊，無總御之實，宰輔執政，政出多門，權去公家，遂成習俗（晉書卷一百十七姚興載記上）。

南北朝時，沈約亦說：

晉自社廟南遷，祿去王室，朝權國命遞歸臺輔，君道雖存，主威久謝（宋書卷三武帝紀下史臣曰）。

茲將世族執政列表如次。

東晉世族執政表㉔

年代	姓名	官職	備考
元明時代	王導	驃騎大將軍，都督中外諸軍事，中書監，錄尚書事，假節，揚州刺史，進拜丞相。	王氏強盛，有專天下之心（見晉書卷六十五王導傳）。時人為之語曰，王與馬共天下（見晉書卷九十八王敦傳）。
	王敦	大將軍，開府儀同三司，都督江揚荊湘交廣六州諸軍事，江州牧，兼荊州刺史，假節，屯武昌。既又進位丞相，都督中外諸軍事，假黃鉞，錄尚書事，領揚州牧，鎮姑孰。	
成康時代	庾亮	征西將軍，開府儀同三司，都督江荊豫益梁雍六州諸軍事，領荊江豫三州刺史，鎮武昌。	明帝疾篤，中書令庾亮與司徒王導受遺詔輔幼主（成帝），太后臨朝，政事一決於亮（見晉書卷七十三庾亮傳）。庾亮雖居外鎮，而執朝廷之權，既據上流，擁強兵，趨向者多歸之（見晉書卷六十五王導傳）。成帝少為舅氏（庾亮庾冰）所制，不親庶政（見晉
	庾冰	中書監，揚州刺史，都督揚豫兗三州諸軍事，征虜將軍，假節。既又遷車騎將軍，都督江荊寧益梁交廣七州豫州之四郡諸軍事，領江州刺史，假節，鎮武昌。	

㉔此表除已註明出處外，均根據晉書各本傳。

			書卷七成帝紀）。成帝有疾，中書令庾冰自以舅氏當朝，權侔人主，恐異世之後，戚屬將踈，乃言國有強敵，宜立長君，遂捨成帝長子丕（哀帝），而立康帝，康帝成帝母弟也（見晉書卷七康帝紀）。
穆帝以後	桓溫	征西大將軍，開府儀同三府，都督荊梁四州諸軍事，荊州刺史，假節，鎮江陵。既又進位丞相，都督中外諸軍事，假黃鉞，錄尚書事，領揚州牧，鎮姑孰。	政自桓氏，祭則寡人（見晉書卷九孝武帝紀史臣曰）。
孝武帝時代	謝安	中書監，驃騎將軍，錄尚書事，領揚州刺史，假節，進拜太保，都督揚江荊益十五州諸軍事，加黃鉞。	兼相將於內外，系存亡於社稷（見晉書卷七十九謝安傳史臣曰）。
安帝初年	桓玄	後將軍，都督荊江司雍秦梁寧益八州諸軍事，荊州刺史，假節，鎮江陵。既又進位丞相，都督中外諸軍事，假黃鉞，錄尚書事，揚州牧，領徐州刺史，鎮姑孰。	自謂三分有二，知勢運所歸，屢上禎祥，以為己瑞（見晉書卷九十九桓玄傳）。

政出私門，權去公家，而累經變亂，東晉政權尚未顛覆者，乃是因為世族之中有許多衝突，過江世族與東吳世族衝突，而在過江世族之中，早過江的又與晚過江的衝突。晉起北方，平吳之後，中原世族每以征服者的資格，蔑視南方人士，嘲之為亡國之餘。

華譚廣陵人也，太康中，舉秀才。譚至洛陽，博士王濟於眾中嘲之曰，五府初開，群公辟命，採英奇於仄陋，拔賢俊於巖穴，君吳楚之人，亡國之餘，有何秀異，而應斯舉（晉書卷五十二華譚傳）。

鄙之為吳無君子。

初吳之未平也……吳將蔡敏守於沔中，其兄珪為將在秣陵，與敏書曰古者兵交，使在其間，軍國固當舉信義以相高，而聞疆場之上往往有襲奪互市，甚不可行，弟慎無為小利而忘大德也。候者得珪書以呈周浚，浚曰君子也。及渡江求珪得之，問其本，曰汝南人也。浚戲之曰吾固疑吳無君子，而卿果吾鄉人（晉書卷六十一周浚傳）。

而蜀中人士亦受北人蔑視。

何攀蜀郡郫人也，除廷尉平，時廷尉卿諸葛沖以攀蜀士輕之，及共斷疑獄，沖始歎服（晉書卷四十五何攀傳）。

當時任官多係北人，「陳留號稱多士」（晉書卷七十七蔡謨傳），「豫州人士常半天下」（晉書卷七十一陳頵傳），而揚州無郎，荊州江南竟沒有一人在京師任職。陸機說：

荊揚二州戶各數十萬，今揚州無郎，而荊州江南乃無一人為京師職者（晉書卷六十八賀循傳）。

元帝渡江，要籠絡三吳豪族，固然對於顧榮賀循，極備優禮。

（元帝徙鎮建康，王導進計曰）顧榮（吳郡人）賀循（會稽人）此土之望，未若引之，以結人心，二子既至，則無不來矣。帝乃使導躬造循榮，二人皆應命而至，由是吳會風靡，百姓歸心焉（晉書卷六十五王導傳）。

又以侍中都是北人，而用南人陸曄。

元帝以侍中皆北士，宜兼用南人。陸曄（吳郡人）以清貞著稱，遂拜侍中（晉書卷七十七陸曄傳）。

但是北士與南士之間尚有隔離。

周玘三定江南（玘平石冰陳敏錢璯三人之亂），開復王略……宗族強盛，人情所歸，帝疑憚之。於時中州人士佐佑王業，而玘自以為不得調，內懷怨望，復為刁協輕之，恥恚殊甚……陰謀誅諸執政……謀泄，遂憂憤發背而卒……玘將卒……謂子勰曰殺我者諸傖，子能復之，乃吾子也。吳人謂中州人曰傖，故云耳……勰常緘父言。時中國亡官失守之士避亂來者多居顯位，駕御吳人，吳人頗怨，勰因之欲起兵……以討王導刁協為名……元帝以周氏奕世豪望，吳人所宗，故不窮治，撫之如舊（晉書卷五十八周玘傳）。

而過江稍晚的亦受北士排抑，楊佺期與桓玄的傾轢可以視為一例。

楊佺期弘農華陰人，漢太尉震之後也。自云門戶承籍，江表莫比，有以其門地比王珣者，猶恚恨。而時人以其晚過江，婚宦失類，每排抑之（晉書卷八十四楊佺期傳）。

王恭庾楷桓玄殷仲堪楊佺期起兵討江州刺史王愉及譙王尚之兄弟。恭既死，庾楷戰敗，乃西還屯於尋陽，共相結約，推玄為盟主。玄逾自矜重，佺期為人驕悍，常自謂承籍華胄，江表莫比。而玄每以寒士裁之，佺期甚憾，即欲於壇所襲玄，仲堪苦禁之，於是各奉詔還鎮。玄亦知佺期有異謀，潛有吞併之計。朝廷亦欲成其釁隙，故分佺期所督四郡與玄。佺期甚忿懼，欲與仲堪共襲玄。玄乘其虛而伐之，佺期死，仲堪亦為玄所害（晉書卷九十九桓玄傳）。

豪族互相衝突，於是皇帝就利用他們勢力的均衡，而得保持自己的政權。比方元帝時代，一方「周氏奕世豪望，吳人所宗」（晉書卷五十八周勰傳），他方「王氏強盛，有專天下之心」（晉書卷六十五王導傳）。周玘父子均謀舉兵犯闕，元帝皆不窮治，就是因為「周氏宗強」，而為王敦所忌（晉書卷五十八周札傳）。王敦作亂之後，王導仍握政權，且受遺詔輔政，也是因為王氏強盛，可以牽制三吳豪傑。豪族自相牽制，而最後奪

取晉之天下者乃是寒人的劉裕。自古以來，人臣欲用禪讓之法，奪取帝位，必須建立武功。苟能樹奇功於異域，則人望已歸，篡奪之事更見容易。司馬昭必於平蜀之後，才敢接受九錫。桓溫兵屈灞上，戰衄枋頭，而回國之後，竟然欲移晉鼎，其不能成功，理之當然。因為政治不過力而已，最能表示政治之力者莫如軍事。軍事失敗，人們當然懷疑其力。這個時候，不知思愆免退，而乃覬覦帝位，其失敗自當十人而九。苻堅曾批評桓溫說：

> 苻堅聞桓溫廢海西公也，謂群公曰溫前敗灞上，後敗枋頭，十五年間再傾國師，六十歲公舉動如此，不能思愆免退，以謝百姓，方廢君以自悅，將如四海何。諺云，怒其室而作色於父者，其桓溫之謂乎（晉書卷一百十三苻堅載記上）。

劉裕與桓溫不同，伐燕，平定齊地。伐蜀，譙縱授首。伐秦，觀兵函渭。三次進兵，未曾一次失敗。其武功大略不但可以震主，抑亦可以威民，故能坐移天曆，而成移鼎之業。沈約云：

> 高祖（劉裕）崛起布衣，非藉民譽……一旦驅烏合，不崇朝而制國命，功雖有餘，而德未足也……若非樹奇功於難立，震大威於四海，則不能成配天之業，一異同之心（宋書卷四十五王鎮惡等傳史臣曰）。㉕

又云：

> 桓溫一世英人，志移晉鼎，自非兵屈西湖，戰衄枋頭，則光宅之運中年允集。高祖無周世累仁之基，欲力征以君四海，實須外積武功，以收天下人望……然後可以變國情，愜民志，撫歸運而膺寶策（宋書卷四

㉕ 李延壽亦謂：「宋武帝崛起布衣，非藉人譽，一旦驅率烏合，奄興霸緒，功雖有餘，而德猶未洽，非樹奇功於難立，震大威於四海，則不能成配天之業，一異同之心，故外積武功，以收人望」，見南史卷十六王鎮惡等傳論。

十八朱齡石等傳史臣曰）。

南方政情如斯，北方如何呢？五胡亂華，世族之殘留北方者，均築塢堡以自衛。塢堡發明於西漢末年，東漢之世，最初由政府設置，以禦羌人的剽略，其次由世族建築，以防黃巾的寇掠。永嘉大亂，盜賊縱橫，各地豪宗大族皆築塢壁堡壘，藉以保衛自己的生命和財產。這個時候，一部分飢民固然乘機暴動，大多數人民則投靠於塢堡之中，變成世族的領戶，而受世族的保護。例如：

永嘉之亂，百姓流亡，所在屯聚。蘇峻糾合得數千家，結壘於本縣。於時豪傑所在屯聚，而峻最強，遣長沙徐瑋宣檄諸屯，示以王化，又收枯骨而葬之，遠近感其恩義，推峻為主（晉書卷一百蘇峻傳）。

據晉書所載，北方之地有不少塢壁堡壘，王彌攻陷魏郡汲郡頓丘五十餘壁（晉書卷一百王彌傳）。劉聰陷梁陳汝潁之間百餘壁，齊魯之間四十餘壁（晉書卷一百二劉聰載記）。石勒陷冀州百餘壁，黎陽三十餘壁，襄陽三十餘壁（晉書卷一百四石勒載記上），河內十餘壁（晉書卷一百五石勒載記下）。新興鴈門西河太原上黨上郡之地有壘壁三百餘（晉書卷一百十慕容儁載記）。關中最多，有三千餘壁（晉書卷一百十四苻堅載記下）。而三蜀百姓也均保險結塢，而至於城邑皆空（晉書卷一百二十李流載記），此不過略舉數例而已。這種塢堡有三種作用，一是經濟團體，永嘉喪亂，百姓流亡，中京蕭條，千里無煙，社會經濟完全破壞。塢堡則保存魏晉以來的生產組織，人民投靠於塢堡，既受塢主的保護，自應服從塢主的指揮，在塢堡所能防禦的土地之上，從事生產，而以其剩餘勞動力貢獻於塢主。這樣，塢堡便成為一種莊園，而投靠於塢堡的人就變成佃客，一方塢主有保護佃客的責任，他方佃客有服從塢主的義務，其關係無異於歐洲中世領主與領民的關係。二是政治團體，塢主在其塢壁之內有許多行政權，庾袞所主持的塢堡可以視為一例。

庾袞明穆皇后伯父也，齊王冏之唱義也，張弘等肆掠於陽翟，袞乃率其同族及庶姓保於禹山……乃誓之曰，無恃險，無怙亂，無暴鄰，無抽屋，無樵採人所植，無謀非德，無犯非義，戮力一心，同恤危難，眾咸從之。於是峻險阸，杜蹊徑，修塢壁，樹藩障，考功庸，計丈尺，均勞逸，通有無，繕完器備，量力任能，物應其宜。使邑推其長，里推其賢，而身率之。分數既明，號令不二，上下有禮，少長有儀，將順其美，匡救其惡。及賊至，袞乃勒部曲，整行伍，皆持滿而勿發。賊挑戰，晏然不動，且辭焉。賊服其慎，而畏其整，是以皆退（晉書卷八十八庾袞傳）。

當時天下大亂，刺史守令往往棄官而逃，郡縣無宰，於是塢主就成為地方官，而塢堡也代替了郡縣組織，多數戶口均分屬於塢堡之中。塢主或自稱刺史太守，如蓬陂塢主陳川自號陳留太守（晉書卷六十二祖逖傳），銍縣塢主張平自稱豫州刺史（晉書卷八十一桓宣傳）。或其官名由於晉偽遙授，如李矩為鄉人所愛，推為塢主，東海王越以為汝陰太守（晉書卷六十三李矩傳）。魏浚與流人數百家，東保河陰之硤石，懷帝以為平陽太守（晉書卷六十三魏浚傳）。而「琅邪內史孫默以琅邪叛，降於石勒，徐兗閒壁壘多送任請降，皆就拜守宰」（晉書卷一百五石勒載記下），均其例也。三是軍事團體，塢堡之內既有許多領民，於塢主的保護和指揮之下，從事生產，則當寇警發生之時，塢主不難將領民武裝起來，改編為軍隊，而領民的生命和財產既然寄託於塢堡，亦必願意接受塢主的要求，盡其全力，保護塢堡。

永嘉末，魏浚與流人數百家東保河陰之硤石……及洛陽陷，屯於洛北石梁塢，撫養遺眾，漸修軍器……歸之者甚眾。其有恃遠不從命者，遣將討之，服從而已，不加侵暴，於是遠近咸悅，襁負至者甚眾（晉書卷六十三魏浚傳）。

領民受了軍事訓練，往往成為精銳的兵士，所以當時塢堡乃是一個軍事團體，祖逖與石勒相拒於雍州，塢主陰助祖逖，祖逖就每戰輒勝。

> 河上堡固先有任子在胡者，祖逖皆聽兩屬，時遣游軍偽抄之，明其未附。諸塢主感戴，胡中有異謀，輒密以聞，前後剋獲，亦由此也（晉書卷六十二祖逖傳）。

關中之地，因受蠻族蹂躪最甚，塢堡最多，而塢堡的軍事價值亦最大。石趙與東晉，苻堅與慕容沖相拒於長安之際，塢堡均曾發揮軍事上的作用。

> 石遵僭即尊位……以石苞（非八公之一的石苞）為大司馬……鎮長安，謀率關中之眾攻鄴……雍州豪右知其無成，並遣使告晉梁州刺史司馬勳。勳於是率眾赴之，壁於懸鉤，去長安二百餘里……攻京兆太守……斬之。三輔豪右多殺其令長，擁三十餘壁，有眾五萬，以應勳（晉書卷一百七石季龍載記下）。

> 苻堅與慕容沖戰，各有勝負……關中堡壁三千餘所，推平遠將軍馮翊趙敏為統主，相率結盟，遣兵糧助堅（晉書卷一百十四苻堅載記下）。

塢內的人民就是塢主的部曲，所以塢主死時，常由其家人子弟繼承為塢主。例如魏浚死，由「族子該領其眾」，該死，又由「從子雄統其眾」（晉書卷六十三魏浚傳）。塢堡既由塢主代代繼承，於是塢主除對其塢內的人民外，又常對於塢堡的土地有了所有權，而成為封建領主。

塢主對其土地及領民——部曲，既有所有權，所以塢主雖任命為地方官，一旦死亡，朝廷所任用者若非其家人子弟，常常引起叛亂。例如：

> 劉遐為塢主，元帝以為平原內史……咸和元年卒……子肇年幼，成帝以徐州授郗鑒，以郭默為北中郎將，

> 領遐部曲。遐妹夫田防及遐故將史迭等不樂他屬，共立肇襲遐故位以叛（晉書卷八十一劉遐傳）。

五胡亂華，他們所認為最大阻礙，往往是民間的塢堡，擊破敵人軍隊，譬如破竹，數節之後，皆迎刃而解。塢堡乃各為獨立單位，必須一一攻陷，方能占領全土。塢堡既可以妨害五胡軍事的發展，所以五胡不能不與塢主妥協，或假以將軍都尉的名號，或任命為郡守縣宰。

> 劉元海命石勒率眾三萬，寇魏郡頓丘諸壘壁，多陷之，假壘主將軍都尉，簡強壯五萬為軍士，老弱安堵如故，軍無私掠，百姓懷之（晉書卷一百四石勒載記上）。

> 石季龍攻陷徐龕……晉兗州刺史劉遐懼，自鄒山退屯於下邳。琅邪內史孫默以琅邪叛，降於石勒。徐兗間壘壁多送任請降，皆就拜守宰（晉書卷一百五石勒載記下）。

何況五胡都是沒有文化的種族，晉的國家雖然貧弱，而其生產方法亦甚幼稚，但是比之五胡的經濟組織和政治制度還是進步很多。五胡經濟以牧畜為主，而其政治則為部落，一旦建國於中原，當然不能再以部落統治中原的遺民，再以牧畜經營中原的產業，只有學習晉人的生產方法，並組織與這個生產方法相適應的國家。換言之，五胡一旦移住於中原，便須接受華夏的文物制度，而在大亂之時，保存華夏文化者又是豪宗大族所建築的塢堡。於是塢主便成為五胡的宗師，塢堡也成為五胡建國的模範。中原愈紛亂，塢堡愈繁榮，這是必然之理。但是塢主既是豪宗大族，則五胡要和他們妥協，便不能不承認魏晉以來豪宗大族既得的權利，所以五胡又恢復魏晉以來的士族。例如胡羯的石勒「清定五品，復續定九品，典定士族，副選舉之任」（晉書卷一百五石勒載記下），氐族的苻堅「復魏晉士籍」（晉書卷一百十三苻堅載記上），鮮卑的慕容寶「定士族舊籍，明其官儀」（晉書卷一百二十四慕容寶載記）。縱以石虎那樣的獷殘，也下書曰，「吏部選舉

可依晉氏九班選制，永為揆法」，又詔雍秦二州望族，既衣冠華胄，宜蒙優免，蠲其兵貫（晉書卷一百六石季龍載記上）。這樣一來，貴族政治便於五胡更興迭仆之下，漸次埋下根蒂，到了拓拔魏統一北方，又發揚光大，而與南朝爭輝競美，經隋唐而至五代，豪宗大族的勢力才完全消滅。

第五節　晉的政治制度

第一項　中央官制

武帝平吳之後，還是定都洛陽，其中央官制多沿漢魏之舊，舉其要者，可列表如次：

晉中央官制表

種類	官名	官品㉖	備考
特任公	丞相		丞相相國並秦官也，晉受魏禪，並不置。自惠帝之後，省置無恆，為之者趙王倫梁王肜成都王穎南陽王保王敦王導之徒，皆非尋常人臣之職（晉書卷二十四職官志）。
	相國		
八公	太宰		太宰太傅太保周之三公也。魏初唯置太傅，以鍾繇為之，末年又置太保，以鄭沖為之。晉初，以景帝諱，故又採周官官名，置太宰以代太師之任，秩增三司，與太傅太保皆為上公，論道經邦，燮理陰陽，無其人則闕（仝上）。
	太傅		
	太保		

㉖ 官品據通典卷三十七晉官品。

	大司馬	第一品	魏有太尉，而大司馬大將軍各自為官，位在三司上，晉受魏禪，因其制（仝上）。
	大將軍	第一品	
	太尉	第一品	太尉司徒司空並古官也。自漢歷魏，置以為三公，及晉受命，迄江左，其官相承不替（仝上）。
	司徒	第一品	
	司空	第一品	
將軍	驃騎將軍	第二品	開府者皆為位從公（仝上）。
	車騎將軍	第二品	
	衛將軍	第二品	
	撫軍將軍		
	鎮軍將軍		
	中軍將軍		
列卿	太常	第三品	
	光祿勳	第三品	哀帝興寧二年省光祿勳，並司徒，孝武帝寧康元年復置（仝上）。
	衛尉	第三品	渡江省衛尉（仝上）。
	太僕	第三品	自元帝渡江之後或省或置（仝上）。
	廷尉	第三品	
	大鴻臚	第三品	江左有事則權置，無事則省（仝上）。
	宗正	第三品	及渡江，哀帝省并太常（仝上）。
	大司農	第三品	及渡江，哀帝省并都水，孝武復置（仝上）。
	少府	第三品	及渡江，哀帝省并丹陽尹，孝武復置（仝上）。
	將作大匠		有事則置，無事則罷（仝上）。
群官	御史中丞	第四品	晉以中丞為御史臺主，與司隸分督百僚，自皇太子以下無所不糾。初不得糾尚書，後亦糾之，中丞專糾行馬內，司隸專糾行馬外，雖制如此，然亦更奏眾官，實無

		其限（通典卷二十四中丞，參閱晉書卷四十七傳咸傳）。
都水使者	第四品	
司隸校尉	第三品	及渡江，乃罷司隸校尉，其職乃揚州刺史也（晉書卷二十四職官志）。

東漢政歸尚書，魏世政歸中書，晉承其制，雖有丞相相國，然非尋常人臣之職。

> 丞相相國皆非復尋常人臣之職（晉書卷二十四職官志）。

八公也只是尊榮之位，而非使命之官。

> 武帝即位，八公並置，蓋皆臺司之職，然特假以名號，不必盡知國政（歷代職官表卷二內閣上）。

九卿之權又漸次歸於尚書各曹。所以武帝時荀勗曾言：

> 九寺可并於尚書（晉書卷三十九荀勗傳）。

尚書之職愈益華貴，魏世尚書郎可以出為太守，晉代亦然，王廙由尚書郎出為濮陽太守（晉書卷七十六王廙傳），諸葛恢由尚書郎調為會稽太守（晉書卷七十七諸葛恢傳），即其例也。晉代尚書郎尚得參加論政，例如：

> 杜軫蜀郡成都人也……除池陽令，為雍州十一郡最……累遷尚書郎，軫博聞廣涉，奏議駁論，多見施用。
>
> 時涪人李驤亦為尚書郎，與軫齊名，每有論議，朝廷莫能踰之，號蜀有二郎（晉書卷九十杜軫傳）。

魏時太守往往入為尚書，晉代太守入為尚書者亦有其例。李胤由河南尹，拜尚書（晉書卷四十四李胤傳），河南尹之職與漢之京兆尹相同，而竟入為尚書，可知尚書之貴。有時以九卿之尊，亦常遷為尚書，高光由

廷尉遷尚書（晉書卷四十一高光傳），盧欽由大司農遷吏部尚書（晉書卷四十一盧欽傳），劉毅由太僕拜尚書（晉書卷四十五劉毅傳），均其例也。

而尚書令遂成為國之宰輔。陳書（卷二十七）江總傳云：「昔晉武帝策荀公曾（荀勗）曰，周之冢宰今之尚書令也」。所以人士均欲置身臺閣，而不願出擁旄節，專制一方。

> 賈充為尚書令……無公方之操，不能正身率下，專以諂媚取容。侍中任愷中書令庾純等剛直守正，咸共疾之……及氐羌反叛時，帝深以為慮，愷因進說請充鎮關中，乃……以充為使持節都督秦涼二州諸軍事……充既外出，自以為失職，深銜任愷，計無所出……荀勗曰公國之宰輔，而為一夫所制，不亦鄙乎……會京師大雪，平地二尺，軍不得發。既而皇儲當婚，遂不西行，詔充居本職（晉書卷四十賈充傳）。

於是錄尚書一職也同魏世一樣，以公卿權重者為之（晉書卷二十四職官志）。當時錄尚書所掌者似曾列舉若干條，總錄是錄其全部，分錄則置錄尚書數人，各錄數條。權臣秉政，例如王敦桓溫必為總錄，倘若志在退讓，或受有牽制，則為分錄。

> 晉康帝世，何充讓錄表曰，咸康中分置三錄，王導錄其一，荀崧陸曄各錄六條事，然則似有二十四條。若止有十二條，則荀陸各錄六條，導又何所司乎。若導總錄，荀陸分錄，則不得復云導錄其一也。其後每置二錄，輒云各掌六條事，又是止有十二條也。十二條者不知悉何條。晉江右有四錄，則四人參錄也。江右張華江左庾亮並經關尚書七條，則亦不知皆何事也（宋書卷三十九百官志上）。

同時中書之權亦見增大，晉時中書監已有宰相之稱。武帝詔以荀勗為中書監侍中，毗贊朝政（晉書卷三十九荀勗傳），是則晉代中書監已與魏世不同，不是因為出納王命，而成為機衡之任，而是直接參加政事，

而成為宰相之職。張華為中書監，劉卞謂華曰：「君居阿衡之任」，及被害，張林又詰之曰，「卿為宰相，任天下事，太子之廢，不能死節，何也」（晉書卷三十六張華傳）。東晉「更重其職，多以諸公領之」（唐六典卷九中書令）。庾亮庾冰相繼為中書監，「先是王導輔政，以寬和得眾，亮任法裁物，頗以此失人心」（晉書卷七十三庾亮傳），至冰，「經綸時務，不捨晝夜，賓禮朝賢，升擢後進，由是朝野注心，咸曰賢相」（晉書卷七十三庾冰傳），是直以中書監為宰相了。是以通典（卷二十一宰相）云：「中書監令常管機要，多為宰相之任」。中書監與尚書令固然都是宰輔之職，但中書監地在樞近，多承恩寵，所以人們由中書監出為尚書令，往往悵惘失意，以為奪其鳳凰池。

武帝受禪，荀勗拜中書監……性慎密，每有詔令，大事雖已宣布，然終不言，不欲使人知己預聞也……久之，以勗守尚書令，勗久在中書，專管機事，及失之，甚惘悵悵，或有賀之者，勗曰奪我鳳凰池，諸君賀我耶（晉書卷三十九荀勗傳）。

中書監令豈但是宰相之一員而已。東晉時，政治中心已由尚書移於中書，中書令權力之大乃在錄尚書事及尚書令之上。

明帝崩，太子即皇帝位，生五年矣。秋九月癸卯太后（庾氏）臨朝稱制，以司徒王導錄尚書事，與中書令庾亮、尚書令卞壼參輔朝政，然事之大要皆決於亮（資治通鑑晉紀明帝太寧三年）。

固然庾亮乃太后之兄，其有權勢有恃於內廷之助者甚多。但中書令若非要職，太后亦不會使亮為之。中書令既有權勢，因之，中書侍郎之職亦見提高，劉頌由尚書郎，累遷中書侍郎（晉書卷四十六劉頌傳），尚書郎累遷之後，才為中書侍郎，可知中書郎乃比尚書郎為貴。蓋在官品上，尚書郎品第六㉗，而中書侍郎品則

第四（唐六典卷九中書侍郎）之故。二千石的郡守常徙為中書侍郎，范甯由臨淮太守，徵拜中書侍郎，在職多所獻替，有益政道（晉書卷七十五范甯傳），是則中書侍郎亦能參與國政，而與魏世之「掌詔草」（通典卷二十一中書侍郎）未盡相同。

到了東晉，侍中的職權，大見增大，幾成為國之樞機。侍中之職始於秦世，秦屬丞相府，西漢為加官，東漢屬少府。

> 秦為侍中，本丞相史也，使五人往來殿內東廂奏事，故謂之侍中。漢侍中為加官……多至數十人……直侍左右，分掌乘輿服物下至褻器虎子之屬。武帝時，孔安國為侍中，以其儒者，特聽掌御唾壺，朝廷榮之。本有僕射一人，後漢光武改僕射為祭酒，或置或否，而文屬少府，掌贊導眾事，顧問應對，法駕出，則多識者一人負國璽，操斬白蛇劍，參乘，餘皆騎在乘輿後（通典卷二十一侍中）。

侍中在兩漢，雖然入侍天子，而得與聞機密的事，然其地位乃在「尚書僕射下，尚書上」，後「更在尚書下」（蔡質漢官典職儀式選用）。及至魏世，權勢漸大，有「綜理萬機」（魏志卷十四程昱傳）之稱，然尚不為世人所重視。

> 蘇則徵拜侍中，舊儀侍中親省起居，故俗謂之執虎子。始則同郡吉茂者，是時仕甫歷縣令，遷為冗散，茂見則，嘲之曰仕進不止，執虎子（魏志卷十六蘇則傳注引魏略）。

到了晉代，漸次華貴。武帝時，萬機大小，多由侍中管綜，其職已有似於宰相。

> 任愷為侍中，愷有經國之幹，萬機大小多管綜之……帝器而昵之，政事多諮焉……愷惡賈充之為人也，

㉗ 吏部郎品第五，見唐六典卷二吏部郎中。

不欲令久執朝政，每裁抑焉……或為充謀曰，愷總門下樞要，得與上親接，宜啟令典選，便得漸疎，此一都令史事耳……充因稱愷才能，宜在官人之職，帝不之疑，即日以愷為吏部尚書……然侍覲轉希（晉書卷四十五任愷傳）。

於是又成立了一個新機關，這個機關以侍中為其構成分子，而稱為門下省。

初秦漢置侍中曹，無台省之名，自晉始有門下省（唐六典卷八侍中注）。

但是吾人觀司馬遷報任安書，有「僕與李陵俱居門下」之語，關此，沈欽韓說：

按陵侍中，則遷亦以太史令侍中也。唐六典云……自晉始有門下省，今此云門下，則其名肇端於漢（漢書卷六十二司馬遷傳補注）。

東晉以後，門下省的權限日益增大。侍中居人主左右，切問近對，拾遺補缺，既處腹心之地，遂總樞機之任，於是參斷帷幄之權又由中書漸次歸於門下。司馬光說：

謹按西漢以丞相總百官，而九卿分治天下之事。光武中興，身親庶務，事歸臺閣，尚書始重，而西漢公卿稍以失職矣。及魏武佐漢，初建魏國，置祕書令，典尚書奏事。文帝受禪，改祕書為中書，有監有令，而亦不廢尚書。然中書親近，而尚書疏外矣。東晉以後，天子以侍中常在左右，多與之議政事，不專任中書，於是又有門下，而中書權始分矣。降至南北朝，大體皆循此制（文獻通考卷五十門下省）。

從而黃門侍郎之職亦同尚書郎中書侍郎一樣，頗見華貴，可以出為太守或為刺史，如謝尚由黃門侍郎出為歷陽太守（晉書卷七十九謝尚傳），孫旂由黃門侍郎出為荊州刺史（晉書卷六十孫旂傳），即其例也。政治樞機由丞相移於尚書，由尚書移於中書，由尚書移於門下，既然設置新機關，而又不肯裁撤舊機

闕，職權不專，責任不明，惠帝時，張華曾說：「威柄不一，而可以安乎」（晉書卷三十六張華傳）。兼以兼官之風太甚，而如干寶所說：「秉鈞當軸之士，身兼官以十數，大極其尊，小錄其要」（干寶晉紀總論）。穆帝即位，何充為中書監，錄尚書事，「充自陳，既錄尚書，不宜復監中書，許之」（晉書卷七十七何充傳），蓋尚書與中書分立，乃以收牽制之效，若使事歸一人，則分立似無必要。三省組織如次。

晉三省組織表

省名	官名	員數	官品㉘	備考
尚書省	錄尚書事			錄尚書事猶古冢宰總己之義，自魏晉以後，亦公卿權重者為之（晉書卷二十四職官志）。
	尚書令	一	第三	初秦變周法，天下之事皆決丞相府，置尚書於禁中，有令丞，掌通章奏而已。漢初因之，武宣之後稍以委任。及光武親總吏職，天下事皆上尚書，與人主參決，乃下三府，尚書令為端揆之官。魏晉以來，其任尤重（唐六典卷一尚書令）。
	僕射	一或二	第三	自魏晉以來，置二則為左右僕射，或不兩置，但曰尚書僕射。令闕，則左僕射為省主，若左右僕射並闕，則置尚書僕射，以主左事（唐六典卷一尚書左僕射）。
	列曹尚書	五或六	第三	晉置吏部三公客曹駕部屯田度支六曹。咸寧二年省駕部尚書，四年省一僕射，又置駕部尚書。太康中有吏部殿中及五兵田曹度支左民為六曹尚書，又無駕部三公客曹。惠帝世又有右民尚書，止於六曹，不知此時省何曹也。及渡江，有吏部祠部五兵左民度支五尚書，祠部尚書常與右僕射通職不恆置，以右僕射攝之。若右僕射闕，則以祠部尚書攝知右事（晉書卷二十四職官志）。

㉘ 官品據唐六典。

	左右丞	各一	第六	光武置左右丞，自此至晉不改（仝上）。
	尚書郎	二十三	第六	晉受命，武帝置直事殿中祠部儀曹吏部三公比部金部倉部度支都官二千石左民右民虞曹屯田起部水部左右主客駕部車部庫部左右中兵左右外兵別兵都兵騎兵左右士北主客南主客為三十四曹郎，後又置運曹，凡三十五曹，置郎二十三人，更相統攝。及江左，無直事右民屯田車部別兵都兵騎兵左右士運曹十曹郎。康穆以後，又無虞曹二千石二郎，但有殿中祠部吏部儀曹三公比部金部倉部度支都官左民起部水部主客駕部庫部中兵外兵十八曹郎。後又省主客起部水部，餘十五曹云（仝上）。晉吏部郎品第五，諸曹郎第六（唐六典卷二郎中）。
中書省	中書監	一	第三	監令掌贊詔命，記會時事，典作文書。舊尚書並掌詔奏，既有中書官，而詔悉由中書官也。東晉朝更重其職，多以諸公領之（唐六典卷九中書令）。
	中書令	一	第三	
	中書侍郎	四	第四	晉中書侍郎員四人，及江左，改中書侍郎曰通事郎，尋復為中書侍郎（晉書卷二十四職官志）。
	中書舍人		第七	晉初，初置舍人通事各十人，江左合舍人通事謂之通事舍人，掌呈奏案，後省，而以中書侍郎一人，直西省，又掌詔命（仝上）。
門下省	侍中	四	第三	侍中魏晉以來置四人，別加官者則非數，備切問近對，拾遺補缺。及江左，哀帝興寧四年桓溫奏省二人，後復舊（仝上）。
	給事黃門侍郎	四	第五	給事黃門侍郎秦官也，漢已後並因之，無員，及晉置員四人（仝上）。

關於晉代之御史臺，似亦有稍加說明之必要。御史制度由秦至魏，本書已略述其變遷和作用。晉承魏制，其組織如次。

晉御史臺組織表㉙

官名	員數	官品	備考
御史中丞	一人	第四品	漢哀帝元壽二年，御史大夫為大司空，而中丞出外為御史臺主，歷漢東京至晉，因其制，以中丞為臺主。
治書侍御史	二人	第六品	魏置治書執法，又置治書侍御史，及晉，唯置治書侍御史，員四人，及太康中，省二員。掌詔獄及廷尉不當者皆治之。
侍御史	九人	第六品	二漢所掌，凡有五曹。魏置八人，及晉置員九人而有十三曹（曹名即表示其所掌，從略）。
殿中侍御史	四人		魏置御史二人，居殿中，伺察非法，及晉置四人，江左置二人。

觀晉御史臺之組織，可知臺中三院之制將次形成，所差者尚無院名而已。晉亦置司隸校尉，察司州，即察京輔所部。「及渡江，罷司隸校尉官，其職乃揚州刺史也」（晉書卷二十四職官志）。西晉時，御史臺在首都洛陽，司隸校尉的治所亦在洛陽，二者均監察百僚，彼此權限不能說毫無關係。所以晉代初年，御史中丞與司隸校尉的分職如次：

> 晉中丞與司隸分督百僚，自皇太子以下，無所不糾，初不得糾尚書，後亦糾之。中丞專糾行馬內，司隸專糾行馬外，雖制如是，然亦更奏眾官，實無其限（通典卷二十四中丞）。

何謂「行馬內」，「行馬外」？行馬以木交叉為之，用以遮攔行人，一說是放在官署門前，另一說是放在貴品門前。第一說是以官署尤其朝廷內外為標準，引申為內官與外官之別，中丞所糾者為內官之違法憲，司隸所糾者為外官之違法憲。第二說是以官品高低為標準，中丞所糾者為巨宦之違法憲，司隸所糾者為普

㉙ 此表據晉書卷二十四職官志，官品據通典。

通官吏之違法憲。通典所述不甚明瞭，據晉初傅咸之言：

按令，御史中丞督司百僚，皇太子以下，其在行馬內有違法憲者彈糾之；雖在行馬外，而監司不糾，亦得奏之……既云中丞督司百僚矣，何復說行馬之內乎。既云百僚，而不得復說行馬之內者，內外眾官謂之百僚，則通內外矣。司隸所以不復說行馬內外者，禁防之事已於中丞說之故也。中丞司隸俱糾皇太子以下，則共對司內外矣，不為中丞專司內百僚，司隸專司外百僚。自有中丞司隸以來，更互奏內外眾官，惟所糾，得無內外之限也……司隸與中丞俱共糾皇太子以下，則從皇太子以下無所不糾也。得糾皇太子，而不得糾尚書，臣之闇塞既所未譬。皇太子為在行馬之內邪。皇太子在行馬之內而得糾之，尚書在行馬之內而不以糾，無有此理（晉書卷四十七傅咸傳）。

制雖如斯嚴格，皇太子以下無所不糾。但政治若已腐化，司憲之官往往束手無策，甚且供為權貴之工具。例如傅咸為司隸校尉，曾奏劾僕射兼吏部王戎，而御史中丞解結以咸劾為違典制，越局侵官，干非其分（晉書卷四十七傅咸傳）。傅咸「疾惡如讎」，王戎則「苟媚取容，無蹇諤之節」（晉書卷四十三王戎傳）。解結不言王戎是否應受彈擊，而止謂傅咸越局侵官。戎果有違法憲，司隸校尉不宜越俎糾舉，御史中丞的解結何又噤口不彈[30]。觀此事實，可知晉代御史已不能實行風霜之任。

第二項　地方官制

地方制度則和西漢初年一樣，既置郡縣，又建藩國。關於藩國已述於前，南渡以後，祿去公室，政歸

[30] 晉書卷六十有解結傳，未載此事。

豪門。諸王有立國之名，而無襟帶之實。反之，權臣常兼將相於內外（晉書卷七十九謝安傳史臣曰），雖居外鎮，而執朝廷之權（晉書卷六十五王導傳）。現在只述州郡縣。

地方制度乃承漢魏刺史職權發展的趨勢，仍為州郡縣三級制度。西漢有州十三，郡國一百有三，縣一千五百八十七。東漢有州十三，郡國一百有五，縣一千一百八十。三國有州二十，郡國一百五十六，至晉有州十九（惠帝置江州，懷帝置湘州，共二十一州），郡國一百七十二，縣一千二百三十二。

西晉疆域表[31]

州名	治所	郡國數	縣數	戶數	備考
司州	洛陽	一二	九九	四七五、七〇〇	（晉書卷十四地理志）謂司州統郡一十二，縣一百，然計算其所載縣數只有九十九。
兗州	廩邱	八	五六	八三、三〇〇	
豫州	項	一〇	八六	一一六、七九六	（晉書卷十四地理志）謂豫州統郡國十，縣八十五。然計算其所統縣數，應為八十六。
冀州	房子	一三	八三	三一六、〇〇〇	
幽州	涿	七	三四	五九、二〇〇	
平州	昌黎	五	二六	一八、一〇〇	武帝咸寧二年分幽州之昌黎遼東玄菟帶方樂浪等五郡，置平州（晉書卷十四地理志）。
并州	晉陽	六	四五	五九、二〇〇	
雍州	京兆	七	三九	九九、五〇〇	

31 此表據晉書地理志。

涼州	武威	八	四六	三〇、七〇〇	
秦州	冀城	六	二四	三二、一〇〇	後治上邽。
梁州	南鄭	八	四四	七六、三〇〇	
益州	成都	八	四四	一四九、三〇〇	
寧州	雲南	四	四五	八二、四〇〇	寧州於漢魏為益州之地，泰始七年，武帝以益州地廣，分益州之建寧興古雲南，交州之永昌，合四郡為寧州（晉書卷十四地理志）。
青州	臨淄	六	三七	五三、〇〇〇	
徐州	彭城	七	六一	八一、〇二一	
荊州	襄陽	二二	一六九	三五七、五四八	後治江陵。
揚州	壽春	一八	一七三	三一一、四〇〇	後治秣陵。
交州	龍編	七	五三	二五、六〇〇	
廣州	番禺	一〇	六八	四三、一四〇	
江州					惠帝元康元年割揚州七郡荊州三郡，合十郡，置江州（晉書卷十五地理志）。
湘州					懷帝分荊州六郡廣州三郡合九郡，置湘州（晉書卷十五地理志）。
合計		一七二	一、二三二	二、七八一、七〇五	

州置刺史，郡置太守，縣置令長，此外尚有鄉里組織，鄉置嗇夫，里置里正。

晉地方官制表

地區	官名		官品㉜	備考
州	刺史	領兵者	第四	
		不領兵者		
郡	太守		第五	郡皆置太守，河南郡京師所在，則曰尹（品第三），諸王國以內史（品第五）掌太守之任（晉書卷二十四職官志）。
縣	令	秩千石者	第六	縣大者置令，小者置長（仝上）。
		秩六百石者	第七	
	長		第八	
鄉	嗇夫			縣戶五百以上皆置鄉，三千以上置二鄉，五千以上置三鄉，萬以上置四鄉，鄉置嗇夫一人（仝上）。是則五百戶以上三千戶以下，只置一鄉。這樣，鄉與縣之區別不知何在。
里	里吏			縣率百戶置里吏一人，其土廣人稀，聽隨宜置里吏，限不得減五十戶（仝上）。

其應特別提出討論者則為州之制度。茲先說明州郡縣之數，兩漢州均十三，西漢郡一百三，縣一千五百八十七。東漢郡一百五，縣一千一百八十。魏取北方之地，置州十三，郡九十有一。晉武既併天下，置州十九（惠帝置江州，懷帝置湘州，合計二十一州），郡一百七十有二，縣一千二百三十二，即州郡之數雖比兩漢為多，而縣數則比西漢少，比東漢多。武帝時傅咸上言，「夏禹敷土，分為九州，今之刺史幾向一倍，戶口比漢十分之一，而置郡縣更多」（晉書卷四十七傅咸傳）。夏代領土偏於北方，兩漢之時，南方土地雖廣，

㉜ 官品據通典卷三十七晉官品。

戶口實稀，其置州十三，固有理由。晉武增為十九，並不算多。傅咸所謂「戶口比漢十分之一」，據胡三省計算，平吳以前（傅咸之言在咸寧五年），「口猶及漢十分之一，而戶則未幾及也」（資治通鑑卷八十晉武帝咸寧五年胡三省注）。吾人以為晉代地方制度成為問題者是州。漢世之州是監察區，魏世之州為行政區，刺史之權甚大，往往奪取太守的職權。案國家法令無不經由令長，而施於人民，漢懼令長之不修，立太守以董之，畏督導之容曲，設刺史以糾之，故直接負治民之責者乃是令長。太守雖云「主治民」，其實不過督導令長執行中央頒布的法令，或決定一郡政策，使令長興利除害。刺史雖云「省察治狀」，其實只能在六條範圍之內，監察太守有無枉法失職之事，至於一般行政，刺史本來無權過問。令長司執行，太守司督導，刺史司監察非法，雖有三種機關，而三者職權並不重複。漢魏之際，刺史漸由監察官變成行政官，魏文受禪，仍承其緒，莫能匡救。既有太守，又置刺史，兩者所司，大體相同。如是，刺史勢將奪取太守的職權，而使太守無政可理，變成尸位素餐的機關。

晉興，武帝平吳之後，固曾下詔恢復漢氏故事，刺史專司監察，治民之任委於郡守。但是積重難反，一道詔令，何能更改。晉武帝「雖有其言，不卒其事」（後漢書卷三十八百官志五劉昭注）。元帝渡江，晉之領上限於南方，而為招誘北人，乃僑立許多州郡，如僑置司州於徐，僑立弘農郡於尋陽，即其例也㉝。所以孝武帝時范甯主張：

> 今荒小郡縣皆宜並合，不滿五千戶，不得為郡，不滿千戶，不得為縣（晉書卷七十五范甯傳）。

但是外重之勢已成，中央政府何能自由整理地方制度。地方制度之缺點最多者，乃是各級長官互相領

㉝ 僑立州郡之多，可參閱晉書地理志。

帖，而如范甯所說：

> 郡守長吏牽置無常，或兼臺職，或帶府官。夫府以統州，州以監郡，郡以莅縣，如令互相領帖，則是下官反為上司（晉書卷七十五范甯傳）。

同時魏世都督之制又不撤銷。

> 魏文帝黃初三年始置都督諸州軍事，或領刺史……及晉受禪。都督諸軍為上，監諸軍次之，督諸軍為下。使持節為上，持節次之，假節為下。使持節得殺二千石以下，持節殺無官位人，若軍事，得與使持節同。假節唯軍事得殺犯軍令者。江左以來，都督中外尤重，唯王導等權重者乃居之（晉書卷二十四職官志）。

太康中，「都督知軍事，刺史理人」（通典卷三十二都督），猶有軍民分治之意。但刺史多以都督兼之，否者號為單車刺史。單車之名似始於東漢。順帝漢安年間，張綱為廣陵太守，「前遣郡守，率多求兵馬，綱獨請單車之職」（後漢書卷八十六張綱傳）。後漢書為南朝劉宋時范曄所著，曄因魏晉之後有單車刺史之名，追述往事，乃用此名稱乎，抑東漢本來就有此名？通典（卷三十二州牧刺史）云：「自魏以來，庶姓為州，而無將軍者，謂之單車刺史」，是則單車刺史之稱乃始於曹魏，其應如何解釋，待考。凡刺史兼都督之職者，均得當方面，總兵權，而有州將之稱。州將名稱見於歷史者是在南齊之末（資治通鑑卷一百四十三齊東昏侯永元二年胡三省注）。二者相兼，固然一方有州官如別駕治中之類，他方有府官如長史司馬之類，「州官理民，府官理戎」（通典卷三十二總論州佐）。但是一人既兼文武兩職，則軍民分治之制，無形中必至破壞。南渡以後單車益鮮，刺史內親民事，外領兵馬，太康元年之詔已經成為具文，政局不安，即此之由。

> 都督監軍督軍治軍事，刺史治民事。西都之盛，軍事為客，民事為主，然刺史多都督兼之，否者號為單

車刺史。南渡以後單車益鮮。義熙中，劉毅有憾於庾悅，罷其軍府，悅以憤卒，風尚可知也。州牧者東漢舊官，尊於都督，故不常置。司州本無都督刺史之名，治民則司隸校尉，治軍則鄴城守諸軍事，或曰河北諸軍事。冀州無都督，鄴河北兼之，所以重京畿鎮四方也。惠帝元康末，劉寔始以光祿大夫領冀州都督。懷帝永嘉初，東海王越始以兗州牧兼司州都督。冀有都督自寔始，司以州名係都督，自越始，異乎開建之義矣（晉略方鎮表）。

但是西晉初年，州不皆督，督唯一州，八王作亂，始有兼督諸州之事。南渡以後，其例更多。

泰始時，州不皆督，督唯一州……其有一督而兼二州，則皆邊遠新造之區㉞。太康元年琅邪王伷始以徐都兼青，是後下邳王晃亦以青都兼徐，乃是偃武修文休息之象……非如後來，本州既有都督，旁州又來兼之，權勢相壓，使民命不堪者也。永興中，惠帝西狩，山東大亂，東海王越倡為戎首，越弟虓先奪劉喬豫州，及敗奔河北，又奪溫羨冀州，遂以豫州刺史，自兼河北都督。懷帝初立，越挾嫌出鎮，遂以兗州牧兼督兗司冀豫并幽六州。帝厭越橫，崇長青督苟晞，欲以制之，晞遂兼督青兗豫徐揚荊六州，而民力軍儲不可復問矣。南渡以後，豫徐江三州皆為重鎮，紛紛兼督，多是僑州，或祇一郡，或祇一縣，唯荊兼梁益甯交廣，乃為實土，是以上流偏重，卒成王桓之變（晉略方鎮表）。

統一的局面已經破壞，割據的局面已經形成，而元帝之即帝位，又由地方官一百八十人勸進（晉書卷六元帝紀建武元年），地方官既有勸進之功，而在大亂之際，皇帝更應優容，不敢繩之以法，於是牧鎮愈重，委之邦宰之命，授之斧鉞之重，假之都督之威，開之征討之路。西晉初年「內官重，外官輕」（晉書卷四十六李

㉞ 原注，雍涼梁益皆為邊遠。甯州始置，則梁益兼督，平州始置，幽州兼督。

重傳)，而如傳咸所說「中間選用，惟內是隆，外舉既頹，復多節目，競內薄外，遂成風俗」(晉書卷四十七傳咸傳)。現在竟然一變而為內輕外重，武帝時，賈充不願由尚書令出為都督，南渡之後，秉朝政者喜兼一州刺史。而各州的勢力又不平衡，東晉偏安江左，江左大鎮莫過荊揚。南渡之初，兩州富庶相等，東晉定都建康，揚州無異於漢之司隸，而三吳(丹陽會稽吳郡)則為建康的府藏。元帝肇造，命諸葛恢守會稽，至比之漢的關中。前已舉過：

元帝調諸葛恢為會稽太守，臨行，帝為置酒，謂曰今之會稽，昔之關中，足食足兵，在於良守，以君有莅任之方，是以相屈(晉書卷七十七諸葛恢傳)。

中央的甲兵由三吳補充，中央的財賦由三吳供給，三吳義務獨多，三吳物力漸次枯竭。

朝廷賦役繁重，吳會尤甚(晉書卷八十王羲之傳)。

秦漢兩代常移天下租稅，徙郡縣豪傑，以實京師。因為財用之在京師，與貯於府藏無異，豪傑之在京師，與籍於營衛不殊。三吳貧弱，就是中央貧弱。荊州之地，戶口百萬，而荊州刺史又常兼督梁益甯交廣五州軍事，五州均是實土，而與其他僑州「或祇一郡，或祇一縣」者不同(見上引晉略方鎮表)。上流偏重，政局常受荊州的影響，這是南朝的共同現象。

外重內輕，尾大不掉，當然「藩帥強盛，宰相權弱」(晉書卷八十四王恭傳)。不但八公無權，九卿失職，就是三省也成為藩帥弄權的工具。而藩帥又須兼將相於內外，而後他的權力方能統制各方。但是外重之勢已成，藩帥雖秉朝政，亦必不肯駐留中央。王敦既進位丞相都督中外諸軍事，錄尚書事了(晉書卷六元帝紀永昌元年)，而又領江州牧(以其兄含為荊州刺史)，屯武昌(晉書卷九十八王敦傳)。桓溫既進位大司馬，都督

中外諸軍事，錄尚書事了，而又以荊州刺史，遙領揚州牧，鎮姑孰（晉書卷九十八桓溫傳）。揚州為王畿之地，荊州居建康上流，兩州都督對於中央政權有舉足輕重之勢[35]。在外重內輕的局面之下，權臣往往不欲放棄兩州。庾亮為征西將軍，都督江荊豫益梁雍六州諸軍事，領江荊豫三州刺史，鎮武昌（晉書卷七十三庾亮傳），「亮雖居外鎮，而執朝廷之權，既據上流，擁強兵，趣向者多歸之」，竟令王導「內不能平，嘗遇西風塵起，舉扇自蔽，徐曰元規（庾亮字）塵汙人」（晉書卷六十五王導傳）。時王敦已死，王導輔政，因無外援，故乃受制於庾亮。宰輔無權，方鎮跋扈，這是東晉政制的實際情形。

[35] 歷代職官表（卷五十總督巡撫，晉）云：「謹案，晉氏南遷，以揚州為京畿，穀帛所資皆出焉。以荊州為重鎮，甲兵所聚盡在焉。二州戶口居江南之半，自非親賢重望，不居是職。故荊州亦稱陝西，而襄陽、江夏、彭城、廣陵、歷陽、京口各置名州（似指僑州），為藩鎮重寄。當時所謂要州，蓋謂此也。太康時，分釐治軍治民之職，不旋踵而仍併為一。蓋有不治軍之刺史，而無不治民之都督。江左尤重其任，惟權位最隆者乃始居之，亦時會使然也」。

附錄　晉建元表

武帝司馬炎　泰始十　咸寧五　太康十　太熙一（即惠帝永熙元年）

惠　帝　衷　永熙一　永平三月　元康九　永康一　永寧一　太安二　永安六月　建武五月　永興二　光熙一

懷　帝　熾　永嘉六

愍　帝　鄴　建興四

右西晉四帝五十二年

元　帝　睿　建武一　太興四　永昌一

明　帝　紹　太寧三

成　帝　衍　咸和九　咸康八

康　帝　岳　建元二

穆　帝　聃　永和十二　升平五

哀　帝　丕　隆和一　興寧三

海西公奕　太和六

簡文帝昱　咸安二

孝武帝曜　寧康三　太元二十一

安帝德宗　隆安五　元興三　義熙十四
恭帝德文　元熙二
右東晉十一帝一百四年，通計兩晉，共一百五十六年。

第七章 南北朝

第一節　南北的對立

自晉退保江東之後，北方之地均為蠻族所盤據，他們更興迭仆，互相攻戰，到了劉裕代晉，國號曰宋，鮮卑種族的拓拔魏也復統一北方，於是就成為南北對峙之局。

南北分立有一百五十年之久，南方易朝四次，曰宋曰齊曰梁曰陳，北方由魏統治，後又分為東西，東魏禪於齊，西魏禪於周，周又滅齊，隋篡取周的帝位，南下滅陳，結束了南北朝對峙之局。南北分立所以能夠維持一百五十年之久，實有各種原因。

就人種說，晉室退保江東之後，北人南徙，僑居江左者為數不少。而政府又僑立州郡，以招徠北方人口。最初南渡的北人和土著的南人頗有隔閡。但遷居既久，人安其業，遂能漸次融和，於是就令北人僑居江南者，所在以土著為斷，不得挾注本籍。土斷於東晉時曾實行三次。

第一次在成帝咸康七年，當時政在庾氏兄弟，庾亮「有開復中原之謀」，庾翼則「以滅胡平蜀為己任」（參閱晉書卷七十三庾亮庾翼傳）。

> 咸康七年三月，詔實王公以下至庶人，皆正土斷白籍。胡三省注曰時王公庶人多自北來，僑寓江左，今皆以土著為斷，著之白籍也。白籍者戶口版籍也。宋齊以下有黃籍（資治通鑑卷九十六晉成帝紀）。

第二次在哀帝興寧二年，當時政在桓溫。桓溫曾率師平蜀，又曾進兵關中，因食盡，不得不歸（參閱晉書卷九十八桓溫傳）。

> 興寧二年三月庚戌朔，大閱戶口，令所在土斷。嚴其法制，謂之庚戌制。胡三省注曰令西北士民僑寓東南者，所在以土著為斷也（資治通鑑卷一百一晉哀帝紀）。

孝武帝時，范甯曾上疏請求土斷。帝雖善之，而未實行。

> 昔中原喪亂，流寓江左，庶有旋反之期，故許其挾注本郡。自爾漸久，人安其業，丘壟墳柏皆已成行，雖無本邦之名，而有安土之實。今宜正其封疆，以土斷人戶，明考課之科，修閭伍之法。帝善之（晉書卷七十五范甯傳）。

第三次在安帝義熙九年，是時劉裕秉政，且欲大舉西伐，平定關中。

> 義熙九年三月太尉劉裕上表曰，大司馬溫（桓溫）以民無定本，傷治為深。庚戌土斷，以一其業。於時財阜國豐實由於此。自茲迄今，漸用頹弛，請申前制。於是依界土斷，唯徐兗青三州居晉陵者，不在斷例❶。諸流寓郡縣多所併省（資治通鑑卷一百十六晉安帝紀）。

庾亮桓溫劉裕均有志於恢復，而均實行土斷。土斷之目的何在，由此亦可推測出來。自是以後，南朝均有土斷之事。然其目的多在於增加賦稅。

南朝土斷表

朝代	土斷
宋	宋孝武帝大明元年七月辛未，土斷雍州諸僑郡縣（見宋書卷六孝武帝紀）。
齊	齊武帝永明元年，南兗州刺史柳世隆奏，尚書符下土斷條格，並省僑郡縣（見南齊書卷十四州郡志上）。

❶ 胡三省注，徐青兗三州都督，率治晉陵，故難以土斷。

梁	梁武帝天監元年四月辛未，土斷南徐州諸僑郡縣（見梁書卷二武帝紀中）。 梁武帝天監十七年三月丁巳朔詔曰，編戶未滋，遷徙尚有，輕去故鄉，豈其本志……凡天下之民有流移他境，在天監十七年正月一日以前，可開恩半歲，悉聽還本，蠲課三年。其流寓過遠者，量加程日。若有不樂還者，即使著土籍為民，准舊課輸（見梁書卷二武帝紀）。
陳	陳文帝天嘉元年七月乙卯詔曰，自頃喪亂，編戶播遷，言念餘黎，良可哀惕。其亡鄉失土，逐食流移者，今年內隨其適樂。來歲不問僑舊，悉令著籍，同土斷之例（見陳書卷三世祖紀）。

土斷有兩種意義，一是財政意義，前曾說過，晉自渡江以後，北人之自拔南奔者往往散居，沒有土著，租稅皆隨意樂輸，而比正課為少。

> 晉自中原喪亂，元帝寓居江左，百姓之自拔南奔者，並謂之僑人，皆取舊壤之名，僑立郡縣，往往散居，無有土著……其無貫之人不樂州縣編戶者，謂之浮浪人，樂輸亦無定數，任量准所輸，終優於正課焉（隋書卷二十四食貨志）。

而自朝廷實行土斷之後，凡寄居某地者均視為落籍於某地，其所納的租稅乃和土著人民相同，這是可以增加國家財政的收入。所以桓溫的庚戌土斷，劉裕稱之為「財阜國豐，實由於此」。但是僑居某地，既可逋逃租稅，所以人民多不願落籍。

> 雍土多僑寓，玄謨（時為雍州刺史）請土斷流民，當時百姓不願屬籍，罷之（宋書卷七十六王玄謨傳）。

二是社會的意義，當中原士庶流寓江左之時，人人均懷反旋之望，所以政府許其挾注本籍。時移歲易，過江者已經殂沒，童幼者已經成年，班荊輟音，積習成俗，既絕望於本邦，宴安於所託，若再認為寄籍，則一地之人必因籍貫不同，彼此不易融和，若再加以納稅義務之殊，則主客偏見將永久不能泯滅。土斷之

後，客籍與本籍既無差別，則北人不但事實上，便是法律上也成為南人。這種變遷，由東晉的努力，到了南北朝，固然不能謂為完全成功，而南人和北人互相排斥之風，確實已經減少。

同時五胡亂華之際，各種蠻族固然都有民族意識，但是他們沒有文化，既然建國於中華版圖之上，就不能不適應中華的環境，採用中華的文物制度，所以他們政治上雖然支配了中國，而文化上卻不能不同化於中國。拓拔魏接受中國文化較晚，在其未入中原以前，尚是遊牧民族，「統幽都之北，廣漠之野，畜牧遷徙，射獵為業」（魏書卷一序紀）。晉氏崩離，戎羯乘釁，中原大亂，邊境空虛，拓拔種族便由漠北移到邊疆，入雲中，至雁門，下中山，而定都於平城，營宮室，建宗廟，立社稷，自稱曰魏（魏書卷二太祖道武帝紀）。「招納晉人，晉人降者稍眾」（魏書卷二十三衛操傳），乃計口授田，給以耕牛，遂由行國變為城郭國家，由遊牧民族變為農耕民族。而既與晉人相處，又為調和漢胡感情，自稱為軒轅之苗裔（參閱魏書卷二十三衛操傳），漸次奪取五胡占據之土地，而於太武帝之世，奠定北方。太武帝之母杜氏，魏郡鄴人（魏書卷十三明元密皇后傳，參閱卷八十三杜超傳），是帝乃漢胡雜種。但幼受鮮卑教育，而其前後三后又是胡人❷，故自居為胡，民族意識甚見強烈，吾人觀太武帝與臧質之書，即可知之。

> 燾（魏太武帝）與臧質書曰，吾今所遣鬬兵盡非我國人，城東北是丁零與胡，南是三秦氐羌，設使丁零死者，正可減常山趙郡賊。胡死，正減并州賊。氐羌死，正減關中賊。卿若殺丁零胡，無不利（宋書卷七十四臧質傳）。

---

❷ 一是赫連氏。二是賀氏，賀氏代人，其先世為君長，四方附國者數十部。三是郁久閭氏，本蠕蠕人。參閱魏書卷十三各列傳，卷八十三上賀訥賀迷傳，閭毗傳。

太武帝之後，由文成帝獻文帝而至孝文帝，漸次漢化。文成帝為太武帝后閭氏之子。其后馮氏，長樂信都人，北燕馮跋之後（魏書卷十三文成文明皇后馮氏傳，參閱卷八十三上馮熙傳）。馮后無子，妃李氏，與國蒙縣人（魏書卷十三文成元皇后李氏傳，參閱卷八十三上李峻傳），生獻文帝，即位時，年方十一。依「魏故事，後宮產子，將為儲貳，其母皆賜死」（魏書卷十三道武宣穆皇后劉氏傳），故馮太后得以母氏秉政。獻文帝后李氏，中山安喜人（魏書卷十三獻文思皇后李氏傳，參閱卷八十三李惠傳），生孝文帝。孝文帝即位，年方五歲，馮太后仍聽政。即孝文帝之血統屬於漢族者多，其前後四后均是漢人❸。孝文帝的教育受漢人馮太后之薰陶者甚深。太和十四年馮太后崩，帝始親政，越四年即太和十八年，就借南征之名，由平城遷於雒陽，而實行各種漢化政策。一是改衣冠。

> 太和十有八年十有二月壬寅，革衣服之制（魏書卷七下高祖孝文帝紀）。
>
> 高祖引見王公卿士，責留京之官曰，昨望見婦女之服仍為夾領小袖……卿等何為而違前詔（魏書卷二十一上咸陽王禧傳）。

二是斷北語❹。

---

❸ 一是貞皇后林氏，平原人。二是廢皇后馮氏，三是幽皇后馮氏，二馮皆馮太后之內姪。四是昭皇后高氏，為高肇之妹。高肇渤海蓨人，似與高歡同族。高歡六世祖隱，晉玄菟太守，即漢人也。魏書卷十三各列傳，參閱卷八十三下高肇傳，高氏生宣武帝。

❹ 當時反對斷北語的乃是漢人李沖。「沖言四方之語竟知誰是，帝者言之，即為正矣，何必改舊從新」（魏書卷二十一咸陽王禧傳）。

太和十有九年六月己亥，詔不得以北俗之語，言於朝廷，若有違者，免所居官（魏書卷七下高祖孝文帝紀）。

高祖引見朝臣，詔之曰，今欲斷諸北語，一從正音，年三十以上，習性已久，容或不可卒改。三十以下，見在朝廷之人，語音不聽仍舊。若有故為，當降爵黜官，各宜深戒（魏書卷二十一上咸陽王禧傳）。

三是改姓氏。

太和二十年正月丁卯詔改姓為元氏（魏書卷七下高祖孝文帝紀）。

太和十九年詔曰，代人諸胄先無姓族，比欲制定姓族，事多未就……令司空公穆亮……等，詳定北人姓，務令平均，隨所了者，三月一列簿帳，送門下以聞（魏書卷一百十三官氏志）。

四是通婚姻。

詔曰諸王擬匹卑濫，前者所納可為妾媵，將以此年為六弟娉室。長弟咸陽王禧可娉故潁川太守隴西李輔女，次弟河南王幹可娉故中散代郡穆明樂女，次弟廣陵王羽可娉驃騎諮議參軍滎陽鄭平城女，次弟潁川王雍可娉故中書博士范陽盧神寶女，次弟始平王勰可娉廷尉卿隴西李沖女，季弟北海王詳可娉吏部郎中滎陽鄭懿女（魏書卷二十一上咸陽王禧傳）。

最初北人均不願南遷，「在位舊貴皆難於移徙，時欲和合眾情，遂許冬則居南，夏便居北」（魏書卷十五元暉傳），一般平民「資產罄於遷移，牛畜斃於輦運……富者猶損太半，貧者可以意知」（魏書卷六十五李平傳），「人懷戀本，細累相攜，始就洛邑，居無一椽之室，家闕儋石之糧」（魏書卷十九中任城王雲傳）。貴賤俱怨，而孝文帝為貫徹漢化政策，又實行土斷之法。

太和十九年六月丙辰詔遷洛之民，死葬河南，不得還北，於是代人南遷者悉為河南洛陽人（魏書卷七下

高祖孝文帝紀)。

這種漢化政策固然可以提高拓拔種族的文化，唯由另一方面觀之，卻是極大的失策。拓拔魏不過鮮卑種族之一支，趁著北方蠻族更興迭仆，南方軍閥忙於內戰之際，侵服漢胡，統一北方。其能累戰累勝，實如燕鳳所說：「北人壯悍……驅馳若飛……軍無輜重樵爨之苦，輕行速捷，因敵取資，此南方所以疲敝，而北方之所常勝也」(魏書卷二十四燕鳳傳)。現在鮮卑種族乃棄其雄武之氣，襲晉繁縟之文，文治未興，武事已弛，國勢之衰實由於此。何況拓拔種人本來不多，南遷之後，以有限之人，必不滿諸州之地，參居郡縣，縱不同化，亦必見輕於人。明元帝欲由平城遷都於鄴，崔浩已力陳其弊。

> 神瑞二年秋，穀不登。太史令王亮蘇坦勸太宗(明元帝)遷都。崔浩言於太宗曰，今國家遷都於鄴，可救今年之饑，非長久之策也。東州之人常謂國家居廣漠之地，民畜無算，號稱牛毛之眾。今留守舊都，分家南徙，恐不滿諸州之地，參居郡縣，處榛林之間，不便水土，疾疫死傷，情見事露，則百姓意沮，四方聞之，有輕侮之意。屈丐蠕蠕必提挈而來，雲中平城則有危殆之憂，阻隔恆代，千里之險，雖欲救援，赴之甚難，如此則聲實俱損矣。今居北方，假令山東有變，輕騎南出，燿威桑梓之中，誰知多少，百姓見之，望塵震服，此是國家威制諸夏之長策也。太宗深然之(魏書卷三十五崔浩傳)。

而孝文竟然力排眾議，實行南遷。南遷之後，就同五胡一樣，接受中華的文物制度。只唯緣邊六鎮尚保存鮮卑的風俗習慣，所以爾朱榮入秉朝政之後，北方人民又發生了漢兒胡人的歧見。

> 高歡每號令軍士，常令丞相屬代郡張華原宣旨。其語鮮卑，則曰漢民是汝奴，夫為汝耕，婦為汝織，輸汝粟帛，令汝溫飽，汝何為陵之。其語華人，則曰鮮卑是汝作客，得汝一斛粟，一匹絹，為汝擊賊，令汝

安寧，汝何為疾之。時鮮卑共輕華人，唯憚高敖曹，歡號令將士，常鮮卑語，敖曹在列，則為之華言（資治通鑑卷一百五十七梁武帝大同三年）。

其實，這個時候漢胡之別已經離開血統關係，而以文化為標準。魯爽扶風人，「幼染殊俗，無復華風」（宋書卷七十四魯爽傳）。高歡為晉玄菟太守高隱之後，只因「累世北邊，故習其俗，遂同鮮卑」（北齊書卷一神武紀上）。歡字賀六渾，完全是胡人的名，其子高澄高洋更同化於鮮卑，忘記自己是漢人。

侯景素輕世子（高澄），嘗謂司馬子如曰，王在，吾不敢有異，王無，吾不能與鮮卑小兒共事（北齊書卷二神武紀下）。

文宣（高洋）每言太子得漢家性質，不似我，欲廢之（北齊書卷五廢帝紀）。

顯祖（高洋）謂群臣曰，高德政常言宜用漢人，除鮮卑，此即合死（北齊書卷三十高德政傳）。

諸源為禿髮烏孤之裔，明明白白是鮮卑人種，而時人乃斥之為漢兒，因為他們習知典禮，已經漢化。

源賀西平樂都人，私署河西王禿髮傉檀之子也。傉檀為乞伏熾磐所滅，賀自樂都奔魏，太武謂賀曰卿與朕同源，因事分姓，今可為源氏。賀玄孫師仕齊為尚書左外兵郎中，又攝祠部。後屬孟夏，以龍見請雩。時高阿那肱為錄尚書事，謂為真龍出見，大驚喜，問龍所在，云作何顏色。師整容云，此是龍星，初見依禮當雩祭郊壇，非謂真龍別有所降。高阿那肱忿然作色曰，漢兒多事，強知星宿，祭事不行。師出竊嘆曰，國家大事在祀與戎，禮既廢也，其能久乎，齊亡無日矣（北史卷二十八源賀及師傳）。

漢兒視為胡人，胡人視為漢兒，可知當時北方人種已經廣漢相雜。到了周齊分據，宇文泰用胡變夏，漢人常自動的改為胡姓。例如：

> 梁禦，其先安定人也，後因官於北邊，遂家武川，改姓為紇豆陵氏（周書卷十七梁禦傳）。

而胡人改為漢姓❺，漢人賜以胡姓，其例之多更不勝枚舉。

> 魏孝文自代遷洛，欲大革胡俗，既自改拓拔為元氏，而諸功臣舊族自代來者，以姓或重複，皆改之。於是拓拔氏為長孫氏，達奚氏為奚氏，乙旃氏為叔孫氏，邱穆陵氏為穆氏，步六孤氏為陸氏，賀陸氏為賀氏，獨孤氏為劉氏，賀樓氏為樓氏，勿忸于氏為于氏，尉遲氏為尉氏，其用夏變夷之志如此（容齋三筆卷三元魏改功臣姓氏）。

所以南北分立之際，北方人民已非純粹漢族，而是漢胡的雜種。南北人種互不相同，實如劉知幾所說：

> 中野江左，南北混淆，華壤邊氓，虜漢相雜（史通卷三書志）。

南北界限頗見顯明，南謂北為索虜，北指南為島夷。

> 漢室顛覆，三國鼎峙，晉氏失馭，五胡雲擾，宋魏以降，南北分立，各有國史，互相排黜，南謂北為索虜，北謂南為島夷（資治通鑑卷六十九魏紀文帝黃初二年司馬光曰）。

南北政府均不信任對方的人，因之北人晚渡者，南朝不敢委以重任。

> 晚渡北人，朝廷常以傖燕遇之，雖復人才可施，每為清塗所隔（宋書卷六十五杜驥傳）。❻

---

❺ 胡人改漢姓，可參閱魏書卷一百十三官氏志。漢人改為胡姓，可參閱周書各列傳。

❻ 杜驥為杜預子孫，其兄坦謂宋文帝曰，臣本中華高族，直以南渡不早，便以荒傖賜隔（宋書卷六十五杜驥傳）。又羊侃父祉，事魏為侍中金紫光祿大夫，常謂諸子曰，人生安可久淹異域，汝等可歸奉東朝。侃果於大通三年歸梁。中大通四年，侃謂武帝曰，「臣拔迹歸朝，常思效命。北人雖謂臣為吳，南人已呼臣為虜」（梁書卷三十九羊侃傳）。

而南人北投者，北朝亦不願予以兵馬之權❼。

> 王慧龍……渡江……歸國（魏），請效力南討……後拜洛陽鎮將，配兵三千人，鎮金墉，既拜十餘日，太宗崩。太祖初即位，咸謂南人不宜委以師旅之任，遂停前授（魏書卷三十八王慧龍傳）

當時北方遺黎大率忘記自己與南方人士同是漢族，吾人觀下列之例，即可知之。

> 車騎將軍張景仁……會稽山陰人也。景明年初，從蕭保夤歸化，拜羽林監……永安二年蕭衍遣主書陳慶之……入洛陽……景仁在南之日，與慶之有舊，遂設酒引邀慶之過宅，司農卿蕭彪尚書右丞張嵩並在其座，彪亦是南人。唯有中大夫楊元慎給事中大夫王眴是中原士族。慶之因醉謂蕭張等曰，魏朝甚盛，猶曰五胡，正朔之承，當在江左，秦皇玉璽，今在梁朝。元慎正色曰，江左假息，僻居一隅，地多溼蟄，攢育蟲蟻，疆土瘴癘，蛙黽共穴，人鳥同群。短髮之君無杼首之貌，文身之民稟蕞陋之質。浮於三江，棹於五湖，禮樂所不沾，憲章弗能革。雖復秦餘漢罪，雜以華音，復閩楚難言，不可變改。雖立君臣，上慢下暴，是以劉劭殺父於前，休龍淫母於後，背逆人倫，禽獸不異。加以山陰請婿賣夫，朋淫於家，不顧譏笑。卿沐其遺風，未沾禮化，所謂陽翟之民不知癭之為醜。我魏膺籙受圖，定鼎嵩洛，五山為鎮，四海為家，移風易

---

❼ 但是南朝人士並不和睦，而有南北的歧見。中原大亂，北人南渡者掌握政權。他們對於江左人士，到了齊世，尚有輕視之心。例如張緒吳郡人，齊高帝「欲用緒為右僕射，以問王儉，儉曰南士由來少居此職。褚淵在座，啟上曰，儉年少，或不盡憶，江左用陸玩顧和，皆南人也。儉曰晉氏衰政，不可以為准則，上乃止」（南齊書卷三十三張緒傳）。同時南人亦深恨北士，丘靈鞠吳興人，「不樂武職，謂人曰我應還東掘顧榮冢，江南地方數千里，士子風流皆出北中，顧榮忽引諸傖渡，妨我輩塗轍，死有餘罪」（南齊書卷五十二丘靈鞠傳）。

俗之典，與五帝而並迹，禮樂憲章之盛，淩百王而獨高。豈卿魚鱉之徒慕義來朝，飲我池水，啄我稻粱，何為不遜，以至於此。慶之等見元慎清辭雅句，縱橫奔發，杜口流汗，含聲不言。於後數日慶之遇病，心上急痛，訪人解治。元慎自云能解，慶之遂憑元慎。元慎即口含水噀慶之曰，吳人之鬼，住居建康，小作冠帽，短製衣裳，自呼阿儂，語則阿旁，菰稗為飯，茗飲為漿，呷啜蓴羹，唼嗍蟹黃，手把豆蔻，口嚼檳榔，乍至中土，思憶本鄉，急急速去，還爾丹陽。若其寒門之鬼，□❽頭猶修，網魚漉鱉，在河之洲，咀嚼菱藕，捃拾雞頭，蛙羹蚌臛，以為膳羞，布袍芒履，倒騎水牛，沅湘江漢，鼓棹遨遊，隨波溯浪，噞喁沉浮，白苧起舞，揚波發謳，急急速去，還爾揚州。慶之伏枕曰楊君見辱深矣。自此後，吳兒更不敢解語……元慎弘農人，晉冀州刺史嶠六世孫（洛陽伽藍記卷二）。

南北雙方人種不同，互相鄙視，而不融和，這是南北分立的第一原因。南北朝初期，劉裕平定關中，崔浩知其不能久守，就是因為南北人情不同，風俗亦異。崔浩說：

秦地戎夷混并，虎狼之國，裕亦不能守之，風俗不同，人情難變，欲行荊揚之化於三秦之地，譬無翼而欲飛，無足而欲走，不可得也（魏書卷三十五崔浩傳）。

就經濟說，永嘉喪亂，百姓流亡，中原蕭條，千里無煙。因為社會喪亂，引起人口流亡，因為人口流亡，增加土地荒蕪，促成經濟崩潰，而致貨幣不能流通。北方於石勒時代，錢幣已經不行於世。

石勒令公私行錢，而人情不樂，乃出公絹市錢，限中絹匹一千二百，下絹八百。然百姓私買中絹四千，下絹二千。巧利者賤買私錢，貴買於官，坐死者十數人，而錢終不行（晉書卷一百五石勒載記下）。

❽ 原書缺損一字。

南方自晉渡江南之後，貨幣已不普用。沈演之說：

晉遷江南，疆境未廓，或士習其風，錢不普用（宋書卷六十六何尚之傳）。

所以安帝時代有廢除錢幣之議。

安帝元興中，桓玄輔政，議欲廢錢，用穀帛，孔琳之……謂救弊之術無取於廢錢，朝議多同琳之，故玄議不行（晉書卷二十六食貨志）。

到了拓拔魏統一北方，南北雙方的錢幣完全不同。

南北朝官鑄錢幣表

朝代		名稱	備考
南朝	宋代	四銖錢	文帝元嘉七年十月立錢署，鑄四銖錢（見宋書卷五文帝紀）。
		大錢	文帝元嘉二十四年六月以貨貴，制大錢，一當兩，二十五年五月罷大錢當兩（見宋書卷五文帝紀）。
		孝武四銖	孝武帝孝建元年正月更鑄四銖錢（見宋書卷六孝武帝紀）。
		二銖錢	前廢帝永光元年二月鑄二銖錢（見宋書卷七前廢帝紀）。
	梁代	五銖錢	梁武帝乃鑄錢，肉好，周郭文曰五銖，重如其文，而又別鑄，除其肉郭，謂之女錢，二品並行。至普通中，乃議盡罷銅錢，更鑄鐵錢（見隋書卷二十四食貨志）。
		女錢	
		鐵錢	
		四柱錢	敬帝太平二年四月己卯鑄四柱錢，一准二十，壬辰改四柱錢一准十，丙申復閉細錢（見梁書卷六敬帝紀）。
	陳代	五銖錢	文帝天嘉五年改鑄五銖，宣帝大建十一年又鑄大貨六銖，以一當五銖之十，與五銖並行，後還當一，人皆不便，遂廢六銖（見隋書卷二十四食貨志）。
		大貨六銖	

北朝 後魏	太和五銖 永安五銖	魏初，至於太和，錢貨無所周流，高祖（孝文）始詔天下用錢焉。十九年冶鑄粗備，文曰太和五銖，詔京師及諸州鎮皆通行之……自後民多私鑄，稍就小薄，價用彌賤……至永安二年秋，詔更改鑄，文曰永安五銖（見魏書卷一百十食貨志）。
北齊	常平五銖	齊神武霸政之初，承魏猶用永安五銖……百姓私鑄，漸復細薄，姦偽競起。文宣受禪，除永安之錢，改鑄常平五銖，重如其文（見隋書食貨志）。
北周	布泉錢 五行大布錢 永通萬國錢	後周之初尚用魏錢，及武帝保定元年七月乃更鑄布泉之錢，以一當五，與五銖並行。建德三年六月更鑄五行大布錢，以一當十，與布泉錢並行。齊平以後，宣帝大象元年十一月又鑄永通萬國錢，以一當十，與五行大布及五銖，凡三品並行（見隋書卷二十四食貨志）。

而盜鑄之風又盛，南北政府均無確定的幣制，時時銷毀舊幣，改鑄新幣，新舊的錢輕重不一，比價不同，於是劣幣便驅逐了良幣，而使錢幣日益濫惡，官錢每出，奸民就乘機盜鑄。

南北朝奸民盜鑄錢幣表

朝代	盜鑄情況
南朝 宋	元嘉中，鑄四銖錢，輪郭形制與五銖同，用費損無利，故百姓不盜鑄。及世祖（孝武帝）即位，又鑄孝建四銖，鑄錢形式薄小，輪郭不成，於是民間盜鑄者雲起，雜以鉛錫，並不牢固。又剪鑿古錢，以取其銅，錢轉薄小，稍違官式，雖重制嚴刑，民吏官長坐死免者相係，而盜鑄彌甚，百物踊貴，民人患苦之……前廢帝即位，鑄二銖錢，形式轉細，官錢每出，民間即模效之，而大小厚薄皆不及也，無輪郭，不磨鑢，如今之剪鑿者，謂之耒子。景和元年沈慶之啟通私鑄，由是錢貨亂改，一千錢長不盈三寸，大小稱此，謂之鵝眼錢，劣於此者謂之綖環錢，入水不沉，隨手破碎，市井不復料數，十萬錢不盈一掬，斗米一萬，商貨不行（見宋書卷七十五顏竣傳）。但據卷六十六何尚之傳，先是患錢輕，鑄四銖錢，民間頗盜鑄，多翦鑿古錢以取銅。上患之，二十四年錄尚書江夏王義恭建議，以一大錢當兩，以防翦鑿，上遂以一錢當兩行之。經時，公私非便，乃罷。是則元嘉四銖亦有盜鑄之事。

	齊代	民間錢多翦鑿，鮮復完者，公家所受，必須員大，以兩代一，困於所貿（見南齊書卷二十六王敬則傳）。泉鑄歲遠，類多翦鑿，江東大錢，十不一在，公家所受，必須輪郭，遂買本一千，加子七百（見南齊書卷四十竟陵王子良傳）。
	梁代	普通中，更鑄鐵錢，人以鐵錢易得，並皆私鑄。及大同已後，所在鐵錢遂如丘山，物價騰貴，交易者以車載錢，不復計數，而唯論貫。商旅姦詐，因之以求利。自破嶺以東八十為百，名曰東錢。江郢已上，七十為百，名曰西錢。京師以九十為百，名曰長錢。中大同元年天子乃詔通用足陌，詔下，而人不從。錢陌益少，至於末年，遂以三十五為百云（見隋書卷二十四食貨志）。梁末，又有兩柱錢及鵝眼錢，於時人雜用，其價同，但兩柱重，而鵝眼輕。私家多鎔錢，又間以錫鐵，兼以粟帛為貨（見隋書卷二十四食貨志）。
北朝	後魏	時所用錢（太和五銖），人多私鑄，稍就薄小，乃至風飄水浮，米斗幾值一千，乃鑄五銖錢（永安五銖）（見魏書卷五十八楊侃傳）。當時用錢（太和五銖）稍薄，在市銅價八十一文，得銅一斤，私造薄錢，斤餘二百。今錢徒有五銖（太和五銖）之文，而無二銖之實，薄甚榆莢，上貫便破，置之水上，殆欲不沉，後遂鑄永安五銖錢（見魏書卷七十七高恭之傳）。百姓私鑄永安五銖，體制漸別，遂各以為名，有雍州青赤，梁州生厚緊錢吉錢，河陽生澀天柱赤牽之稱（見隋書卷二十四食貨志）。
	北齊	乾明皇建之間，往往私鑄。鄴中用錢，有赤熟青熟細眉赤生之異，河南所用，有青薄鉛錫之別，青齊徐兗梁豫州輩類各殊。武平已後，私鑄轉盛，或以生鐵和銅，至於齊亡，尚不能禁（見隋書卷二十四食貨志）。

錢幣變易無常，而每次易變之際，民間又乘機盜鑄，益貶其質，南朝有鵝眼綖環之名（宋書卷七十五顏竣傳），北朝有雞眼鐶鑿之號（魏書卷一百十食貨志），乃至風飄水浮，隨手破碎。當時人士已經知道劣幣之可擾亂金融，政府所以還鑄劣幣者，無非是惜銅愛工。南齊時，劉悛曾言：

鑄錢之弊在輕重屢變。重錢患難用，而難用為累輕。輕錢弊盜鑄，而盜鑄為禍深。民所盜鑄，嚴法不禁者，由上鑄錢惜銅愛工也。惜銅愛工者，謂錢無用之器，以通交易，務欲令輕而數多，使省工而易成，不

通用。

而「巧偽既多，輕重非一，四方州鎮，用各不同」（魏書卷一百十食貨志），遂致甲地的錢幣，不能在乙地

詳慮其為患也（南齊書卷三十七劉悛傳）。

太和五銖雖利於京邑之肆，而不入徐揚之市。土貨既殊，貿鬻亦異，便於荊郢之邦者，則礙於兗豫之域（魏書卷一百十食貨志）。

縱是同一錢幣，甲地的市價也和乙地不同。

大同已後，所在鐵錢遂如丘山……自破嶺以東，八十為百，名曰東錢，江郢已上，七十為百，名曰西錢，京師以九十為百，名曰長錢（隋書卷二十四食貨志）。

錢幣不過通交易的工具，其本身並無價值，而當時的人竟然異想天開，以為以一當兩，不但國家，就是個人，也贏一倍之利。宋文帝時，沈演之說：

愚謂若以大錢當兩，則國傳難朽之實，家贏一倍之利，不俟加憲，巧源自絕，施一令而眾美兼，無興這之費，莫盛於茲矣（宋書卷六十六何尚之傳）。

文帝「從演之議，遂以一錢當兩行之，經時公私非便，乃罷」（宋書卷六十六何尚之傳）。錢幣如斯濫惡，所以人們均輕錢幣而重實物，錢幣不能流通，於是市場交易遂以穀帛為媒介。

梁初，唯京師及三吳荊郢江湘梁益用錢，其餘州郡則雜以穀帛交易，交廣之域全以金銀為貨……嶺南諸州多以鹽米交易，俱不用錢云……冀州之北，錢皆不行，交易者皆絹布（隋書卷二十四食貨志）。

河北諸州舊少錢貨，猶以他貨交易，錢略不入市也（魏書卷一百十食貨志）。

廢錢不用，積錢之家皆破產了。孔琳之說：

錢之不用，由於兵亂，積久自至於廢，有由而然，漢末是也。今既用而廢之，則百姓頓亡其財……是有錢無糧之民皆坐而饑困，此斷錢之立敝也（宋書卷五十六孔琳之傳）。

何況「布帛不可尺寸而裂，五穀則有負擔之難」（魏書卷一百十食貨志），其有害於商品流通者甚大，所以南朝則「商貨不行」（宋書卷七十五顏竣傳），北朝則「貿遷頗隔」（魏書卷一百十食貨志）。而自南北分立之後，南北交戰，商路已經斷絕，而雙方又恐南奸北入，北奸南叛，復禁南北通商。如在南朝，凡遇北朝要求互市，朝中大臣多拒絕之。

時索虜求通互市，上詔群臣博議。謝莊議曰，臣愚以為獯獫弃義，唯利是視，關市之請，或以覘國，順之示弱，無明柔遠，距而觀釁，有足表強。且漢文和親，豈止彭陽之寇，武帝修約，不廢馬邑之謀。故有餘則經略，不足則閉關，何為屈冠帶之邦，通引弓之俗，樹無益之軌，招塵點之風。交易爽議既應深杜，和約詭論尤宜固絕。臣庸管多蔽，豈識國儀，恩誘降逮，敢不披盡（宋書卷八十五謝莊傳）。

北朝亦禁止商販渡淮。

舊制以淮禁，不聽商販輒渡淮南（北齊書卷四十六蘇瓊傳）。

所以當時南北通商只限於聘使私自互市。

魏梁通和，要貴皆遣人隨聘使交易（北史卷三十二崔暹傳）。

及邊郡官吏偷運私貨。袁翻說：

自此緣邊州郡……皆無防寇禦賊之心，唯有通商聚斂之意……販貿往還，相望道路（魏書卷六十九袁翻

傳）。

然而難免為御史所劾。

> 崔季舒出為齊州刺史，坐遣人渡淮互市……為御史所劾（北齊書卷三十九崔季舒傳）。

除此之外，縱在「烟火相接」的地方，雙方政府亦希望「人迹不過」，「老死不相往來」。

> 二十五年虜寧南將軍豫州刺史北井侯若庫辰樹蘭移書豫州（宋右將軍豫州刺史南平王鑠）曰僕以不德，荷國榮寵，受任邊州，統理民物……此之界局與彼通連，兩民之居，烟火相接，來往不絕，情偽煩興，是以南奸北入，北奸南叛……自今以後，魏宋二境宜使人迹不過，自非聘使，行人無得南北。邊境之民，烟火相望，雞狗之聲相聞，至老死不相往來，不亦善乎。又能此亡彼歸，彼亡此致，則自我國家所望於仁者之邦也（宋書卷九十五索虜傳）。

在這種情形之下，自由通商當然不會存在。通商可以調和兩地的習慣，統一兩地的言語，南北通商不能自由，那末南北偏見當然愈益隔閡，這是南北分立的第二原因。

最初劉宋也想恢復中原。隋末，文中子王通著元經，始於晉惠帝即位之時，即太熙元年，而止於宋亡之時，齊梁以下，均不著經。蓋「晉宋之王未忘中國，齊梁陳之德斥之於四夷也」（中說，問易篇）。案「宋有復中國之志」（中說，述史篇），武帝劉裕固曾北伐，師至關中。文帝元嘉年間亦曾「再略河南」，而師旅又復傾覆。降至齊梁，人民南遷既久，均無北歸之計，而朝廷亦放棄北伐之議，雖有戰事，目的只求保境。

> 晉世遷宅江表，人無北歸之計……元嘉再略河南，師旅傾覆，自此以來，攻伐寢議，雖有戰爭，事在保境（南齊書卷四十七王融等傳史臣曰）。

元嘉年間累次北伐，其所以失敗者，蓋文帝「每出軍行師，常懸授兵略」（宋書卷九十四徐爰傳），此實患兵家之大忌。六韜（第二十一篇主將）云：「軍中之事，不聞君命，皆由將出」。三略（中略）云：「出軍行師，將在自專，進退內御，則功難成」。沈慶之之留碻磝也，曾說：「閫外之事，將所得專，詔從遠來，事勢已異」（宋書卷七十七沈慶之傳）。史臣曾批評云：文帝「授將遣帥，乖分閫之命。才謝光武，而遙制兵略。至於攻日戰時，莫不仰聽成旨，雖覆師喪旅，將非韓白，而延寇蹙境，抑此之由」（宋書卷五文帝紀史臣曰）。

尤有進者，劉宋北伐，師旅所以累遭傾覆，尚有其他原因。東晉喪亂，垂一百餘年，南朝承其凋弊，國力已經疲憊。宋文梁武勵精圖治，號稱中興，元嘉天監乃是南朝最繁盛的時代，但是當時政府已經感覺財政困難，與軍隊缺乏。而財政所以困難，軍隊所以缺乏，又以戶口減耗為其主要原因。東晉「戶口凋寡，不當漢之一郡」（晉書卷九十八桓溫傳），而賦役繁重，「百姓不能堪命，各事流移，或依於大姓，或聚於屯封」（梁書卷三十八賀琛傳），卒致「田野百縣，路無行人，耕田載租，皆驅女弱」（宋書卷七十四沈攸之傳，參閱南齊書卷二十四柳世隆傳），竟令朝廷不能不下詔禁止役使女丁。

大同七年十一月丙子詔停在所役使女丁（梁書卷三武帝紀）。

戶口減少對於國家的財力和兵力，均有很大的影響。就財力說，當時租稅以田稅和戶調為主，戶口逃亡，國家的收入當然減少，所以財政困難可以說是南朝的普遍現象。宋元嘉時代已經感覺「一時水旱，便有罄匱」（宋書卷五文帝紀元嘉八年二月戊申詔），梁天監時代也復感覺「帑藏空虛，日不暇給」（梁書卷三十八賀琛傳），其他時代更不必說。在宋，每遇北狄來侵，就發生軍需不給的現象，或使王公獻金，或向富民借債。

元嘉二十七年，是時軍旅大起，王公妃主及朝士牧守，下至富民，各獻金帛雜物，以助國用……有司又

奏軍用不充，揚南徐兗江四州富民家資滿五千萬，僧尼滿二千萬者，並四分借一、事息即還（資治通鑑卷一百二十五宋文帝元嘉二十七年）。

在梁，縱在大穰之年，而欲興師北伐，也使王公捐租輸穀，以助軍資。

武帝天監四年，是歲以興師費用，王公以下各上國租及田穀，以助軍資……是歲大穰，米斛三十（梁書卷二武帝紀）。

這種情況足以證明南朝財政的困難。

就兵力言，南朝「恃寇不來，遂無其備」（宋書卷六十四鄭鮮之等傳史臣曰），「江東忘戰日久，士不習兵」（宋書卷一百自序），而「人士競談玄理，不習武事」（梁書卷五十六侯景傳），而戶口減耗，社會沒有剩餘勞動力，國家當然不能利用工資，雇用職業的軍隊，而力役入於私門，國家又不能徵調豪族的領戶，加以訓練，一旦戰事發生，只有臨時拉夫以作應付。宋元嘉時代，梁天監時代無不如此。

元嘉二十七年，是時軍旅大起……以兵力不足，悉發青冀徐豫二兗六州三五民丁，倩使暫行，符到十日裝束，緣江五郡集廣陵，緣淮三郡集盱眙（資治通鑑卷一百二十五宋文帝元嘉二十七年）。

天監十三年，魏降人王足陳計：求堰淮水以灌壽陽……上以為然……發徐揚人，率二十戶取五丁，以築之（資治通鑑卷一百四十七梁武帝天監十三年）。

其實役男過少，不但因為戶口減耗，抑亦因為免役之人太多。梁時，虞玩之說：

今戶口多少，不減元嘉，而板籍頓闕，弊亦有以。自孝建已來，入勳者眾，其中操干戈衛社稷者，三分殆無一焉（南齊書卷三十四虞玩之傳）。

兼以逐鹿中原，馬隊頗見重要，北朝「所恃唯馬」（宋書卷七十七沈慶之傳），而南方卻缺乏馬匹。文帝欲謀北伐，沈慶之即以馬少為言。

太祖（文帝）將北討，慶之諫曰，馬步不敵，為日已久矣（宋書卷七十七沈慶之傳）。

孝武帝時，周朗亦謂：

今人知不以羊追狼，蟹捕鼠，而令重車弱卒，與肥馬悍胡相逐，其不能濟固宜矣。漢之中年能事胡者，以馬多也。胡之後服漢者亦以馬少也。既兵不可去，車騎應蓄（宋書卷八十二周朗傳）。

孝武帝似感其言，孝建年間曾獎勵民間養馬。

孝建三年五月辛酉制，荊徐兗豫雍青冀七州統內，家有馬一匹者，蠲復一丁（宋書卷六孝武帝紀）。

然而無補於事。何況卒不素練，將非其才，建平王宏說：

卒不素練，兵非夙習，且戎衛之職多非其才，或以資厚素加，或以祿薄帶帖，或寵由權門，恩自私假，既無將領，虛尸榮祿，至於邊城舉燧，羽驛交馳，而望其擐甲推鋒，立功閫外，譬緣木求魚，不可得矣（宋書卷七十二建平王宏傳）。

征夫戍邊。「瓜時不代」，「長淮戍卒歷年怨思」（宋書卷七十九桂陽王休範傳）。而財政困難，士卒欲求一飽而不可得。

江左以來，不暇遠策，王旅外出，未嘗宿飽（南齊書卷四十四沈文季傳史臣曰）。

以如斯之軍隊，不為抄暴，已經不易，何能望其擐甲推鋒，立功閫外。

諸軍並無鬪心，皆謀退縮，豈是欲立功名，直聚為抄暴耳（梁書卷三十二陳慶之傳）。

故在宋代，有識之士均知中原不易恢復，縱令胡人滅亡，而收復中原者必不是南朝。請看周朗之言。

議者必以胡衰不足避，而不知我之病甚於胡矣……設使胡滅，則中州必有興者，決不能有奉土地、率民人，以歸國家矣（宋書卷八十二周朗傳）。

到了侯景作亂，加之以師旅，因之以飢饉，南朝糜爛之慘無異於東漢董卓時代。

時江南連年旱蝗，江揚尤甚，百姓流亡，相與入山谷江湖，採草根木葉菱芡而食之，所在皆盡，死者蔽野。富室無食，皆鳥面鵠形，衣羅綺，懷珠玉，俯伏牀帷，待命聽終，千里絕烟，人迹罕見，白骨成聚，如丘隴焉。侯景性殘酷……常戒諸將曰，破柵平城，當淨殺之，使天下知吾威名，故諸將每戰勝，專以焚掠為事，斬刈人如草芥，以資戲笑（資治通鑑卷一百六十三梁簡文帝大寶元年）。

我們只看百濟使者見城邑丘墟，號泣於建康端門之外，就可以知道當時邑屋焚毀，生靈塗炭如何嚴重了。

百濟使至，見城邑丘墟，於端門外號泣，行人見者莫不灑淚（梁書卷五十六侯景傳）。

國家如斯殘破，更不能出師北伐，這是南朝不能統一北朝的原因。

其在北朝，拓拔魏所以不能併吞南朝，也有其特殊的原因，當其由遊牧民族入據中原，變成農耕民族之際，另一個遊牧民族的蠕蠕乃接踵而至，時時寇邊，南征則北寇進擊，救北則南軍追襲。明元帝時崔浩曾說：

蠕蠕內寇，民食又乏，不可發軍，發軍赴南，則北寇進擊，若其救北，則東州復危（魏書卷三十五崔浩傳）。

太武帝時崔浩又說：

自太宗（明元帝）之世，迄於今日，無歲不警，豈不汲汲乎哉（魏書卷三十五崔浩傳）。

自太武帝而至獻文帝，蠕蠕仍是魏之外患。

> 每歲秋冬，遣軍三道並出，以備北寇，至春中，乃班師（魏書卷四十一賀源傳）。

在這種環境之下，當然不能大舉南寇，何況「晉末天下大亂，生民道盡，或死於干戈，或斃於飢饉，其幸而自存者，蓋十五焉」（魏書卷一百十食貨志），也造成戶口減耗與土地荒蕪的現象。這種現象一直到後魏中期仍然存在。孝文銳意圖治，魏於此時最稱興盛，但是即位初年要想南侵，就須強迫人民抽丁輸糧。

> 延興三年十月，太上皇帝親將南討，詔州郡之民，十丁取一、以充行，戶收租五十石，以備軍糧（魏書卷七上高祖紀）。

到了遷都之後，經營洛邑，費用甚廣。

> 自遷都之後，經略四方，又營洛邑，費用甚廣（魏書卷六十六崔亮傳）。

當時財政如何困難，只看減少官俸，就可知道。

> 太和中，軍國多事，高祖（孝文帝）以用度不足，百官之祿四分減一（魏書卷三十一于栗忠傳）。

孝明時代，「租徵六年之粟，調折來歲之資」（魏書卷二十五長孫稚傳），財政更見窮匱，於是北朝遂和南朝不能北伐一樣，不能南侵。何況孝文宗文鄙武，最初只是邊防廢弛。

> 自定鼎伊洛，邊任益輕，唯底滯凡才，出為鎮將，轉相模習，專事聚斂（魏書卷十八廣陽王深傳）。

其後各方軍備無不毀壞。路思令說：

> 比年以來，將相多是寵貴子孫……貴戚子弟未經戎役……乃令羸弱在前以當銳，強壯居後以安身。兼復器械不精，進止不集，任羊質之將，驅不練之兵……是以兵知必敗，始集而先逃，將又怖敵，遷延而不進

（魏書卷七十二路思令傳）。

高謙之亦說：

諸守帥或非其才，多遣親者妄稱入募，別倩他人引弓格虛。受征官身不赴陳，惟遣奴客充數而已。對寇臨敵，曾不彎弓（魏書卷七十七高謙之傳）。

不但只此而已，早在文成帝時代，征夫及瓜不代，糧餉又不足以供一飽。皮豹子說：

長安之兵，役過期月，未有代期，衣糧俱盡，形顏枯悴，窘切戀家，逃亡不已，既臨寇難，不任攻戰（魏書卷五十一皮豹子傳）。

及至正光（孝明帝）之末，六鎮叛變，引起爾朱之亂，政移臣下，分為東西，權臣擅命，戰爭不息，北朝糜爛之慘比之南朝侯景之禍，似有過而無不及。

正光已前，時唯全盛，戶口之數比夫晉之太康，倍而已矣。孝昌之際，亂離尤甚，恆代而北，盡為丘墟，崤潼已西，煙火斷絕，齊方全趙死於亂麻，於是生民耗減，且將大半（魏書卷一百六上地形志）。

洛陽為繁華之地，其殘破不堪之狀亦不劣於侯景亂後的建康。

武定五年，歲在丁卯，余（楊衒之）因行役，重覽洛陽。城郭崩毀，宮室傾覆，寺觀灰燼，廟塔丘墟。牆被蒿艾，巷羅荊棘，野獸穴於荒階，山鳥巢於庭樹，遊兒牧豎躑躅於九逵，農夫耕稼藝黍於雙闕。麥秀之感，非獨殷墟，黍離之悲，信哉周室（洛陽伽藍記序）。

在這種情況之下，那裡更有餘力經略南方，這是北朝不能統一南朝的原因。南不能北伐，北不能南侵，於是中國就依地理形勢，發生了南北朝的對立。

第二節　世族政治的完成

財產是權力的基礎，而在農業社會，土地又是財產的基礎。秦漢兩代聽人買賣田宅，不加限制，昇平既久，土地漸次集中。由東漢而至三國，「大族田地有餘，而小民無立錐之地」（魏志卷十六倉慈傳）。晉初雖行占田之制，而土地分配乃依貴賤而殊。「中興以來，治綱大弛，權門兼併，強弱相陵，百姓流離，不能保其產業」（宋書卷二武帝紀義熙七年）。土地集中已經根深蒂固，不易破壞，所以南朝四代均不能遵行占田之制，而只有承認土地的私有，田宅買賣任民自由，國家且從而稅之。

晉自過江，凡貨賣奴婢馬牛田宅，有文券，率錢一萬輸估四百入官，賣者三百，買者一百。無文券者，隨物所堪，亦百分收四，名為散估，歷宋齊梁陳如此以為常（隋書卷二十四食貨志）。

但是法律既然承認土地的私有，則世族要兼併土地，必須利用買賣方式，提供相當的代價，所以他們又另取別一個方式，封固山澤的方式，即橫領那些沒有所有主的山澤。

山湖川澤皆為豪強所奪，小民薪採漁釣，皆責稅直（宋書卷二武帝紀中）。

政府對於世族之封固山澤，在東晉時代，已有很嚴厲的制裁，凡占山護澤超過一丈者，皆棄市。

壬辰詔書（晉成帝咸康二年），占山護澤，強盜律論，贓一丈以上，皆棄市（宋書卷五十四羊玄保傳）。

但是法令不行，「富強者兼嶺而占，貧弱者薪蘇無託，至漁採之地亦又如茲」（宋書卷五十四羊玄保傳）。所以宋孝武帝時代又將占田制應用於山澤之上，已占而加工者不追，新占多寡，則以官品高低為差。

凡是山澤，先常熂爈，種養竹木雜果為林，及陂湖江海魚梁鰌鮆場常加工修作者，聽不追奪。官品第一第二聽占山三頃，第三第四品二頃五十畝，第五第六品二頃，第七第八品一頃五十畝，第九品及百姓一頃，皆依定格，條上貲簿。若先已占山，不得更占。先占闕少，依限占足。若非前條舊業，一不得禁。有犯者水上一尺以上，並計贓，依常盜律論（宋書卷五十四羊玄保傳）。

這種制度可以說是對於世族的讓步，而仍無補於事，我們只看江左各朝均曾禁止封固，可知封固並未完全消滅❾。

宋孝武帝大明七年七月丙申詔曰，前詔江海田池與民共利，歷歲未久，浸以弛替，名山大川往往占固，有司嚴加檢糾，申明舊制（宋書卷六孝武帝紀）。

齊高帝建元元年四月己亥詔曰，二宮諸王悉不得營立屯邸，封略山湖（南齊書卷二高帝紀）。

梁武帝天監七年九月丁亥詔曰，芻牧必往，姬文垂則。雉兔有刑，姜宣致貶。藪澤山林，毓材是出，斧斤之用，比屋所資。而頃世相承，並加封固，豈所謂與民同利，惠茲黔首。凡公家諸屯戍見封熂者，可悉開常禁（梁書卷二武帝紀）。

世族不但封固無主的山澤，甚至占取公田，以高價租與貧民，而令國家不能不下詔禁止。

大同七年十一月丁丑詔曰，頃者豪家富室多占取公田，貴價僦稅，以與貧民，傷時害政，為蠹已甚。自今公田悉不能假與豪家，已假者特聽不追（梁書卷三武帝紀下）。

北朝情形稍和南朝不同，永嘉喪亂，百姓流亡，中原蕭條，千里無煙，土地無主，或由政府沒收，或

❾ 司徒竟陵王於宣城臨成定陵三縣，界立屯封山澤數百里，禁人樵採（南史卷三十五顧憲之傳）。

由世族霸占。其由政府沒收者如何處理，已經成為問題，而由世族霸占者，一旦業主返鄉，不免發生爭訟，事涉數世，取證無憑，爭訟遷延，不能判決，良疇委而不開，柔桑枯而不採，這當然有害國民經濟的發達。

時民困饑流散，豪右多有占奪。李安世乃上疏曰，竊見州郡之民，或因年儉流移，棄賣田宅，漂居異鄉，事涉數世，三長既立，始返舊墟。廬井荒毀，桑榆改植，事已歷遠，易生假冒。強宗豪族肆其侵凌，遠認魏晉之家，近引親舊之驗。又年載稍久，鄉老所惑，群證雖多，莫可取據，各附親知，互有長短，兩證徒具，聽者猶疑，爭訟遷延，連紀不判。良疇委而不開，柔桑枯而不採，僥倖之徒興，繁多之獄作。欲令家豐歲儲，人給資用，其可得乎。愚謂今雖桑井難復，宜更均量，審其徑術，令分藝有準，力業相稱，細民獲資生之利，豪右靡餘地之盈，則無私之澤乃播均於兆庶，如阜如山可有積於比戶矣。又所爭之田，宜限年斷，事久難明，悉屬今主，然後虛妄之民絕望於覬覦，守分之士永免於凌奪矣。高祖深納之，後均田之制起於此矣（魏書卷五十三李安世傳）。

於是遂於太和九年頒布均田之制。

太和九年十月丁未詔曰，朕承乾在位十有五年，每覽先王之典，經綸百氏，儲畜既積，黎元永安，爰暨季葉，斯道陵替。富強者並兼山澤，貧弱者望絕一廛，致令地有遺利，民無餘財，或爭畝畔以亡身，或因饑饉以棄業，而欲天下太平，百姓豐足，安可得哉。今遣使者循行州郡，與牧守均給天下之田，還受以生死為斷，勸課農桑，興富民之本（魏書卷七上高祖紀）。

其制如次：

太和九年下詔均給天下民田。諸男夫十五以上，受露田四十畝，婦人二十畝，奴婢依良丁。牛一頭受田

三十畝，限四牛。所授之田率倍之，三易之田再倍之，以供耕作及還受之盈縮。諸民年及課則受田，老免及身沒則還田，奴婢牛隨有無以還受。諸桑田不在還受之限，但通入倍田分，於分雖盈，沒則還田，不得以充露田之數，不足者以露田充倍。諸初受田者，男夫一人給田二十畝課蒔，餘種桑五十樹棗五株榆三根，非桑之土，夫給一畝，依法課蒔榆棗。奴各依良。限三年種畢，不畢，奪其不畢之地。於桑榆地分雜蒔餘果及多種桑榆者，不禁。諸應還之田，不得種桑榆棗果，種者以違令論。地入還分，諸桑田皆為世業，身終不還，恆從見口，有盈者無受無還，不足者受種如法，盈者得賣其盈，不足者得買所不足，不得賣其分，亦不得買過所足。諸麻布之土，男夫及課，別給麻田十畝，婦人五畝，奴婢依良，皆從還受之法。諸有舉戶老小癃殘無受田者，年十一以上及癃者各授以半夫田，年踰七十者不還所受，寡婦守志者雖免課，亦授婦田。諸還受民田恆以正月，若始受田而身亡及賣買奴婢牛者，皆至明年正月乃得還受。諸土廣民稀之處，隨力所及，官借民種蒔役，有土居者，依法封授。諸地狹之處，有進丁受田而不樂遷者，則以其家桑田為正田分，又不足，不給倍田，又不足，家內人別減分。無桑之鄉準此為法。樂遷者聽逐空荒，不限異州他郡，唯不聽避勞就逸。其地足之處，不得無故而移。諸民有新居者，三口給地一畝，以為居室，奴婢五口給一畝。男女十五以上，因其地分，口課種菜五分畝之一。諸一人之分，正從正，倍從倍，不得隔越他畔。進丁受田者恆從所近，若同時俱受，先貧後富。再倍之田，放此為法。諸遠流配謫無子孫及戶絕者，墟宅桑榆盡為公田，以供授受。授受之次，給其所親，未給之間，亦借其所親，諸宰民之官，各隨地給公田，刺史十五頃，太守十頃，治中別駕各八頃，縣令郡丞六頃，更代相付，賣者坐如律……其民調，一夫一婦帛一匹粟二石，民年十五以上未娶者，四人出一夫一婦之調，奴任耕，婢任績者，八口當未娶者四，耕牛

二十頭當奴婢八，其麻布之鄉，一夫一婦布一匹，下至牛以此為降，大率十匹為工調，二匹為調外費，三匹為內外百官俸。此外雜調，民年八十以上，聽一子不從役，孤獨癃老篤疾貧窮不能自存者，三長內迭養食之（魏書卷一百十食貨志）。

到了後魏分為周齊，北齊北周也施行均田制度，大同小異，而根本不殊。

河清三年（北齊武成帝）定令……男子十八以上，六十五以下為丁，十六已上十七已下為中，六十六已上為老，十五已下為小，率以十八受田，輸租調，二十充兵，六十免力役，六十六退田，免租調。京城四面諸坊之外，三十里內為公田。受公田者，三縣代遷內執事官一品已下，逮於羽林武賁各有差。其外畿郡，華人官第一品已下，羽林武賁以上各有差。職事及百姓請墾田者名為受田奴。婢受田者，親王止三百人，嗣王止二百人，第二品嗣王已下及庶姓王止一百五十人，正三品已上及王宗止一百人，七品已上限止八十人，八品已下至庶人限止六十人。奴婢限外，不給田者皆不輸。其方百里外及州人，一夫受露田八十畝，婦四十畝，奴婢依良人，限數與在京百官同。丁牛一頭受田六十畝，限止四牛。又每丁給永業二十畝為桑田，其中種桑五十根榆三根棗五根，不在還受之限。非此田者悉入還受之分。土不宜桑者給麻田，如桑田法。率人一牀，調絹一疋綿八兩，凡十斤綿中折一斤作絲，墾租二石，義租五斗，奴婢各准良人之半。牛調二尺，墾租一斗，義租五升。墾租送臺，義租納郡，以備水旱。墾租皆依貧富為三梟，其賦稅常調，則少者直出，上戶中者及中户多者及下戶，上梟輸遠處，中梟輸次遠，下梟輸當州倉，三年一校焉。租入臺者五百里內輸粟，五百里外輸米，入州鎮者輸粟，人欲輸錢者准上絹收錢（隋書卷二十四食貨志）。

後周太祖作相，創制六官……司均掌田里之政令，凡人口十已上宅五畝，口九以上宅四畝，五口已下宅

> 二畝。有室者田百四十畝，丁者田百畝，司賦掌功賦之政令，凡人自十八以至六十有四，與輕癃者皆賦之。其賦之法，有室者歲不過絹一疋綿八兩粟五斛，丁者半之。其非桑土，有室者，布一疋麻十斤，丁者又半之，豐年則全賦，中年半之，下年三之，皆以時徵焉。若艱凶札則不徵其賦。司役掌力役之政令，凡人自十八以至五十有九，皆任於役，豐年不過三旬，中年則二旬，下年則一旬。凡起徒役，無過家一人，其人有年八十者，一子不從役，百年者家不從役，廢疾非人不養者一人不從役。若凶札，又無力征（隋書卷二十四食貨志）。

茲將北朝的均田制，分析說明如次。

(一)丁中之法

田之還受乃依人民年齡，所以丁中之法甚見重要。後魏雖無明文規定，但魏書既說：

> 諸男十五以上……則受田，老免及身死，則還田……諸有舉戶老小癃殘無受田者，年十一以上及癃者各授以半夫田，年踰七十者不還所受。

則十五以上七十以下為丁，十一以上十四以下為中，七十一以上為老，十歲以下為小，可以推知出來。北齊明文規定：男子年十八以上六十五以下為丁，十六以上十七以下為中，六十六以上為老，十五以下為小。北周丁法也無明文規定。隋書只說：

> 凡人自十八以至六十有四……皆賦之。

則北周大約分丁老小三級，十八以上六十四以下為丁，六十五以上為老，十七以下為小。

北朝丁法表

種類	後魏	北齊	北周
小	十歲以下	十五以下	十七以下
中	十一以上十四以下	十六以上十七以下	
丁	十五以上七十以下	十八以上六十五以下	十八以上六十四以下
老	七十一以上	六十六以上	六十五以上

(二)田之種類

除北周外，後魏北齊均分田為露田桑田兩種，露田種穀，穀是一年生的植物，年年播種，年年收穫，收穫之後，土地轉授別人，新舊雙方均無損失，所以諸民身老或死，須還露田。後魏明令規定，田之還受皆在每歲正月，北齊則在十月（通典卷一田制上及卷二田制下），這個時候，舊穀已收，新穀未種，還田既無特殊損失，受田也無特殊利益。桑田種樹，後魏北齊均明令規定，至少應種桑五十株，棗五株，榆三株。後魏又明令規定，三年種畢，不畢，奪其不畢之地。凡土不宜種桑者，則給麻田。樹是多年生的植物，由栽培而至於收穫，須經過相當歲月，而既有收穫之後，一旦轉授別人，原主必感損失，所以桑田不必退還政府，而可以傳給子孫，北齊特稱之為永業田。桑田可以傳給子孫，那末，經過數代之後，不是愈積愈多麼？關此，後魏明令規定，多者無受無還，少者補其不足，多者得賣其盈，惟不得賣過其分，少者得買其虧，惟不得買過所足⑩。

⑩ 後魏北周除須田外，尚給宅地。魏制，諸民有新居者，三口給宅地一畝，奴婢三口也給一畝。周制，凡人口十以上

㈢田之還受

有受田之資格者共計三種，一是良民，魏制，諸男年十五以上，受露田四十畝，婦人二十畝。但是人田多寡，不能相副，田多人少，若不加授，則荒棄可惜。地狹人眾，若不減授，則供不應求。魏制對此，頗有調劑之法。露田率倍常額，謂之倍田，地狹人眾，方不倍授。所以實際上，一夫可得露田八十畝，一婦可得露田四十畝，而男夫又另受桑田二十畝，即一家夫婦受田共一百四十畝。北齊沒有倍田之制，民年十八以上，一夫受露田八十畝，婦四十畝，而男丁又另受桑田二十畝，合計亦共一百四十畝（無婦者只受百畝）。周制，民之有室者，受田一百四十畝，單丁受田百畝。二是奴婢，除北周沒有明文規定之外，奴婢均依良丁受田，他們只受露田，不受桑田。魏制，受田的奴婢人數沒有限制，有多少奴婢，就可受多少田。北齊限制如次。

北齊奴婢受田表

奴主種類	奴婢受田人數
親王	三〇〇
嗣王	二〇〇
第二品嗣王以下及庶姓王	一五〇
正三品以上及王族	一〇〇
七品以上	八〇
八品以下至庶人	六〇

給宅地五畝，九以下給四畝，五以下給二畝。

奴婢可以受田，所以北朝世族均設法購買奴婢，以冀領取較多的田。三是牛，後魏牛一頭受田三十畝，連同倍田，共六十畝。北齊一牛受田六十畝。受田的牛均限四頭。北周沒有明文規定⑪。

良民年老或死，須還露田。後魏以七十一，北齊以六十六，北周以六十五為老。奴婢及牛均於賣出後，退還所受的田。桑田宅地都是有受無還，但是諸民因罪流於遠方，或無子絕嗣者，其桑田墟宅悉沒收為公田。

㈣ 賦役

人民受田之後，怎樣報償政府，一是納稅，二是服役。後魏關於租稅，沿用晉制，立戶調之法。民年十五受田，輸戶調，一夫一婦帛一匹粟二石，未娶者輸四分之一，奴婢輸八分之一，耕牛輸二十分之一。關於力役，史闕其文，我們只能知道民年八十以上，聽一子不從役。

齊制，關於租稅，似已分別戶調與田租，民年十八受田，輸租調，六十六退田，免租調。其調，絹一疋綿八兩，其租，墾租二石，義租五斗。奴婢各準良人之半，牛調二尺，墾租一斗，義租五升。墾租送臺，義租納郡，以備水旱。關於力役，我們只能知道二十充兵，六十免力役。

周制，民年十八至六十四，為納稅年齡，有室者絹一疋綿八兩粟五斛，丁者半之。其非桑土，輸布一疋麻十斤，丁者半之。豐年全賦，中年半之，下年三之，凶年全免。民年八十以上，一子不從役，百年者家不從役，廢疾非人不養者，一不從役。由此可知均田實和占田一樣，目的在於處分公田，以增加國家的

⑪ 有受田之資格者原則上限於上述三種。後魏尚有例外規定，舉戶皆老小殘疾，無人受田者，年十一以上及癃者，各受半夫田。寡婦守志不嫁，雖免課，亦受婦田。

稅收，名義上號為均田，事實上田之分配並不平均。奴婢可以受田，耕牛也可以受田，資產愈豐，則奴婢愈多，耕牛也愈多。奴婢愈多，耕牛愈多，則其受田也愈廣。受田愈厚，獲利愈厚，其奴婢與耕牛又復因之加多，所以均田制度自始就有利於世族。何況均田只將公田分配給人民耕種，至於世族霸占的土地，例如後魏，則因「事久難明，悉屬今主」，因此之故僅僅數年之後，京師就無田可分。

今京師民庶不田者多，遊食之口，三分居二（魏書卷六十韓麒麟傳）。

地方細民所得者又只是瘠土荒疇。源懷說：

景明以來，北蕃連年災旱，高原陸野不任營殖，唯有水田，少可蓄畝。然主將參僚專擅腴美，瘠土荒疇給百姓，因此困敝，日月滋甚（魏書卷四十一源懷傳）。

北齊分配田地，亦不平均。

時（東魏孝靜帝天平年間）初給民田，貴勢皆占良美，貧弱咸受瘠薄（北齊書卷十八高隆之傳）。

而在東魏，且有封固山澤之事。

東魏孝靜帝武定五年九月己亥，文襄（高澄）請……豪貴之家不得占護山澤（北史卷六齊本紀上）。

沒有耕耘的人，土地是沒有用處的。當時南北兩朝均感覺戶口減耗，世族要利用土地，不能不取得戶口。恰好世族有免役的權⑫，而平民投靠世族者，也有這個權利。

晉自中原喪亂，元帝寓居江左……歷宋齊梁陳……都下人多為諸王公貴人左右佃客典計衣食客之類，皆

⑫ 士族不必納稅，今只舉顧憲之之言以為證。他說：「山陰一縣，課戶二萬……凡有資者多是士人，復除」（南齊書卷四十六顧憲之傳）。

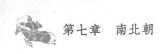

無課役（隋書卷二十四食貨志）。

魏初不立三長，故民多蔭附，蔭附者皆無官役（魏書卷一百十食貨志）。

因然世族對其領戶，也有徵斂之事，而在北朝且比公賦為多。

豪強徵斂，倍於公賦（魏書卷一百十食貨志）。

但是人民憚役尤其兵役乃有甚於憚稅，魏在明元帝時，永興五年正月「大閱畿內男子，十二以上悉集」（魏書卷三太宗紀），是則男年十二以上均有服役的義務。宣武帝時，「兵革屢動……汝潁之地率戶從戎，河冀之境連丁轉運……死喪離曠，十室而九，細役煩傜，日月滋甚……至使通原遙畛，田蕪罕耘，連村接閈，蠶飢莫食」（魏書卷四十七盧昶傳）。所以人民皆競棄本土，逃竄他方，或投仗強豪，寄命衣食。

兵士役苦，心不忘亂，故有競棄本生，飄藏他土，或詭名託養，散在人間，或亡命山藪，漁獵為命，或投仗強豪，寄命衣食（魏書卷七十八孫紹傳）。

南朝民庶對於國家，要負擔繁重的賦稅，「年滿十六，便課米六十斛，十五以下至十三皆課米三十斛，一戶內隨丁多少，悉皆輸米」（宋書卷九十二徐豁傳）。傜役更繁，「舊制民年十三半役，十六全役」（宋書卷四十二王弘傳），這已經苛酷了，而事實比此更見苛酷。沈亮曾言：「伏見西府兵士，或年幾八十而猶伏隸，或年始七歲而已從役」（宋書卷一百自序）。雖然宋文帝時，王弘上言：「十五至十六宜為半丁，十七為全，從之」（宋書卷四十二王弘傳），而元嘉十七年之詔尚謂「役召之品遂及稚弱」（宋書卷五文帝紀）。課役如此，於是人民有棄其本土，逃亡他鄉者，又有斷截支體，以避傜役者。

年及應輸，便自逃逸……或乃斷截支體，產兒不養（宋書卷九十二徐豁傳）。

蠻民順附者，一戶輸穀數斛，其餘無雜調。而宋民賦役嚴苦，貧者不復堪命，多逃亡入蠻，蠻無徭役，強者又不供官稅（宋書卷九十七荊豫州蠻傳）。

東郡使民，年無常限……乃有畏失嚴期，自戕軀命，亦有斬絕手足，以避徭役，生育弗起，殆為恆事（南齊書卷四十竟陵王子良傳）。

而大多數的人則均投靠於世族。

南兗州鎮廣陵，時百姓遭難，流民多庇大姓以為客（南齊書卷十四州郡志上）。

郡不堪州之控總，縣不堪郡之裒削，更相呼擾，莫得治其政術，惟以應赴徵斂為事。百姓不能堪命，各事流散，或依於大姓，或聚於屯封，蓋不獲已而竄亡，非樂之也（梁書卷三十八賀琛傳）。

此蓋如前所言，魏晉以來，小民憚役多依附世族，受其蔭庇，而為客戶。客戶不必繳納租稅於國家，也不必負擔國家的傜役，所以廕庇可以減少國家的財力，又可以減少國家的兵力。「編戶之命竭於豪門，王府之蓄變為私藏」，當然「主威不樹，臣道專行」，「蕩蕩然王道不絕者若綖」（宋書卷四十二王弘傳贊），於是國家與世族之間就發生了奪取戶口的鬥爭。當時國家所採的政策，積極方面是懲罰逃亡，南朝懲罰逃亡，頗見苛酷，一人不擒，罪及比伍⑬。宋文帝時，羊玄保以為牽挽逃竄，必致繁滋，固然此制暫行停止。

⑬ 明帝時，沈攸之為郢州刺史，「為政刻暴……將吏一人亡叛，同籍符伍充代者十餘人」（見宋書卷七十四沈攸之傳）。南齊書卷二十四柳世隆傳，亦云：沈攸之為郢州刺史時，「一人叛，遣十人追，並去不反」。沈攸之禁止境內人民逃亡出界，固然如斯嚴厲，同時又保護他境人民竄叛入境。觀柳世隆之罪沈攸之曰：「竄叛入境，輒加擁護，逋亡出界，必遣窮追」（南齊書卷二十四柳世隆傳），即可知之。

先是劉式之為宣城，立吏民亡叛制，一人不禽，符伍里吏送州作部……玄保以為非宜，陳之曰……今一人不測，坐者甚多，既憚重負，各為身計，牽挽逃竄，必致繁滋……由此此制得停（宋書卷五十四羊玄保傳）。

若據柳世隆之言，宋代末年還是「一人逃亡，闔宗捕逮」（南齊書卷二十四柳世隆傳）。由齊至梁，仍然如故。郭祖深說：

梁興以來，發人征役，號為三五（三丁取二，五丁取三）……或有身殞戰場，而名在叛目，監符下討，稱為逋叛。錄質家丁，合家又叛，則取同籍。同籍又叛，則取比伍。比伍又叛，則望村而取。一人有犯，則合村皆空（南史卷七十郭祖深傳）。

豈但南朝，北朝對於隱口漏丁，亦用嚴刑制裁。

太和十四年十有二月壬午詔……隱口漏丁，即聽附實，若朋附豪勢，陵抑孤弱，罪有常刑（魏書卷七下高祖紀）。

建德六年十一月己亥詔，正長隱五戶及十丁以上……者至死（周書卷六武帝紀）。

然皆無補於事，照顧憲之說：「民之多偽，實由宋季軍旅繁興，役賦殷重，不堪勤劇，倚巧祈優，積習生常，遂迷忘反」（南齊書卷四十六顧憲之傳）。南朝如此，北朝大約相同。於是不能不於積極方面搜括戶口，如在南朝：

元徽三年四月，遣尚書郎到諸州檢括民戶（宋書卷九後廢帝紀）。

齊別置板籍官，置令史，限人一日得數巧⑭，以防懈怠（南齊書卷三十四虞玩之傳）。

---

⑭ 所謂「巧」，據南齊書虞玩之傳，是「竊注爵位，盜易年月，增損三狀，貿襲萬端，或戶存而文書已絕，或人在而

褚玠除山陰令……全丁大戶類多隱沒……高宗……遣使助玠搜括，所出軍民八百餘戶（陳書卷三十四褚玠傳）。

又如北朝：

延興三年九月辛丑，詔遣使者十人循行州郡，檢括戶口，其有仍隱不出者，州郡縣戶主並論如律（魏書卷七上高祖紀）。

武定二年十月丁巳，太保孫騰大司馬高隆之各為括戶大使，凡獲逃戶六十餘萬（魏書卷十二孝靜帝紀）。

宋世良詣河北括戶，大獲浮惰……孝莊勞之曰，知卿所括得丁，倍於本帳，若官人皆如此用心，便是更出一天下也（北齊書卷四十六宋世良傳）。

其根本解決方法則為整理戶籍。永嘉大亂，北人南渡者為數不少，而南朝政府又僑立州郡，招徠北方人口，而如周朗所說：「吳邦而有徐邑，揚境而宅兗民」（宋書卷八十二周朗傳）。這種南遷的人口是不著戶籍的，史稱之為浮浪人。當時戶籍混亂的情形如次。

魏晉以來，遷徙百計，一郡分為四五，一縣割成兩三，或昨屬荊豫，今隸司兗，朝為零桂之士，夕為廬九之民，去來紛擾，無暫止息，版籍為之渾淆，職方所以不能記。自戎狄內侮，有晉東遷，中土遺氓，播徙江外。幽并冀雍兗豫青徐之境，幽淪寇逆，自扶莫而裹足，奉首免身於荊越者，百郡千城，流寓比室。人佇鴻鴈之歌，士蓄懷本之念，莫不各樹邦邑，思復舊井。既而民單戶約，不可獨建，故魏邦而有韓邑，

反託死版，停私而云隸役，身強而稱六疾」。「又有改注籍狀，詐入仕流，昔為人役者今反役人。又生不長髮，便謂為道，填街溢巷，是處皆然。或抱子並居，竟不編戶，遷徙去來，公違土斷」。

> 齊縣而有趙民，且省置交加，日回月徙，寄寓遷流，迄無定託，邦名邑號，難或詳書（宋書卷十一律志序）。

浮浪人的租稅乃如前所言：「樂輸亦無定數，任量准所輸，終優於正課焉」（隋書卷二十四食貨志）。於是南朝政府就實行土斷之法，使無籍之人得到戶籍。但是編制戶籍之時，胥吏往往上下其手，「吏貪其賂，民肆其奸」（南齊書卷三十四虞玩之傳），所以結果也無補於事⑮。虞玩之說：

> 自泰始（宋明帝）三年至元徽（宋後廢帝）四年，揚州等九郡四號黃籍，共卻七萬一千餘戶，於今十一年矣，而所正者猶未四萬。神州奧區尚或如此，江湘諸部倍不可念（南齊書卷三十四虞玩之傳）。

其在北朝，魏初，有所謂雜營戶者，他們繳納的租稅亦甚輕微，所以人們均逃為雜營戶，太武帝始光三年詔罷一切雜營戶，而以之屬郡縣。

> 先是禁網疏闊，民多逃隱。天興（道武帝）中，詔採諸漏戶令輸綸綿，自後諸逃戶占為細繭羅縠者甚眾，於是雜營戶帥遍於天下，不隸守宰，賦役不周，戶口錯亂。始光（太武帝）三年詔一切罷之，以屬郡縣（魏書卷一百十食貨志）。

但是人民逃亡，實如顧憲之所說：「軍旅繁興，役賦殷重，不堪勤劇」，「死且不憚，矧伊刑罰，身且不愛，何況妻子。是以前檢未窮，後巧復滋，網辟徒峻，猶不能悛」（南齊書卷四十六顧憲之傳）。甚者，整理戶籍，尚引起白籍的紛亂。

> 永明三年，初太祖命黃門郎虞玩之等檢定黃籍，上即位，別立校籍官，置令史，限一人一口得數巧，既

⑮ 宋書卷六孝武帝紀，「大明二年五月丙申詔曰，往因師旅，多有逋亡……雖約法從簡……而逃伏猶多」。卷八明帝紀，「泰始三年八月癸卯，詔曰軍民因戰散亡，託懼逃役……雖經累宥，逋竄之黨猶為實繁」。

連年不已，民愁怨不安……多逃亡避罪。富陽民唐寓之因以妖術惑眾作亂，攻陷富陽，三吳卻籍者奔之，眾至三萬……四年唐寓之攻陷錢塘……稱帝……立太子，置百官……上發禁兵數千人，馬數百匹，東擊寓之……寓之一戰而潰，擒斬寓之（資治通鑑卷一百三十六齊武帝紀）。

世族兼併土地，而又有廕附的人為其領戶，領戶對於世族，既須提供力役，又須繳納佃租，於是世族就具備了封建領主的資格，當時九品中正還是朝廷取士之法，而充任州郡大小中正者又悉是世族。他們既無人倫之鑑，又有徇私之念，選舉不辨賢愚，只別貴賤，凡是衣冠，莫非上品，劉毅所謂下品無高門，上品無賤族，經東晉而至南北朝，愈益顯明。

於是世族在政治上就有各種特權。茲先就南朝言之，凡是世族，其釋褐入仕，地位已比寒門為高。

秘書郎有四員，宋齊以來，為甲族起家之選，待次入補，其居職，例數十百日，便遷（梁書卷三十四張纘傳）。

秘書郎與著作郎，江左以來，多為貴遊起家之選，故當時諺曰，上車不落為著作，體中何如則秘書（徐堅初學記卷十三）。

而任官年齡又比寒門為低。

中間立格，甲族以二十登仕，後門以過立試吏（梁書卷一武帝紀）。

所謂「過立」是謂三十歲之後，出於論語（第二篇為政）「三十而立」。梁武帝曾謂「北方高涼，四十強仕，南方卑濕，三十已衰」（南史卷六十二顧協傳）。三十已衰本不足信。其所以有此言者，不過為甲族登仕皆早辯護而已。何況三十已衰若是事實，則寒人年過三十，方得試吏，他們在官年數必定有限，那又有什麼前途。

世族入仕，不但地位高，年齡輕，又得「平流進取，坐至公卿」（南齊書卷二十三褚淵王儉傳論）。尤以王謝二家為然。齊初王志告其弟寂曰：「汝膏粱年少，何患不達」（南齊書卷三十三王僧虔傳）。「於時王家門中，優者則龍鳳，劣者猶虎豹」（南齊書卷三十三王僧虔傳），世族如何把持政權，觀此可以知道。

唯在世族之中又有高低之別，例如江南世家，王謝比較朱張為高。

> 侯景請婚於王謝，上曰王謝門高非偶，可於朱張以下求之（南史卷八十侯景傳）。

而同是一姓，又有上下之別，南朝王氏均出琅邪，而住於烏衣者，地位稍遜於他房。

> 王僧虔為御史中丞……甲族由來多不居憲臺，王氏分枝居烏衣者，位官微減，僧虔為此官，乃曰此是烏衣諸郎坐處，我亦可試為耳（南史卷二十二王僧虔傳）。

世族政治上既有許多特權，所以他們往往恥居下位，臺郎之職，在晉，除吏部郎外，他們是不願就的。例如：

> 王國寶除尚書郎。國寶以中興膏腴之族，惟作吏部，不為餘曹郎，甚怨望，固辭不拜（晉書卷七十五王國寶傳）。

降至南朝，不但中興膏腴之族，就是普通士人也不就臺郎之職。

> 江智淵元嘉末，除尚書庫部郎，時高流序官，不為臺郎，智淵門孤寡援，獨有此選，意甚不悅，乃固辭不拜（宋書卷五十九江智淵傳）。

其肯屈就的，就視為難能可貴。

> 王筠除尚書殿中郎，王氏過江以來，未有居郎署者，或勸筠不就，筠……欣然就職（梁書卷三十三王筠傳）。

又如員外散騎侍郎，晉世為甲族起家之選。

晉世名家身有國封者，起家多拜員外散騎侍郎（宋書卷五十八謝弘徵傳）。

到了齊代，清華竟不屑為。

國常侍員外散騎郎，此二職清華所不為（南史卷二十五到撝傳）。

而出身寒微，門孤援寡者只能屈身於低位。

軍府舍人，此職本用寒人（宋書卷六十二羊欣傳）。

縱以帝王之尊亦不能破壞這個原則。

蔡凝年位未高，而才地為時所重……高祖嘗謂凝曰，我欲用義興主壻錢肅為黃門郎，卿意何如。凝正色對曰，帝鄉舊戚，恩由聖旨，則無所復問。若格以僉議，黃散之職，固須人地兼美，惟陛下裁之（陳書卷三十四蔡凝傳）。

其或受到人主知遇，特別任命為高級官吏者，必下詔說明原因。

建元三年敕曰，江謐寒士，誠當不得競等華儕，然甚有才幹，堪為委遇，可遷掌吏部（南齊書卷三十一江謐傳）。

否則受人輕視，

到溉掌吏部尚書，時何敬容以令（尚書令）參選事，有不允，溉輒相執。敬容謂人曰到溉尚有餘臭，遂學作貴人……溉祖彥之初以擔糞自給，故世以為譏云（南史卷二十五到溉傳）。

或竟被排抵而去。

章華家世農夫……歐陽頠為廣州刺史，署為南海太守……朝臣以華素無閥閱，競排抵之，乃除大市令，既雅非所好，乃辭以疾，鬱鬱不得志（陳書卷三十章華傳）。

這種風俗行之既久，又影響於人們的心理，世族既以門第自矜。

荀伯子常自矜蔭籍之美，謂王弘曰，天下膏粱惟使君與下官耳，宣明之徒不足數也（宋書卷六十荀伯子傳）。

且認宰相之職乃分所應得。

孝武即位，王僧達為尚書右僕射。僧達自負才地，三年間便望宰相，嘗答詔曰亡父（司空王弘）亡祖（司徒王珣），司徒司空，其自負如此（南史卷二十一王僧達傳）。

而寒人也失去自信之力，縱以天子之尊，也不敢存有「王侯將相寧有種耶」的思想。

高祖（宋武帝劉裕）因宴集，謂群公曰我布衣，始望不至此（宋書卷四十二王弘傳）。

高帝（齊高帝蕭道成）詔曰吾本布衣素族，念不到此，因藉時來，遂隆大業（南齊書卷二高祖紀建元四年）。

人主如此，至於普通人士，固然奮立功名，官高位尊，然自視猶不敢與世族較。

陳顯達自以人微位重，每遷官，常有愧懼之色。有子十數人，誡之曰我本志不及此，汝等勿以富貴陵人。家既豪富……顯達謂其子曰麈尾扇是王謝家物，汝不須捉此自隨（南齊書卷二十六陳顯達傳）。

貴賤階級經濟上和政治上既有差別，於是社會上又發生了「士庶之際實自天隔」及「士庶緬絕，不相參知」（宋書卷四十二王弘傳）的現象，簡單言之，貴賤階級雖然不是絕對的不得通婚，而出身寒門的人要與世家之女結婚，確不容易。吾人視梁武帝對侯景說：「王謝門高非偶」（南史卷八十侯景傳），即可知當時風俗。最顯著的，是貴賤階級不相交際。

蔡興宗為荊州刺史，被徵還都時，右軍將軍王道隆任參內政，權重一時，躡履到前，不敢就席，良久方去，竟不呼坐。元嘉初，中書舍人狄當詣太子詹事王曇首，不敢坐。其後中書舍人王弘⑯為太祖所愛遇，上謂曰卿欲作士人，得就王球坐，乃當判耳，殷劉並雜，無所知也，若往詣球，可稱旨就席。球舉扇曰若不得爾。弘還，依事啟聞，帝曰我便無如此何。五十年中有此三事（宋書卷五十七蔡興宗傳）。

甚者同僚也不能同坐。

張敷遷正員中書郎……中書舍人狄當周赳並管要務，以敷同省名家，欲詣之，赳曰彼恐不相容接，不如勿往。當曰吾等並已員外郎矣，何憂不得共坐。敷先設二牀，去壁三四尺，二客就席，敷呼左右曰，移我遠客，赳等失色而去，其自標遇如此（宋書卷四十六張邵傳）。

這種貴賤有別的情況，南朝比較北朝為甚。因為南朝的土地集中開始於三國時代。南方草萊初闢，除三吳外，無主之地尚多。永嘉大亂，南渡的豪族就乘大亂之際，利用部曲之力，橫領了廣大的土地。他們勢力根深蒂固，不易推翻。宋齊以降，勢力更大，縱是天子，亦莫如之何⑰。

中書舍人徐爰有寵於上（宋文帝），上嘗命王球與殷景仁與之相知，球辭曰士庶區別，國之章也，臣不敢奉詔。上改容謝焉（南史卷二十三王球傳）。

⑯ 南史作弘興宗，此王弘非宋書卷四十二之王弘。

⑰ 路太后（宋孝武帝母）弟子瓊之，宅與太常王僧達並門，嘗盛車服衛從，造僧達，僧達不為之禮。瓊之以訴太后，太后大怒，欲辠僧達。上曰瓊之年少，自不宜輕造詣。王僧達貴公子，豈可以此事加辠（宋書卷四十一文帝路淑媛傳）。

中書舍人紀僧真，幸於武帝（齊武帝）……謂帝曰臣小人，出自本縣武吏，邀逢聖時，階榮至此……無復所須，唯就陛下乞作士大夫。帝曰由江斅謝瀹，我不得措此意，可自詣之。僧真承旨詣斅，登榻坐定。斅便命左右曰，移吾牀讓客。僧真喪氣而退，告武帝曰士大夫故非天子所命（南史卷三十六江斅傳）。

甚者舊門華冑且有輕視皇室之事。

王峻子琮為國子生，尚始興王女繁昌縣主，不惠，為學生所嗤，遂離婚。峻謝王，王曰此自上意，僕極不願如此。峻曰臣太祖是謝仁祖外孫，亦不籍殿下姻媾為門戶（梁書卷二十一王峻傳）。

貴賤有別，人們便以譜牒自誇。其實，據摯虞說，「漢末多亂，譜傳多亡失，雖其子孫，不能言其先祖」（晉書卷五十一摯虞傳）。因之，偽造譜牒勢所難免。齊末，梁武帝言：「譜牒譌誤，詐偽多緒……冒襲良家，即成冠族」（梁書卷一武帝紀）。觀梁武之言，可知南朝到了齊季，除王謝數家之外，譜牒亦不足為憑。

其在北朝，後魏起自陰山，本來沒有姓族。

代人諸冑先無姓族，雖功賢之胤，混然未分，故官達者位極公卿，其功衰之親，任居猥任（魏書卷一百十三官氏志）。

到了入主中原，欲把遊牧經濟改變為農業經濟，即部落組織改造為國家組織，不能不採用中華的文物制度，於是遂同五胡一樣，從當時強宗大族所建築的塢堡之中，學習了中華的生產方法，又組織了與這個生產方法相適應的國家。當時北方豪族之受重任者，在太祖道武帝時代，有清河崔玄伯，拓拔氏改國號曰魏，即從玄伯之議。而「制官爵，撰朝儀，協音樂，定律令，申科禁，玄伯總而裁之，以為永式」（魏書卷二十四崔玄伯傳）。太宗明元帝，世祖太武帝時代，崔玄伯之子浩亦秉朝政，凡「朝廷禮儀，優文策詔，軍國書記，

盡關於浩」。世祖嘗「勅諸尚書曰，凡軍國大計，卿等所不能決，皆先諮浩，然後施行」（魏書卷三十五崔浩傳）。其後，浩因修史不慎，而遭滅族之禍⑱。而范陽盧玄則以儒雅著聞，首應旌命，子孫繼跡，為世盛門（魏書卷四十七盧玄傳）。趙郡李孝伯亦受知於世祖，「恭宗曾啟世祖，廣徵俊秀。世祖曰，朕有一孝伯，足治天下，何用多為……自崔浩誅後，軍國之謀咸出孝伯」（魏書卷五十三李孝伯傳）。此外如京兆韋閬，京兆杜銓，河東裴駿均被徵辟（魏書卷四十五各本傳）。到了高祖孝文帝時代，隴西李沖創三長之制，終佐孝文，成就太和之治，「任當端揆，身任梁棟，德洽家門，功著王室」（魏書卷五十三李沖傳史臣曰）。而華陰楊播一家，「高祖以下，乃有七郡太守，三十二州刺史」（魏書卷五十八楊椿傳），所以史臣才說，「榮赫累朝，所謂門生故吏遍於天下」（魏書卷五十八楊播傳史臣曰）。此不過略舉數姓言之⑲。強宗大族因是後魏的宗師，後魏不能不任用他們而尊重其門第，甚至把自己的種族也向士族門第轉化。而如唐代柳沖所說：「代北則為虜姓，元長孫宇文于陸源竇首之」（新唐書卷一百九十九柳沖傳）。於是北朝遂同南朝一樣，用法令規定貴賤之間，職業有別。

⑱ 崔浩遭滅門之禍，除因撰著國史，不知忌諱之外，尚有二說：一說謂浩分別姓族高低，太過急進。當時後魏國基未固，一方雖欲拉攏漢魏華胄，同時亦欲漢人尊重代北武人。魏書卷四十七盧玄傳云：「浩大欲齊整人倫，分明姓族，玄勸之曰，夫刱制立事，固有其時，樂為此者詎幾人也，宜其三思。浩當時雖無異言，竟不納。浩敗，頗亦由此」。另一說謂浩雖身在北朝，而心在華夏。宋書卷七十七柳元景傳云：「元景河東解人也。曾祖卓自本郡遷於襄陽。從祖弟光世先留鄉里，索虜以為河北太守。光世姊夫偽司徒崔浩，虜之相也。元嘉二十七年虜主拓拔燾（太武帝）南寇汝潁，浩密有異圖，光世要河北義士為浩應。浩謀泄被誅，河東大姓坐連謀夷滅者甚眾」。

⑲ 資治通鑑（卷一百四十齊明帝建武三年），謂「時趙郡諸李，人物尤多，各盛家風。故世之言高華者以五族為首」。胡三省注，「盧崔鄭王并李為五姓。趙郡諸李北人謂之趙李，李靈李順李孝伯群從子姪皆趙李也」。

太武帝太平真君五年正月庚戌詔曰，今制自王公已下至於卿士，其子息皆詣太學。其百工伎巧騶卒子息當習其父兄所業，不聽私立學校，違者師身死，主人門誅（魏書卷四下世祖紀）。

不得雜居，

太祖道武皇帝分別士庶，不令雜居，伎作屠沽各有攸處（魏書卷六十韓顯宗傳）。

不得通婚，

文成帝和平四年十有二月壬寅詔曰，今制皇族師傅王公侯伯及士民之家不得與百工伎巧卑姓為婚，犯者加罪（魏書卷五高宗紀）。[20]

寒士若蒙秉權的人賜以華冑之女以為妻，便視為無上的光榮。

孫搴世寒賤……神武……大見賞重，賜妻韋氏，既士人子女，又兼色貌，時人榮之（北史卷五十五孫搴傳）。

左衛將軍郭瓊以罪死，子婦范陽盧道虞女也，沒官。神武啟以賜陳元康為妻，元康地寒，時以為殊賞（北史卷五十五陳元康傳）。

至於第宅車服，自百官以至庶人也有等別。

李彪又表曰，臣愚以為第宅車服，自百官至於庶人，宜為其等制，使貴不逼賤，卑不僭高，不可以稱其

[20] 孝文帝太和二年五月又下詔禁止士族與卑姓為婚，十七年九月又詔廝養之戶不得與士族婚（魏書卷七高祖孝文帝紀）。當時豪族如何拒絕與寒門結婚，觀崔巨倫之姊之事，即可知之。「初崔巨倫有姊，明惠有才行，因患眇一目，內外親類莫有求者。其家議欲下嫁之，巨倫姑趙國李叔胤之妻，高明慈篤，聞而悲感曰吾兄盛德，不幸早世，豈令此女屈事卑族，乃為子翼納之，時人歎其義」（魏書卷五十六崔巨倫傳）。

修意，用違經典……高祖覽而善之，尋皆施行（魏書卷六十二李彪傳）。

各郡雖置學校，亦先取高門子弟，次及中第。

高允請制大郡立博士二人，助教三人，學生一百人。次郡立博士二人，助教二人，學生八十人。中郡立博士一人，助教二人，學生六十人。下郡立博士一人，助教一人，學生四十人……學生取郡中清望，人行修謹，堪循名教者。先盡高門，次及中第，顯祖從之，郡國立學自此始也（魏書卷四十八高允傳）。

在這種制度之下，北朝世族也同南朝一樣，以門第自誇。而在士族之中，崔盧似比趙李為高。而同是崔姓，清河崔氏的地位高於博陵崔氏㉑。蓋如前所言，北朝建國有恃清河崔玄伯及其子浩之協助者甚大，猶如南朝建國而不至滅亡，有恃於王謝二家甚大者相同。清河崔氏分為兩支，一是魏司空崔林之後，崔玄伯及其子浩即其苗裔。另一支為崔林族兄，魏中尉崔琰之後，如崔逞崔亮等是。所以崔浩一族雖被誅夷，而清河崔琰子孫仍是北朝第一望族。吾人觀崔㥄之輕視博崔，即可知之。

崔㥄每以籍地自矜，謂盧元明曰天下盛門惟我與爾，博崔趙李何事者哉（北齊書卷二十三崔㥄傳）。

兼以北朝也採用九品官人之制，以選舉人才。道武帝時，王憲為冀州中正（魏書卷三十三王憲傳），李先為定州大中正（魏書卷三十三李先傳）；太武帝時崔浩為冀州中正，長孫嵩為司州中正（魏書卷二十七穆亮傳），即其明證。而「中正所銓，但存門第，吏部彝倫，仍不才舉」（魏書卷八世宗宣武帝紀正始二年四月乙丑詔），即如韓顯宗所說：「今之州郡貢察，徒有秀孝之名，而無秀孝之實，而朝廷但檢其門望，不復彈坐」（魏書卷

㉑ 高陽王雍元妃盧氏薨，後更納博陵崔顯妹，甚有色寵，欲以為妃。世宗初以崔氏世號東崔，地寒望劣，難之，久乃聽許（魏書卷二十一上高陽王雍傳）。

六十韓顯宗傳）。及至孝文遷都洛邑，更明顯的主張以貴承貴以賤承賤的政治。

高祖曾詔諸官曰，自近代已來，高卑出身，恆有常分，朕意一以為可，復以為不可，宜相與量之。李沖對曰未審上古已來，置官列位，為欲為膏粱兒地，為欲益治贊時。高祖曰俱欲為治。沖曰若欲為治，陛下今日何為專崇門品，不有拔才之詔。高祖曰苟有殊人之伎，不患不知，然君子之門假使無當世之用者，要自德行純篤，朕是以用之。沖曰傳說呂望豈可以門第見舉。高祖曰如此濟世者希，曠代有一兩人耳。沖謂諸卿士曰適欲請諸賢救之。祕書令李彪曰師旅寡少，未應為援，意有所懷，敢不盡言於聖日。陛下若專以門地，不審魯之三卿孰若四科。高祖曰猶如向解。韓顯宗進曰陛下光宅洛邑，百禮唯新，國之興否，指此一選。臣既學識浮淺，不能援引古今，以證此義。且以國事論之，不審中祕書監令之子必為祕書郎，頃來為監令者子皆可為不。高祖曰卿何不論當世膏腴為監令者。顯宗曰陛下以物不可類，不應以貴承貴，以賤襲賤。高祖曰若有高明卓爾，才具雋出者，朕亦不拘此例（魏書卷六十韓顯宗傳）。

其定為制度者，高門之官分九品，寒人之官，別有七等㉒。這是魏孝文帝明告劉昶的。

帝謂昶曰，我今八族以上，士人品等有九，九品之外，小人之官復有七等。胡三省注云：後之流內銓，流外銓，蓋分於此（資治通鑑卷一百四十齊明帝建武三年）。

寒人雖有才智，見知於權貴，而被推薦為比較高級之官吏，亦常受到屬僚的排擠。

任城王澄嘉賞張普惠，臨薨，啟為尚書右丞，靈太后覽啟，從之……後尚書諸郎以普惠地寒，不應便居管轄，相與為約，並欲不放上省，紛紜多日，乃息（魏書卷七十八張普惠傳）。

㉒ 南朝陳代雖「遵梁制為十八班，而官有清濁，又流外有七班，此是寒微士人為之」。見隋書卷二十六百官志上。

而此屬僚也許亦是出身於寒素之門。在貴賤有別之世，寒人常有自卑之感，強烈的自卑感又可發生自大狂，對其同類，往往自視甚高，與其為同類之部屬，寧為世族的奴客。吾人觀古今官場現狀，即可知之。寒人輕視寒人，至於膏粱華胄，則更恥居寒人之下。

賈思伯弟思同，初為青州別駕，清河崔光韶先為中從事，自恃資地，恥居其下，聞思同還鄉，遂便去職。州里人物為思同恨之（北史卷四十七賈思伯傳）。

於是北朝遂和南朝一樣，世族在經濟上政治上和社會上都成為特權階級。「朝廷每選舉人士，則校其一婚一官，以為升降」（魏書卷六十韓顯宗傳）。到了最後，縱令皇家也有畏敬之心。

崔㥄一門婚姻皆是衣冠之美，吉凶儀範為當時所稱。婁太后為博陵王納㥄妹為妃，勅中使曰，好作法用，勿使崔家笑人（北齊書卷二十三崔㥄傳）。

這樣，醞釀於東漢末年的貴族政治，經魏晉至南北朝，更發揚光大，成為一代制度。沈約云：

漢末喪亂，魏武始基，軍中倉卒，權立九品，蓋以論人才優劣，非為世族高卑，因此相沿，遂為成法。自魏至晉，莫之能改。州都郡正以才品人，而舉世人才升降蓋寡，徒以馮藉世資，用相陵駕……劉毅所云下品無高門，上品無賤族者也。歲月遷譌，斯風漸篤，凡厥衣冠莫非二品。自此以還，遂成卑庶。周漢之道，以智役愚，臺隸參差，用成等級。魏晉以來，以貴役賤，士庶之科，較然有別（宋書卷九十四恩倖傳序）。

茲宜知道的，南北朝的士族與魏晉的士族有些不同。魏晉世族多有部曲，而為領兵之將，南朝世族雖承東晉之舊，然已不樂武職（參閱南齊書卷四十四沈文季傳，卷五十二丘靈鞠傳，卷五十一張欣泰傳）。北朝政府為鮮卑種族所組織，對於中國世族，未必信任，所以原則上均不許他們領兵。總而言之，魏晉世族多數領兵，

南北朝世族以不領兵為原則。關於南北朝世族㉓，唐柳沖云：

魏氏立九品，置中正，尊世胄，卑寒士，權歸右姓已。其州大中正主簿，郡中正功曹，皆取著姓士族為之，以定門胄，品藻人物。晉宋因之，始尚姓已。然其別貴賤，分士庶，不可易也。于時有司選舉，必稽譜籍，而考其真偽，故官有世胄，譜有世官，賈氏王氏譜學出焉。由是有譜局，令史職皆具。過江則為僑姓，王謝袁蕭為大。東南則為吳姓，朱張顧陸為大。山東則為郡姓，王崔盧李鄭為大。關中亦號郡姓，韋裴柳薛楊杜首之。代北則為虜姓，元長孫宇文于陸源竇首之。虜姓者魏孝文帝遷洛，有八氏十姓三十六族九十二姓。八氏十姓出自帝宗屬或諸國從魏者。三十六族九十二姓世為部落大人，並號河南洛陽人，郡姓者以中國士人差第閥閱為之。制：凡三世有三公者曰膏粱，有令僕者曰華腴，尚書領護而上者為甲姓，九卿若方伯者為乙姓，散騎常侍大中大夫者為丙姓，吏部正員郎為丁姓，凡得入者謂之四姓。又詔代人諸胄初無族姓，其穆陸奚于下，吏部勿充猥官，得視四姓。北齊因仍舉秀才州主簿郡功曹，非四姓不在選（新唐書卷一百九十九柳沖傳）。

茲將柳沖所舉各姓之來源，簡單述之如次。

(一)過江僑姓

(1)王　琅邪臨沂，漢諫議大夫王吉（漢書卷七十二王吉傳）之後，王氏在兩漢並無特出人才，魏晉易代之

㉓ 自昔，凡世族專擅朝政之時，天子常欲引用寒人，以與之抗。遠者不談，晉惠帝時賈后弄權。「賈謐（后侄）與后共謀，以張華庶族，儒雅有籌略，進無逼上之嫌，退為眾望所依，欲倚以朝綱，訪以政事」（晉書卷三十六張華傳）。到了南北朝，因為門第之見深入人心，此法已不可行。

際，有王祥者，祖仁青州刺史，父融公府辟不就。祥在魏，官至太尉。晉武受禪，拜太保。其弟覽，咸寧初，為宗正卿（晉書卷三十三王祥王覽傳）。覽孫導輔佐元帝，建立南方的政權，官至中書監、驃騎大將軍、錄尚書事、假節、揚州刺史、進拜丞相（晉書卷六十五王導傳）。王敦則為導之從兄（晉書卷九十八王敦傳）。至於王戎、王衍、王澄亦琅邪臨沂人（晉書卷四十三王戎王衍王澄傳），但非王祥王覽之後，不過其同宗而已。南朝卿相王氏最多，舉其要者，如宋書卷四十二之王弘，南齊書卷二十三之王儉，梁書卷二十一之王志，陳書卷十七之王通皆是也。

(2)謝　陳郡陽夏，魏典農中郎將謝纘之後，纘子衡，魏國子祭酒，衡子鯤，王敦引為大將軍長史，尋出為豫章太守，鯤好老易，不屑政事，無砥礪行，居身於可否之間（晉書卷四十九謝鯤傳）。鯤子尚，晉尚書僕射，進號鎮西將軍，都督豫州揚州之五郡軍事（晉書卷七十九謝尚傳）。衡次子裒，晉太常卿，裒子安與其弟謝石，侄謝玄（裒長子奕之子）大敗苻堅於淝水，使南方政權得以穩定。安官至中書監、驃騎將軍、錄尚書事、領揚州刺史、假節、進拜太保、加黃鉞（晉書卷七十九謝安謝石謝玄傳）。南代四代謝家勢力稍遜於王。但宋書卷四十四之謝晦，南齊書卷四十三之謝瀹，梁書卷十五之謝朏，陳書卷二十一之謝哲，他們在政治上的地位亦不可侮。

(3)袁　陳郡陽夏，後漢司徒袁滂之後，滂子渙，魏郎中令（魏志卷十一袁渙傳），其曾孫袁瓌因中原大亂，南渡，元帝以為丹陽尹，除廬江太守，後徙大司農，尋除國子祭酒，加散騎常侍（晉書卷八十三袁瓌傳）。宋有尚書右僕射袁湛，吏部尚書袁粲。梁有司空侍中尚書令袁昂。昂子敬仕陳，官至太常卿金紫光祿大夫，加特進（宋書卷五十三袁湛傳，卷八十九袁粲傳，梁書卷三十一袁昂傳，陳書卷十七袁敬傳）。

(4)**蕭**　南蘭陵，漢相國蕭何之後，宋有中書令，丹陽尹蕭思話，出為使持節，都督徐兗青冀幽五州諸軍事，復都督郢湘二州諸軍事，鎮西將軍，及卒，追贈征西將軍，開府儀同三司（宋書卷七十八蕭思話傳）。子惠開，官至持節都督益寧二州諸軍事，平西將軍（宋書卷八十七蕭惠開傳）。南齊書卷三十八之蕭景先蕭赤斧，梁書卷十之蕭穎達，陳書卷三十之蕭濟，卷三十一之蕭摩訶皆蘭陵人。齊梁二代天子亦其同宗（參閱新唐書卷七十一下宰相世系表），而隋煬帝之后蕭氏則為後梁明帝巋之女（隋書卷三十六煬帝蕭皇后傳）。

(二)東南吳姓

吳志（卷十一朱治傳）有「吳四姓，多出仕郡，郡吏常以千數」之語。所謂吳四姓，大約也是指朱張顧陸。梁武帝對侯景說：「王謝門高非偶，可於朱張以下求之」（南史卷八十侯景傳），即東南吳姓之社會地位乃在過江僑姓的王謝之下，蓋王謝對於南方政權有很大貢獻，而朱張二氏的功勳似還不及顧陸。

(1)**朱**　吳郡吳縣或丹陽故鄣　三國時代，吳之朱姓有丹陽與吳郡二族。丹陽朱氏為後漢大司馬朱浮之後，子孫徙丹陽。吳有九真太守朱治，左大司馬右軍師朱然（吳志卷十一朱治朱然傳，參閱新唐書卷七十四下宰相世系表），而吳郡朱氏則有朱桓、前將軍、領青州牧、假節（吳志傳十一朱桓傳），又有驃騎將軍朱據（吳志卷十二朱據傳）。晉書（卷八十一）之朱伺（安陸人）朱序（義陽人）均非丹陽吳郡人。新唐書（卷七十四下）宰相世系表，雖載有宋之朱齡石。但齡石乃沛郡人（宋書卷四十八朱齡石傳）。由晉而至南朝四代，朱家無傳。梁書（卷三十八）之朱异乃吳郡錢塘人。

(2)**張**　吳郡吳縣　漢留侯張良之後，良七世孫為長沙太守，始遷於吳。晉時，張嘉及其子澄皆官至光祿大夫。澄子彭祖廣州刺史，彭祖子敞侍中尚書，吳國內史。敞子裕（字茂度），宋義興太守，加秩中二千

石，因疾，拜光祿大夫，加金章紫綬。裕弟邵（字茂宗），宋征虜將軍，領寧蠻校尉，雍州刺史，加都督。家世如斯，難怪在貴賤有別之時，邵子敷不與中書舍人狄當周赳共坐㉔。三國時，吳之張昭乃彭城人（吳志卷七張昭傳）。新唐書（卷七十二下）宰相世系表所載之吳郡張氏，頗有問題。

(3)**顧**　吳郡吳縣　吳丞相顧雍之後，吳平，雍孫榮與陸機陸雲同入洛，時人號為三俊。元帝鎮江東，以榮為軍司，加散騎常侍，凡所謀劃，皆以諮焉。及卒，贈侍中，驃騎將軍，開府儀同三司㉕。

(4)**陸**　吳郡吳縣　後漢尚書令陸閎之後，漢末，陸康為廬江太守，三國分立，吳有陸績鬱林太守，從孫遜吳丞相，遜子抗吳大司馬荊州牧，抗子機、雲皆有名當世㉖。南齊書卷三十九之陸澄，卷四十六之陸慧曉，梁書卷二十六之陸杲，陳書卷二十二之陸子隆，卷三十之陸瓊均吳郡吳縣人。

(三)山東郡姓

(1)**王**　太原晉陽　東漢司徒王允之後，魏有司空王昶，太尉王淩。昶子渾晉司徒，有平吳之功。至於晉之王濬則為弘農人，後魏有王慧龍㉗。

㉔ 宋書卷四十六張邵傳，卷五十三張茂度傳，卷六十二張敷傳，南齊書卷二十四張瓌傳，卷三十三張緒傳，梁書卷三十三張率傳，陳書卷二十一張種傳。

㉕ 吳志卷七顧雍傳，晉書卷六十八顧榮傳，卷七十六顧眾傳，卷八十三顧況傳，宋書卷八十一顧琛顧覬之傳，南齊書卷四十六顧憲之傳，梁陳以後無聞。

㉖ 後漢書卷六十一陸康傳，卷一百十一陸續傳，吳志卷十二陸績傳，卷十三陸遜陸抗傳，晉書卷五十四陸機陸雲傳。

㉗ 後漢書卷九十六王允傳，魏志卷二十七王昶傳，卷二十八王淩傳，晉書卷四十二王渾王濬傳，魏書卷三十八之王慧

(2)崔　清河東武城、博陵安平　清河崔氏為魏司空崔林之後，後魏有崔玄伯及其子浩，浩因修史不慎，族誅。但清河崔氏另一支，即崔林族兄琰，魏中尉之後，仍有地位。後魏有崔逞崔亮等乃崔琰之後㉘。博陵崔氏為東漢崔駰之後，駰以典籍為業，未遑仕進之事。孫尚書崔實著有「政論」一書。其從兄烈，官至司徒。魏有尚書僕射崔贊，晉有吏部尚書崔洪，後魏有崔鑒崔辯崔挺，北齊有崔暹崔昂崔季舒等，北周有崔謙崔猷崔彥穆等㉙。

(3)盧　范陽涿縣　魏司空盧毓之後，毓子欽晉尚書僕射。後魏有盧玄盧同等，北周盧辯曾繼蘇綽之後，依周禮，建六官，革漢魏之制，稍有功業可言㉚。

(4)李　趙郡平棘　後漢河南尹李膺之後。後魏有李孝伯，深得太武帝信任㉛。又有隴西李氏，為西涼

龍自云太原晉陽人，周書卷十九之王雄太原人。魏書卷六十三之王肅則為琅邪王氏，因宋亡齊興，而北奔者。反之梁書卷三十九之王神念及卷四十五之王僧辯（神念子）則為太原祁人。

㉘ 魏志卷十二崔琰傳，卷二十四崔林傳，魏書卷二十四崔玄伯傳，卷三十二崔逞傳，卷三十五崔浩傳，卷六十六崔亮傳，卷六十七崔光傳，卷六十九崔休傳，北齊書卷二十三崔㥄傳，周書卷三十六崔彥穆傳。

㉙ 後漢書卷八十二崔駰傳，晉書卷四十五崔洪傳，魏書卷四十九崔鑒傳，卷五十六崔辯傳，卷五十七崔挺傳，北齊書卷三十崔暹崔昂傳，卷三十九崔季舒傳，周書卷三十五崔謙崔猷傳，卷三十六崔彥穆傳。

㉚ 魏志卷二十二盧毓傳，晉書卷四十三盧欽傳，魏書卷四十七盧玄傳，卷七十六盧同傳，北齊書卷二十二盧文偉傳，卷四十二盧潛及盧叔武傳，周書卷二十四盧辯傳。

㉛ 後漢書卷九十七李膺傳，魏書卷三十六李順傳，卷五十三李孝伯李安世傳，安世建均田之議，北史卷三十三有李靈傳，北齊有李璵，為西涼王李暠五世孫。北齊書卷二十九李渾傳，渾乃趙郡柏人。

王李暠之後，後魏有沙川牧敦煌公李寶及其子隴西公李沖。後周柱國太尉李虎亦暠之七世孫。虎子淵即唐高祖㉜。

(5)**鄭**　滎陽開封　魏將作大匠鄭渾之後，晉有太傅鄭沖，後魏有中書監鄭義㉝。

(四)關中郡姓

(1)**韋**　京兆杜陵　前漢丞相韋賢之後，賢子玄成亦官至丞相，後漢韋彪以大鴻臚行司徒事，亦韋賢之後，後魏有武都太守韋閬。韋氏世為三輔著姓，但無傑出人才。只唯後周韋孝寬以定策平齊之功，進位上柱國㉞。

(2)**裴**　河東聞喜　後漢尚書令裴茂之後，茂長子潛，魏尚書令，次子徽，魏冀州刺史。潛子秀，晉尚書令，秀子楷，晉中書令。後魏有給事中散騎常侍裴駿，吏部尚書裴延儁，後周裴寬以軍功為驃騎大將軍，開府儀同三司㉟。

㉜ 魏書卷三十九李寶傳，卷五十三李沖傳，北齊書卷二十九李璵傳，周書卷二十五李賢傳，新唐書卷一高祖紀。

㉝ 後漢書卷六十六鄭興傳，魏志卷十六鄭渾傳，晉書卷三十三鄭沖傳，魏書卷五十六鄭義傳，北齊書卷二十九鄭述祖傳，述祖為義之孫，父道昭魏祕書監。周書卷三十五鄭孝穆，孝穆亦義之後，祖敬叔魏潁川太守，父瓊范陽郡守。

㉞ 漢書卷七十三韋賢傳，後漢書卷五十六韋彪傳，魏書卷四十五韋閬傳，北齊書卷二十七韋子粲傳，子粲即閬之曾孫，周書卷三十一韋孝寬傳，祖直善魏馮翊扶風郡守，父旭武威郡守。

㉟ 魏志卷二十三裴潛傳，晉書卷三十五裴秀傳，魏書卷四十五裴駿傳，卷六十九裴延儁傳，周書卷三十四裴寬傳，卷二十六裴果傳，卷三十七裴文舉傳。

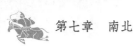

⑶柳　河東解縣　後漢光祿勳柳豐之後，六世孫軌晉吏部尚書，後魏有河北太守柳崇，征西將軍右光祿大夫柳援㊱。

⑷薛　河東汾陰　漢末，薛永從劉備入蜀，為蜀郡太守，永子齊巴蜀二郡太守，蜀亡，降魏，徙河東。齊子懿，北地太守，懿子恢，河東太守。後魏有平西將軍雍州刺史薛辯，鎮南大將軍徐州刺史薛安都亦其後也㊲。

⑸楊　弘農華陰　後漢太尉楊震之後，自震至彪（震子秉，秉子賜，賜子彪），四世三公，為漢名族。彪子修雖為曹操所殺，而楊氏名望尚存。五胡亂華，南渡一支，如楊佺期者自云「門戶承籍，江表莫如」。而後魏之楊播，高祖以下，有七郡太守，三十二州刺史，所謂門生故吏遍於天下。後周之柱國大將軍，大司空之楊忠亦震之後，忠子堅即隋文帝㊳。

⑹杜　京兆杜陵　前漢御史大夫杜延年之後，九世孫畿，魏尚書僕射。畿子恕，魏幽州刺史，恕子預，

㊱宋書卷七十七柳元景傳，南齊書柳世隆傳，世隆為元景之侄，此一支於元景曾祖卓時，自本郡遷於襄陽，其後裔任於南朝。及後梁元帝為西魏軍所逼，世隆之曾孫柳裘又仕於周。魏書卷四十五柳崇傳及柳援傳，周書卷二十二柳慶柳機傳，卷三十二柳敏傳，敏父懿魏車騎大將軍，儀同三司汾州刺史，卷三十八柳虯傳，虯為慶兄。參閱新唐書卷七十三上宰相世系表。

㊲魏書卷四十二薛辯傳，卷六十一薛安都傳，北齊書卷二十薛循義傳，周書卷三十五薛端薛善傳，卷三十八薛憕薛寘傳。參閱新唐書卷七十三下宰相世系表。

㊳後漢書卷八十四楊震傳，晉書卷八十四楊佺期傳，魏書卷五十八楊播傳，北齊書卷三十四楊愔傳，周書卷三十四楊敷傳，隋之楊素即敷子。卷十九之楊忠亦弘農華陰人，忠子堅即隋文帝，隋書卷一高祖紀。

晉鎮南將軍，都督荊州諸軍事，平吳有功。後魏有杜銓等㊴。

(五)代北虜姓

後魏孝文帝遷洛，將虜姓改為漢姓，徙之雒陽，並號河南雒陽人。

(1)元　出自後魏皇室，後魏為鮮卑種族，本無姓氏，道武帝珪時才定姓為拓拔，建國號曰魏，至孝文帝太和二十年又改姓為元氏㊵。

(2)長孫　魏之宗族，本拓拔氏，孝文帝時改姓為長孫㊶。

(3)宇文　鮮卑種族，有普回者因狩得玉璽三紐，有文曰皇帝璽，普回心異之，以為天授，其俗謂天曰宇，謂君曰文，因號宇文國，並以為氏焉宇文一族分為兩支，一支留在代郡，一支隨孝文帝徙居洛陽㊷。

(4)于　本為勿忸于氏，後改為于氏㊸。

㊴ 漢書卷六十杜周傳，魏志卷十六杜畿傳，晉書卷三十四杜預傳，魏書卷四十五杜銓傳，周書卷三十九杜杲傳。

㊵ 魏書卷二太祖道武帝紀，卷七下高祖孝文帝紀，北齊書卷二十八元坦等傳，卷三十八元文遙傳，周書卷三十八元偉傳，魏書卷一百十三官氏志。

㊶ 魏書卷二十五長孫嵩長孫道生傳，卷二十六長孫肥傳。周書卷二十六之長孫儉為長孫嵩五世孫，長孫紹遠為長孫道生之曾孫。唐太宗后長孫氏即長孫道生之後。參閱魏書卷一百十三官氏志。

㊷ 魏書卷四十四之宇文福，卷八十一之宇文忠之均河南洛陽人，其先南單于之遠屬，後入居代郡。宇文泰之一支仍居代郡。周書卷一太祖宇文泰傳，卷十九宇文貴傳，卷二十七宇文測傳，卷二十九宇文虬宇文盛傳，卷四十宇文神舉宇文孝伯傳。

㊸ 魏書卷三十一于粟磾傳于忠傳，周書卷十五于謹傳于寔傳，卷三十于翼傳，于寔及于翼均于謹之子，參閱魏書卷一

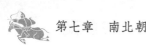

(5)陸 本為步六孤氏，後改為陸氏（魏書卷三十陸真傳，參閱卷一百十三官氏志）。

(6)源 鮮卑人禿髮烏孤之後，弟傉檀為乞伏熾磐所滅，子賀奔魏，太武帝謂賀曰卿與朕同源，因事分姓，今可為源氏（魏書卷四十一源賀傳，北齊書卷四十三源彪傳，參閱北史卷二十八源賀傳）。

(7)竇 竇氏扶風平陵人。北周有竇熾及其兄子毅，竇熾乃漢大鴻臚章十一世孫。章子統，靈帝時為鴈門太守，避竇武之難，亡奔匈奴，遂為部落大人，後魏南徙，子孫因家於代，賜姓紇豆陵氏，唐高祖后竇氏即毅之女（周書卷三十竇熾傳，參閱魏書卷一百十三官氏志）。

現在試問山東郡姓及關中郡姓經五胡之亂，何以尚不式微？前已說過，五胡既建國於中原，不能不採用中華的文物制度。而在大亂之時，保存中華文化者則為豪宗大族的塢堡。於是塢主便成為五胡的宗師，塢堡亦成為五胡建國的模範，從而五胡不能不承認漢魏以來豪宗大族既得的權利。而且豪宗大族之殘留北方者，如山東郡姓及關中郡姓多仕於五胡，且借五胡之政治勢力以提高他們的社會地位。今試列表如次。

山東郡姓及關中郡姓與五胡之關係表（拓拔魏除外）

地域	姓氏	與五胡關係表	備考
山東郡姓	太原王	王慧龍祖愉嘗輕侮劉裕，心不自安，謀作亂，事洩被誅，子孫十餘口皆伏法。慧龍時年十四，為沙門僧彬所匿，後奔於姚興（後秦），後秦滅，慧龍於魏明元帝時奔魏。	王愉為晉司徒王渾之後，渾太原晉陽人，（魏書卷三十八王慧龍傳，參閱晉書卷四十二王渾傳，卷七十五王湛傳附愉傳）。

百十三官氏志。

關中郡姓		
清河及博陵崔	清河崔氏分為二支，一支為崔林之後，另一支為崔琰之後。崔玄伯係崔林之後，祖悅仕石虎，官至司徒左長史，父潛仕慕容暐（前燕），為黃門侍郎，玄伯仕苻堅（前秦），為著作佐郎。堅敗，仕慕容垂（後燕），為尚書左丞。燕亡，降於魏道武帝拓拔珪。 崔逞係崔琰之後。祖遇仕石虎，父瑜黃門郎，逞仕於慕容暐（前燕），為黃門侍郎。前燕亡，又仕苻堅（前秦），為齊郡太守。堅敗，仕晉為清河平原二郡太守。為翟遼所虜，授以中書令。慕容垂（後燕）滅翟讓，以為祕書監。後燕亡，降於魏道武帝拓拔珪。 博陵崔氏，其先世有否仕於五胡，魏書及北史無考。	魏書卷二十四崔玄伯傳 魏書卷三十二崔逞傳 （晉書卷一百八慕容廆傳）有崔毖者自以為南州士望，不知何崔。
范陽盧	盧玄祖偃，父邈，並仕慕容氏（後燕）。燕亡，玄於魏太武帝燾時，辟為中書博士。	魏書卷四十七盧玄傳。
趙郡李	李順父系慕容垂（後燕）散騎侍郎，東武城令，魏道武帝拓拔珪定中原，以系為平棘令，李孝伯為順之從父弟。 隴西李寶為西涼王李暠之後，西涼亡，寶北奔伊吾，臣於蠕蠕，魏太武帝燾時，寶降於後魏，李沖即寶之少子。	魏書卷三十六李順傳，卷五十三李孝伯傳。 魏書卷三十九李寶傳，卷五十三李沖傳。
滎陽鄭	鄭羲曾祖豁慕容垂（後燕）太常卿，父曄不仕。魏文成帝時，拜羲為中書博士。	魏書卷五十六鄭羲傳。
京兆韋	姚興時，京兆韋華為中書令。 韋閬祖楷晉建威將軍，長樂清河二郡太守。父逵慕容垂（後燕）吏部郎，大長秋卿，慕容氏亡，魏太武帝燾以閬為咸陽太守，轉武都太守。	晉書卷一百十七姚興載記上 魏書卷四十五韋閬傳。

河東裴	慕容廆以河東裴嶷等為謀主，裴開等為股肱。	晉書卷一百八慕容廆載記。
河東柳	五胡亂華時，河東解縣柳氏，魏書及北史均無聞。	
河東薛	薛辯祖陶與薛祖薛落等分統部眾，故世號三薛。父彊總攝三部，仕姚興（後秦），為鎮東將軍，入為尚書。彊卒，辯復襲統其眾，為姚興建威將軍，河北太守。劉裕平姚泓（興子），辯舉眾降裕，宋以之為寧朔將軍，平陽太守。及裕失長安，辯降於後魏明元帝。	魏書卷四十二薛辯傳。
恆農楊	楊播高祖結仕慕容氏（後燕），卒於中山相。曾祖珍於道武帝珪時降於魏。	魏書卷五十八楊播傳。
京兆杜	杜銓祖曹苻堅太尉長史。父嶷慕容垂（後燕）祕書監。銓於魏太武帝燾時，與盧玄高允等同時徵為中書博士。	魏書卷四十五杜銓傳。（晉書卷一百六石季龍載記上）曾免雍秦二州望族十七姓的兵役，韋杜在內。

第三節　政制的敗壞

魏晉以來，高門華胄以土地集中為基礎，造成其社會的地位，又以九品中正為工具，鞏固其政治的勢力。降至南北朝，他們已經成為特權階級，可以平流進取，坐至公卿，無須竭智盡力，以邀恩寵，故皆風

流相尚，不以物務關懷。自漢武表彰六經之後，經學成為士人進身的工具，又供士人以治國平天下的參考。而自魏晉以來，一般士人罕通經業。

魏晉浮蕩，儒教淪歇，公卿士庶罕通經業矣（陳書卷三十三儒林傳序）。

膏腴子弟咸以文學相尚。

時膏腴貴遊咸以文學相尚，罕以經術為業（梁書卷四十一王承傳）。

其實，自東漢以來，士人之通經學者亦未必兼通政術。

前世通六藝之士莫不兼通政術……近代守一經之儒多暗於時務（周書卷四十五儒林傳史臣曰）。

還不如胥吏久在朝省者之閑於職事㊹，吾人觀齊明帝批評劉係宗之言，可以知道其一斑。

劉係宗久在朝省，閑於職事。明帝曰學士不堪治國，唯大讀書耳。一劉係宗足持如此輩五百人（南齊書卷五十六劉係宗傳）。

所以柳莊才說：

江南人有學業者多不習世務，習世務者又無學業（梁書卷六十六柳莊傳）。

而魏晉清談之風，到了江表，餘韻尚存。

永嘉時，貴黃老，尚虛談……爰及江表，微波尚傳（梁書卷四十九鍾嶸傳）。

㊹ 膏粱世家亦有勤於職事者，例如王淮之琅邪臨沂人，高祖彬尚書僕射，曾祖彪之尚書令，祖臨之父納之並御史中丞。淮之歷任地方官之職，有能名，綏懷得理，軍民便之。時大將軍彭城王義康錄尚書事，每歎曰何須高論玄虛，正得如王淮之兩三人，天下便治矣（宋書卷六十王淮之傳）。

在這種環境之下，一般大臣便放誕浮華，不涉世務，一切文案均歸小吏辦理。姚思廉說：

魏正始及晉之中朝，時俗尚於玄虛，貴為放誕，尚書丞郎以上，簿領文案，不復經懷，皆成於令史。逮乎江左，此道彌扇……宋世王敬弘身居端右，未嘗省牒，風流相尚，其流遂遠。望白署空，是稱清貴，恪勤匪懈，終歸鄙俗。是以朝經廢於上，職事隳於下，小人道長，抑此之由（梁書卷三十七何敬容傳論）。

又說：

自魏正始，晉中朝以來，貴臣雖有識治者，皆以文學相處，罕關庶務，朝章大典方參議焉，文案簿領咸委小吏，浸以成俗，迄至於陳，後主因循，未遑改革（陳書卷六後主紀史臣曰）。

宰相雖總百官而揆百事，而「自晉宋以來，皆文義自逸」（梁書卷三十七何敬容傳）。柳世隆為尚書令，「在朝不干世務，垂簾鼓琴，風韻清遠」（南齊書卷二十四柳世隆傳）。謝舉「雖居端揆，未嘗肯預時務」（梁書卷三十七謝舉傳），「何敬容獨勤庶務，為世所嗤鄙」（梁書卷三十七何敬容傳）。當時政風如何頹敝，觀此可以知道。於是國家大權便由公卿而歸於令史，地方權歸典籤，中央權歸中書舍人。舍人之事待後再說，現在只談典籤。

典籤弄權開始於宋，至齊彌甚。東晉以來，中央政權不甚鞏固，常受地方的脅制。而南北交戰，沿邊各地又不能不設屯戍，既防北敵之來侵，又防地方之叛變，於是遂以皇子宰州臨郡。皇子甫離襁褓，即司方岳，固然尚有佐僚行事，而府官顯要之職，依當時習慣，必授之膏粱世家。他們之居顯位，以為分所應得，人主既不信任，又慮其叛上作亂，於是遂用寒人，授以典籤之職，寄以腹心之任。人寒無迫主之勢，位卑不致尾大不掉。然而城狐社鼠，卒至威行州郡，權重藩君。李延壽云：

故事府州部內論事，皆籤前直敘所論之事，後云謹籤、日月下又云某官某籤、故府州置典籤以典之，本

五品吏，宋初改為七職。宋氏晚運多以幼少皇子為方鎮，時主皆以親近左右領典籤，典帥之權稍重。大明泰始，長王臨藩，素族出鎮，莫不皆出內教命，刺史不得專其任也……自此以後，權寄彌隆，典籤遞互還都，一歲數反，時主輒與間言，訪以方事。刺史行事之美惡，係於典籤之口，莫不折節推奉，恆慮不及，於是威行州郡，權重藩君（南史卷七十七呂文顯傳）。

雖以皇子之親，亦常受典籤節制。例如：

長沙王晃為豫州刺史，太祖（高帝）踐祚，晃欲陳政事，輒為典籤所裁（南齊書卷三十五長沙王晃傳）。

武陵王曄出為江州刺史，至鎮百餘日，典籤趙渥之啟曄得失，於是徵還為左民尚書（南齊書卷三十五武陵王曄傳）。

宜都王鏗為南豫州刺史……舉動多為籤帥所制，立意多不得行（南史卷四十三宜都王鏗傳）。

甚至私人行動都不自由。

南海王子罕戍琅邪，欲暫遊東堂，典籤姜秀不許而止，還泣謂母曰，兒欲移五步亦不得，與囚何異……邵陵王子貞嘗求熊白，廚人答典籤不在，不敢與。西陽王子明欲送書參侍讀鮑僎病，典籤吳修之不許，曰應諮行事，乃止。言行舉動不得自專，徵衣求食，必須諮訪（南史卷四十四巴陵王子倫傳）。

所以戴僧靜才對齊武帝說：

諸王……被囚，取一挺藕，一杯漿，皆諮籤帥，不在，則竟日忍渴。諸州唯聞有籤帥，不聞有刺史（南史卷四十四巴陵王子倫傳）。

而一般士大夫之求仕進者，亦多奔走於典籤之門。

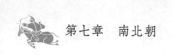

竟陵王子良嘗問眾曰，士大夫何意詣籤帥。參軍范雲答曰，詣長史以下，皆無益，詣籤帥，便有倍本之價，不詣謂何（南史卷四十四巴陵王子倫傳）。

府中長史雖欲裁抑典籤，亦常受其譖訟而去。

王僧孺出為南康王長史，行府州國事。王典籤湯道愍暱於王，用事府內，僧孺每裁抑之，道愍遂謗訟僧孺……僧孺坐免官，久之不調（梁書卷三十三王僧孺傳）。

到了最後，素族出鎮，亦有典籤監視，刺史不得專其任。

宗慤為豫州，吳喜公為典籤。慤刑政所施，喜公每多違執。慤大怒曰，宗慤年將六十，為國竭命，政得一州如斗大，不能復與典籤共臨。喜公稽顙流血乃止，自此以後，權寄彌隆。㊺

同時高門華冑均以文學相尚，本來不服兵役，既與戎旅隔絕，又復不樂武位，恥稱將門。

褚淵曰陳顯達沈文季當今將略，足委以邊事。文季諱稱將門，因是發怒，啟世祖曰褚淵自謂是忠臣，未知身死之日，何面目見宋明帝。世祖笑曰，沈卒醉也（南齊書卷四十四沈文季傳）。

丘靈鞠吳興人，永明二年領驍騎將軍，靈鞠不樂武位，謂人曰我應還東掘顧榮冢，江南地數千里，士子風流皆出此中，顧榮忽引諸傖渡，妨我輩塗轍，死有餘罪（南齊書卷五十二丘靈鞠傳）。

甚至將門子弟稍有地位，亦自命風雅，不樂武職。

張欣泰……父興世，宋左衛將軍。欣泰不以武業自居……年十餘，詣吏部尚書褚淵。淵問之曰，張郎弓馬多少。欣泰答曰性怯畏馬，無力挽弓，淵甚異之。……世祖（齊武帝）與欣泰早經款遇，及即位，以為

㊺ 南史卷七十七呂文顯傳，權寄彌隆是謂典籤非謂宗慤。

……直閣步兵校尉，領羽林監。欣泰……下直，輒遊園池，著鹿皮冠衲衣錫杖，挾素琴。有以啟世祖者，世祖曰將家兒何敢作此舉止。後從車駕出新林，敕欣泰甲仗廉察，欣泰停仗於松樹下，飲酒賦詩……世祖……曰卿不樂為武職驅使，當除卿以清貫，除正員郎（南齊書卷五十一張欣泰傳）。

其實，政治上最重要者為「力」，而最能表示政治上之力者莫如軍權。誰有軍權，誰便有政權。膏粱世家不樂武職，於是戎旅之事便委於寒人，劉裕蕭道成蕭衍陳霸先均出身寒賤，又均藉軍府起家。世族輕侮軍人，軍人當然仇視世族，兩個勢力本來衝突，到了軍閥既有權勢之時，一方世族要保全自己的門戶，他方軍閥欲利用世族的名望，以奪取中央的政權，兩者之間又不惜妥協起來。於是篡位者軍閥，授璽者王謝，遂成為南朝禪代的固定形式。宋武帝受禪之時，授璽者太保謝澹，太尉劉宣範。齊高帝受禪之時，授璽者太保褚淵，太尉王僧虔。梁武帝受禪之時，授璽者太保王亮，太尉王志。陳武帝受禪之時，授璽者太保王通，太尉王瑒（南史卷一宋武帝紀，卷四齊高帝紀，卷六梁武帝紀，卷九陳武帝紀）。即在南朝四代，授璽者以琅邪王氏為多。

高門華冑鄙吏事而賤軍戎，他們雖居顯位，其實，政權歸屬於下吏，軍權歸屬於武夫，他們不過雍容令僕，裙屐相高，朝代更易，他們的地位不會發生動搖，且可乘機取得更高的地位。這個現象開始於魏晉易代之際，降至南北朝，卻成為一種風俗。蕭子顯說：

自金張世族，袁楊鼎貴，委質服義，皆由漢氏，膏腴見重，事起於斯。魏氏君臨，年祚短促，服褐前代，宦成後朝。晉氏登庸，與之後事，名雖魏臣，實為晉有。故主位雖改，臣任如初。自是世祿之盛，習為舊準，羽儀所隆，人懷羨慕，君臣之節徒致虛名。貴仕素資皆由門慶，平流進取，坐至公卿，則知殉國之感

無因，保家之念宜切。市朝亟革，寵貴方來，陵闕雖殊，顧眄如一（南齊書卷二十三褚淵王儉傳論）。

他們之中，有野心者常慫恿篡逆，沒有野心者也響應奉接，例如褚淵王儉均是宋之外戚。

褚淵母宋始安公主，繼母吳郡公主，又尚巴西公主。王儉母武康公主，又尚陽羨公主（資治通鑑卷一百三十五齊太祖建元元年）。

而王儉為了自己前途打算，竟勸齊高篡宋。

齊高帝為相，王儉素知帝雄異，後請間言於帝曰，功高不賞，古來非一，以公今日位地，欲北面居人臣可乎……人情澆薄，不能持久，公若小復推遷，則人望去矣，豈唯大業永淪，七尺豈可得保。帝笑曰卿言不無理（南史卷二十二王儉傳）。

褚淵亦為保持門戶起見，不能不贊成逆謀。

高帝輔政，王儉議加黃鉞。任遐曰此大事，應報褚公。帝曰褚脫不與，卿將何計。遐曰彥回（褚淵字）保妻子，愛性命，非有奇才異節，遐能制之，果無違異（南史卷二十八褚彥回傳）。

他們對於朝代更易，實如褚炤所說，無異於將一家物與一家。

褚炤常非彥回身事二代。彥回子賁往問訊炤，炤問曰司空今日何在，賁曰奉璽紱在齊大司馬門。炤正色曰不知汝家司空，將一家物與一家，亦復何謂（南史卷二十八褚炤傳）。

這種風氣不獨南朝為然。于翼乃太師于謹之子，尚太祖（宇文泰）女平原公主，隋文執政，翼遣子通表勸進（周書卷三十于翼傳）。李穆深受太祖（宇文泰）恩盼，「處腹心之任，出入臥內，當時莫能與比」，而「乃遣使謁隋文帝，並上十二環金帶，蓋天子之服也，以微申其意」（周書卷三十李穆傳）。令狐棻德說：

翼既功臣之子，地即姻親，穆乃早著勳庸，深寄肺腑……乃宴安寵祿，曾無釋位之心，報使獻誠，但務隨時之誼（周書卷三十于翼李穆傳史臣曰）。

而當時所謂忠臣，亦如馬仙琕所說一樣，「如失主犬，後主飼之，便復為用」（梁書卷十七馬仙琕傳）。趙翼曾舉六朝忠臣無殉節之事如次。

魏晉以來，易代之際，能不忘舊君者稱司馬孚徐廣……按晉書司馬孚傳，晉武受禪，陳留王出就金墉城，孚拜辭流涕曰，臣死之日，固大魏之純臣也。宋書徐廣傳，廣在晉為大司農，宋武受禪，恭帝遜位，廣哀感流涕，謝晦曰徐公將無小過，廣曰君是興朝佐命，身是晉室遺老，悲歡之致固是不同。是二人者可謂知君臣大義矣。然孚入晉，仍受封安平王，邑四萬戶，進拜太宰，都督中外諸軍事。廣入宋，亦除中散大夫，抑何其戀舊君而仍拜新朝封爵也。蓋自漢魏易姓以來，勝國之臣既為興朝佐命，久已習為固然，其視國家禪代一若無與於己，且轉藉為遷官受賞之資，故偶有一二不忍遽背故君者，即已嘖嘖人口，不必其以身殉也。又如謝朏，當齊受禪時，朏為侍中，當解璽，朏佯不知，傳詔催令解璽，朏曰齊自應有侍中，遂不赴。然齊受禪後，朏仍以家貧乞郡，為義興太守。王琨之於宋順帝遜位也，攀車慟泣曰，人以壽為歡，老臣以壽為戚，既不能先驅螻蟻，頻見此事，嗚咽不自勝。然齊高帝即位後，琨仍加侍中，高帝崩，琨又不待車而步行入宮。袁昂當梁武起兵時，獨拒守，聞東昏死，舉哀慟哭。馬仙琕初亦與梁武相抗，謂其下曰，我受人寄任，義不容降，君等各自有親，我為忠臣，君為孝子，乃悉遣其下，獨與壯士數十人拒守。後俱執送建康，昂仍仕梁為侍中，仙琕亦為梁將，且曰小人如失主犬，後主飼之，便復為用。北史，裴讓之當魏靜帝遜位，執手流涕，入齊仍為清河太守。北齊傳伏守東雍州，周武既破并州，令其子世寬來招，伏不受

曰此不忠不孝，願即斬之，及聞後主被獲，乃降，入周仍為岷州刺史。竇熾當隋文帝受禪，自以世受周恩，不肯署牋勸進，然入隋拜太傅，加殊禮。柳機當隋文作相時，周代舊臣咸勸禪讓，機獨義形於色，無所陳請，然入朝仍拜衛州刺史，封建安郡公。顏之儀當周宣帝崩，鄭譯矯詔以隋文帝輔政，之儀不肯署詔，文帝索符璽，之儀又拒之，然文帝登極，仍拜集州刺史。文帝將受禪，謂榮建緒曰，且共取富貴，建緒曰明公此旨非僕所聞，遂辭官去。及開皇中來朝，文帝曰卿亦悔否，建緒曰臣位非徐廣，情類楊彪。上笑曰朕雖不解書語，亦知卿此言不遜也，建緒仍歷始洪二州刺史。陳許善心聘隋，會隋滅陳，禮成而不得返。善心衰服哭於階下，藉草東向，三日勅書唁焉。明日有詔拜散騎常侍，善心哭盡哀，入房改服而出，垂涕再拜受詔，入朝伏地泣不能起。文帝曰我平陳，惟獲此人，既得懷舊君，即是我純臣也。之數人者史策已載其行義，以為人之所難，曾莫有人議其先守義而後失節者。即當時人主亦以為甚難希有，而未嘗以必死為完人，如梁武於仙琕之被執，使待袁昂至俱入，曰使天下見二烈士。周武帝於傅伏，亦親執其手曰，朕平齊，惟見此一人，後俱寵之以官，倚任特至，初不以其再任新朝而薄其為人，則知習俗相沿，已非一夕一朝之故矣（陔餘叢考卷十七六朝忠臣無殉節者）。

公卿大臣皆無殉國之情，只有保家之念，軍閥當然毫無忌憚，先用兵力，擴充地盤，次用兵力，威脅中央。所以在南北朝一百五十年之間，竟然禍亂相繼，篡奪不已。政治已經不能步上軌道，而又值南北交戰，經濟方面，生產減少，消費增加，財政方面，收入減少，支出增加，在這個政局紊亂，經濟衰頹，財政窮匱之際，政界紀律完全破壞，尤其學校選舉監察考課四種制度之破壞更加甚了政風的腐化。

就學校說，五胡亂華，清談之風隨中原士大夫而南渡，因之，南朝仍承魏晉之弊，崇尚玄虛。而古代

學校自漢以後，均以講經為主。「江左草創，日不暇給，以迄於宋齊，國學時或開置，而勸課未博……鄉里莫或開館，公卿罕通經術。朝廷大儒獨學而弗肯養眾。後生孤陋，擁經而無所講習。三德六藝，其廢久矣」（梁書卷四十八儒林傳序）。由梁至陳，「寇賊未寧，既日不暇給，弗遑勸課……生徒成業蓋寡」（陳書卷三十三儒林傳序）。反之北朝與南朝不同，國學雖然未必鼎盛，而私塾頗見繁榮。北魏由孝文而至宣武，「經術彌顯，學業大盛，故燕齊趙魏之間，橫經著錄不可勝數，大者千餘人，少者猶數百」（魏書卷八十四儒林傳序）。北齊雖在亂離之中，而「橫經受業之侶遍於鄉邑，負笈從官之徒不遠千里，伏膺無怠，善誘不倦。入閭里之內，乞食為資，憩桑梓之陰，動逾千數」（北齊書卷四十四儒林傳序）。北周亦「開黌舍、延學徒者比肩；辭親戚、甘勤苦者成市」（周書卷四十五儒林傳序）。這雖然是言過其實，而南北風氣之不同於此可見。唐代經學派多屬於北方世族，固有原因㊻。

就選舉說，九品中正之法，徒有利於膏粱世家，而夤錄奔競之風又熾。陳末梁武帝曾謂：「其有勇退忘進，懷質抱真者，選部或以未經朝謁，難於進用。或有晦善藏聲，自埋衡蓽，又以名不素著，絕其階緒，必須畫刺投狀，然後彈冠，則是驅迫廉撝，獎成澆競」（梁書卷一武帝紀）。何況朝廷銓選，有如兒戲。

> 劉德願性麤率，為世祖所狎侮。上寵姬殷貴妃薨，葬畢，帝與群臣至殷墓，謂德願曰，卿哭貴妃若悲，當加厚賞。德願應聲，便號慟撫膺擗踊，涕泗交流，上甚悅，以為豫州刺史（宋書卷四十五劉懷慎傳）。

㊻ 北魏有太學，國子學，四門學（魏書卷八十四儒林傳序）。北齊亦然（隋書卷二十七百官志中，國子監）。北周有太學（周書卷五武帝紀上保定三年夏五月戊午幸太學），明帝又置麟趾學（見周書卷三十于翼傳），武帝復立露門學（見周書卷五武帝紀上天和二年秋七月甲辰立露門學）。

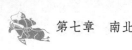

甚至牧民之職，且以弈棋勝負決定授予。

羊玄保善弈棋，品第三，文帝亦好弈，與賭郡，玄保戲勝，以補宣城太守（南史卷三十六羊玄保傳）。

兼以財政困難，政府常常出賣官職，以救一時之窮。例如南朝：

時軍旅大起，國用不足，募民上米二百斛錢五萬雜穀五百斛，同賜荒縣除。上米三百斛錢八萬雜穀千斛，同賜五品正令史，滿報，若欲署四品在家亦聽。上米四百斛，錢十二萬，雜穀一千三百斛，同賜四品令史，滿報，若欲署三品在家亦聽。上米五百斛，錢十五萬，雜穀一千五百斛，同賜三品令史，滿報，若欲署內監在家亦聽。上米七百斛，錢二十萬，雜穀二千斛，同賜荒郡除，若欲署諸王國三令在家亦聽（宋書卷八十四鄧琬傳）。

又如北朝：

莊帝初，承喪亂之後，倉廩虛罄，遂班入粟之制。輸粟八千石，賞散侯，六千石散伯，四千石散子，三千石散男。職人輸七百石，賞一大階，授以實官。白民輸五百石，聽依第出身，一千石加一大階。無第者輸五百石，聽正九品出身，一千石加一大階。諸沙門有輸粟四千石入京倉者，授本州統，若無本州者授大州都，若不入京倉，入外州郡倉者，三千石畿郡都統，依州格。若輸五百石入京倉者，授本郡維那，其無本郡者授以外郡。粟入外州郡倉七百石者，京倉三百石者，授縣維那（魏書一百十食貨志）。

南齊永元（東昏侯寶卷）年間，「官以賄成，揮一金而取九列」（梁書卷四十九鍾嶸傳）。北齊承光（幼主恆）時代，「賜諸佞幸賣官，或得郡兩三，或得縣六七……於是州縣職司多出富商大賈，競為貪縱，人不聊生」（北齊書卷八幼主紀）。朝廷賣官，大臣群起效尤。魏晉以來，吏部之權頗大，百官黜陟，由吏部尚書掌

之。賢者固不欲居其位，蓋黜陟由已，同僚之間易生間隙。馬端臨說：

按自魏晉以來，州郡無上計之事，公府無辟召之舉。士之入仕者，始則中正別其賢否，次則吏部司其升沉而已。所以尚書之權最重，而其於人恩怨亦深。故賈充與任愷爭權，則啟令其典選，俾之易生間隙。蔡廓以主闇時艱，不欲居通塞之地。蓋非精於裁鑒者不能稱其任，而恬於權勢者多不樂居其位也（文獻通考卷三十六舉官）。

而不肖者為之，又常利用職權，販賣官職，茲只舉兩事為證。

庾炳之遷吏部尚書，領選既不緝眾論，又頗通貨賄（宋書卷五十三庾炳之傳）。[47]

元暉遷吏部尚書，納貨用官皆有定價，大郡二千匹，次郡一千匹，下郡五百匹，其餘受職各有差，天下號曰市曹（魏書卷十五常山王遵孫暉傳）。[48]

職官變成商品，商品須大量生產，而後才得大量販賣，於是冗官閑職遂充斥朝野。魏在太和年中，號稱全盛，而官吏之冗散無事者，竟有萬餘。

魏自公侯以下迄於選臣，動有萬餘，冗散無事（魏書卷十九中任城王雲子澄傳）。

及其末季，地方又空立州郡，擅置牧守。

魏自孝昌之季，祿去公室，政出多門……豪宗大族鳩率鄉部，託迹勤王，親自署置，或外家公主女謁內

---

47 甚至吏部郎亦得肆意受納。梁書卷四十一劉覽傳，覽從兄吏部郎孝綽，在職頗通贓貨。

48 北齊書卷四十馮子琮傳，子琮授吏部尚書，其妻恃親放縱，請謁公行，賄貨填積，守宰除授，先定錢帛多少，然後奏聞。其所通致，事無不允，子琛亦不禁制。

成，昧利納財，啟立州郡……牧守令長虛增其數……百室之邑便立州名，三戶之民空張郡目（北齊書卷四文宣紀天保七年十一月壬子詔）。

南朝自東晉之末，「地在無軍，而軍府猶置，文武將佐，資費非一」（宋書卷五十二庾悅傳）㊾。宋武受命，仍不釐革。例如荊州有吏萬人，他州亦有五千人。

宋武帝永初二年三月乙丑，初限荊州府置將不得過二千人，吏不得過一萬人，州置將不得過五百人，吏不得過五千人，兵士不在此限（宋書卷三武帝紀下）。

梁陳兩代，國士狹躄。梁時，「騎都塞市，郎將填街」（梁書卷四十九鍾嶸傳）。陳時，「員外常騎路上比肩，諮議參軍市中無數」（陳書卷二十六徐陵傳）。人物的猥雜助長了政界的卑鄙風氣，北朝士大夫教其子弟學鮮卑語及彈琵琶，以服事公卿。

齊朝有一士大夫嘗謂吾曰，我有一兒年已十七，頗曉書疏，教其鮮卑語及彈琵琶，稍欲通解，以此伏事公卿，無不寵愛，亦要事也（顏氏家訓第二篇教子）。

士風頹敝，無異媵妾，凡遇權貴，無不望塵拜謁。

時僕射高肇以外戚之貴，勢傾一時，朝士見者咸望塵拜謁。裴粲候肇，惟長揖而已，及還，家人尤責之，粲曰何可自同凡俗也（魏書卷七十一裴粲傳）。

甚至願為假子，而與市井小人同在昆弟之列。

和士開河清天統以後，威權轉盛，富商大賈朝夕填門，朝士不知廉恥者，多相附會，甚者為其假子，與

㊾ 齊初，崔祖思啟陳政事曰，今無員之官空受祿力……國儲以之虛匱，民力為之凋散。見南齊書卷二十八崔祖思傳。

市道小人同在昆季行列。又有一人士曾參士開，值疾，醫人云王傷寒極重，進藥無效，應服黃龍湯。士開有難色，是人云此物甚易與，王不須疑惑，請為王先嘗之，一舉便盡。士開深感此心，為之強服，遂得汗，疾愈（北齊書卷五十和士開傳）。

南朝士大夫多出身於膏粱世家，他們養尊處優，大率潔白華麗，他們崇拜何晏，晏「美姿儀，面至白」（世說新語卷下之上，第十四篇容止），「晏性自喜，動靜粉白不去手，行步顧影」（魏志卷九曹爽傳注引魏略）。自是而後，士大夫遂醉心於唯美主義，他們之所謂「美」，乃是病態的美，不是剛強的美。王衍善玄言，每捉玉柄麈尾，與手同色（晉書卷四十三王衍傳）。衛玠風神秀異，「乘羊車入市，見者皆以為玉人，觀之者傾都」，然「多病體羸」，卒時年僅二十七，「時人謂玠被看殺」（晉書卷三十六衛玠傳）。降至南朝，朝廷取士，常以品貌是一個條件。褚淵美儀貌，善容止，齊明帝謂其可得宰相之位。

褚淵美儀貌，善容止，俯仰進退咸有風則，每朝會，百僚遠國使莫不延首目送之。宋明帝嘗歎曰，褚淵能遲行緩步，便持此得宰相矣（南齊書卷二十三褚淵傳）。

王茂潔白美容貌，齊武帝見之，即認為公輔之器。

王茂身長八尺，潔白美容觀，齊武帝布衣時，見之歎曰，王茂年少，堂堂如此，必為公輔之器（梁書卷九王茂傳）。

最初所求者不過神彩嶷然而已，其後風貌昳麗竟然見重於世，而侍中之選乃後才先貌。

內侍樞近，世為華選，金璫熲耀，朝之麗服，久忘儒藝，專授名家，加以簡擇少姿，簪貂冠冕，基蔭所通，後才先貌，事同謁者，以形骸為官，斯違舊矣（南齊書卷三十二王琨等傳論）。

由是敷粉施朱就成為官場的習氣。

梁朝全盛之時，貴游子弟多無學術。至於諺云，上車不落則著作，體中何如則祕書。無不燻衣剃面，傅粉施朱，駕長簷車，跟高齒屐，坐碁子方褥，憑班絲隱囊，列器玩於左右，從容出入，望若神仙（顏氏家訓第八篇勉學）。

以如斯之人物出來治理國政，僨國敗事自是意料中的事。

就監察言，監察乃監察官吏之失職枉法，而以貪邪為其最重要的目標。按官吏貪邪最初只因祿俸微薄，用貪汙以救貧，到了貪邪成為普遍的現象之後，官僚便藉貪邪以致富。魏晉以來，兵亂相承，帑藏空竭，百官之祿往往不能代耕。宋武帝受禪之初，雖然稍增官祿，

武帝永初元年六月戊寅詔曰，百官事殷俸薄，祿不代耕……官寮本俸素少者，亦疇量增之（宋書卷三武帝紀下）。

而地方官之祿尚無一定標準。

宋氏以來，州郡秩俸及雜供給，多隨土所出，無有定準（南齊書卷二十二豫章王嶷傳）。

大明（孝武帝）五年復減少百官的祿三分之一。

大明五年八月庚寅詔除食祿三分之一不給（宋書卷六孝武帝紀）。

固然翌年即復百官之祿，

大明六年二月乙卯復百官祿（宋書卷六孝武帝紀）。

明帝即位，又以軍旅不息，百官祿俸以日給與。

> 時經略淮泗，軍旅不息……府藏空竭，內外百官並日料祿奉（宋書卷八明帝紀泰豫元年）。

降至齊代，百官之祿尚因財政困難，無法改善。吾人觀武帝永明七年及八年之詔，即可知之。

> 諸大夫年秩隆重，祿力殊薄（南齊書卷三武帝紀永明七年正月戊辰詔）。
>
> 尚書丞郎職事繁劇，卹俸未優（南齊書卷三武帝紀永明八年十二月戊寅詔）。

到了梁代，武帝雖然釐定官祿，不許逋緩，

> 大通元年正月乙丑詔曰，百官俸祿本有定數，前代以來，皆多評准，頃者因循，未遑改革，自今而後，可長給見錢，依時即出，勿令逋緩（梁書卷三武帝紀）。

但是侯景亂後，國用不給，中央政府財政困難，而地方長吏可以隨意搜括，所以又許京官遙帶外官，而取其祿秩。

> 及侯景之亂，國用常褊，京官文武，月惟別得廩食，多遙帶一郡縣官，而取其祿秩焉（通典卷三十五祿秩）。

後魏百官本來無祿，廉者貧苦，至採樵自給。

> 高允家貧……惟草屋數間，布被縕袍，廚中鹽菜而已……時百官無祿，允常使諸子樵采自給（魏書卷四十八高允傳）。

而貪者乃勾結盜魁，為受納之地。

> 崔寬性滑稽……宿盜魁帥與相交結……時官無祿力，唯取給於民。寬善撫納，招致禮遺，大有受取，而與之者無恨（魏書卷二十四崔寬傳）。

孝文帝太和八年始班官祿[50]。

太和八年六月丁卯詔曰，置官班祿，行之尚矣……自中原喪亂，茲制中絕，先朝因循，未遑釐改。朕永鑒四方，求民之瘼，夙興昧旦，至於憂勤，故憲章舊典，始班俸祿……戶增調二匹穀二斛九斗，以為官司之祿……祿行之後，贓滿一匹者死（魏書卷七上高祖紀）。

其後又因軍國多事，減少官祿，明帝時于忠當國，才復所減之數。

太和中，軍國多事，高祖以用度不足，百官之祿四分減一。于忠既擅權，欲以惠澤自固，乃悉歸所減之數（魏書卷三十一于忠傳）。

但是孝莊以後，財用窮匱，百官又復絕祿。

自魏孝莊以後，百官絕祿（北史卷七齊本紀中）。

魏亡之後，分為周齊，北齊[51]北周[52]均曾釐定官祿，然北齊在武成帝時代，已減百官之俸。

---

[50] 太和初年，高閭表曰，「下者祿足以代耕，上者祿足以行義，國用不充，俸祿遂廢」（魏書卷五十四高閭傳）。可知太和初年，百官無祿。八年始班官祿，其經費來源，據魏書卷一百十食貨志，「戶增帛三匹，粟二石九斗，以為官司之祿」。

[51] 官一品每歲祿八百匹，二百匹為一秩。從一品七百匹，一百七十四匹為一秩。二品六百匹，一百五十匹為一秩。從二品五百匹，一百二十五匹為一秩。三品四百匹，一百匹為一秩。從三品三百匹，七十五匹為一秩。四品二百四十匹，六十匹為一秩。從四品二百匹，五十匹為一秩。五品一百六十匹，四十匹為一秩。從五品一百二十匹，三十匹為一秩，六品一百匹，二十五匹為一秩。從六品八十匹，二十匹為一秩。七品六十匹，十五匹為一秩。從七品四十匹，十匹為一秩。八品三十六匹，九匹為一秩。從八品三十二匹，八匹為一秩。九品二十八匹，七匹為一秩。從九品二十四匹，六匹為一秩。祿率一分以帛，一分以粟，一分以錢。事繁者優一秩，平者守本秩，閑者降一秩，長兼

武成帝河清四年二月己卯詔減各官食稟各有差（北齊書卷七武成帝紀）。

北周在武帝時代，「興造無度，徵發不已，加以頻歲師旅，農畝廢業」（北史卷十周本紀下武帝建德元年）。財政如斯困難，官祿能否如法發給，似有問題。何況「無年為凶荒，不頒祿」（隋書卷二十七百官志中）。凶荒之年，百物騰貴，而不頒祿，官吏枵腹從公，何能不侵漁百姓。

古人制祿，雖下士猶食上農，外足以奉公忘私，內足以養親施惠。南北朝祿不代耕，所以官吏無不經商營利。當時兵亂屢起，商路斷絕，運販遠方貨物，獲利甚厚，官僚可藉政治勢力，避免關津盤查，所以南北官僚莫不收市井之利，縱以皇子之尊也不能免。茲舉南北之例各一以為證。

試守者亦降一秩，官非執事不朝拜者皆不給祿……州郡縣制祿之法，刺史守令下車各前取一時之秩，上上州刺史歲秩八百匹，與司州牧同。上中上下各以五十匹為差，中上降上下一百匹，中中及中下亦以五十匹為差，下上降中下一百匹，下中下下亦各以五十匹為差。上郡太守歲秩五百匹，降清都尹五十匹，上中上下各以五十匹為差。中上降上下四十匹，中中及中下各以三十匹為差。下上降中下四十匹，下中下下各以二十匹為差。上上縣歲秩一百五十匹，與鄴臨漳成安三縣同。上中上下各以十匹為差，中上降上下三十匹，中中及中下各以五匹為差。下上降中下二十匹，下中下下各以十匹為差。州自長史已下，逮於史吏，郡縣自丞已下，逮於掾佐，亦皆以帛為秩，郡有尉者，尉減丞之半，皆以其所出常調課之（隋書卷二十七百官志中）。

52 其制祿秩，下士一百二十五石，中士已上至於上大夫各倍之，上大夫是為四千石。卿二分，孤三分，公四分，各益其一，公因盈數為一萬石。其九秩一百二十石，八秩至於七秩，每二秩六分，而下各去其一，二秩俱為四十石。凡頒祿視年之上下，畝至四釜為上年，上年頒其正。三釜為中年，中年頒其半。二釜為下年，下年頒其一。無年為凶荒，不頒祿（隋書卷二十七百官志中）。

子尚諸皇子皆置邸舍，逐什一之利，為患徧天下（宋書卷八十二沈懷文傳）。

恭宗（太武帝之太子）季年頗親近左右，營立田園，以取其利。高允諫曰，今殿下國之儲貳，四海屬心，言行舉動，萬方所則。而營立私田，畜養雞犬，乃至販酤市鄽，與民爭利，議聲流布，不可追掩。夫天下者殿下之天下，富有四海，何求而不獲，何欲而弗從，而與販夫販婦競此尺寸……願殿下少察愚言，斥出佞邪，親近忠良，所在田園分給貧下，畜產販賣，以時收散，如此，則休聲日至，謗議可除。恭宗不納（魏書卷四十八高允傳）。

或用政治手段，聚斂無厭，如在北朝，內而公卿，外而牧守，無不貪惏。

自正光已後，天下多事，在任群官廉潔者寡（北史卷六齊本紀上）。

胡太后臨朝，朝政踈緩，威恩不立，天下牧守所在貪惏（北史卷十三宣武靈皇后傳）。

到了周齊分據，各方均欲招誘人士，以張聲勢，由是對於貪官汙吏，益不敢有所懲治。

杜弼以文武在位，罕有廉潔，言之於高祖（高歡）。高祖曰弼來，我語爾，天下濁亂，習俗已久，今督將家屬多在關西，黑獺（宇文泰）常相招誘，人情去留未定。江東復有一吳兒老翁蕭衍者，專事衣冠禮樂，中原士大夫望之，以為正朔所在。我若急作法網，不相饒借，恐督將盡投黑獺，士子悉奔蕭衍，則人物流散，何以為國。爾宜少待，吾不忘之。及將有沙苑之役，弼又請先除內賊，卻討外寇。高祖曰內賊是誰。弼曰諸勳貴掠奪萬民者皆是，高祖不答。因令軍人皆張弓挾矢舉刀按矟以夾道，使弼冒出其間，曰必無傷也，弼戰慄汗流。高祖然後喻之曰，箭雖注不射，刀雖舉不擊，矟雖按不刺，爾猶頓喪魂膽。諸勳人身觸鋒刃，百死一生，縱其貪鄙，所取處大，不可同之循常例也。弼於是大恐，因頓顙謝曰，愚痴無智，不識

至理，今蒙開曉，始見聖達之心（北齊書卷二十四杜弼傳）。

南朝承東晉之弊，地方官最易聚斂，輪流搜括幾成為一種制度。齊時，王秀之為晉平太守，至郡期年，謂人曰，此郡豐壤，祿俸常充，吾山資已足，豈可久留，以防賢路，上表請代。時人謂王晉平恐富求歸（南齊書卷四十六王秀之傳）。在許多地方官之中，致富最易者莫如梁益廣三州刺史[53]。

梁益二州土境豐富，前後刺史莫不營聚，蓄多者致萬金，所攜賓寮並京邑貧民，出為郡縣，皆以苟得自資（宋書卷八十一劉秀之傳）。

南土沃實，在任者常致巨富。世云廣州刺史但經城門一過，便得三千萬也（南齊書卷三十二王琨傳）。

朝廷對於刺史之貪惏，並不是視若無睹，聽其坐享民膏，而是於刺史罷職之時，令其獻納，其自動獻納者固然最佳，

崔慧景每罷州，輒傾資獻奉，動數百萬，世祖以此嘉之（南齊書卷五十一崔慧景傳）。

否則或以樗戲取之，

孝武末年貪慾，刺史二千石罷任還都，必限使獻奉，又以樗戲取之，要令罄盡乃止（南史卷二十五垣閎傳）。

或以刑殺取之，

曹虎晚節好貨賄……在雍州，得見錢五千萬……帝……利其財，新除，未及拜，見殺（南齊書卷三十曹虎

[53] 蕭惠開乃宋之名臣，「雖貴戚而居服簡素」，當其為御史中丞之時，「奉法直繩，不阿權戚」，「百僚畏憚之」，及拜為益州刺史，「自蜀還，資財二千餘萬」，雖云悉散施道路，一無所留（宋書卷八十七蕭惠開傳），而益土豐富，刺史便於營聚，亦可知道。

傳）。

天子如斯，何怪皇族膽敢公然劫掠。

元徽中，張興世在家，擁雍州還資見錢三千萬，蒼梧王自領人劫之，一夜垂盡（南齊書卷五十一張欣泰傳）。

當時官吏似非貪墨不可。他們要保全地位，不能不承奉要人，而要承奉要人，就不得不剝削民膏。清廉之官不但不能保其地位，甚至鎖繫尚方。

丹徒縣令沈巑之以清廉抵罪。巑之吳興武康人，性疎直，在縣自以清廉不事左右，浸潤日至，遂鎖繫尚方。歎曰，一見天子足矣。上召問曰，復欲何陳。答曰，臣坐清，所以獲罪。上曰清復何以獲罪。曰無以承奉要人。上曰要人為誰。巑之以手板四面指曰，此赤衣諸賢皆是（南史卷七十傳琰傳）。

官紀蕩然，監察制度遂不能發揮效力。御史臺自魏晉以後，成為獨立機關，以中丞為臺主。然而膏粱之士多不樂居此。

江左中丞雖亦一時髦彥，然膏粱名士猶不樂。宋顏延之為御史中丞，何尚之與延之書曰，絳騶清路，白簡深劾，取之，仲容或有虧耶。王球甚矜曹地，遇從弟僧朗除御史中丞，球謂曰汝為此官，不復成膏粱矣。齊王僧虔遷御史中丞，甲族由來多不居憲職，王氏分枝居烏衣者，為官微減。僧虔為此官，乃曰此是烏衣諸郎坐處，我亦可試為耳（通典卷二十四中丞）。

而居此職者多係援寡門寒之士，因之他們便不敢肅正綱紀，齊明帝曾對江淹說：

宋世以來，不復有嚴明中丞（梁書卷十四江淹傳）。

按甲族所以不居憲臺，不是因為中丞位卑，而是因為御史為風霜之任，容易招怨於人。

中丞案裁之職，被憲者多結怨（南齊書卷三十四沈沖傳）。

朝廷為提高監察權的效果，固曾講求各種方法。

晉亦因漢，以中丞為臺主，與司隸分督百僚，自皇太子以下，無所不糾。初不得糾尚書，後亦糾之。中丞專糾行馬內，司隸專糾行馬外，雖制如是，然亦更奏眾官，實無其限。宋中丞一人，每月二十五日繞行宮垣白壁……孝武帝孝建二年制，中丞與尚書令分道，雖丞郎下朝相值，亦得斷之，餘內外眾官皆受停駐。齊中丞職無不察，專道而行，騶輻禁呵，加以聲色，武將相逢，輒致侵犯，若有鹵簿，至相毆擊。梁中丞一人，掌督司百僚皇太子，其在宮門行馬內違法者，皆糾彈之，雖在行馬外，而監司不糾，亦得奏之。專道而行，逢尚書丞郎，亦得停駐……陳因梁制。後魏為御史中尉，督司百僚，其出入千步清道，與皇太子分路，王公百辟咸使遜避，其餘百僚下馬弛車止路傍。其違緩者，以棒棒之。其後洛陽令得與分道。自東魏徙鄴，無復此制。北齊武成以其子瑯琊王儼兼為御史中丞，欲雄寵之，復興舊制。儼出北宮，凡京畿之步騎，領軍之官屬，中丞之威儀，司徒之鹵簿，莫不畢備（時儼總領四職）。武成觀之，遣中使馳馬趣仗不得入，自言奉勅，赤棒應聲碎其鞍，馬騰人顛，觀者傾京邑（通典卷二十四中丞）。

然而無補於事。監察機關本來不能糾正行政官之腐化，而只能幫助行政權肅正官邪。行政權既已腐化，御史雖然彈擊官邪，亦必無補於事。為什麼呢？軍權屬於行政機關，財權屬於行政機關，御史欲用白簡，肅清官紀，勢所難能。何況富有四海的天子，尚不惜營私舞弊，則中丞以四品之官何能挽回狂瀾。且看何尚之之言：

歷觀古今，未有眾過藉藉，受貨數百萬，更得高官厚祿如今者也（宋書卷五十三庾炳之傳）。

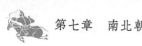

就考課言，考課有兩個目的，消極目的在懲戒官吏失職，積極目的在獎勵官吏盡力。魏晉以降，雖然未曾撤廢考課制度，而在事實上乃等於具文。蓋在九品官人之制之下，凡厥衣冠莫非上品。南朝風氣，「望白署空，是稱清貴，恪勤匪懈，終歸鄙俗」。顏之推說：

晉室南渡，優借士族……文義之士多迂誕浮華，不涉世務（顏氏家訓第十一篇涉務）。

在這種政風之下，考課制度當然不會存在。所以謝豹才說：

徒有考課之名，而無毫分之益（宋書卷五十二謝景仁傳）。

魏於孝文時代，因高祐陳言：「今之選舉，不採職治之優劣，專簡年勞之多少，斯非盡才之謂」（魏書卷五十七高祐傳），遂作考格，以為黜陟。

太和十有八年九月壬申朔詔曰，三載考績，三考黜陟，朕今三載一考，考即黜陟……欲令愚滯無妨於賢者，才能不壅於下位。各令當曹，考其優劣為三等，六品以下，尚書重問，五品以上，朕將親與公卿論其善惡，上上者遷之，下下者黜之，中中者守其本任（魏書卷七下高祖紀）。54

宣武以後，其制又復破壞。延昌二年崔鴻已經說過：

延昌二年，將大考百僚，崔鴻建議曰，景明以來，考格三年成一考，一考轉一階，貴賤內外萬有餘人，自非犯罪，不問賢愚，莫不上中。才與不肖，比肩同轉，雖有善政如黃龔，儒學如王鄭，史才如班馬，文章如張蔡，得一分一寸，必為常流所攀。選曹亦抑為一概，不曾甄別，琴瑟不調，改而更張，雖明旨已行，

54 孝文又說：「朕昔許三年考績，必行賞罰，既經今考，若無黜陟，恐正直者莫肯用心，邪曲者無以改肅」（魏書卷二十一廣陵王羽傳）。

猶宜消息。世宗不從（魏書卷六十七崔鴻傳）。

孝明帝正光四年蕭寶夤亦說：

正光四年蕭寶夤上表曰，自此以來，官罔高卑，人無貴賤，皆飾辭假說，用相褒舉，求者不能量其多少，與者不能覈其是非，遂使冠履相貿，名實皆爽，謂之考功，事同汎陟，紛紛漫漫，焉可勝言。又在京之官，積年十考，其中或所事之主，遷移數四，成所奉之君，身亡廢絕。雖當時文簿記其殿最，日久月遙，散落都盡，累年之後，方求追訪，無不苟相悅附，共為脣齒，飾垢掩疵，妄加丹素，趣令得階而已，無所顧惜。賢達君子未免斯患，中庸已降，夫復何論。官以求成，身以請立，上下相蒙，莫斯為盛（北史卷二十九蕭寶夤傳）。

及至崔亮為吏部尚書，奏立停年格之後，不問士之賢愚，專以停解日月為斷。

崔亮遷吏部尚書……乃奏為格制，不問士之賢愚，專以停解日月為斷，雖復官須此人，停日後者，終於不得，庸才下品年月久者，灼然先用，沉滯者皆稱其能（魏書卷六十六崔亮傳）。

所以辛雄方說：

自神龜末來，專以停年為選，士無善惡，歲久先敘，職無劇易，名到授官。執按之吏，以差次日月為功能，銓衡之人以簡用老舊為平直（魏書卷七十七辛雄傳）。

薛淑亦說：

若使選曹唯取年勞，不簡賢不，便義均行鴈，次若貫魚，執簿呼名，一吏足矣，數人而用，何謂銓衡（北齊書卷二十六薛淑傳）。

崔亮的停年格是依資格用人。即晉代劉寔所謂：「案官次而舉之」，「因資次而進」（晉書卷四十一劉寔傳）。南朝雖無其制，亦有其事。舉一例說：

王泰掌吏部郎事……自過江，吏部郎不復典大選，令史以下，小人求競者輻湊，前後少能稱職。泰為之，不通關求，吏先至者即補，不為貴賤請囑易意，天下稱平（梁書卷二十一王泰傳）。

由此可知純依資格，雖不能得到俊才，而雁行有序，尚可息奔競之風。而且崔亮之作停年格，尚有不得已的苦衷，「時羽林新害張彝之後[55]，靈太后令武官得依資入選，官員既少，應選者多」。倘仍「循常擢人」，必致引起士人嗟怨，故乃奏為格制（魏書卷六十六崔亮傳）。且看下列所引文句：

崔亮外甥劉景安書規亮曰，殷周以鄉塾貢士，兩漢由州郡薦才，魏晉因循，又置中正，諦觀在昔，莫不審舉，雖未盡美，足應十收六七。而朝廷貢才，止求其文，不取其理。察孝廉，唯論章句，不及治道。立中正，不考人才行業，空辨氏姓高下。至於取士之途不博，沙汰之理未精，而舅屬當銓衡，宜須改張易調，如之何反為停年格以限之，天下士子誰復修厲名行哉。亮答書曰，汝所言乃有深致，吾乘時邀幸，得為吏部尚書……常思同升舉直，以報明主之恩……昨為此格，有由而然。今已為汝所怪，千載之後，誰知我哉……古今不同，時宜須異，何者，昔有中正，品其才第，上之尚書，尚書據狀，量人授職，此乃與天下群賢共爵人也。吾謂當爾之時，無遺才，無濫舉矣，而汝猶云十收六七，況今日之選專歸尚書，以一人之鑒，照察天下，劉毅所云一吏部兩郎中，而欲究竟人物，何異以管窺天，而求其博哉。今勳人甚多，又羽林入

[55] 領軍將軍張彝第二子仲瑀上封事，求銓別選格，排抑武人，不使預在清品，由是眾口喧喧，謗讟盈路。神龜二年二月羽林武賁將幾千人，焚張彝屋宇，捶撻張彝幾斃，生投其長子始均於煙火中，朝廷懼其亂而不問。見張彝傳。

選，武夫崛起，不解書計，唯可彍弩前驅，指蹤捕噬而已。忽令垂組乘軒，求其烹鮮之效，未曾操刀，而使專割。又武人至多，官員至少，不可周溥。設令十人共一官，猶無官可授，況一人望一官，何由可不怨哉。吾近面執，不宜使武人入選，請賜其爵，厚其祿，既不見從，是以權立此格，限以停年耳……後甄琛元修義城陽王徽相繼為吏部尚書，利其便己，踵而行之。自是賢愚同貢，涇渭無別，魏之失才，從亮始也（魏書卷六十六崔亮傳）。

選用不得賢能，監察徒成具文，考課等於虛設，於是貴族政治又由「以貴役賤」變成「以貴凌賤」，引起知識分子的反對，而漸次歸於崩潰。

第四節　佛教的流行及其與吾國固有思想的論爭

南北朝的社會有貴賤兩個階級，「貴里豪家，金鋪玉舄」（陳書卷五宣帝紀太建十一年），可以平流進取，坐至公卿，生活既然安適，仕進又有保障，他們沒有勞動的必要，只消磨光陰於娛樂之中。南朝士大夫多蓄嬪媵。

沈勃奢淫過度，妓女數十，聲酣放縱，無復劑限（宋書卷六十三沈演之傳）。南郡王義宣多蓄嬪媵，後房千餘，尼媼數百（宋書卷六十八南郡王義宣傳）。顏師伯伎妾聲樂，盡天下之選（宋書卷七十七顏師伯傳）。沈慶之妓妾數十人，並美容工藝（宋書卷七十七沈慶之傳）。阮佃夫妓女數十，藝貌冠絕當時（宋書卷九十四阮佃夫傳）。張瓌妓妾盈房（南齊書卷二十四張瓌傳）。到撝妓妾姿藝皆窮上品（南齊書卷三十七到撝傳）。曹景

宗妓妾至數百，窮極錦繡（梁書卷九曹景宗傳）。夏侯亶有妓妾十數人，其弟夔後房妓妾，曳羅縠飾金翠者亦有數百（梁書卷二十八夏侯亶傳）。羊侃姬妾侍列，窮極奢靡，有彈箏人陸太喜著鹿角，爪長七寸，舞人張淨琬腰圍一尺六寸，時人咸推能掌上舞，又有孫荊玉能反腰帖地，銜得席上玉簪（梁書卷三十九羊侃傳）。章昭達每飲會，必盛設女伎雜樂，備盡羌胡之聲，音律姿容並一時之妙（陳書卷十一章昭達傳）。

北朝雅士也有蓄妓之風。

魏高陽王雍有妓女五百，隨珠照日，羅衣從風（洛陽伽藍記卷三）。

河間王琛有妓女三百人，盡皆國色（洛陽伽藍記卷四）。

盧宗道嘗於晉陽置酒，賓遊滿座，中書舍人馬士達目其彈箜篌女妓云，手甚纖素，宗道即以此婢遺士達（北齊書卷二十二盧文偉傳）。

甚至帝王讌會，也以女妓為樂。

沈約嘗侍讌，有一妓師是齊文惠宮人，帝問識座中客不。曰惟識沈家令。約伏座流涕，帝亦悲焉，為之罷酒（梁書卷十三沈約傳）。

賭風又熾，宋武帝劉裕便是一個豪賭的人。

劉毅後在東府聚樗蒱大擲，一判應至數百萬。餘人並黑犢以還，唯劉裕及毅在後。毅次擲，得雉大喜，褰衣繞床，叫謂同坐曰，非不能盧，不事此耳。裕惡之，因挼五木，久之曰老兄試為卿答。既而四子俱黑，其一子轉躍未定，裕厲聲喝之，即成盧焉。毅意殊不快（晉書卷八十五劉毅傳）。

人主樗蒱於上，臣庶風靡於下。終則天子賞賚常以樗蒱定之。

梁主蕭詧曾獻瑪瑙鍾，周文帝執之，顧丞郎曰能擲樗蒲頭得盧者，便與鍾，已經數人，不得。頃至薛端，乃執樗蒲頭而言曰，非為此鍾可貴，但思露其誠耳，便擲之，五子皆黑，文帝大悅，即以賜之（北史卷三十六薛端傳）。

音樂亦多綺豔之曲，宋開其端：

自宋大明以來，聲伎所尚，多鄭衛淫俗，雅樂正聲鮮有好者（南齊書卷四十六蕭惠基傳）。

至陳彌甚。

後主嗣位，耽荒於酒，視朝之外，多在宴筵，尤重聲樂，遣宮女習北方簫鼓，謂之代北，酒酣則奏之。又於清樂中造黃鸝留及玉樹後庭花金釵兩臂垂等曲，與幸臣等製其歌詞，綺豔相高，極於輕薄。男女唱和，其音甚哀（隋書卷十三音樂志上）。

北朝也尚淫靡之音。

雜樂有西涼鼙舞清樂龜茲等，然吹笛彈琵琶五絃及歌舞之伎，自文襄以來，皆所愛好，至河清以後，傳習尤盛。後主唯賞胡戎樂，耽愛無已，於是繁手淫聲，爭新哀怨。故曹妙達安未弱安馬駒之徒，至有封王開府者，遂服簪纓，而為伶人之事。後主亦自能度曲，親執樂器，悅玩無倦，倚絃而歌，別採新聲為無愁曲，音韻窈窕，極為哀思，使胡兒閹官之輩，齊唱和之，曲終樂闋，莫不隕涕。雖行幸道路，或時馬上奏之，樂往哀來，竟以亡國（隋書卷十四音樂志中）。

光陰完全消耗於娛樂之中，奢侈便成為一時風尚，南朝承西晉之弊，自始就相競誇豪。「犬馬餘菽粟，土木衣綈繡」（宋書卷九十二良吏傳序）。「宴酣所費既破數家之產，歌謠之具必俟千金之資」（梁書卷三十八賀琛

傳）。宮廷的浮侈，最後乃傳於庶民，有如周朗所說：

尚方今造一物，小民明已睥睨，宮中朝製一衣，庶家晚已裁學，侈麗之原實先宮闈（宋書卷八十二周朗傳）。

北魏本來「淳樸為俗」（魏書卷一序紀），而自遷都洛陽之後，也開始了奢靡之風。

魏都洛陽，一時殷盛，貴勢之家各營第宅，車服器玩皆尚奢靡，世逐浮競，人習澆薄（周書卷四十五熊安生傳）。

卒至「競相矜夸，遂成侈俗，車服第宅，奢僭無限，喪葬婚娶，為費實多」（魏書卷六十韓麒麟傳）。「土木被綺羅，僕妾厭粱肉」（魏書卷六十韓顯宗傳），「家有吉凶，務求勝異，始以刱出為奇，後以過前為麗」（北齊書卷四文宣紀天保元年六月辛巳詔）。由奢生貪，理之必然，於是遂如賀琛所說：「為吏牧民者，競為剝削，雖致貲巨億，罷歸之日，不支數年，便已消散……乃更追恨向所取之少，今所費之多」。

今天下宰守所以皆尚貪殘，罕有廉白者，良由風俗侈靡，使之然也。淫奢之弊，其事多端，粗舉二條，言其尤者。夫食方丈於前，所甘一味，今之燕喜相競誇豪，積果如山岳，列肴同綺繡，露臺之產不周一燕之資，而賓主之間，裁取滿腹，未及下堂，已同臭腐。又歌姬舞女本有品制，二八之錫良待和戎。今言妓之夫無有等秩，雖復庶賤微人，皆盛姬姜，務在貪汙，爭飾羅綺。故為吏牧民者，競為剝削，雖致貲巨億，罷歸之日，不支數年，便已消散。蓋由宴醑所費既破數家之產，歌謠之具必俟千金之資，所費事等丘山，為歡止在俄頃，乃更追恨向所取之少，今所費之多，如復傳翼，增其搏噬，一何悖哉。其餘淫侈，著之凡百，習以成俗，日見滋甚，欲使人守廉隅，吏尚清白，安可得邪（梁書卷三十八賀琛傳）。

但是任何娛樂若沒有勞動以為調劑，俄頃之後，就不能引起神經的反應，而致失去滋味。這個時候他們要

刺激疲倦的神經，非用新娛樂不可。南北朝君主多昏狂淫亂，大約是神經衰弱所致。

宋少帝義符居帝王之位，好阜隸之役，處萬乘之尊，悅廝養之事，親執鞭撲，毆擊無辜，以為笑樂。於華林園為列肆，親自酤賣，又開瀆聚士，以象破岡埭，與左右引船唱呼，以為歡樂（宋書卷四少帝紀）。前廢帝子業嘗於木槽盛飯，納諸雜食，攪令和合，掘土為坑穽，實之以泥水，裸太宗（明帝彧）納坑中，和槽食置前，令太宗以口就槽中食，用之為歡笑。常於始安王休仁前，使左右淫逼休仁所生楊太妃，左右並不得已順命，以至右衛將軍劉道隆，道隆歡以奉旨，盡諸醜狀（宋書卷七十二始安王休仁傳）。後廢帝昱窮凶極悖，屠裂肝腸，以為戲謔，投骸江流，以為懽笑。常著小袴褶，未嘗服衣冠，或有忤意，輒加以虐刑，有白棓數十枚，各有名號，鍼椎鑿鋸之徒，不離左右，嘗以鐵椎椎人陰破，左右人見之，有斂眉者，昱大怒，令此人袒胛正立，以矛刺胛洞過。天性好殺，以此為歡，一日無事，輒慘慘不樂（宋書卷九後廢帝紀）。齊廢帝鬱林王昭業取諸寶器以相剖擊，破碎之以為笑樂。居嘗裸袒，著紅縠褌雜采袒服，好鬬雞，密買雞至數千價（南齊書卷四鬱林王紀）。廢帝東昏侯寶卷於壁上畫男女私褻之像。又於苑中立市，太官每旦進酒肉雜肴，使宮人屠酤，潘氏為市令，帝為市魁，執罰，爭者就潘氏決判，自製雜色錦伎衣，綴以金花玉鏡眾寶（南齊書卷七東昏侯紀）。北齊文宣帝留情耽湎，肆行淫暴，或躬自鼓舞，歌謳不悉，從旦通宵，以夜繼晝。或袒露形體，塗傅粉黛，散髮胡服，雜衣錦綵，執刃張弓，游行市肆，或盛暑炎赫，日中暴身，隆冬酷寒，去衣馳走。徵集淫嫗，悉去衣裳，分付從官，朝夕臨視，或聚棘為馬，紐草為索，逼遣乘騎，牽引來去，流血灑地，以為娛樂。凡諸殺害，多令支解，或焚之於火，或投之於河。沉酗既久，彌以狂惑（北史卷七齊本紀中）。後主緯於華林園立貧窮村舍，帝自弊衣為乞食兒，又為窮兒之市，躬自交易（北齊書卷

八後主紀）。曾問南陽王綽何者最樂，曰多取蝎將蛆混看極樂。後主即夜索蝎一斗，比曉得三二升，置諸浴斛，使人裸臥斛中，號叫宛轉，帝與綽臨觀，喜噱不已，謂綽曰如此樂事，何不早馳驛奏聞（北齊書卷十二南陽王綽傳）。北周宣帝自比上帝，不欲令人同己，嘗自帶綬及冠通天冠，加金附蟬，顧見侍臣武弁上有金蟬及王公有綬者，並令去之。又不聽人有高大之稱，諸姓高者改為姜，九族稱高祖者為長祖，曾祖為次長祖，官名凡稱上及大者改為長，有天者亦改之……好令京城少年為婦人服飾，入殿歌舞，與後宮觀之，以為喜樂（周書卷七宣帝紀）。

然而不論什麼東西都有一定限度，他們的神經受了新娛樂的刺激，固然暫時可以發生反應，然而不久神經又復疲鈍，而使新娛樂又失去滋味。到了最後，一切娛樂都不能引起他們的興趣，由是他們便變成厭世的人，人世的事物，他們都視為虛幻，所以極端的快樂主義者常是極端的厭世主義者。

南平王偉子恭性尚華侈……酣讌終辰……每從容謂人曰，下官歷觀世人，多有不好歡樂，乃仰眠床上，看屋梁而著書，千秋萬歲，誰傳此者，勞神苦思，竟不成名，豈如臨清風對朗月，登山泛水，肆意酣歌也（梁書卷二十二南平王偉傳）。

魚弘常語人曰，丈夫生世，如輕塵栖弱草，白駒之過隙，平生但歡樂，富貴幾何時。於是恣意酣賞，侍妾百餘人，不勝金翠，服玩車馬皆窮一時之絕（梁書卷二十八魚弘傳）。

蕭方嘗著論曰，人生處世，如白駒過隙耳，一壺之酒足以養性，一簞之食足以怡形，生在蓬蒿，死在溝壑，瓦棺石槨，何以異茲（梁書卷四十四忠壯世子方傳）。

其結果，他們遂要求一種新的人生觀，可以轉變他們生活的方法。反之賤民階級「貧居陋巷，彘食牛

衣」（陳書卷五宣帝紀太建十一年），而又受了豪強的壓迫，旱災的壓迫，稅役的壓迫，和兵禍的壓迫。

南北朝庶民受難表

朝代		庶民受難情況
南朝	宋代	取稅之法乃令桑長一尺，圍以為價，田進一畝，度以為錢，屋不得瓦，皆責貲實。民以此，樹不敢種，土畏妄墾，棟焚榱露，不敢加泥……自華夷爭殺，戎夏競威，破國則積屍竟邑，屠將則覆軍滿野，海內遺生，蓋不餘半。重以急政嚴刑，天災歲疫，貧者但供吏，死者弗望霾。鰥居有不願娶，生子每不敢舉（宋書卷八十二周朗傳）。 虜縱歸師，殲累邦邑……強者為轉屍，弱者為繫虜。自江淮至於清濟，戶口數十萬，自免湖澤者，百不一焉。村井空荒，無復鳴雞吠犬。時歲唯暮春，桑麻始茂，故老遺氓，還號舊落，桓山之響未足稱哀，六州蕩然，無復餘蔓殘構。至於乳燕赴時，啣泥靡託，一枝之間連窠十數，春雨裁至，增巢已傾，雖事舛吳宮，而殲亡匪異，甚矣哉覆敗之至於此也（宋書卷九十五索虜傳史臣曰）。
	齊代	建元初，狡虜游魂，軍用殷廣，淅東五郡丁稅一千，乃有質賣妻子，以充此數，道路愁窮，不可聞見（南齊書卷二十六王敬則傳）。 臺使（宋孝武帝遣臺使赴郡縣促民繳納租稅，至齊未革）朝辭禁門，情態即異，暮宿村縣，威福便行……或尺布之逋，曲以當匹，百錢餘稅且增為千……三吳奧區，地惟河輔，百度所資，罕不自出，而守宰相繼，務在裒剋，圍桑品屋，以准貲課，致令斬樹發瓦，以充重賦……東郡使民，年無常限，乃有畏失嚴期，自殘軀命，亦有斬絕手足，以避傜役，生育弗起，殆為恆事（南齊書卷四十竟陵王子良傳）。 齊末昏亂，政移群小，賦調雲起，傜役無度，守宰多倚附權門，互長貪虐，掊克聚斂，侵愁細民，天下搖動，無所措其手足（梁書卷五十三良吏傳序）。
	梁代	州牧多非良才，守宰虎而傅翼。至於民間誅求萬端，或供廚帳，或供廄庫，或遣使命，或待賓客，皆無自費，取給於民。又復多遣游軍，稱為遏防，姦盜不止，暴掠繁多。或求供設，或責腳步，又行劫縱，更相枉逼。良人命盡，富室財殫，此為怨酷，非止一事（梁書卷三武帝紀大同七年十二月壬寅詔）。 郡不堪州之控總，縣不堪郡之裒削，更相呼擾，莫得治其政術，唯以應赴徵斂為事。百姓不能堪命，各事流移，或依於大姓，或聚於屯封，蓋不獲已而竄亡，非樂之也（梁書卷三十八賀琛傳）。 時承凋弊之後，百姓凶荒，所在穀貴，米至數千，人多流散（梁書卷五十三庾華傳）。

		北朝		
	陳代	後魏	北齊	北周
侯景之亂，東境飢饉，會稽尤甚，死者十七八，平民男女並皆自賣（陳書卷三十五陳寶應傳）。	頻年軍旅，生民多斃（陳書卷三世祖紀天康元年）。 承梁季亂離，加以戎車屢出，千金日損，府帑未充，民疲征賦（陳書卷五宣帝紀太建十年四月庚戌詔）。 後宮曳綺繡，廄馬餘菽粟，百姓流離，僵尸蔽野，貨賂公行，帑藏損耗（陳書卷三十傅縡傳）。	比年以來，兵革屢動，汝潁之地，率戶從戎，河冀之境，連丁轉運。又戰不必勝，加之退負，死喪離曠，十室而九。細役煩徭，日月滋甚，苛兵酷吏，因逞威福。至使通原遙畛，田蕪罕耘，連村接閈，蠶飢莫食。而監司因公以貪求，豪強恃私而迫掠，遂令鬻短褐以益千金之資，制口腹而充一朝之急（魏書卷四十七盧昶傳）。 兵士役苦，心不忘亂，故有競棄本生，飄藏他土，或詭名託養，散沒人間，或亡命山藪，漁獵為命，或投仗強豪，寄命衣食（北史卷四十六孫紹傳）。 頻年以來，多有徵發，人不堪命，動致流離，苟保妻子，競逃王役，不復顧其桑井（北史卷五十高謙之傳）。 魏自永安之後，政道陵夷，寇亂實繁，農商失業，官有徵代，皆權調於人，猶不足以相資奉，乃令所在迭相糺發，百姓愁怨，無復聊生（隋書卷二十四食貨志）。	賦斂日重，徭役日繁，人力既殫，帑藏空竭（北齊書卷八幼主紀）。	興造無度，徵發不已，加以頻歲師旅，農畝廢業（北史卷十周本紀下武帝建德元年）。 時關中大饑，徵稅人間穀食，以供軍費，或隱匿者，令遞相告，多被箠撻，以是人有逃散（北史卷六十二王羆傳）。

他們天天受了生活的壓迫，而又目擊那些豪族享受過分的娛樂，他們不但不能分潤豪族的娛樂，而且還成為豪族娛樂的犧牲品，他們悲觀了，他們絕望了，他們也要求一種新的人生觀，以安慰他們貧苦的生活。人類在悲觀絕望之時，常常發生神祕心理，而傾向於宗教思想，文化幼稚的民族尤見其然。中世紀的歐洲，南北朝的中國，宗教都乘著蠻族移動之際，大見流行，其理由是一樣的。最初有儒道佛三種宗教，各用特殊的人生哲學，指導民眾，教以新生活的方法。而最後得到勝利者，則為佛教。案一切宗教不外地

上權力反映於人類的腦中，由幻想作用而創造出來的東西。南北朝時代，人民陷於水深火熱之中，然而國家不能拯救他們，皇帝不能拯救他們，官吏不能拯救他們，名士不能拯救他們，總而言之，他們固有的地上權力對於他們都沒有辦法，由是他們固有的天上權力——神，也不能得到他們的崇拜。他們不禁懷疑自己的神，他們很歡迎那個為外國崇拜而未為本國拜過的神。於是在宗教鬥爭之中，佛教就得到最後勝利。

佛教於漢明帝之世，傳入中國，「魏黃初初，中國人始依佛戒，剃髮為僧」（隋書卷三十五經籍志），五胡亂華，蠻族首長見其「化金銷玉，行符勑水，奇方妙術，萬等千條」（魏書卷一百十四釋老志），認為神異，莫不皈依。例如：

石勒專行殺戮，沙門遇害者甚眾……佛圖澄智術非常，勒召澄，試以道術。澄即取鉢盛水，燒香咒之，須臾，鉢中生青蓮花，光色曜日，勒由此信之……及季龍僭位，遷都於鄴，傾心事澄，有重於勒。下書衣澄以綾錦，乘以彫輦，朝會之日，引之升殿，常侍以下，悉助舉輿，太子諸公扶翼而上，主者唱大和尚，眾坐皆起，以彰其尊。又使司空李農旦夕親問，其太子諸公五日一朝，尊敬莫與為比。百姓因澄，故多奉佛，皆營造寺廟，相競出家（晉書卷九十五佛圖澄傳）。

呂光伐龜茲，獲鳩摩羅什，光還中路，置軍於山下，將士已休，羅什曰在此必狼狽，宜徙軍隴上。光不納，至夜果大雨，洪潦暴起，水深數丈，死者數千人，光密異之。光還至涼州，竊號河右，屬姑藏大風，羅什曰不祥之風，當有奸叛，然不勞自定也，俄而有叛者，尋皆殄滅。姚興西伐，破呂隆，乃迎羅什，待以國師之禮，羅什聚針盈鉢，因舉匕進針，與常食不別（晉書卷九十五鳩摩羅什傳）。

經東晉而至南北朝，佛教思想已經深入人心，吾人觀當時人士因「佛教自殺者，不得復人身」，而不敢

自殺，就可以知道。

晉恭帝遜位，居秣陵宮，常懼見禍，與褚后共止一室，慮有酖毒，自煮食於牀前。高祖將殺，不欲遣人入內，令褚淡之兄弟視褚后，褚后出別室相見，兵人乃踰垣而入，進藥於恭帝，帝不肯飲，曰佛教自殺者，不得復人身，乃以被掩殺之（宋書卷五十二褚叔度傳）。

索虜來寇瓜步，天下擾動，上慮異志者或奉彭城王義康為亂。二十八年正月遣中書舍人嚴龍齎藥賜死，義康不肯服藥，曰佛教自殺，不復得人身，便隨宜見處分，乃以被揜殺之（宋書卷六十八彭城王義康傳）。

尤其甚者，朝廷大事，天子且與沙門商談。

慧琳者秦郡秦縣人，姓劉氏，少出家，住冶城寺，有才章，兼外內之學，嘗著均善論……太祖見論賞之，元嘉中，遂參權要，朝廷大事皆與議焉，賓客輻湊，門車常有數十兩，四方贈賂相係，勢傾一時（宋書卷九十七天竺迦毗黎國傳）。

現在試來研究佛教何以流行，南北朝是中國最紛亂的時代，軍閥互相火拼，一旦得到帝位，便屠殺前朝子孫，「宋受晉終，馬氏遂為廢姓，齊受宋禪，劉宗盡見誅夷」（南史卷四十三齊高帝諸子傳論）。北齊文宣踐極，也屠殺魏的子孫。

文宣謂元韶曰，漢光武何故中興。韶曰為誅諸劉不盡。於是乃誅諸元以厭之，遂以五月誅元世哲景武等二十五家。餘十九家並禁止之，韶幽於京畿地牢，絕食，啗衣袖而死。及七月，大誅元氏，自韶成已下並無遺焉。或父祖為王，或身常貴顯，或兄弟強壯，皆斬東市，其嬰兒投於空中，承之以矟，前後死者凡七百二十一人，悉投屍漳水，剖魚多得爪甲，都下為之久不食魚（北齊書卷二十八元韶傳）。

其尤甚者，一家骨肉自相誅夷，宋孝武帝殘殺文帝的子孫，明帝又殘殺孝武帝的子孫。齊明帝殘殺高帝及武帝的子孫，凶忍慘毒，惟恐不盡，致令皇族有不願復生王家之言。

帝（宋廢帝子業）素疾子鸞有寵……遣使賜死，時年十歲。子鸞臨死，謂左右曰願身不復生王家（宋書卷八十始平王子鸞傳）。

他們稍有天良，何能不因悔而疑，因疑而懼，因懼而思懺悔之法。高允曾言：「天人誠遠，而報速如響，甚可懼也」（魏書卷四十八高允傳）。恰好佛教專講因果報應，他們聽了之後，怕自己墮入地獄，怕子孫食其惡果，於是遂向慈悲的佛，求其憐愍，這便是佛教流行於上層階級的原因。吾人只看南齊巴陵王子倫之言，可知因果報應之說已經深入人心。

延興元年，明帝遣中書舍人茹法亮殺子倫。子倫正衣冠，出受詔曰鳥之將死，其鳴也哀，人之將死，其言也善，先朝昔滅劉氏，今日之事，理數固然（南齊書卷四十巴陵王子倫傳）。

我們再看齊明帝殘殺骨肉，往往先燒香火，又可知道當時的人必以果報之權操之於佛。

延興建武中，凡三誅諸王，每一行事，高宗輒先燒香火，嗚咽涕泣，衆以此輒知其夜當相殺戮也（南齊書卷四十臨賀王子岳傳）。

所以人們一旦想到果報，慘毒之事亦常為之小止。

明帝所為慘毒之事，周顒不敢顯諫，輒誦經中因緣罪福事，帝亦為之小止（南齊書卷四十一周顒傳）。

上層階級既然信奉佛教，所以常將財產捐於佛寺，南朝的齊高帝梁武帝陳武帝，北朝的魏孝文齊文宣周文帝均曾捨其宮苑，以造佛寺。其中最可令人注意者，南齊的明帝殘殺高武子孫，忍心害理，自古未有，

而乃用百姓賣兒貼婦錢，以起佛寺。

帝以故宅起湘宮寺，費極奢侈，以孝武莊嚴刹七層，帝欲起十層，不可立，分為兩刹，各五層。新安太守巢尚之罷郡還見，帝曰卿至湘宮寺未，我起此寺，是大功德。虞愿在側曰，陛下起此寺，皆是百姓賣兒貼婦錢，佛若有知，當悲哭哀愍，罪高佛圖，有何功德（南齊書卷五十三虞愿傳）。

北朝的胡太后，恣行淫穢，鴆殺孝明，而亦喜建浮圖。

靈太后銳於繕興，在京師則起永寧太上公等佛寺，功費不少。外州各造五級佛圖。又數為一切齋會，施物動至萬計。百姓疲於土木之功，金銀之價為之踊上（魏書卷十九中任城王澄傳）。

其造永寧佛寺之時，不惜減少百官的祿。

靈太后臨朝，減食祿官十分之一，造永寧佛寺（北史卷二十七寇儁傳）。

人主篤好佛理，天下便從風而化。

高祖方銳意釋氏，天下咸從風而化（梁書卷十二韋叡傳）。

世宗篤好佛理……上既崇之，下彌企尚，至延昌中，天下州郡僧尼等積有一萬三千七百二十七所，徒侶逾眾（魏書卷一百十四釋老傳）。

北朝朝士死者，其家多捨居宅，以施僧尼。

朝士死者，其家多捨居宅，以施僧尼，京邑第舍略為寺矣（魏書卷一百十四釋老志）。

南朝豪貴亦常捨其邸宅，以起佛寺。

蕭惠開丁父艱，居喪有孝性，家素事佛，凡為父起四寺，南岸南岡下名曰禪岡寺，曲阿舊鄉宅名曰禪鄉

寺，京口墓亭名曰禪亭寺，所封陽縣名曰禪封寺（宋書卷八十七蕭惠開傳）。

何氏自晉司空充，宋司空尚之世奉佛法，並建立塔寺。至敬容又捨宅東為伽藍，趨勢者因助財造構，敬容並不拒。故此寺堂宇校飾頗為宏麗，時輕薄者因呼為眾造寺焉（梁書卷三十七何敬容傳）。

至於以金錢貨寶田地捐給佛寺者為數尤多，梁武帝三次捨身同泰寺，公卿大臣以錢一億萬奉贖，這是讀史者共知的事[56]。

佛寺財產年年增加，在北朝，魏孝文遷都洛陽之後，二十年中，洛中土地三分之一屬於佛寺。

自遷都以來，年踰二紀，寺奪民居，三分且一……非但京邑如此，天下州鎮僧寺亦侵奪細民，廣占田宅（魏書卷一百十四釋老志）。

在南朝，例如「長沙寺僧業富沃，鑄黃金為龍數千兩，埋土中」（南齊書卷三十八蕭穎胄傳），所以政府每於財政困難之際，向僧尼借債，只此一端，可知佛寺財產之多。

有司又奏軍用不充，揚南徐兗江四州，富有之民家資滿五千萬，僧尼家資滿二千萬者，並四分換一，過

---

[56] 第一次，大通元年三月辛未，輿駕幸同泰寺捨身，甲戌還宮，赦天下改元。第二次，中大通元年九月癸巳，輿駕幸同泰寺，設四部無遮大會，因捨身，公卿以下以錢一億萬奉贖，十月己酉輿駕還宮，大赦改元。第三次，太清元年三月庚子，高祖幸同泰寺，設無遮大會，捨身，公卿等以錢一億萬奉贖，四月丁亥輿駕還宮，大赦天下改元（梁書卷三武帝紀）。此三次外，尚有中大同元年一次，但梁書及通鑑均不言其捨身，唯南史（卷七梁武帝紀下），中大同元年三月庚戌，上幸同泰寺捨身，夏四月丙戌，皇太子以下奉贖。韓愈論佛骨表，「梁武帝前後三度捨身施佛」，亦只言三次。若併中大同一次則為四次。

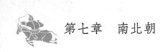

此率討事息即還（宋書卷九十五索虜傳）。

下層階級何以也歡迎佛教。現世的苦痛，他們是經驗過的。他們受了苦難的壓迫，當然想到苦難的來源及解脫苦難的方法。恰好佛教提倡三世因果，即「有過去當今未來，人為善惡，必有報應」（魏書卷一百十四釋老志）。案因果報應乃神道設教之意，「懲暴之戒，莫苦乎地獄；誘善之勸，莫美乎天堂」（弘明集卷三宋何承天答宗居士書）。雖係迷信，亦足以勸善懲惡。一般貧民由於報應之說，遂謂今生的苦難由於前生作孽，那末，要使來生不受苦難，只有皈依三寶，修練今生，這是佛教能夠得到下層階級信仰的原因。兼以南北朝時代，內亂外戰造成了無數貧民，貧民的賑卹不失為一個重要的問題。當時政府對於這個問題，竟然毫無措置。反之，佛教是以慈悲為本，佛寺財產不少，而僧尼的生活又不可太過奢侈。他們的收入既然超過於他們的消費，他們就把剩餘物資充為救濟貧民之用。佛寺既然負擔了這個責任，結果，個人或政府的慈善事業也委託佛寺辦理。

太子與竟陵王子良俱好釋氏，立六疾館，以養窮民（南齊書卷二十一文惠太子傳）。

靈太后數為一切齋會，施物動至萬計（魏書卷十九中任城王雲傳）。

後主武平七年春正月壬辰詔，去秋已來，水潦人饑，不自立者，所在付大寺及諸富民濟其性命（北齊書卷八後主紀）。

而北朝且許人民輸粟於佛寺。輸者，戶為僧祇戶，粟為僧祇粟。又許犯人及官奴投靠於佛寺，稱之為佛圖戶，以供諸寺掃洒，兼營田輸粟。

曇曜奏平齊戶及諸民有能歲輸六十斛入僧曹者，即為僧祇戶，粟為僧祇粟，至於儉歲，賑給飢民。又請

民犯重罪及官奴以為佛圖戶，以供諸寺掃洒，歲兼營田輸粟。高宗並許之，於是僧祇戶粟及寺戶遍於州鎮矣（魏書卷一百十四釋老志）。

於是佛寺更有財產，藉以控制貧民，到了大部分貧民淪為無產者之時，佛寺在民間愈有勢力。但是佛寺又不是專講布施，而不謀自己利益的。佛寺既有財產，所以常常利用財產，開當舖以取息。如在南朝：

甄彬嘗以一束苧就州長沙寺庫質錢。後贖苧還，於苧中得五兩金，以手巾裹之。彬得，送還寺庫。道人驚云近有人以此金質錢，時有事，不得舉而失，檀越乃能見還。輒以金半仰酬，往復十餘，彬堅然不受（南史卷七十甄法崇傳）。

褚淵弟澄，淵薨，澄以錢萬一千，就招提寺贖太祖（齊高帝）所賜淵白貂坐褥（南齊書卷二十三褚澄傳）。

北朝情形更壞，佛寺有僧祇粟，本於凶年出貸貧民，民有窘敝，亦即賑之。顧沙門乃用粟取息，償利過本，侵漁貧民[57]。

永平（宣武帝）四年夏詔曰僧祇之粟本期濟施，儉年出貸，豐則收入山林，僧尼隨以給施。民有窘敝，亦即賑之。但主司冒利，規取贏息。及其徵責，不計水旱，或償利過本，或翻改券契，侵蠹貧下，莫知紀極，細民嗟毒，歲月滋深，非所以矜此窮乏，宗尚慈拯之本意也。自今已後，不得傳委維那都尉，可令刺史共加監括……後有出貸，先盡貧窮……富有之家，不聽輒貸。脫仍冐濫，依法治罪（魏書卷一百十四釋老志）。

豈但僧祇粟供沙門放債取息，而僧祇戶亦常受沙門虐待。

[57] 北齊時，道人道研為濟州沙門統，資產巨萬，在郡多有出息，常得郡縣為徵（北齊書卷四十六蘇瓊傳）。

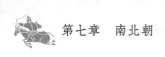

尚書令高肇奏言：謹案故沙門統曇曜，昔於永明元年，奏涼州軍戶趙苟子等二百家為僧祇戶，立課積粟，擬濟饑年，不限道俗，皆以振施……而都維那僧暹僧頻等……肆意任情，奏求逼召。致使吁嗟之怨，盈於行道，棄子傷生，自縊溺死，五十餘人。遂令此等行號巷哭，叫訴無所，至乃白羽貫耳，列訟宮闕。請聽苟子等還鄉課輸，儉乏之年，周給貧寡……其暹等違旨背律謬奏之愆，請付照玄，依僧律推處。詔曰暹等特可原之，餘如奏（魏書卷一百十四釋老志）。

但是我們須知沙門所虐待的乃是僧祇戶。自晉以來，佛徒可分兩種，一是出家，二是不出家，即如釋慧遠所說：「佛經所明，凡有二科，一者處俗弘教，二者出家修道」（弘明集卷十二釋慧遠答桓太尉書）。處俗者生活自由，不受佛寺的控制，出家者亦未必都受沙門的虐待。而當時傜役繁重，而佛教又大開方便之門，凡人出俗入佛，均有免役的權利，如在北朝：

愚民僥倖，假稱入道，以避輸課（魏書卷一百十四釋老志）。

正光已後，天下多虞，工役尤甚，於是所在編民相與入道，假慕沙門，實避調役（魏書卷一百十四釋老志）。

南朝固然沒有明文可稽，但是宋孝武帝大明二年的詔既說：

佛法訛替，沙門混雜，未足扶濟鴻教，而專成逋藪（宋書卷九十七天竺迦毗黎國傳）。

而齊虞玩之又以「生不長髮，便謂為道，填街溢巷，是處皆然」（南齊書卷三十四虞玩之傳），為人民弄巧逃役的現象，是則南朝人民亦多寄身佛寺，以避傜役了。人民憚役甚於憚稅，供役於佛寺者不過掃洒耕種，供役於國家者，乃至「老稺服戎，空戶從役」（宋書卷二武帝紀），所以人民逃匿於佛寺，猶如投靠於豪族一樣，日益增加。北朝「民多絕戶，而為沙門」（魏書卷五十三李瑒傳），「正光以後，所在編民相與入道，略而計之，

僧尼大眾二百萬矣，其寺三萬有餘」（魏書卷一百十四釋老志）。南朝呢？杜牧詩，「南朝四百八十寺，多少樓臺風雨中」，此只指東吳一帶之地。至於全土，則「形像塔寺，所在千數」（宋書卷九十七天竺迦毗黎國傳），而真偽混居，往來紛雜，「生不長髮，便謂為道，填街溢巷，是處皆然」（南齊書卷三十四虞玩之傳）。佛教勢力之大於此可見一斑。

但是佛教思想與吾國倫理觀念，似有衝突。它教人出家，內不能盡孝於父母，外不能盡忠於君國，於是攻佛者遂有三破之論。梁時劉勰曾集合起來，而加以反駁，所以吾人敘述三破論之正反意見，不能單引劉勰之言。所謂三破論，照劉勰說：

> 第一破曰入國而破國者，誑言說偽，興造無費，苦剋百姓，使國空民窮，不助國用，生人減損。況人不蠶而衣，不田而食，國滅人絕，由此為失。日用損費，無纖毫之益，五災之害，不復過此。
>
> 第二破曰入家而破家，使父子殊事，兄弟異法，遺棄二親，孝道頓絕。憂娛各異，歌哭不同，骨血生讎，服屬永棄，悖化犯順，無昊天之報，五逆不孝，不復過此。
>
> 第三破曰入身而破身，人生之體，一有毀傷之疾，二有髡頭之苦，三有不孝之逆，四有絕種之罪，五有亡體從誡，唯學不孝，何故言哉。誡令不跪父母，便競從之，兒先作沙彌，其母後作阿尼，則跪其兒。不禮之教，中國絕之，何可得從（弘明集卷八梁劉勰滅惑論）。

關於第一破，可分析為兩點，一是建造寺廟，用費巨億，使國空民窮。護佛者以為「天曰神，祭天於圓丘；地曰祇，祭地於方澤；人曰鬼，祭之於宗廟。龍鬼降雨之勞，牛畜挽犂之效，猶或立形村邑，樹像城門。豈況天上天下三界大師，此方他方四生慈父，威德為百億所尊，風化為萬靈之範」（廣弘明集卷十敘王

明廣請興佛法事），豈可不「銘列圖像」，「增崇靈廟」（弘明集卷一正誣論，未詳作者）。至於國空民窮不能歸責於寺廟之建造。「景武之世，積粟紅腐」，「赤眉兵亂，千里無煙」，一盛一衰，此時佛教尚未傳入中國，與沙門那有關係（參閱弘明集卷八劉勰滅惑論）。二是沙門不耕不織，遊食四方，逃避傜賦，國家財富為之減少。護佛者對此，不作正面的答覆。然自春秋之末，而至戰國，社會上產生不少士人，他們多寄食於王公大臣之門下。魏晉以後，不但世族，就是世族所蔭庇的賓客亦得免役。難怪護佛者以為「避役之談是何言歟」（弘明集卷八釋僧順釋三破論）。何況涅槃經又有「避役出家，無心志道，我當罷令還俗，為王策使」（廣弘明集卷七辯惑篇第二之三）之言。

關於第二破，遺棄兩親，孝道頓絕，乃有背吾國倫常觀念。「子之事親，生則致其養，沒則奉其祀，而沙門之道，生廢色養，終絕血食，背理傷情，莫此之甚」（弘明集卷三晉孫綽喻道論）。護佛者以為：「佛經所明，凡有二科，一者處俗弘教，二者出家修道」（弘明集卷十二晉釋慧遠答桓太尉書）。處俗者上養下畜無異於普通人民，那有廢色養而絕血食之事。出家者才隱居以求其志，變俗以達其道。縱令出家，而「佛亦聽僧冬夏隨緣修道，春秋歸家侍養，故目連乞食餉母，如來擔棺臨葬」（廣弘明集卷十敘釋慧遠抗周武帝廢教事）。兼以「忠孝名不並立，傳曰子之能仕，父教之忠。然則結纓公朝者子道廢矣。何則，見危授命，誓不顧親，皆名注史筆，事標教首，記注者豈復以不孝為罪。故諺曰求忠臣必於孝子之門，明其雖小違於此而大順於彼矣」（弘明集卷三晉孫綽喻道論）。而「釋氏之訓，父慈子孝，兄愛弟敬，夫和妻柔，備有六睦之美，有何不善而能破家」（弘明集卷八釋僧順釋三破論）。

關於第三破，內容甚見雜亂，舉其要者，可分三點：一是毀傷身體，「樂正傷足，終身含愧，而沙門之

道，刓剔鬚髮，殘其天貌，背理傷情，莫如之甚」（見弘明集卷三晉孫綽喻道論）。護佛者以為：「泰伯短髮文身，自從吳越之俗，違於身體髮膚之義，然孔子稱之，其可謂至德矣，仲尼不以其短髮毀之也。由是而觀，苟有大德，不拘於小」（弘明集卷一漢牟融理惑論）。而且「凡言不敢毀傷者，正是防其非僻，觸犯憲司，五刑所加，致有殘缺耳。今沙門者服膺聖師，遠求十地，剃除鬚髮，被服法衣，立身不乖，揚名得道，還度天屬，有何不可」（弘明集卷八釋僧順釋三破論）。二是絕種之罪，「三千之罪莫大於不孝，不孝之大無過於絕嗣，然則絕嗣之罪，大莫甚焉」（廣弘明集卷六敘列代王臣滯惑解上）。意者，「胡人麤獷，欲斷其惡種，故令男不娶妻，女不嫁夫，一國伏法，自然滅盡」（弘明集卷八劉勰滅惑論）。此言雖可動聽，但是前已說過，佛徒除「出家修道」之外，尚有「處俗弘教」。何況「入道居俗，事繫因果……未聞世界普同出家」（弘明集卷八劉勰滅惑論），則絕種之說實難成立。三是母拜其子，「子先出家，母後為尼，則敬其子，失禮之甚」（弘明集卷八釋僧順釋三破論）。護佛者以為「禮，新冠見母，其母拜之（見禮記注疏卷六十一冠義），喜其備德，故屈尊禮卑也。介胄之士見君不拜（見禮記注疏卷三曲禮上，卷三十五少儀），重其秉武，故尊不加也。緇弁輕冠本無神道，介胄凶器非有至德，然事應加恭，則以母拜子。勢宜停敬，則臣不跪君。禮典世教周孔所制，論其變通不由一軌。況佛道之尊標出三界，神教妙本群致玄宗，以此加人，實尊冠胄，冠胄及禮，古今不疑，佛道加敬，將欲何怪」（弘明集卷八劉勰滅惑論）。

三破論及其反駁之辭，約略如上所言。此外尚有三種儒佛不同的論調。

一是沙門上不臣天子，而破壞君臣的政治制度，此說開始於東晉成帝、庾冰輔政之時。庾冰以為沙門應致禮敬於天子（參閱弘明集卷十二庾冰代晉成帝沙門不應盡敬詔）。其後，安帝元興中，太尉桓玄又申其意（參

閱弘明集卷十二桓玄與八座論沙門敬事書）。即庾冰桓玄等人均依「率土之民莫非王臣，而以向化法服，便抗禮萬乘之主」，認為有反於禮教（弘明集卷十二晉卞嗣之袁恪之答桓玄詔），於是就引起了一番爭論。護佛者以為「出家棄親，不以色養為孝，土木形骸絕欲止競，不期一生，要福萬劫，世之所貴，已皆落之，禮教所重，意悉絕之，資父事君天屬之至，猶離其親愛，豈得致禮萬乘」（弘明集卷十二晉桓謙等答桓玄論沙門敬事書）。「是以外國之君，莫不降禮，良以道在則貴，不以人為輕重也」（弘明集卷十二晉王謐答桓太尉）。「孔子云，儒有上不臣天子，下不事公侯。儒者俗中之一物，尚能若此，況沙門者，方外之士乎」（弘明集卷八釋僧順釋三破論）。總之，他們均謂「今沙門既不臣王侯，故敬與之廢耳」（弘明集卷十二王謐答桓太尉）。

二是佛教乃夷狄之教，中華民族不應崇奉，此說發端於東晉之蔡謨。謨謂「佛者夷人，唯聞變夷從夏，不聞變夏從夷」（廣弘明集卷六辯惑篇第二之二）。南齊時，道士顧歡又著夷夏論，以明其旨，歡以為「五帝三皇莫不有師，國師道士無過老莊。儒林之宗孰出周孔……今以中夏之性，效西戎之法……捨華效夷，義將安取」（南齊書卷五十四顧歡傳）。於是又發生了夷夏之辯。護佛者以為：「人參二儀是謂三才，三才所統豈分夷夏」（弘明集卷六謝鎮之與顧道士書）。「夫大教無私，至德弗偏，聖人寧復分地殊教，隔寓異風，豈有夷邪，寧有夏邪」（弘明集卷七宋釋慧通駁顧道士夷夏論）。「若疑教在戎方，化非華夏者，則是前聖執地以定教，非設教以移俗也……夫禹出西羌，舜生東夷，孰云地賤，而棄其聖。丘欲居夷，聃適西戎，道之所在，寧選於地」（弘明集卷十四弘明集後序）。這種言論甚似前清末葉變法時，正反雙方之意見，故余稍加說明。

三是由於夷夏之別，又發生了中國與天竺孰居中央之言論。吾國古人皆謂中國之地在於中央，中國之外沒有開化的國家，故稱異族，東曰胡，西曰戎，南曰蠻，北曰狄。中國立國於胡、戎、蠻、狄之中，故

曰中華。中華者中央之花也，胡、戎、蠻、狄之外，則為四海，故曰四海之內皆兄弟也。最初說明中國不過地理上之一部分，則為鄒衍。他謂「儒者所謂中國者，於天下乃八十一分居其一分耳，中國名曰赤縣神州，赤縣神州內自有九州，禹之序九州是也……中國外，如赤縣神州者九，乃所謂九州也，於是有裨海環之……中者乃為一州，如此者九，乃有大瀛海環其外，天地之際焉」（史記卷七十四孟子傳）。鄒衍為戰國的人，雖知中國在地理上不過蕞爾之地，然猜其意，「中者乃為一州」似指中國。最初提出漢地不在中央者乃是漢之牟融，意謂「傳曰北辰之星，在天之中，在人之北。以此觀之，漢地未必為天中也」（弘明集卷一漢牟融理惑論）。但他還不敢主張天竺居天地之中，其主張天竺乃是中土者為謝鎮之等輩。他們以為「故知天竺者，居娑婆之正域，處淳善之嘉會，故能感通於至聖，土中於三千」（弘明集卷六謝鎮之重與顧道士書），「天竺天地之中，佛教所出者也」（弘明集卷七宋釋慧通駁顧道士夷夏論）。「佛據天地之中，而清導十方，故知天竺之土是中國也」（弘明集卷七宋釋僧愍戎華論折顧道士夷夏論），「且夫厚載無疆，寰域異統，北辰西北，故知天竺居中」（弘明集卷十四弘明集後序）。這種爭辯實在毫無意義，作者不過略舉數人之言，藉以證明當時的人已經失去了民族自尊之心。

理論上的鬥爭往往沒有效果。而人民出家，財政上減少了國家的稅收，軍事上減少了國家的兵役，這才是政府決意壓迫佛教的根本原因。當時國家所採取的政策可以大別為四種：

一是逼令僧尼還俗，例如南朝，宋孝武帝大明二年固曾「設諸條禁」，僧尼「自非戒行精苦，並使還俗」，然而諸尼「出入宮掖，交關妃后，此制竟不能行」（宋書卷九十七天竺迦毗黎國傳），只唯地方刺史尚有強迫沙門還俗而已。

劉粹領雍州刺史襄陽新野二郡太守，在任簡役愛民，罷諸沙門二千餘人，以補府史（宋書卷四十五劉粹傳）。

其在北朝，魏孝文帝時，雖有遣僧尼還俗之事，然其所遣者乃無籍僧尼，而全國人數不過一千三百二十七人。

太和十年有司又奏，無籍僧尼罷遣還俗……其諸州還俗者，僧尼合一千三百二十七人（魏書卷一百十四釋老志）。

二是限制州郡度僧人數，然所度人數乃逐漸增加，可知限制並不容易。

高宗（文成帝）踐極，下詔曰……其好樂道法，欲為沙門……聽其出家，率大州五十，小州四十人，其郡遙遠臺者十人……高祖（孝文帝）踐阼……十六年詔四月八日七月十五日，聽大州度一百人為僧尼，中州五十人，下州二十人，以為常準，著於令……熙平二年（孝明帝）春靈太后令曰，年常度僧，依限大州應百人者，州郡於前十日，解送三百人，其中州二百人，小州一百人，州統維那與官及精練簡取充數，若無精行，不得濫採，若取非人，刺史為首，以違旨論，太守縣令綱寮節級連坐，統及維那移五百里外異州為僧（魏書卷一百十四釋老志）。

三是禁止私度，佛教既成為政治問題，所以北齊於九寺之外，又置昭玄寺，掌諸佛教（隋書卷二十七百官志中）。後魏雖無昭玄寺的機構，然諸寺度僧，須得國家許可。顧法禁寬弛，不能改肅。

二年（魏孝明帝熙平二年）春靈太后令曰，私度之僧，皆由三長罪不及己，容多隱濫，自今有一人私度，皆以違旨論。鄰長為首，里黨各相降一等。縣滿十五人，郡滿三十人，州鎮滿三十人，免官，寮吏節級連坐，私度之身配當州下役。時法禁寬褫，不能改肅也（魏書卷一百十四釋老志）。

四是滅佛，北朝曾發生兩次，一次在魏太武帝時代。

太平真君五年正月戊申詔曰，自王公以下至於庶人，有私養沙門……在其家者，皆遣詣官曹，不得容匿，限今年二月十五日，過期不出……沙門身死，主人門誅（魏書卷四下世祖太武帝紀）。

太平真君七年三月詔諸州，坑沙門，毀諸佛像（魏書卷四下世祖太武帝紀）。

末年，「禁稍寬弛，篤信之家得密奉事沙門，專至者猶竊法服誦習焉，唯不得顯行於京都矣」（魏書卷一百十四釋老志）。高宗踐極下詔：

今制諸州郡縣，於眾居之所，各聽建佛圖一區……其好樂道法，欲為沙門，不問長幼，出於良家，性行素篤，無諸嫌穢，鄉里所明者，聽其出家（魏書卷一百十四釋老志）。

於是「天下承風，朝不及夕，往時所毀圖寺仍還修矣。佛像經論皆復得顯」（魏書卷一百十四釋老志），滅佛之舉宣告失敗。

另一次是在周武帝時代。

周武帝建德三年四月丙子，斷佛道二教，經像悉毀，罷沙門道士，並令還民。並禁諸淫祀，禮典所不載者，盡除之（周書卷五武帝紀）。

而宣帝即位，又「復佛像及天尊像」，且「與二像俱南面而坐，大陳雜戲，令京城士民縱觀」（周書卷七宣帝紀大象元年），滅佛運動也失敗了。

滅佛運動不在信仰之不同，而在利害的衝突，即如顏之推所說：「罄井田而起塔廟，窮編戶以為僧尼……非法之寺妨民稼穡，無業之僧空國賦算」（顏氏家訓第十六篇歸心）。郭祖深說：

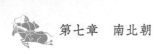

時帝（梁武帝）大弘釋典，將以易俗，故祖深尤言其事，條以為都下佛寺五百餘所，窮極宏麗，僧尼十餘萬，資產豐沃，所在郡縣不可勝言。道人又有白徒，尼則皆畜養女，皆不貫人籍，天下戶口幾亡其半。而僧尼多非法，養女皆服羅紈，其蠹俗傷法，抑由於此。請精加檢括，若無道行，四十已下皆使還俗附農，罷白徒養女，聽畜奴婢，婢唯著青布衣，僧尼皆令蔬食，如此則法興俗盛，國富人殷。不然，恐方來處處成寺，家家剃落，尺土一人非復國有……帝雖不能悉用，然嘉其正直（南史卷七十郭祖深傳）。

人民出家入佛乃有其社會的原因。朝廷滅佛的財政政策與人民信佛的經濟動機（求免課役），本來不能相容。朝廷不務其本，而謀其末，所以滅佛運動無不失敗。到了人民厭棄佛教，而新的神之觀念尚未發生之時，世上又傳布一種消息：「將來有彌勒佛方繼釋迦佛而降世」（魏書卷一百十四釋老志）。這種傳說到了隋煬帝時代又表現為「釋迦佛衰謝，彌勒佛出世」（資治通鑑卷一百八十一隋煬帝大業六年及九年）之言。天上權威已經變更，地上皇朝也應更換，於是李唐代興，而有貞觀開元之治。

第五節　南北的逐漸統一

南北分立有一百五十年之久，若比較雙方的國力，北朝似比南朝為強。為什麼呢？南北朝固然都感覺戶口耗減，但是北朝戶口乃比較南朝為多。南朝版圖宋初最大，然其戶口比之西晉時代的南方，相差尚巨。

文帝勵精臨人，江左數代帝王莫比，所以稱元嘉之理比前漢之文景焉……今按本史，孝武大明八年，戶九十萬六千八百七十，口四百六十八萬五千五百一（通典卷七歷代盛衰戶口）。

比方揚荊二州，西晉尚視為邊陲，南渡之後，才為重鎮，而晉代兩州戶數卻比較宋時為多。

晉宋揚荊二州戶數比較表[58]

晉代 州名	晉代 戶數	宋代 州名	宋代 戶數	備考
揚州	三一一、四〇〇	揚州	一四三、二九六	
		南徐州	七二、四七二	宋元嘉八年割揚州立南徐州
荊州	三五七、五四八	荊州	六五、六〇四	
湘州	戶數包括於荊揚二州之中	湘州	四五、〇八九	
江州	戶數包括於荊揚二州之中	江州	五二、〇三三	
		雍州	三八、九七五	宋元嘉二十六年分荊州為雍州
		郢州	二九、四六九	宋孝建元年分荊湘江豫立郢州
合計	六六八、九四八	合計	四三六、九三八	

北朝呢？魏盡有中原之地，明帝正光以前，時唯全盛，戶口之數比之西晉初年全國戶口，竟然增加一倍。

> 後魏起自陰山，盡有中夏……明帝正光以前，時惟全盛，戶口之數，比夫晉太康倍而餘矣。按晉武帝太康元年平吳後，大凡戶二百四十五萬九千八百，口千六百一十六萬三千八百六十三，今云倍而餘者，是其盛時，則戶有至五百餘萬矣（通典卷七歷代盛衰戶口）。

[58] 此表據晉書卷十五地理志下，宋書卷三十五州郡志一，卷三十六州郡志二，卷三十七州郡志三。

北朝戶口多於南朝，北強南弱，已經明如觀火。而南朝戶口又集中於荊揚二州，沈約說：

江南之為國盛矣，雖南包象浦，西括邛山，至於外奉貢賦，內充府實，止於荊揚二州（宋書卷五十四孔季恭等傳史臣曰）。

荊州自東晉以後，常為軍閥割據，百度所資，唯仰三吳。而三吳久受剝剋，民力漸次殫竭。齊時，竟陵王子良說：

三吳內地，國之關輔，百度所資。民庶彫流，日有困殆。蠶農罕獲，饑寒尤甚。富者稍增其饒，貧者轉鍾其弊，可為痛心，難以辭盡（南齊書卷二十六王敬則傳）。

又說：

三吳奧區，地惟河輔，百度所資，罕不自出，宜在蠲優，使其全富。而守宰相繼務在裒剋，圍桑品屋，以准貲課。致令斬樹發瓦，以充重賦。破民財產，要利一時（南齊書卷四十竟陵王子良傳）。

固然如此，而揚荊二州戶口還是半天下，政局常受二州的影響，宋惡其大，乃分置揚荊二州。即揚州分置南徐南兗，荊州分置郢雍二州。

荊揚二州，戶口半天下，江左以來，揚州根本，委荊州以閫外。至是並分，欲以削臣下之權，而荊揚並因此虛耗（宋書卷六十六何尚之傳）。

荊揚分置之後，對內未必能夠制止藩臣反抗中央的氣燄，對外卻減少了地方抵禦強敵的實力。晉自南渡之後，國勢至弱，而能享國百年，實因寄大權於方伯。方伯之任莫重荊州，荊州為國西門，刺史常都督七八州，勢力雄強，西方有警，荊州可以獨立抵抗，而使敵人不敢南下。宋既分荊為雍，襄陽重鎮，劃歸

雍州，而雍州戶口又少，自難獨立禦侮。故凡有事之時，不能不將江湘的資力悉給雍州。

> 上（宋文帝）欲大舉北伐，以襄陽外接關河，欲廣其資力，乃罷江州軍府，文武悉配雍州，湘州入臺租稅雜物，悉給襄陽（宋書卷七十九竟陵王誕傳）。

而襄陽又是兵馬重鎮，齊高入秉朝政，必以太子為雍州刺史，蓋恐襄陽失守，長江下流必受威脅。

> 太祖（齊高帝）將受禪，世祖（齊武帝）已還京師，以襄陽兵馬重鎮，不欲處他族，出太子為持節都督雍梁二州軍事雍州刺史（南齊書卷二十一文惠太子傳）。

宋代分荊建雍，無異剖弱自己的藩城。沈約有言：

> 江左以來，樹根本於揚越，任推轂於荊楚。揚土自廬蠡以北，臨海而極大江，荊部則包括湘沅，跨巫山而掩鄧塞。民戶境域過半於天下。晉世幼主在位，政歸輔臣，荊揚司牧，事同二陝。宋室受命，權不能移，二州之重咸歸密戚……而建郢（孝武帝時又分荊建郢）分揚，矯枉過直。藩城既剖，盜實人單，閫外之寄於斯而盡（宋書卷六十六何尚之傳史臣曰）。

有了這個原因，所以南朝自宋以後，就處於敗北的地位。南朝疆域，宋初最大，齊梁稍蹙，陳則極小，這是可以證明南朝領土為北朝蠶食者甚廣。

> 宋武北平廣固，西定梁益，又克長安，盡得河南之地。長安尋為赫連勃勃所陷，至廢帝滎陽王景平中，虎牢以西復陷於後魏……明帝時，後魏又南侵，淮北青冀徐兗四州及荊河州西境悉陷沒……其後十餘年，而宋亡。然初強盛也，南鄭襄陽懸瓠彭城歷城東陽皆為宋氏藩捍。齊氏……頻為後魏所侵，至東昏永元初，沔北諸郡相繼敗沒……又失壽春，後三年齊亡。始全盛也，南鄭樊城襄陽義陽壽春淮陽角城漣口朐山為重

鎮。梁氏自侯景逆亂……江北之地悉陷高齊，漢中蜀川沒於西魏，大抵雍州下溠戍夏口白茍堆硤石城合州鍾離淮陰朐山為重鎮。陳氏比於梁代，土宇彌蹙，西不得蜀漢，北失淮肥，以長江為境……及隋軍來伐……巴陵以下並風靡敗退，隋軍自采石京口渡江而平之（通典卷一百七十一州郡序上）。

宋失洛陽，洛陽處天下之中，為四戰之地，河山控戴，形勝甲於天下，古來欲取天下者，洛陽在所必爭，欲守天下者，洛陽也須控制。周定都鎬京，而經營洛邑，鎬邑洛邑同為王畿之地。漢定都長安，而以三河為司隸，洛陽亦受中央的直接統治。洛陽陷沒，不但不能經略河北，而虎牢以東亦有受脅之處。王仲德說：

洛陽既陷，則虎牢不能獨全，勢使然也（宋書卷四十六王懿傳）。

少帝景平元年，洛陽失守，虎牢旋即淪陷，不久，滑臺碻磝亦相繼淪亡，自是而後，南朝便不能與北朝爭雄於中原之地，而南陽汝南二郡亦汲汲不可安臥。

又失懸瓠，懸瓠北望汴洛，南蔽淮泗，介荊豫之間，自古為襟要之地。魏孝文帝說：

懸瓠要藩，密邇崧潁，南疆之重，所寄不輕（魏書卷六十一田益宗傳）。

宋文帝元嘉二十六年，魏主燾自率步兵十萬寇汝南，圍懸瓠城，城內戰士不滿千人，汝南太守陳憲嬰城固守，燾盡銳以攻之，十餘日魏人積屍與城齊，不拔而退。二十九年魏主燾死，宋遣蕭思話率眾北伐，一軍由歷城向碻磝，一軍由懸瓠出許洛，一軍由南陽趨潼關，由此可知懸瓠險要，且為行軍要地。泰始三年，懸瓠喪敗，淮北之地遂成荒外，中原聲聞日以隔遠，歷齊梁陳之際，南國之勢往往折而入於北者，完全因為懸瓠淪亡。

又失彭城，彭城北走齊魯，西通梁宋，北得之，可以瞰淮泗，南得之，可以略山東河南。不特捍蔽南國，為北朝必爭之地，而自昔東南用兵，亦必由此以臨諸夏。薛虎子說：

今江東未賓……自不委粟彭城，將何以拓定江關，掃一衡霍……徐州左右，水陸壤沃，清汴通流，足盈激灌，其中良田十餘萬頃，若以兵絹市牛，分減戍卒……興力公田，必當大獲粟稻……匪直戍卒有豐飽之資，於國有吞敵之勢（魏書卷四十四薛虎子傳）。

尉元亦說：

彭城賊之要藩，不有積粟強守，不可以固。若資糧廣戍，雖劉彧師徒悉動，不敢窺覦淮北之地，此自然之勢也（魏書卷五十尉元傳）。

尉元又說：

彭城水陸之要，江南用兵，莫不因之威陵諸夏（魏書卷五十尉元傳）。

宋元嘉二十七年，魏主燾率眾南侵，攻彭城不下，踰淮而至瓜步，「聞彭城斷其後路，乃解圍遁走」（宋書卷七十四臧質傳）。所以王玄謨上表，以彭城要兼水陸，請簡皇子撫臨州事（宋書卷七十四王玄謨傳）。泰始中，宋失彭城，淮北四州（徐兗青冀）悉沒於魏，不但淮泗日以多事，而自此而後，南朝遂不敢再窺淮北。

齊失南陽，南陽北連中原，南控荊湘，東通江淮，西鄰關陝，乃洛都之南藩，荊襄之北戶。南北紛爭，南陽常為要道。沛公由南陽入武關，光武由南陽取洛邑，桓溫劉裕皆由此以問關洛。宋元嘉中，亦遣兵出此，直抵潼關。齊建德五年，南陽淪陷，於是關洛之途塞，而襄樊之勢危，南風不競，這也是一個關鍵。

又失壽春，壽春為淮南重鎮，「北拒淮水，禹貢云淮海惟揚州也」（南齊書卷十四州郡志上）。屏蔽三吳，

捍衛江表。割據時代，北方欲與南方爭雄長，未嘗不爭壽春。壽春未陷，敵東不能犯盱眙，南不得犯合肥。壽春失守，則敵可出盱眙犯廣陵，出合肥擾歷陽，而使建康不能安枕。伏滔說：

壽陽（晉孝武帝時，避諱，壽春改稱壽陽）南引荊汝之利，東連三吳之富，北接梁宋，平塗不過七日，西援陳許，水陸不出千里。外有江湖之阻，內保淮肥之固。龍泉之陂，良疇萬頃，舒六之貢，利盡蠻越，金石皮革之具萃焉，苞木箭竹之族生焉。山湖藪澤之隈，水旱之所不害，土產草滋之實，荒年之所取給，此則係乎地利者也（晉書卷九十二伏滔傳）。

南北朝時，壽春乃兵家必爭之地，源懷說：

壽春之去建鄴，七百里而已。藉水憑舟，倏忽而至，壽春容不自保，江南將若之何（魏書卷四十一源懷傳）。

魏收說：

壽春形勝，乃建鄴之肩髀（魏書卷七十一李苗傳史臣曰）。

陳宣帝亦說：

壽春者古之都會，襟帶淮汝，控引河洛，得之者安，是稱要害（陳書卷九歐陽紇傳）。

齊永元二年，壽春淪陷，自是而後，南北交戰，常以壽春為目標，疆埸之間，南朝雖然時得時失，而終不能久保。此後隋欲併陳，也屯重兵於此，而後出合肥，渡橫江，而至采石，而陳祚隨之而亡。

梁失義陽。義陽南可以制全楚，北可以爭許洛，西可以出宛鄧，東可以障淮西，自古南北爭衡，義陽常為重鎮。胡氏說：

義陽淮西屏蔽也，義陽不守，則壽春合肥不得安枕而臥（引自讀史方輿紀要卷五十信陽州）。

此時壽春已沒於魏，魏欲增兵壽春，須從義陽之北。所以魏東豫州刺史田益宗以為義陽「居我喉要，在慮彌深」（魏書卷六十一田益宗傳）。梁天監三年，魏取義陽三關（平靖關黃峴關及武陽關，均在義陽東南）。迨侯景之亂，義陽遂入於東魏，陳氏力爭淮西，而義陽不復，卒至滅亡。

侯景亂後，南朝失地更多，既失合肥，又失廣陵。凡定都於建康者，「采石京口俱是要地」（陳書卷三十一樊毅傳）。建康之西以采石為遮蔽，根本在合肥，合肥不保，則采石受脅，采石淪沒，則建康必亡。金陵之東以京口為遮蔽，而根本在廣陵。「廣陵與京口對岸」（宋書卷七十八劉延孫傳），廣陵之備不固，京口之勢危殆，京口之防或疏，建康之危立至。合肥廣陵均於梁末，沒於高齊，此後隋欲圖陳，以韓擒虎為廬州（合肥）總管，以賀若弼為吳州（廣陵）總管。開皇九年韓擒虎自歷陽渡江，襲采石，賀若弼自廣陵濟江，拔京口，而建康遂隨之而亡。

又失漢中，漢中北瞰關中，南蔽巴蜀。蕭子顯說：

> 漢中為巴蜀扞蔽，故劉備得漢中云，曹公雖來，無能為也（南齊書卷十五州郡志）。

漢中失守，南朝不但不能進窺雍涼，而欲退保梁益，亦恐不易。益州天府之國，從來欲取天下者，莫不切切於用蜀，秦欲兼天下，必先取蜀，蜀既屬秦，秦以益強，富厚輕諸侯。漢欲滅項羽，必先收用巴蜀，蜀漢之粟，方舟而下，漢之軍糧遂無缺乏之憂。晉欲滅吳，亦先滅蜀，蜀亡之後，王濬樓舡不三日而至建業。桓溫劉裕有問中原之志，必先從事於蜀。苻堅有圖晉之心，亦先兼併梁益。由此可知單單割據四川，固不能逐鹿中原，而欲逐鹿中原者，卻不能不收用巴蜀。蜀乃吳楚喉吭，凡欲保全江南，亦宜保全巴蜀，而欲保全巴蜀，又須保全漢中。梁既放棄漢中，旋就失去巴蜀，於是隋人復以巴蜀之資為平陳之策，南朝

汲汲不可終日了。

襄陽又為西魏所得，江陵復為蕭詧所據。當侯景作亂之際，荊州刺史蕭繹（武帝子）即位於江陵，是為元帝，而與雍州刺史蕭詧（亦武帝子）不和，詧降於西魏，西魏攻陷江陵，立蕭詧為帝，是為後梁宣帝。而陳霸先亦迎立敬帝（元帝子）於建康。後梁既得江陵之地，就以襄陽割屬西魏，而江陵也有西魏軍隊駐防。

魏恭帝元年太祖令柱國于謹伐江陵，詧以兵會之，及江陵平，太祖立詧為梁主，居江陵東城，資以江陵一州之地，其襄陽所統盡歸於我，詧乃稱皇帝於其國……唯上疏則稱臣……太祖乃置江陵防主，統兵居於西城，名曰助防，外示助詧備禦，內實兼防詧也（周書卷四十八蕭詧傳）。

襄陽北通宛洛，西接梁益，南遮湖廣，東瞰吳越，三國以來，常為天下重地，曹操兵敗赤壁，而襄陽置戍，所以吳蜀之兵不能渡長江，直擣中原。東晉偏安江南，而襄陽未曾失守，所以桓溫劉裕仍能恢復洛陽，進窺關中。凡欲由江南進窺中原，與欲由江北平定江南者，襄陽均為兵家必爭之地。庾翼說：

襄陽荊楚之舊，西接益梁，與關隴咫尺，北去河洛，不盈千里，土沃田良，方城險峻，水路流通，轉運無滯，進可以掃蕩秦趙，退可以保據上流（晉書卷七十三庾翼傳）。

兼以襄陽近接江陵，蕭子顯說：

江陵去襄陽，步道五百，勢同脣齒[59]，無襄陽，則江陵受敵不立（南齊書卷十五州郡志）。

襄陽失守，江陵必不能保，魏宣武帝時，元英曾經表請：

臣乞躬率步騎三萬……據襄陽之城……我居上流，威震遐邇，長驅南出，進拔江陵，其路既近，不盈五

---

[59] 梁書卷一武帝紀，「高祖謂諸將曰，荊州本畏襄陽人，如唇亡齒寒，自有傷絃之急，寧不闇同邪」。

百，則三楚之地一朝可收，岷蜀之路自成斷絕（魏書卷十九下南安王楨子英傳）。

江陵自三國以來，又為荊州重鎮，不守江陵，無以圖巴蜀，不守江陵，無以保武昌。三國之際，先主假之，奪取梁益，關羽用之，威震襄樊，孫氏有之，保全江左。何充說：

荊州國之西門，戶口百萬，北帶強敵，西鄰勁蜀，經略險阻，周旋萬里，得賢則中原可定，勢弱則社稷同憂（晉書卷七十七何充傳）。

梁既失去襄陽，而江陵又為北朝的附庸，長江下流已經受脅，欲保殘喘，尚覺不易，何能出師中原，恢復河山。

南朝重鎮漸次淪亡，到了陳代，只能以長江為限。自古倚長江之險者，屯兵據要雖在江南，而挫敵取勝多在江北。然欲保江，必先固淮。長江固以限南北，而淮又所以蔽長江。南得淮，足以拒北，北得淮，則南不可復保。南宋時王德說：

淮者江之蔽也，棄淮不守，是謂脣亡齒寒也（宋史卷三百六十八王德傳）。

丘崈亦說：

棄淮，則與敵共長江之險矣，吾當與淮南俱存亡（宋史卷三百九十八丘崈傳）。

南朝經宋齊梁三代，漸次失去淮北淮南以及淮西，南朝在軍事上已非北朝之敵。魏晉以來，士風頹敝，行身者以放濁為通，而狹節信，進仕者以苟得為貴，而鄙居正，當官者以望空為高，而笑勤恪。南渡以後，這種浮誕風俗遂由中原士大夫帶到南方。衣冠之士無不風流相尚，耽於淫樂，既不知稼穡艱難，何能治理國政，這便是南朝政治腐化的一個原因。

> 江南朝士，因晉中興，南渡江，為羈旅，至今八九世，未有力田，悉資俸祿而食耳。假令有者，皆任僮僕為之，未嘗目觀起一撥土，耘一株苗，不知幾月當下，幾月當收，安識世間餘務乎。故治官則不了，營家則不辦，生活優閑之過也（顏氏家訓第十一篇涉務）。

且優閑生活又可使體羸氣弱，一旦遇到喪亂，生命尚難保存，何能執干戈以衛社稷，這是南朝軍備腐化的一個原因。

> 梁世士大夫皆尚褒衣博帶，大冠高履，出則車輿，入則扶侍，郊郭之內無乘馬者……及侯景之亂，膚脆骨柔，不堪行步，體羸氣弱，不耐寒暑，坐死倉卒者，往往而然（顏氏家訓第十一篇涉務）。

在南朝士大夫醉生夢死之際，北朝卻發生一種革新運動。後魏起自陰山，其所恃以經營中原者乃是兵力，中央有羽林虎賁，為宿衛之兵，沿邊有六鎮將卒，為禦侮之兵，皆代北部落的苗裔。最初資給優厚，藉以橫行中國，到了遷都洛邑，宗文鄙武，六鎮兵卒役同廝養，羽林虎賁亦受排抑[60]，鬱極思變，遂於孝明帝時代，內發生了羽林虎賁之亂[61]，外引起了六鎮將卒之變[62]。

---

[60] 拓拔氏起自雲朔，據有中原，兵戎乃其所以為國也。羽林虎賁則宿衛之兵，六鎮將士則禦侮之兵，往往皆代北部落之苗裔，其初藉之以橫行中國者。自孝文定鼎伊洛，務欲以夏變夷，遂至矯枉過正，宗文鄙武，六鎮兵卒多擯斥之，有同奴隸（文獻通考卷一百五十一兵制）。

[61] 孝明神龜二年，征西將軍張彝子仲瑀上封事，求銓削選格，排抑武人，不使預清品。於是諠謗盈路，立榜剋期集會屠其家。二月羽林虎賁近千人，直造其第，焚殺彝父子，遠近震駭。胡太后收羽林虎賁凶強者八人斬之，其餘不復窮治，大赦以安之。高歡時給使至洛，歸而散家財以結客，曰宿衛相率焚大臣之第，朝廷懼其亂而不問，為政如此，

六鎮叛變，爾朱榮乘機而起，入秉朝政，爾朱榮所領率的部眾乃是六鎮鮮卑及胡化漢人。在宗文鄙武之世，尚保存其強悍善戰的性質。爾朱亡後，部眾分化，一半由高歡領率，盤據山東，一半由宇文泰領率，割據關隴，這便是魏分東西的根源。其後，東魏禪於齊，定都於鄴，西魏禪於周，定都長安。周齊分據，戰爭不已，就形勢說，關中比之山東，自古就站在有利的地位。

> 關中上流惟有秦隴，秦隴底定，梁涼自服。於是據四塞之絕險，資陸海之厚實，奮其全力，以爭太原上黨，二郡嚮風，則山東無堅城矣。山東之地，趙魏為重，北資幽平之馬足，南虞兗豫之津濟，招揖幽平，連綴兗豫，然後可以南窺河洛，西通上黨，甚矣其難也。就令得志，使太行之險全歸封域，然而東西兵食，聲勢相隔，進退援引，動須旬日，譬猶騎鬬而鬬敵，跬步之際，罣閡存焉。自非北收上郡，南通商雒，徒爭勝於蒲潼，未見其能立決也（晉略州郡表）。

而北周又有一種革新運動，這個革新運動發生於宇文泰秉政之時，為其佐者則為蘇綽。南北朝之弊乃如歐陽修之評唐代一樣，「兵冗官濫為之大蠹」（新唐書卷五十一食貨志一）。南朝「卒不素練，兵非夙習，戎衛之職多非其才，既無將領，虛尸榮祿」（宋書卷七十二建平王宏傳）。而徵調無度，至有「斬絕手足，以避傜役」（南齊書卷四十竟陵王子良傳），「遂使四野百縣，路無男人，耕田載租，皆驅女弱」（宋書卷七十四沈攸之傳），

事可知矣（文獻通考卷一百五十一兵制）。

62 初魏都平城，於緣邊置六鎮，曰武川，曰撫冥，曰懷朔，曰懷荒，曰柔元，曰禦夷，皆恃為藩衛，資給優厚。遷洛以後，邊任益輕，將士失所，互相仇怨。正光四年，柔然入寇，懷朔鎮民挾忿，殺其鎮將，遂反……諸鎮華夷之民往往響應，既而六鎮盡叛，秦隴以西，冀并以北，並為盜區（讀史方輿紀要卷四南北朝）。

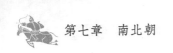

而「王旅外出，未嘗宿飽」（南齊書卷四十四沈文季傳史臣曰）。後魏自遷都洛陽之後，軍備亦見廢弛，「將帥多是寵貴子孫」（魏書卷七十二路思令傳），「身不赴陣，唯遣奴客充數，對寇臨陣，曾不彎弓」（魏書卷七十七高謙之傳）。北齊「軍人皆無褌袴」（北史卷五十四斛律光傳），「徵召兵役，途多亡叛」（北齊書卷二十四杜弼傳）。這個時候，北周卻建立了新的軍制。其改革分為前後兩個階段，第一階段改編軍隊為鮮卑氏族，以加強其作戰能力。北方之地，漢胡相雜，均莫知所出。魏孝文自代遷洛，用夏變夷，改蕃姓為漢姓。宇文泰顯國，又用胡變夏，凡胡人改為漢姓者，均命其恢復蕃姓。而對於中原故家，也易賜蕃姓㊿。同時復把各姓繼承鮮卑三十六國九十九姓之後，凡蕃姓諸將所統軍人亦從其主將的蕃姓。

魏氏之初，統國三十六，大姓九十九，後多絕滅，至是以諸將功高者為三十六國後，次功者為九十九姓後，所統軍人亦改從其姓（周書卷二文帝紀魏恭帝元年）。

關此，洪邁曾說：

魏孝文自代遷洛，欲大革胡俗，既自改拓拔為元氏，而諸功臣舊族自代來者，以姓或重複，皆改之……然至於其孫恭帝，翻以中原故家易賜蕃姓，如李弼為徒河氏，趙肅趙貴為乙弗氏，劉亮為侯莫陳氏，楊忠為普六茹氏，王雄為可頻氏，李虎閻慶為大野氏，辛威為普毛氏，田宏為紇干氏，耿豪為和稽氏，王勇為庫汗氏，楊紹為叱利氏，侯植為侯伏侯氏，竇熾為紇豆陵氏，李穆為拓拔氏，陸通為步六孤氏，楊纂為莫胡盧氏，寇儁為若口引氏，段永為爾綿氏，韓褒為侯呂陵氏，裴文舉為賀蘭氏，王軌為烏丸氏，陳忻為尉遲氏，樊深為萬紐于氏，一何其不循乃祖彝憲也。是時蓋宇文泰顓國，此事皆出其手，遂復國姓為拓拔，

㊿ 漢人改為胡姓，可參閱周書各傳。

而九十九姓改為單者，皆復其舊（容齋三筆卷三元魏改功臣姓氏）。

這個改革是把許多姓氏不同的將卒改編為血統相同的氏族，其目的是用原始社會的部落組織，假宗法觀念，以加強其作戰精神。第二階段採用府兵之制，以統一全國的軍權。魏晉以來，強宗大族均有部曲賓客等各種家兵，宇文泰改革軍制，單用氏族組織，不過承認過去的事實，把主從關係改為宗法關係。這最多只能提高兵士的戰鬥力，並不能統一全國的軍令權，所以又施行府兵之制，兵士附著於畎畝，將帥任命於朝廷，民年十八授田，由十八而至五十九皆任於役，每歲至多無過三旬（參閱隋書卷二十四食貨志，本書已有說明）。擇魁健材力之士為府兵之首，盡蠲租調，而刺史則於農隙教民戰陣。全國分為百府，每府置一郎將，百府分為二十四軍，每軍置一開府，每二開府由大將軍一人領之，每二大將軍由柱國一人統之。

周太祖輔西魏時，用蘇綽言，始倣周典，置六軍，籍六等之民，擇魁健材力之士以為之首，盡蠲租調，而刺史以農隙教之。合為百府，每府一郎將主之。分屬二十四軍，開府各領一軍。大將軍凡十二人，每一將軍統二開府。一柱國主二大將，將復加持節都督以統焉。凡柱國六員，眾不滿五萬人（文獻通考卷一百五十一兵制）。

北周府兵制表

官名	人數	備考
郎將	一〇〇	全國百府，每府一郎將主之。
開府	二四	百府分屬二十四軍，開府各領一軍。
大將軍	一二	大將軍十二人，每一將軍統二開府。

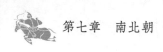

柱國	六	柱國六員，每一柱國主二大將。

這可以消滅家兵制度，使軍隊成為國家的軍隊。所以其改革有兩個意義，寓兵於農，農隙講武，既可以改良兵士的質，而軍隊分屬各府，柱國所統，眾不過五萬人，又可以預防將帥之稱兵作亂。周經宣帝虐政之後，禪位於隋，中央雖有政變，而全國不致亂離，實因軍權統一之故。

北周於公田制度之下，實行府兵與租庸調之制。朱熹說：「租庸調府兵之類皆是蘇綽之制」（朱子語類卷一百三十六歷代三）。又說：「蘇綽立租庸等法，亦是天下人殺得多了，故行得易」（仝上）。蓋租庸調與府兵皆以均田制度為前提，而均田制度能夠實行，則因地廣人少。朱熹之言，不無理由。

秦漢官制甚見簡單，中央大臣不過公卿十餘人，國無閒散之官，官有專司之職。降至東漢，三公無權，事歸臺閣。到了魏世，公卿人數已經增加，而中書又分尚書之權，晉代既置八公，復有三省。自是以後，官數愈多。蘇綽說：

善官人者必先省其官，官省則善人易充，善人易充，則事無不理。官煩則必雜不善之人，雜不善之人，則政必有得失。故語曰官省則事省，事省則民清，官煩則事煩，事煩則行濁，清濁之由在於官之煩省（周書卷二十三蘇綽傳）。

北周有見於此，遂酌周禮之文，建六官之職。

初太祖（宇文泰）欲行周官，命蘇綽專掌其事，未幾而綽卒，乃令盧辯成之。於是依周禮，建六官……天官府（領冢宰等眾職）、地官府（領司徒等眾職）、春官府（領宗伯等眾職）、夏官府（領司馬等眾職）、

秋官府（領司寇等諸職）、冬官府（領司空等衆職）……太祖以魏恭帝三年始命行之（周書卷二十四盧辯傳）。

社會進步，官制應隨之變更。周禮六官之制是否適合於南北朝社會的需要，固然頗有問題，而其制度簡單，責任顯明，確實可以救當時官制之弊。西漢之制，丞相總百官，揆百事，單獨決定政治問題，單獨負政治上的責任。東漢設置三公，而權歸於尚書，自是而後，朝廷喜以他官參掌機要，其丞相相國均為尊崇之位，而非人臣之職，其真為宰相者反不必居此官。權責不專，政治自難步上軌道。周矯其弊，雖置六官，而以天官統五府。

五府總於天官（周書卷十一晉蕩公護傳）。

此亦周禮之制：「論語曰：君薨，百官總己以聽於冢宰，爾雅曰，冢大也，冢宰則太宰於百官，無所不主」（通典卷十九職官總序）。故通典（卷二十一宰相）云：「宰相秉朝政……後周大冢宰亦其任也」。「靜帝二年置左右大丞相，八月去左右號，以隋公楊堅為大丞相」（歷代職官表卷二內閣上引孫逢吉職官分紀）。大丞相兼大冢宰而總五府。

大象二年九月壬子，丞相去左右之號，隋公楊堅為大丞相，十月壬戌，大丞相隋國公楊堅加大冢宰，五府總於天官（周書卷八靜帝紀）。[64]

[64] 宣帝在位只數月，而於大成元年二月傳位於皇太子，是為靜帝，改元大象，所以大象元年即大成元年。大成初，置四輔官，四輔只是論道之官，與三師三孤無異。據歷代職官表（卷二內閣上）引孫逢吉職官分紀，左右丞相置於靜帝大象二年。此時宣帝尚未崩。五月宣帝崩，隋國公楊堅（即隋文帝）以宣帝后楊氏之父，入總朝政（靜帝非楊后子，乃宣帝后朱氏之子）。楊堅自為左大丞相，而以漢王宇文贊為右大丞相。九月去左右號，楊堅為大丞相，而兼

這與南朝「宰相頓有數人，天下何由得理」（宋書卷六十三王華傳）的情況當然不同。國內雖可發生權臣專橫之弊，而政府卻能循一定的方針，施行一貫的政策，其於國力的發展是有許多好處的。雖然後來隋文篡位，然此不過中央政權的轉移，不是國家權力的分裂，所以內部尚能統一，終而併吞了南朝。

建軍建政固為建設新國家的要圖，而人事的調整則為先決條件。魏晉以來，選舉專尚門第，朝有世及之榮，下無寸進之路，政界人物既無新陳代謝，政治當然不能革新。至周，依蘇綽之言，罷門資之制。綽又知治民之本莫重於宰守。他說：

> 百僚卿尹雖各有所司，然其治民之本莫若宰守之最重也……自昔以來，州郡大吏但取門資，多不擇賢良。夫門資者乃先世之爵祿，無妨子孫之愚瞽。今之選舉者當不限資蔭，唯在得人。苟得其人，自可起廝養而為卿相，伊尹傅說是也，而況州郡之職乎。苟非其人，則丹朱商均雖帝王之胤，不能守百里之封，而況於公卿之胄乎（周書卷二十三蘇綽傳）。

於是世官之制便開始為舉賢選能。

> 後周……徵魏齊之失，罷門資之制，其所察舉，頗加精慎。及武帝平齊，廣收遺逸，乃詔山東諸州，舉明經幹理者，上縣六人，中縣五人，下縣四人。至宣帝大成元年，詔州舉高才博學者為秀才，郡舉經明行修者為孝廉，上州上郡歲一人，其刺史僚佐州吏則自署，府官則命於朝廷（通典卷十四歷代選舉制）。

知識分子所希望於朝廷者，在於仕途公開，任誰都能利用自己的才知，以取得才知相等的地位。而如

大冢宰之職。翌年（北周大定元年，亦即隋開皇元年）北周禪位於隋。吾所以要加此註者，蓋欲證明宣帝改制，不及三年，即禪位於隋，影響不大。

周朗所說：「德厚者位尊，位尊者祿重，能薄者官賤，官賤者秩輕」（宋書卷八十二周朗傳）。魏晉以來，一切銓選均由關係，「為縣用恩家之貧，為郡選勢族之老」（宋書卷八十二周朗傳）。而膏粱子弟又得平流進取，坐至公卿。他們做了公卿之後，以為分所應得，不屑竭智盡力，而寒門華戶又為門資所限，雖然竭智盡力，而仍不見拔擢。官位之高低與治事之勤惰應該保持密切的關係，高位由勤而得之，則人將為高位而加勤。位高者不必勤，勤者不居高位，試問誰人再肯努力從政。北周罷門資之制，察舉賢良，頗加精慎，自是而後，寒素之士若肯努力，不必再嗟白首，膏粱子弟不肯努力，不能坐至公卿。魏晉以來，以貴役賤的貴族政治，經過此番改革，便漸次演變為以智役愚的官僚政治。

上述各種改革，無不深切時弊，所以周能東滅高齊，南取蜀漢，奠定了統一的基礎。隋文受禪，遂資益州之富，藉上流之勢，定下滅陳之策，先作經濟進攻，破壞陳的產業。

上（隋文帝）嘗問高熲取陳之策，熲曰江北地寒，田收差晚，江南土熱，水田早熟。量彼收穫之際，微徵士馬，聲言掩襲，彼必屯兵禦守，足得廢其農時。彼既聚兵，我便解甲，再三若此，賊以為常，後更集兵，彼必不信，猶豫之頃我乃濟師，登陸而戰，兵氣益倍。又江南土薄，舍多竹茅，所有儲積，皆非地窖，密遣行人，因風縱火，待彼修立，復更燒之，不出數年，自可財力俱盡。上行其策，由是陳人益敝（隋書卷四十一高熲傳）。

次作軍事進攻，多張聲勢，而乘其不備，攻其要害。

崔仲芳上書論取陳之策曰，今唯須武昌已下，蘄和滁方吳海等州，更帖精兵，密營渡計，益信襄荊基郢等州，速造舟楫，多張形勢，為水戰之具，蜀漢二江是其上流，水路衝要，必爭之所。賊雖於流頭荊門延

州公安巴陵隱磯夏首蘄口盆城置船，然終聚漢口峽口以水戰大決。若賊必以上流有軍，令精兵赴援者，下流諸將即須擇便橫渡。如擁眾自衛，上江水軍鼓行以前，雖恃九江五湖之險，非德無以為固，徒有三吳百越之兵，無恩不能自立。上覽而大悅（隋書卷六十崔仲方傳）。

此際陳所恃者乃長江之險，然而「長江萬里，扞禦為難，若一處得渡，大事去矣」（周書卷一文帝紀上）。而陳人尚不覺悟，以為「長江天塹，古以為限隔南北，今日北軍豈能飛渡耶」（隋書卷二十三，五行志下）。隋開皇八年，文帝命八路進軍，晉王廣出六合（自壽春出六合）、秦王俊出襄陽（自襄陽出漢口）、楊素出永安（由永安下三峽）、劉仁恩出江陵（出江陵以會楊素之師）、王世積出蘄春（出蘄春以臨江津）、韓擒虎出廬江（自廬江出師，渡橫江，以攻姑孰）、賀若弼出廣陵（自廣陵出師，渡揚子江，以攻京口）、燕榮出東海（自朐山渡海，以臨三吳），東西並進。九年賀若弼拔京口，韓擒虎渡采石，遂克建康，陳主叔寶出降，於是紛亂三百餘年的中國又成為大一統的國家。

第六節　南北朝的政治制度

第一項　中央官制

職官的多寡須以政事的繁簡為標準。社會愈進化，政事愈複雜，政事愈複雜，職官愈增加，這是必然的趨勢。吾國自魏晉以後，職官無日不在增加之中。而增加的原因卻不是政事複雜，而是要安插許多要人。

這種要人有兩種來源，魏晉之後，朝代更迭，非用討伐，而用禪讓，朝中大臣大率均是「服褐前代，宦成後朝」。例如司馬炎受禪之際，一方有許多公卿，如司馬孚鄭沖王祥者，「陵闕雖殊，顧眄如一」，既不能不有所安插，他方又有新朝的佐命功臣，如司馬望何曾荀顗石苞陳騫者，「市朝亟革，寵貴方來」，亦不能不給予以優崇之位。於是三公增加為八公，所謂「八公同辰，攀雲附翼」者是。這個傾向一到南北朝時代，愈益顯著。官位不足以懋庸賞勳，於是復用「加官」之法，提高各種職官的班位，其最常用者則為開府儀同三司。儀同三司始於東漢，開府儀同三司始於魏世。

> 開府儀同三司漢官也，殤帝延平元年鄧騭為車騎將軍，儀同三司，儀同之名始自此也。及魏黃權以車騎將軍開府儀同三司，開府之名起於此也（晉書卷二十四職官志）。

儀同是提高職官地位的形式，「開府者置官屬」（隋書卷二十六百官志上），是提高職官地位的實質。漢魏之世，加者尚寡，到了晉代，漸次猥濫。漢制，大將軍驃騎將軍位次丞相，車騎將軍衛將軍位次上卿。

> 漢興，置大將軍驃騎位次丞相，車騎衛將軍左右前後……位次上卿（後漢書卷三十四百官志一注引蔡質漢儀）。

晉代以後，不但驃騎車騎衛將軍，便是撫軍鎮軍中軍以至於四征四鎮等各種將軍，凡加大字，皆得開府儀同三司。晉志云：

> 驃騎車騎衛將軍……撫軍……鎮軍中軍四征四鎮……等大將軍……開府者皆為位從公（晉書卷二十四職官志）。

宋志云：

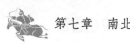

江左以來，將軍則中鎮撫四鎮以上或加大……並得儀同三司（宋書卷三十九百官志上）。

南齊志云：

驃騎車騎衛將軍，中軍撫軍四征四鎮諸將軍，加大字，位從公，開府儀同如公（南齊書卷十六百官志）。

北朝亦有儀同三司及開府儀同三司之號。

後魏亦有儀同三司，普泰初，特以爾朱世隆為儀同三司，位次上公。北齊亦有儀同三司者，又有開府儀同三司及儀同三司。後周建德四年改開府儀同三司為開府儀同大將軍，仍增設上開府儀同大將軍，又改儀同三司為儀同大將軍，仍增置上儀同大將軍（通典卷三十四開府儀同三司）。

於是許多將軍雖然班位不高，而一旦加有「開府儀同三司」之號，便可上躋「公」位，此不過略以將軍為例，說明加官可以增加「公」級職官之數，以便安插許多要人而已。時值喪亂，軍權高於一切，將軍之職甚多，縱是文官，也欲加號將軍。而加號將軍者又可以提高原有職官的班位，於是將軍也成為一種加官，例如宋代刺史不領兵者不過第五品，而加五威五武以及其他輕號將軍而領兵者，則為第四品。若加征鎮安平將軍之號者，則為第三品。若加持節都督，則為第二品。若四鎮加大，尚得儀同三司，而為位從公矣（參閱宋書卷四十百官志下）。

南北朝除用加官之法，以增加大臣額數之外，又常不顧實際的需要如何，濫把過去的附屬機關，改變為獨立機關，以便安插要人。三臺五省的設置便是其例，宋孝武帝大明中詔曰，「自今三臺五省悉同此例」（宋書卷五十一長沙王道憐傳）。可知三臺五省之名始自宋世[65]。所謂三臺是指御史臺都水臺與謁者臺，五省

[65] 漢時亦有三臺之稱，通典（卷二十四御史臺）云：「漢尚書為中臺，御史為憲臺，謁者為外臺」，然此三臺皆非獨

是指尚書省中書省門下省祕書省與集書省。茲將三臺五省之成立經過列表說明如次。

三臺五省成立經過表66

職名		成立經過
三臺	御史臺	詳本書第五章第五節第一項。
	都水臺	漢武帝元鼎二年初置水衡都尉，掌上林苑。後漢光武廢之，併其職於少府，而置河隄謁者五人，魏因之。晉置都水臺，都水使者一人，官品第四。宋孝武帝省都水臺。齊氏復置，使者一人。梁天監七年改為大舟卿班第九，陳第三品。後魏置使者二人，從五品，北齊同後魏。
	謁者臺	謁者秦官，掌賓讚受事，漢因之，有僕射，後漢謁者僕射為謁者臺主，二漢均隸光祿勳。魏亦有僕射，亦隸光祿勳。晉武帝省僕射，以謁者隸御史臺。宋孝武帝大明中，復置僕射一人，第五品，而成為獨立機關。
五省	尚書省	魏時不隸少府而獨立，仍稱曰臺，通典云，宋曰尚書寺，亦曰尚書省，亦謂之內臺，是尚書稱省，始於宋世。但南齊書百官志又云，錄尚書尚書令總領尚書臺二十曹，為內臺主，是齊時尚書又稱為臺。至梁，才確實稱省，隋書百官志云，梁尚書省置令僕射各一人，又置吏部祠部度支左戶都官五兵等六尚書。魏書官氏志云，道武帝天賜二年復罷尚書三十六曹，別置武歸修勤二職，分主省務。又云，太武帝神䴥元年置左右僕射，左右丞諸曹尚書十餘人，各居別寺，是則後魏尚書稱省或稱寺，尚未確定。隋書百官志關於北齊官制，直云：尚書省置令僕，是則尚書稱省大約確定於南北朝中葉以後。
	中書省	詳本書第五章第五節第一項。
	門下省	詳本書第六章第五節第一項。
	祕書省	漢桓帝延熹二年始置祕書監，屬太常，掌禁中圖書祕記。魏武為魏王，置祕書令，典尚書奏事，即中書之任也，兼掌圖書祕記。文帝黃初中，分祕書立中書，因置監令。魏初祕書屬少府，及王

立機關。

66 此表據唐六典，並參考三國職官表，晉書職官志，宋書百官志，南齊書百官志，隋書百官志及通典。

官名	職掌	備考
		肅為監，不復屬焉。至晉武又以祕書併入中書，惠帝時，復別置祕書寺，自是祕書寺始外置焉。宋齊同晉氏，梁改為省，與尚書中書門下集書為五省之數。後魏亦以祕書為五省之數，北齊依後魏。南齊書百官志有「晉祕書閣」之言，隋書百官志云，梁祕書省置監丞各一人，又云，後齊制官多循後魏，魏書伊黻傳，世祖欲拜黻為尚書，黻辭，世祖問所欲，黻曰中祕二省多諸文士，若恩矜不已，請參其次，世祖賢之，遂拜祕書監。是則祕書省之名於南朝確定於梁世，於北朝確定於後魏。
集書省		秦置散騎，又置中常侍，漢因之，并用士人，無常員，皆加官。後漢省散騎，而中常侍改用宦者。魏黃初復置散騎，與中常侍合為一，直曰散騎常侍，復用士人。晉置四人，雖隸門下，別為一省。宋置散騎常侍四人，久次者為祭酒，又置集書省領之。宋書范曄傳云，孔熙先博學有縱橫才志，文史星算無不兼善，為員外散騎侍郎，後與范曄連結謀逆，事泄，被捕入獄，文帝奇其才，遣人慰勞之曰，以卿之才而滯於集書省，理應有異志，此乃我負卿也。魏書廣陵王羽傳，高祖謂散騎常侍元景曰，卿等自任集書，合省逋墮，致使王言遺滯，起居不修，如此之咎，責在於卿，今降為中大夫，守常侍，奪祿一周。是集書省之名乃發生於南北朝時代。

職官的增加不但只此而已。九卿本來有九寺之稱，南朝九卿自梁而後，增加為十二卿，即增加太府大匠大舟三卿。北朝九寺齊增之為十三寺，即增加國子寺長秋寺將作寺昭玄寺，茲將其改制經過列表如次。

諸卿改制表[67]

官名	職掌	備考
太府卿	掌金帛府藏及關津市肆	梁天監七年始置太府卿班第十三，陳因之，品第三。後魏太和中，改少府為太府卿，品第三。北齊曰太府寺，卿一人，品亦第三。
大匠卿 將作寺	掌土木之工 掌諸營造	秦有將作少府，掌治宮室，漢景帝中元元年更名將作大匠，東漢及魏晉因之。江左至宋齊皆有事則置，無事則省。梁天監七年改為大匠卿，班第十，陳因之，品第三。後魏亦

[67] 此表據隋書百官志，並參考三國職官表，晉書職官志，宋書百官志，南齊書百官志，唐六典及通典。

		有之，從三品。北齊有將作寺，其官曰大匠，從三品。
大舟卿	主舟航河隄	見上表都水臺。
國子寺	掌訓教胄子	戰國時往往有博士，掌通古今。秦漢博士多至數十人。武帝建元五年又置五經博士，掌教弟子，而聰明有威望者一人為祭酒。後漢亦然。魏因漢制。晉武帝立國子學，置祭酒一人。自漢至晉均隸太常，南朝後魏並承晉制。北齊立國子寺，置祭酒一人，從三品。
長秋寺	掌諸宮閣	秦有將行，皇后卿，漢更名大長秋，自此至晉不變。南朝後魏亦有之。北齊有長秋寺，置卿中尹各一人，卿從三品，中尹第四品，並用宦者。
昭玄寺	掌諸佛教	置大統一人，統一人，都維那三人。

南北朝雖然增加職官不少，其實，中央官制除北周外，多沿魏晉之舊，改革殊少。杜佑說：

> 秦兼天下，建皇帝之號，立百官之職……太尉主五兵、丞相總百揆，又置御史大夫，以貳丞相。漢初，因循而不革，隨時宜也。其後頗有所改……光武中興……廢丞相與御史大夫，而以三司綜理眾務，洎於叔世，事歸臺閣，論道之官備員而已。魏與吳蜀亦多依漢制，晉氏繼及，大抵略同……爰及宋齊，亦無改作……梁武受終，多遵齊制……陳遵梁制，不失舊物。後魏……孝文太和中，王肅來奔，為制官品，百司位號皆準南朝……北齊創業，亦遵後魏，臺省位號多類江東……後周……別立憲章，酌周禮之文，建六官之職，其他官亦兼用秦漢（通典卷十九歷代官制要略）。

只惟品秩略有變更，魏創九品之制，歷晉至南北朝均無改作，至梁，又釐定官品，分文官為十八班，武官為二十四班，均以班多者為貴，後魏分九品為正從，自四品以下，每品分為上下階，凡三十級。北周亦以九命分正從，凡十八級。

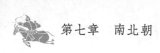

魏置九品，晉宋齊并因之，梁因之，更置十八班，多者為貴，陳并因之。後魏置九品，品各置從，凡十八品，自四品以下，每品分為上下階，凡三十階。北齊并因之。後周制九命，每命分為二，以正為上，凡十八命（通典卷十九官品）。

天監初年定令為九品，七年又定為十八班，班多者為貴，同班者則以居下者為劣，又置諸將軍之號，為二十四班，亦以班多者為貴，而九品之制不廢（通典卷三十七梁官品）。

茲將南北朝中央官制，擇其重要者列表如次。

南北朝中央官制表68（○表示有，⊙表示不常置，□表示有事則權置，事畢即省，△表示以為贈，×表示無）

種類	官名	南朝 宋	南朝 齊	南朝 梁	南朝 陳	北朝 後魏	北朝 北齊	備考
特任官	相國	⊙	⊙	×	△	⊙	⊙	宋順帝時齊王蕭道成為相國，齊和帝時梁王蕭衍為相國。宋孝武帝時，南郡王義宣為丞相，梁敬帝時陳霸先為丞相，尋崇為相國。後魏北齊均有丞相，相國，然皆非尋常人臣之職。
	丞相	⊙	△	⊙	△	⊙	⊙	
諸公	太師	×	×	×	×	○一品	○一品	太師古官，晉初以景帝名師，置太宰以代之，此乃太師之互名，非周冢宰之任。江左太師並仍名為太宰，但不常置。宋大明中以江夏王義恭為太宰，齊以為贈。梁初亦有，陳又以為贈，後魏孝莊
	太宰	⊙一品	△	⊙十八班	△	⊙一品	×	
	太傅	○一品	○一品	○十八班	△	○一品	○一品	
	太保	○一品	△	○十八班	△	○一品	○一品	
	大司馬	○一品	○一品	○十八班	△	○一品	○一品	

68 此表據宋書百官志，南齊書百官志，魏書官氏志，隋書百官志，唐六典，通典，通考。將軍之職太多，不列。

類	官						
	大將軍	○一品	△	○十八班	△	○一品	○一品
	太尉	○一品	○一品	○十八班	○一品	○一品	○一品
	司徒	○一品	○一品	○十八班	○一品	○一品	○一品
	司空	○一品	○一品	○十八班	○一品	○一品	○一品
諸卿	太常	○三品	○三品	○十四班	○三品	○三品	○三品
	光祿勳	○三品	○三品	○十一班	○三品	○三品	○三品
	衛尉	○三品	○三品	○十二班	○三品	○三品	○三品
	太僕	□三品	□三品	○十班	○三品	○三品	○三品
	廷尉	○三品	○三品	○十一班	○三品	○三品	○三品
	大鴻臚	□三品	□三品	○九班	○三品	○三品	○三品
	宗正	×	×	○十三班	○三品	○三品	○三品
	大司農	○三品	○三品	○十一班	○三品	○三品	○三品
	少府	○三品	○三品	○十一班	○三品	○太府三品	○太府三品
三省	尚書省尚書令	○三品	○三品	○十六班	○一品	○二品	○一品
	中書省中書監	○三品	○三品	○十五班	○二品	○從二品	○從二品
	門下省侍中	○三品	○三品	○十二班	○三品	○三品	○三品

時，以上黨王天穆為之，北齊無聞。後魏以太師太傅太保謂之三師，大司馬大將軍謂之二大，太尉司徒司空謂之三公，北齊亦然。

梁以太常卿宗正卿司農卿為春卿，太府卿（梁十三班陳第三品）少府卿太僕卿為夏卿，衛尉卿廷尉卿大匠卿（即將作大匠，宋齊不常置。梁十班陳第三品）為秋卿，光祿卿鴻臚卿大舟卿（即都水使者，梁九班陳第三品）為冬卿，凡十二卿。陳因之。北齊置太常光祿衛尉宗正太僕大理（即廷尉）鴻臚司農太府（少府改名），是為九寺。九卿稱寺久矣，其官寺連稱自北齊始也。除九寺外，尚有國子寺（國子祭酒從三品），長秋寺（長秋卿從三品）將作寺（將作大匠從三品）以及昭玄寺。後魏太和中，改少府曰太府卿，品第三，北齊曰太府寺，置卿一人，品第三。

此外尚有祕書省，置祕書監等職，集書省，置散騎常侍等職，合上列三省，是為五省。北齊除五省外，尚有中侍中省，置中侍中等職，並用宦者。

三臺							
御史臺 御史中丞	○四品	○四品	○十一班	○三品	○從三品	○從三品	後魏為御史中尉。
謁者臺 謁者僕射	○五品	○五品	○六班	○七品	○六品	○六品	
都水臺 都水使者	○四品	○四品	×	×	○從五品	○從五品	梁改都水使者為大舟卿，陳因之。後魏都水臺置二使者，北齊亦然。

北周初據關中，猶依魏制，及平江陵之後，別立憲章，酌周禮之文，建六官之職，至於將軍都督刺史太守令長之類，亦兼用漢魏之制。茲將其中央官制列表如次：

北周中央官制表

	官名	官品	備考
三公	太師	正九命	後周改三師官謂之三公，兼置三孤以貳之，宣帝又置四輔官，以宇文盛為大前疑，尉遲迥為大右弼，李穆為大左輔，楊堅為大後丞（通典卷二十三公總序）。四輔亦論道之官，與三公三孤無別。靜帝二年置左右大丞相，八月去左右號，以隋公楊堅為丞相，翌大定元年二月（即隋文帝開皇元年）禪位於隋。
	太傅	正九命	
	太保	正九命	
三孤	少師	正八命	
	少傅	正八命	
	少保	正八命	
六卿	天官府大冢宰	正七命	天官大冢宰為宰相之職，周書晉蕩公護傳，「五府總於天官」。這種制度乃淵源於周制，杜佑云，「六官之職皆總屬於冢宰，故論語曰君薨，百官總己以聽於冢宰，爾雅曰，冢大也，冢宰則太宰於百官，無所不主」（通典卷十九職官總序）。
	地官府大司徒	正七命	
	春官府大宗伯	正七命	
	夏官府大司馬	正七命	

	秋官府大司寇	正七命
	冬官府大司空	正七命
大夫	上大夫	正六命
	中大夫	正五命
	下大夫	正四命
士	上士	正三命
	中士	正二命
	下士	正一命

其後又置左右丞相，大象二年置大丞相而罷左右丞相，大丞相兼大冢宰，而總五府，周書卷八靜帝紀，「大象二年九月丞相去左右之號，隋公楊堅為大丞相，十月大丞相隋國公楊堅加大冢宰，五府總於天官」。

小冢宰小司徒小宗伯小司馬小司寇小司空為上大夫，中大夫下大夫以下詳載於通典卷三十九後周官品中。

王應麟有言：「東漢政歸尚書，魏晉政歸中書，後魏政歸門下」（困學紀聞卷十三漢魏晉政柄所歸），這不是說，宰相之職，東漢為尚書令，魏晉為中書監，後魏為侍中。吾國自東漢以來，法制蕩然，宰相之職屬於那一種職官，似無一定標準。司馬光說：

> 謹按西漢以丞相總百官，而九卿分治天下之事。光武中興，身親庶務，事歸臺閣，尚事始重，而西漢公卿稍以失職矣。及魏武佐漢，初建魏國，置祕書令，典尚書奏事，文帝受禪，改祕書為中書，有令有監，而亦不廢尚書，然中書親近，而尚書疏外矣。東晉以來，天子以侍中常在左右，多與之議政事，不專任中書，於是又有門下，而中書權始分矣。降至南北朝，大抵皆循此制（文獻通考卷五十門下省）。

所謂「事歸臺閣，尚書始重」，「中書親近，而尚書疏外」，「又有門下，而中書權始分矣」，這是比較職官權限的大小，而不是指那一種職官，在那一個時代，為宰相之職。玆將南北朝的三省分述如次。

(一)先就尚書省言之，南北朝時尚書省的組織如次

尚書省組織表

官名	備考
錄尚書	自魏晉以來，亦公卿權重者為之。職無不總（通典卷二十二錄尚書），後魏亦有之，世祖太武帝東征和龍，詔恭宗錄尚書事（魏書卷四下恭宗紀），即其例也。北齊錄尚書一人，位在令上（通典卷二十二錄尚書）。
尚書令	魏晉以來，任總機衡，事無大小，咸歸令僕（通典卷二十二尚書令），自魏至晉宋齊，品並第三，梁班第十六，陳加品至第一，後魏北齊品皆第二（唐六典卷一尚書令）。
僕射	漢獻帝時分置左右，經魏至晉，於江左省置無恆，置二則為左右僕射，或不兩置，但曰尚書僕射。後魏二僕射，北齊僕射置二，則為左右僕射（通典卷二十二僕射）。魏晉宋齊，品並第三，梁班第十五，陳品加至第二，後魏北齊品皆從第二（唐六典卷一尚書左右丞相）。
尚書	宋有吏部祠部度支左民都官五兵六尚書，齊梁與宋同，亦別有起部，不常置也，陳與梁同。後魏初有殿中樂部駕部南部北部五尚書，其後亦有吏部兵部都官度支七兵祠部民曹等尚書，又有金部庫部虞曹儀曹右民宰官都牧牧曹右曹太倉太官祈曹神都儀同曹等尚書，北齊有吏部殿中祠部五兵都官度支六尚書（通典卷二十二歷代尚書）。宋齊列曹尚書皆第三品，至梁吏部尚書班第十四，吏部尚書歷代班序常尊，不與諸曹同也。諸曹尚書班第十三，陳並第三品（唐六典卷二吏部尚書）。後魏吏部尚書及諸曹尚書，並第三品（通典卷三十八後魏官）。北齊亦然（通典卷三十八北齊官品）。
左右丞	自魏至宋齊，品皆第六，梁左丞班第九，右丞班第八。陳並第四品。後魏北齊，左丞正四品下，右丞從四品上（唐六典卷一左右丞）。
尚書侍郎	梁天監三年置侍郎，其郎中在職勤能，滿二歲者轉之（隋書卷二十六百官志上），尚書侍郎班第六（通典卷三十七梁官品）。陳亦有之，第四品（通典卷三十八陳官品）。
尚書郎（中）	宋高祖時有十九曹，元嘉以後有二十曹郎，齊依元嘉制，梁加三曹為二十三曹，陳有二十一曹。後魏三十六曹，北齊有二十八曹（通典卷二十二歷代郎官）。其吏部郎歷代品秩皆高於諸

曹郎。自魏至宋齊，吏部郎品第五，諸曹郎品第六。梁吏部郎班第十一，諸曹郎班第五（似有錯誤）。陳吏部郎第四品，諸曹郎第六品。後魏北齊吏部郎品正第四上，諸曹郎品正第六上（唐六典卷二吏部郎中，隋書卷二十六百官志上）。

南北朝均有錄尚書之職，固然是「職無不總」（宋書卷三十九百官志上），而自晉世有分錄之制之後，「總錄之任，江左罕授」（南齊書卷二十三褚淵傳）。宋孝武帝不欲威權外假，孝建元年省錄尚書事（宋書卷六孝武帝紀），前廢帝即位，又置之（宋書卷七前廢帝紀）。其實，南朝的錄尚書未必就有實權，是時公卿均係膏粱世家，風流相尚，不以物務關懷。君權強大，職之閑要乃視時主之意嚮，軍閥橫行，則揚荊二州刺史可以決定中央的政策。宋文帝入承大統，元嘉初，彭城王義康錄尚書事，「既專總朝權，事決自己，生殺大事，以錄命斷之，凡所陳奏，入無不可，方伯以下並委義康授用」（宋書卷六十八彭城王義康傳）。反之，永光（前廢帝）中，江夏王義恭錄尚書事，「任同總己」，而乃慴憚中書舍人戴法興，一切詔敕施為，悉決法興之手，義恭守空名而已（宋書卷九十四戴法興傳，參閱卷六十一江夏王義恭傳）。北朝情況稍與南朝不同，錄尚書事多以侍中兼之，「後魏政歸門下」，因之錄尚書事常握大權。顯祖（獻文帝）即位，侍中乙渾為太尉錄尚書事，俄又遷為丞相，「事無大小皆決於渾」（魏書卷六顯祖紀）。世宗（宣武帝）即位，北海王詳為司徒侍中錄尚書事，「軍國大事，總而裁決，每所敷奏，事皆協允」（魏書卷二十一上北海王詳傳）均其例也。

令僕之權力如何呢？東晉之末，桓玄對羊欣說：「尚書政事之本」（宋書卷六十二羊欣傳）。宋國初建，王弘遷尚書僕射，自謂「位副朝端」（宋書卷四十二王弘傳）。孝武帝又下詔，以「尚書百官之本，庶績之樞機……而頃事無巨細，悉歸令僕」（宋書卷六孝武帝紀孝建元年春正月戊申詔）。齊時王儉亦說：「尚書職居天官，

政化之本」（南齊書卷二十三褚淵傳）。故歷代職官表（卷二內閣上）云：「謹案，宋齊而降，惟尚書任總機衡，為宰相之職。故當時稱尚書令僕曰朝端，又曰端右。胡三省通鑑注，謂位居朝臣之右是也」。而在後魏，孝文帝曾說：「尚書之任，樞機是司，豈惟總括百揆，緝和人務而已」（魏書卷二十一上廣陵王羽傳），及崩，「遺詔以肅（王肅）為尚書令，與禧（咸陽王禧，時為太尉，加侍中）等同為宰輔」（魏書卷六十三王肅傳）。世宗（宣武帝）崩，任城王澄為尚書令，總攝百揆（魏書卷三十一于忠傳）。故歷代職官表（卷二內閣上）云：「謹案，考魏書任城王澄奏以為尚書政本，而王肅官尚書令為澄所禁止，咸陽王禧奏澄擅禁宰輔，免官，則尚書令亦宰相也」。由此可知「尚書疏外」為時雖久，而在南北朝，尚為宰相之職。蓋政令不問由誰決定，而奉行之者必是尚書。所以「尚書疏外」不過謂其不能單獨與天子共同決定政策而已。例如後魏，王肅為尚書令，乃與咸陽王禧等六人受遺輔政（魏書卷七下高祖紀太和二十三年）。任城王澄為尚書令，而秉朝政者卻是侍中于忠。南朝承魏晉之敝，衣冠之士多係放誕浮華，尚書雖為政事之本，而居是位者不過雍容令僕，裙屐相高。宋時，王敬弘為尚書僕射，「關署文案，初不省讀」（宋書卷六十六王敬弘傳）。何尚之為尚書令，徐湛之為尚書僕射，而有事之時，二人乃互相推諉。

徐湛之轉尚書僕射，時尚書令何尚之以湛之國戚，任遇隆重，欲以朝政推之，凡諸辭訴一不料省。湛之亦以職官記及令文，尚書令敷奏出內，事無不總，令缺，則僕射總任，又以事歸尚之，互相推委（宋書卷七十一徐湛之傳）。

姚察有言：

南齊時，柳世隆為尚書令，「在朝不干世務，垂簾鼓琴，風韻清遠」（南齊書卷二十四柳世隆傳）。關此，

魏正始及晉之中朝，時俗尚於玄虛，貴為放誕，尚書丞郎以上，簿領文案，不復經懷，皆成於令史。逮乎江左，此道彌扇。惟卞壺以臺閣之務，頗欲綜理，阮孚謂之曰卿常無閑暇，無乃勞乎。宋世王敬弘身居端右，未嘗省牒，風流相尚，其流遂遠，望白署空，是稱清貴，恪勤匪懈，終歸鄙俗。是以朝經廢於上，職事隳於下，小人道長，抑此之由（梁書卷三十七何敬容傳論）。

至於各曹尚書漸次確定為六，開隋唐以後的六部尚書之制，而各尚書的地位亦比列卿為高，凡由列卿轉為尚書者為遷，例如：

裴植除大鴻臚卿，遷度支尚書……植……自言人門不後王肅，怏怏朝廷處之不高。及為尚書，志意頗滿，欲以政事為己任。謂人曰非我須尚書，尚書亦須我，辭氣激揚，見於言色（魏書卷七十一裴植傳）。

在六部尚書之中，以吏部尚書最為華貴，吏部掌選事，有用人之權，因之世族或寒門一旦任命為吏部尚書，均不免有所偏阿。世族為吏部，往往選任膏粱，而不能留心寒素。

王暕為吏部尚書，暕名公子，少致美稱，及居選曹，職事修理，然世貴顯，與物多隔，不能留心寒素，眾頗謂為刻薄（梁書卷二十一王暕傳）。

寒門為吏部，亦必引拔寒素，而不惜抑制膏粱。

張纘為吏部尚書，纘居選，其後門寒素有一介，皆見引拔，不為貴要屈意，人士翕然稱之（梁書卷三十四張纘傳）。

其實，為吏部者多是膏粱世家，銓選之權歸於豪族，君主大權便隨之削弱。因此，宋孝武帝就分吏部尚書，置二人，以輕其任。

> 孝武帝不欲威權在下，其後分吏部尚書，置二人，以輕其任（宋書卷八十四孔覬傳）。
>
> 孝武帝常慮權移臣下，以吏部尚書選舉所由，欲輕其勢力……於是置吏部尚書二人（宋書卷八十五謝莊傳）。

但是一部之內乃置地位平等職權相同的尚書二人，雖可收牽制之效，而彼此之間不免掣肘，以致政務難於進行。然而銓選之權專委一人，「以一人之耳目，究山川之險情，賢者臆斷，萬不值一」（宋書卷五十五傅隆傳史臣曰）。謝莊曾言：

> 九服之曠，九流之艱，提鈞懸衡，委之選部。一人之鑒易限，而天下之才難原，以易限之鑒，鏡難原之才，使國罔遺授，野無滯器，其可得乎（宋書卷八十五謝莊傳）。

按南朝吏部尚書關於選事，並不能單獨決定，須與錄尚書共參同異，吾人觀宋孝武帝之詔太宰江夏王義恭之言，即可知之，詔曰：

> 但吏部尚書由來與錄共選，良以一人之識不辨洽通，兼與奪威權不宜專一故也（宋書卷八十五謝莊傳）。

吾人再觀徐羨之對蔡廓之言，更可明瞭。

> 蔡廓出為豫章太守，徵為吏部尚書，廓因北地傅隆問亮（中書令傅亮）選事，若悉以見付，不論，不然，不能拜也。亮以語錄尚書徐羨之，羨之曰黃門郎以下悉以委蔡，吾徒不復厝懷，自此以上，故宜共參同異。廓曰我不能為徐干木署紙尾也，遂不拜，干木羨之小字也。選案黃紙，錄尚書與吏部尚書連名，故廓云署紙尾也（宋書卷五十七蔡廓傳）。

既有錄尚書事與吏部尚書共參選事，則吏部尚書何必再置二人，所以不久之後，仍置一尚書。此種用錄尚

書以牽制吏部尚書之銓選，在北朝是沒有的。後魏自太和以後，吏部尚書亦為列曹尚書之首，綜綰銓選，所以崔亮才說：「況今日之選專歸尚書，以一人之鑒，照察天下……而欲究竟人物，何異以管窺天，而求其博哉」（魏書卷六十六崔亮傳）。縱以錄尚書之尊，非有別旨，令其參選，亦不能有所干與。

元順除吏部尚書兼右僕射……時三公曹令史朱暉素事錄尚書高陽王雍，雍欲以為廷尉評，頻請託順，順不為用，雍遂下命用之，順投之於地。雍聞之大怒……曰身為丞相，錄尚書，如何不得用一人為官。順曰……未聞別旨令殿下參選事（魏書卷十九中元順傳）。

然而後魏到了孝明帝時代，崔亮為吏部尚書，奏立停年格之制，「不問士之賢愚，專以停解日月為斷，雖復官需此人，停日後者終於不得，年月久者灼然先用」（魏書卷六十六崔亮傳）。由此可知停年格就是年勞，累日以取貴，積久以致官，而與考課不同。馬端臨說：

考課是以日月驗其職業之修廢，年勞是以日月計其資格之深淺，後世之所謂考課者皆年勞之法耳。故賢者當陟，或反以資淺而抑之，不肖者當黜，或反以年深而升之。故考課之法行，則庸愚畏之，年勞之法行，則庸愚便之（文獻通考卷三十九考課）。

這樣，南北兩朝吏部尚書之用人均不能完全自由，南朝受錄尚書之牽制，北朝受停年格之限制。其實南北朝乃沿魏晉之舊，採九品官人之法，州設大中正，郡設小中正，由小中正品第人才，以上大中正，大中正核實，以上司徒，司徒再核，然後付吏部選用，所以吏部用人亦不是絕對自由，只能於州郡中正所品第的人才之中，加以選擇而已。不過充任州郡中正者率是膏粱世家，而吏部尚書之職亦常歸於右姓。他們不免黨同伐異，每以門閥高卑，決定人才優劣，「歲月遷譌，斯風漸篤，凡厥衣冠，莫非二品」（宋書卷九十

四恩倖傳序），遂致釀成「中正所銓，但存門第，吏部彝倫，仍不才舉」（魏書卷八世宗宣武帝紀正始二年詔）的現象，自是而後，居吏部者就以明譜牒，別氏族為一個條件。

王晏為吏部尚書，上（齊武帝）欲高宗（明帝）代晏領選，手敕問之。晏啟曰鸞（明帝名）清幹有餘，然不諳百氏，恐不可居此職，上乃止（南齊書卷四十二王晏傳）。

陸瓊遷吏部尚書，瓊詳練譜牒，雅鑒人倫，至是居之，號為稱職（陳書卷三十陸瓊傳）。

陽休之天統初除吏部尚書，休之多識故事，諳悉氏族，凡所選用，莫不才地俱允（北齊書卷四十二陽休之傳）。

由此可知南北朝吏部尚書銓選人才，乃共同的受了譜牒的限制，這是貴族政治必然的現象。

㈡次就中書省言之，中書省的組織如次

南北朝中書省組織表

官名	備考
中書監	魏晉以來，中書監令，掌贊詔命，記會時事，典作文書，以其地在樞近，多承寵任，是以人因其位，謂之鳳凰池焉（通典卷二十一中書令）。
中書令	自魏以後均置監與令各一人。晉氏監令並第三品，宋齊品秩並同晉氏，梁監班第十五，令班第十四（隋志作十三班），陳氏監令均第二品（隋志作監第二品，令第三品），後魏監從第二品，令正第三品，北齊依魏（唐六典卷九中書令）。
中書侍郎	掌詔草，自晉以後均置四員（通典卷二十一中書侍郎）。晉氏品第四，宋齊並同晉氏。梁班第九，陳品第四（依隋志），後魏從第四品上，北齊因之（唐六典卷九中書侍郎）。
中書通事舍人	本掌呈奏案章，宋置四員，入直門內，出宣詔命，凡有陳奏，皆舍人持入參決於中，自是則

中書侍郎之任輕矣。齊永平初，中書通事舍人四員，各住一省，時謂之四戶，權傾天下。梁用人殊重，簡以才能，不限資地，多以他官兼領（員數不明），專掌詔誥兼呈奏之事，自是詔誥之任舍人專之。陳置五人，後魏有舍人省，而不言其員，北齊舍人十人（通典卷二十一中書舍人）。

宋氏舍人品第七（唐六典卷九中書舍人），齊不詳，梁班第四，陳品第八（隋書卷二十六百官志上）。後魏從第六品（通典卷三十八後魏官品），北齊正第六品（通典卷三十八北齊官品）。

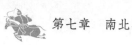

魏晉以來，中書雖為樞機之任，但是中書所掌者為典作詔命，尚書所掌者為奉行詔命，兩種的職權本來有別。不過中書既掌典作詔命，遂由詔命之典作，進而參決政策，而成為宰相之任。中書自魏晉歷南朝四代，權任益重，梁陳彌甚。故歷代職官表（卷二內閣上）云：「謹案，中書之職至梁陳而彌重。故大臣之預國論者，必兼中書監令，尤為政本之地」。北朝多以侍中輔政，中書自始就不居重要之位。但據歷代職官表（卷二內閣上）所述，「謹案，後魏中書之職，其清要不及南朝，然如高允崔光等為之，皆得參預密議，蓋其所掌亦宰相之事也」。又「謹案，考北齊書祖珽傳，珽欲求宰相，乃疏趙彥深，元文遙，和士開罪狀，令劉逖入奏，蓋思取其位而代之。時趙彥深為尚書令，和士開為中書監，則尚書中書實相職矣」。南朝自宋以後，中書省之職權乃漸次歸於中書舍人，中書監令反成為清簡之職。故陳書云：

中書令清簡無事（陳書卷二十九蔡徵傳）。

即中書舍人在魏世稱為通事，後又改稱通事舍人，「掌呈奏案章」，晉江左還是「專掌呈奏」，宋代初年，「入直門內，出宣詔命」（唐六典卷九中書舍人），爰及齊代，「建武（明帝）世，詔命殆不關中書，專出舍人」（南齊書卷五十六倖臣傳序），於是中書舍人遂掌詔誥[69]，而成為樞密之任。此蓋南朝公卿尚於玄虛，貴為放

誕，不復關懷文案（參閱梁書卷三十七何敬容傳），而中書舍人則久在朝省，閑於職事。齊明帝批評中書舍人劉係宗說：

> 學士不堪治國，唯大讀書耳，一劉係宗足持此五百人（南齊書卷五十六劉係宗傳）。

案南朝皇子未離襁褓，即宰州臨郡，一切政事多由典籤理之。一旦入承大統，典籤常入為中書舍人。例如宋時孝武帝為雍州刺史，以戴法興為典籤，及即位，用為中書舍人（宋書卷九十四戴法興傳）。明帝為徐州刺史，以王道隆為典籤，及即位，亦用為中書舍人（宋史卷九十四王道隆傳）。齊武帝為江州刺史，以茹法亮為典籤，及即位，也用為中書舍人（南齊書卷五十六茹法亮傳）。人主未踐大位，他們已與人主有親密關係，所以一旦踐祚，就寄以腹心之任。「宮省咳唾，義必先知，故能窺盈縮於望景，獲驪珠於龍睡」（南齊書卷五十六倖臣傳史臣曰）。而中書舍人便如城狐社鼠，操弄了國家大權。關此，沈約有言：

> 夫人君南面，九重奧絕，陪奉朝夕，義隔卿士，階闥之任宜有司存。既而恩以倖生，信由恩固，無可憚之姿，有易親之色。孝建泰始，主威獨運，官置百司，權不外假，而刑政糾雜，理難徧通，耳目所寄，事歸近習。賞罰之要，是謂國權，出內王命，由其掌握。於是方塗結軌，輻湊同奔。人主謂其身卑位薄，以為權不得重。曾不知鼠憑社貴，狐藉虎威，外無逼主之嫌，內有專用之功，勢傾天下，未之或悟，挾朋樹黨，政以賄成。鈇鉞創痏構於筵第之曲，服冕乘軒出乎言笑之下。南金北毳，來悉方艚，素縑丹魄，至皆兼兩。西京許史蓋不足云，晉室王庾未或能比（宋書卷九十四恩倖傳序）。

李延壽亦說：

---

69 參閱陳書卷十六蔡景歷傳，劉師知傳；卷二十九蔡徵傳；卷三十陸瓊傳，傅縡傳。

自漢氏以來，年且千祀，而近習用事，無乏於時，莫不官由近親，情因狎重。至如中書所司，掌在機務，漢元以令僕用事，魏明以監令專權。在晉中朝常為重寄……于時舍人之任，位居九品，江左置通事郎，管司詔誥，其後郎還為侍郎，而舍人亦稱通事。元帝用琅邪劉超，以謹慎居職。宋文世，狄當周赳並出寒門。孝武以來，士庶雜選，如東海鮑照以才學知名，又用魯郡巢尚之……及明帝世，胡毋顥阮佃夫之徒，專為佞倖矣。齊初亦用舊勞，及以親信關讞表啟，發署詔勅，頗涉辭翰者，亦為詔文，侍郎之局復見侵矣。建武世，詔命始不關中書，專出舍人。省內舍人四人，所直四省，其下有主書令史，舊用武官，宋改文吏，人數無員，莫非左右要密。天下文簿板籍，入副其省，萬機嚴祕，有如尚書。外司領武官，有制局監，監領器杖兵役，亦用寒人。爰及梁陳，斯風未改（南史卷七十七恩倖傳序）。[70]

茲將南朝中書舍人弄權情況列表如次。

南朝中書舍人弄權表

朝代	舍人弄權
宋世	孝武親覽朝政，不任大臣，而腹心耳目不能無所委寄，戴法興戴明寶巢尚之均兼中書通事舍人，凡選授遷轉誅賞大處分，上皆與法興尚之參懷，內外雜事多委明寶。法興明寶大通人事，多納貨賄，凡所薦達，言無不行，天下輻湊，門外成市，家產累千金。孝武崩，前廢帝即位，時太宰江夏王義恭錄尚書事，任同總己，而法興尚之執權日久，威行內外，義恭積相畏服，至是懾憚尤甚，廢帝未親萬機，凡詔敕施為悉決法興之手，尚書中書無大小專斷之，顏師伯義恭守空名而已。道路之言，謂法興為真天子，帝為贗天子（宋書卷九十四戴法興傳）。後廢帝即位，阮佃夫兼中書通事舍人，欲用張澹為武陵郡，衛將軍袁粲以下皆不同，而佃夫稱敕施行。又廬江何恢有妓張耀華美而有寵，為廣州刺史，將發，要佃夫飲，設樂，見張氏悅之，頻求，恢曰，恢可得，此人不可得也。

70 南史此文乃抄自梁蕭子顯所著南齊書卷五十六倖臣傳序。因南齊書無「爰及梁陳，斯風未改」八字，故用南史。

	佃夫拂衣出戶曰，惜指失掌耶，遂諷有司以公事彈恢。凡如此，綮等並不敢抗（南史卷七十七阮佃夫傳）。 王道隆兼舍人如故，道隆為太宗所委，家產豐積，豪麗雖不及佃夫，而精整過之（宋書卷九十四王道隆傳）。 中書舍人阮佃夫之家在會稽，請假東歸，客勸僧虔（時為吳興太守）以佃夫要倖，宜加禮接。僧虔曰我立身有素，豈能曲意此輩。佃夫言於宋明帝，使御史中丞孫敻奏僧虔前莅吳興多有謬命，僧虔坐免官（南齊書卷三十三王僧虔傳）。
齊世	劉係宗兼中書通事舍人，久在朝省，閑於職事。明帝曰學士輩不堪治國，唯大讀書耳，經國一劉係宗足持如此輩五百人（南齊書卷五十六劉係宗傳）。 茹法亮為中書通事舍人，勢傾天下，太尉王儉常謂人曰，我雖有大位，權寄豈如茹君。東昏即位，出法亮為大司農，中書權利之職，法亮不樂去，固辭不受，既而代人已到，法亮垂涕而出（南史卷七十七茹法亮傳）。 呂文顯與茹法亮等迭出入為舍人，並見親倖，四方餉遺，歲各數百萬，並造大宅，聚山開池（南齊書卷五十六呂文顯傳）。
梁世	周捨為中書通事舍人，雖居職屢徙，而常留省內，罕得休下。國史詔誥儀禮法律，軍旅謀謨，皆兼掌之。日夜侍上，預機密，二十餘年，未嘗離左右（梁書卷二十五周捨傳）。 傳昭為中書通事舍人，時居此職者，皆勢傾天下，昭獨廉靜，無所干預（梁書卷二十六傅昭傳）。 朱异為中書通事舍人，自周捨卒後，异代掌機謀，方鎮改換，朝儀國典，詔誥敕書，並兼掌之。每四方表疏，當局簿領，諮詢詳斷，填委於前，异屬辭落紙，從橫敏贍，不暫停筆，頃刻之間，諸事便了（梁書卷三十八朱异傳）。
陳世	後主禎明二年十一月，隋軍來伐，數十道俱入，緣江鎮戍，相繼奏聞，時新除湘州刺史施文慶中書舍人沈客卿掌機密用事，並抑而不言，故無備禦（陳書卷六後主紀）。 司馬申兼中書通事舍人，內掌機密，頗作威福，能候人主顏色，有忤己者，必有微言譖之，附己者因機進之，是以朝廷內外，皆從風靡（南史卷七十七司馬申傳）。 毛喜除給事黃門侍郎，兼中書舍人，典軍國機密，高宗將議北伐，敕喜撰軍制凡十三條，詔頒天下（陳書卷二十九毛喜傳）。

(三)再就門下省言之，門下省的組織如次

門下省組織表

官名	備考
侍中	魏晉以來，置四員，別加官者不在數，常侍左右，備切問近對，拾遺補闕。宋齊皆第三品。梁班第十二，陳亦第三品。後魏侍中六人，加官在數，正第三品，北齊因之（唐六典卷八侍中）。
給事黃門侍郎	魏晉以來，置四員，掌侍從左右，關通中外，宋齊皆第五品，梁氏班第十，陳第四品。後魏給事黃門侍郎，史闕其員，正第四品上，北齊置六人，品依魏氏（唐六典卷八黃門侍郎）。

曹魏侍中有「綜理萬機」（魏志卷十四程昱傳）之言，至晉，侍中之職愈益華重，到了南北朝，侍中常在天子左右。自漢以來，「為親近之職」（南齊書卷十六百官志），地在樞近，多承寵任。察之吾國歷史，近臣往往轉變為大臣，三公、尚書、中書無不如是。一個轉變了，一個就來頂替，自內而外，自近而疏，這是吾國政制演變的形式。在其初次頂替之際，一方雖變成外朝官，同時尚有內朝官的性質，所以權任雖大，而尚侍從天子左右，史稱：

> 宋文帝元嘉中，王華王曇首殷景仁等並為侍中，情任親密，與帝接膝共語，貂拂帝手，拔貂置案上，語畢，復手插之（南齊書卷十六百官志）。

侍中既然常侍天子左右，而其職務又掌切問近對，拾遺補缺，於是就漸次成為樞機之任，可以管理機要，參斷帷幄，而為宰相之職。何以故呢？中書起草詔命，在其未曾提交尚書執行以前，必須送呈天子批

閱，當此之時，侍從天子左右者既是侍中，天子不免向其諮詢，最初侍中是有問才答的，而答又只得消極的匡正政治上的缺失。晉代初年侍中已經有這個職權。

> 晉武帝泰始二年二月庚午詔曰，古者百官官箴王闕，然保氏特以諫諍為職，今侍中常侍實處此位，擇其能正色弼違匡救不逮者，以兼此選（晉書卷三武帝紀）。

但是侍中不斷的匡正，中書自應顧慮侍中的意見，浸以成俗，侍中便得積極的提出自己的主張，到了這個時候，侍中已經成為樞機之任。歷代職官表（卷二內閣上）云：「謹案，又侍中參掌機密，亦為相職。故王華官侍中，謂宰相頓有數人。而南齊竟陵王子良以司徒兼侍中，親為眾僧賦食行水。世以為失宰相體，是也」。所以宋元嘉二十年沈演之遷侍中，文帝對他說：

> 侍中蓋宰相便坐，卿其免之（宋書卷六十三沈演之傳）。

北朝亦然，「後魏尤重門下官，多以侍中輔政，北齊為宰相秉持朝政者亦多為侍中」（通典卷二十一宰相）。歷代職官表（卷二內閣上）云：「謹案，後魏門下省獨膺鈞衡之寄，故侍中稱為宰相」。又云：「謹案，北齊侍中最稱近密，故杜佑以為秉政之官」。後魏孝文帝時，彭城王勰為侍中，「長直禁內，參決軍國大政，萬機之事無不預焉」（魏書卷二十一下彭城王勰傳）。延昌（宣武帝）中，于忠為侍中，孝明帝即位，「忠既居門下，遂秉朝政，權傾一時」（魏書卷三十一于忠傳）。此外如侍中高陽王雍、侍中汝南王悅均入居門下，參決尚書奏事（魏書卷九肅宗孝明帝紀熙平二年及正光四年），是則後魏直以侍中為宰相之職，所以高陽王雍才說：

> 臣初入栢堂，見詔旨之行一由門下（魏書卷二十一高陽王雍傳）。

侍中既成為宰相之職，因之黃門侍郎之地位亦見提高，而有小宰相之稱（魏書卷三十八王遵業傳），所以

爾朱榮秉執朝政，恐朝廷事意有所不知，必以親信朱瑞為黃門侍郎，而寄以腹心之任。

> 朱瑞為榮（爾朱榮）所親任，建義（孝莊帝）初，除黃門侍郎……榮恐朝廷事意有所不知，故居之門下，為腹心之寄（魏書卷八十朱瑞傳）。

南朝侍中常以膏粱世家為之，尤以王謝二家居多。而自宋孝武以後，天子選用侍中，乃以風貌為條件。史臣所謂「後才先貌」是也（參閱南齊書卷三十二阮韜傳史臣曰）。侍中均出身於世族，天子對於侍中頗有畏敬之意：

> 宋孝武時，侍中何偃南郊陪乘，鑾輅過白門闕，偃將匐，帝乃按之曰，朕乃陪卿（南齊書卷十六百官志）。

侍中掌機要，又未必就有行使宰相之權。揚荊二州刺史常有迫主之勢，故在平時，誰肯關心庶務（例如中書舍人），在亂時，誰能控制揚荊二州，誰便是實際上的宰輔。中樞無一定之主腦，所以謝晦常嘆「宰相頓有數人」（宋書卷四十四謝晦傳），而王華亦說：「宰相頓有數人，天下何由得治」（宋書卷六十三王華傳）。少帝即位，徐羨之以揚州刺史，進位司空，錄尚書事，與中書令謝晦，共輔朝政。少帝既廢，司空徐羨之以晦為荊州刺史，「欲令居外為援」，而晦又「深結侍中王華，冀以免禍」（宋書卷四十四謝晦傳）。此蓋可以證明南朝政情乃如魏晉一樣，中央無確定之宰相，而為宰相者非有外援，亦不能久居其位。

茲再略述御史臺的組織，南北朝承魏晉之舊，設御史臺，以御史中丞為之長。各書關於御史臺的組織，或詳此而略彼，或詳彼而略此，縱合各書如宋書（卷四十百官志下）南齊書（卷十六百官志）魏書（卷一百十三官氏志）隋書（卷二十六百官志上，卷二十七百官志中）及通典（卷二十四御史臺，卷三十七至卷三十八官品）通考（卷五十三御史臺，卷六十六至卷六十八官品）觀之，亦不能得到全豹，故只舉出各書所述者，作表如次：

朝代	御史中丞	治書侍御史	侍御史	殿中侍御史	備考
宋	宋御史中丞一人，第四品，掌奏劾不法（宋志，通典）。	宋治書侍御史二人，第六品，掌舉劾官品第六已上，魏晉以來，分掌侍御史所掌諸曹，若尚書二丞也（宋志，通典）。	侍御史二漢所掌凡有五曹，魏置八人，及晉置員九人，品同治書而有十三曹（晉志）。宋併諸曹，凡十御史焉，第六品，居曹糾察不法（宋志，通典）。	江左多置二人，掌殿內禁衛內事（宋志，通典）。	
南齊	齊御史中丞一人，職無不察，專道而行，騶輻禁呵，加以聲色，武將相逢，輒致侵犯，若有鹵簿，至相毆擊（南齊志，通典）。	齊治書侍御史二人，掌舉劾，統侍御史（南齊志，通典）。	齊侍御史十人，居曹糾察不法（南齊志，通典）。	江左多置二人，掌殿內禁衛內事（通典）。	通典卷三十七齊官品，謂「未詳」，通考亦未載南齊之官品。
梁	梁御史中丞一人，十一班，掌督司百僚，皇太子已下，其在宮門行馬內違法者，皆糾彈之，雖在行馬外，而監司不糾，亦得奏之，專道而行（隋志上，通典）。	梁治書侍御史二人，六班，掌舉劾官品第六已下，分統侍御史（隋志上，通典）。	梁侍御史九人，一班（？），居曹糾察不法（隋志上，通典）。	梁有四人，掌殿內禁衛內事（通典）。	
陳	陳因梁制	陳因梁制	陳因梁制	陳因梁制	
後魏	後魏為御史中尉，督司百僚，其出入千步清道，與皇太子分路，	後魏治書侍御史掌糾察內朝會失時，服章違錯，饗宴會見，悉所監之（通典）。	後魏侍御史與殿中侍御史，晝則外臺受事，夜則番直內臺（通典）。	見上欄	歷代職官表（卷十八都察院，北魏）引魏書官氏

	北齊
王公百辟咸使遜避，其餘百僚下馬弛車止路傍，其違緩者以棒棒之（通典）。	北齊武成以其子瑯琊王儼兼為御史中丞，欲雄寵之。儼出北宮，凡京畿之步騎，領軍之官屬，中丞之威儀，司徒之鹵簿莫不舉備（時儼總領四職）。武成觀之，遣中使馳馬趨仗不得入，自言奉敕，赤棒應聲碎其鞍，
	北齊亦有持書侍御史（通典）。
	北齊有侍御史八人（通典）。
	北齊亦有之（通典）。
志云：「御史中尉第三品上，治書侍御史第五品上，侍御史從第五品下。又高祖（孝文帝）更定官品，御史中尉從第三品，治書侍御史第六品，侍御史第八品，殿中侍御史從第八品」。又引徐堅初學記云：「侍御史後魏八人，殿中侍御史後魏置十四人」。	北齊御史臺掌糾察彈劾，中丞一人，治書侍御史二人，侍御史八人，殿中侍御史十二人（隋志中）。

	北周
馬騰人顛，觀者傾京邑（通典）。	後周有司憲中大夫二人，掌司寇之法，辨國之五禁，亦其任也（通典）。
	後周有司憲上士二人，亦其任也（通典）。
	後周有司憲中士，則其任也（通典）。
	後周有司憲旅下士八人，通典及通考以之為監察侍御史。

觀上表所載，可知御史臺之組織愈見完備，御史中丞之地位也已提高。然在南朝，御史中丞多以失糾免官，而不能久居其位。南齊時御史中丞劉休說：

> 宋世載祀六十，歷職斯任（中丞）者五十有三，校其年月，不過盈歲（南齊書卷三十四劉休傳）。

御史中丞不能久居其位，可見中丞之職之不易為，而欲苟居其職，只有同晉代監司一樣，避貴施賤，拾巨憝而舉微過，否則今日彈奏，明日免職，南北朝政治之腐化，實因御史之無權。

南北朝時，巡察州郡雖無專職，據歷代職官表（卷十八都察院，魏）所述，「謹案，高聰傳（北史卷四十，魏書卷六十八）稱，聰為并州刺史數歲，多不率法，再為御史舉奏。張纂傳[71]稱，纂為樂陵太守，多所受納，聞御史至，棄郡逃走，則是乘傳糺察者，亦時有其事矣」。此即隋煬帝設司隸臺，掌諸巡察，唐於御史臺三院中，置察院，監察御史十人，巡按州縣的起源。

---

71 北史卷五十五及北齊書卷二十五張纂傳未載此事。

第二項　地方官制

南北朝的地方制度也和魏晉一樣，分為州郡縣三級，惟自五胡亂華，元帝渡江之後，南方欲招徠北人，北方欲招徠南人，莫不僑立州郡，虛張聲勢，到了南北分立，州郡之數愈益增加。

宋凡二十有二州……郡凡二百三十有八，縣千一百七十有九……齊州二十有三，郡三百九十有五，縣千四百七十有四……梁天監中，州二十有三，郡三百五十，縣千二百有五，其後更有折置，大同中，州百有七，郡縣亦稱於此……陳有州四十有二，郡百有九，縣四百三十有八……後魏州百十有一，郡五百十有九，縣千三百五十有二……北齊有州九十有七，郡百六十，縣三百六十有五……周平齊後，遣軍破陳軍於呂梁，其東南之境盡於長沙，通計州二百十有一，郡五百八，縣千二十有四（通典卷一百七十一序州郡）。

州置刺史，郡置太守，縣置令長，其制與魏晉大體相同，只惟後魏分州郡縣為上中下三等，北齊又於上中下三等之中，再分三等（例如上上州、上中州、上下州之類），北周則依戶數多寡，各分五等。刺史守令則依州郡縣等級之殊，而異其品秩。

關於南北朝的地方制度可以提出討論者，南朝是僑立州郡破壞了地方勢力的均衡，沈約說：

魏晉以來，遷徙百計，一郡分為四五，一縣割成兩三，或昨屬荊豫，今隸司兗……自戎狄內侮，有晉東遷，中土遺氓，播徙江外……莫不各樹邦邑，思復舊井……故魏邦而有韓邑，齊縣而有趙民（宋書卷十一律志序）。

又說：

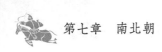

> 自夷狄亂華，司冀雍涼青并兗豫幽平諸州一時淪沒，遺民南渡，並僑置牧司，非舊土也……地理參差，其詳莫舉，實由名號驟易，境土屢分，或一郡一縣割成四五，四五之中，亟有離合，千回百改，巧曆莫算，尋校推求，未易精悉（宋書卷三十五州郡志一）。

僑州或祇一郡，或祇一縣，或寄治於他州，與此相反者則為實州，實州乃是實土。南朝承魏晉之制，有都督諸州軍事之職，而都督或領數個實州，或領數個僑州，都督之間，地盤不同。當時軍權高於一切，而軍隊又分布沿邊各地，地方勢力大過中央，中央政權能夠安定，完全依靠於地方勢力的均衡。地方勢力不能均衡，中央政權便有顛覆之虞。誰地盤最大，誰軍隊最多，誰便可操縱中央政權，於是中央的政爭就變為軍閥擴充地盤的鬥爭，「江左大鎮莫過荊揚」（南齊書卷十五州郡志下荊州），揚為王畿，財富所出。劉穆之說：

> 揚州根本所係，不可假人（宋書卷四十二劉穆之傳）。

雖以兄弟之親，亦不願援以揚州刺史之任。

> 廬陵王義真為揚州刺史，太后謂上曰，道憐汝布衣兄弟，故宜為揚州。上曰寄奴（武帝小字）於道憐豈有所惜，揚州根本所寄，事務至多，非道憐所了。太后曰道憐年出五十，豈當不如汝十歲兒耶。上曰車士（義真小字）雖為刺史，事無大小，悉由寄奴。道憐年長，不親其事，於聽望不美。太后乃無言（宋書卷五十一長沙王道憐傳）。

南朝四代均以同姓骨肉居之，而軍閥由外州入秉朝政者，亦必兼揚州刺史，如蕭道成之篡宋，蕭衍之篡齊，陳霸先之篡梁，無不先領揚州。南朝政府為了保護揚州的安全，對於淮南之地，極為重視。齊高帝對劉善明說：

淮南近畿，國之形勢，自非親貴，不使居之，卿為我臥治也（南齊書卷二十八劉善明傳）。

京口則為遮蔽金陵之籓籬，所以宋高祖遺詔，不是宗室近戚不得居之。

高祖遺詔，京口要地，去都邑密邇，自非宗室近戚不得居之（宋書卷七十八劉延孫傳）。

荊居上流，甲兵所聚，宋世均以諸子居之。

荊州居上流之重，地廣兵強，資實甲兵居朝廷之半，故高祖使諸子居之（宋書卷五十一臨都王道規傳）。

高祖以荊州上流形勢，地廣兵強，遺詔諸子次第居之（宋書卷六十八南郡王義宣傳）。

荊州形勢危殆，則退以江州為防。「江州鎮尋陽，中流衿帶」（南齊書卷十四州郡志上）。例如：

義熙八年（晉安帝時代，此時劉裕已握朝柄）孟懷玉遷江州刺史……時荊州刺史司馬休之居上流，有異志，故授懷玉此任以防之（宋書卷四十七孟懷玉傳）。

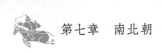

然而稱兵作亂的人還是來自荊州。西漢之世，郡國的領域大小不同，大者如會稽，幾及今之江浙兩省，少者如河南河內陳留潁川汝南南陽魏郡，合之不過今日河南一省。然其分置乃以戶口眾寡為標準，戶眾口密者郡小，戶寡口疏者郡大。南朝不然，揚荊二州領域大而戶口多，司州僑治義陽，兗州寄治彭城。勢力不能均衡，不但不能維持地方的治安，抑且可以釀成全國的禍亂，其影響於中央政局之安定者甚大。

北朝是州數加多而破壞了州郡的區別，當時南北相高，互增州郡，繼以五方淆亂，建設滋多。後魏有州一百十一，郡五百十九，即一州所領者不及五郡。北齊有州九十九，郡一百六十，即一州所領者不及二郡。北周有州二百十一，郡五百八，即一州所領者不及三郡。「百室之邑，便立州名，三戶之民，空張郡目」（北齊書文宣帝紀天保七年十一月壬子詔）。州郡紛錯，州成為地方最高團體，郡失其本來作用，州郡區別漸次

消滅。於是一方三級制度又有轉變為二級制度的可能，隋廢州存郡，唐廢郡存州，原因就是因為北朝州郡紛錯。他方州數既然增加，則為監督容易起見，似有另外增加一級，監督各州的必要。前曾說過，國家設置地方團體，凡區域大者單位必少，區域小者單位必多。單位少，便於監督，區域大，又不易控制。區域小，便於控制，單位多，復不易監督。兩者不可得兼，所以漢武於行政區的郡之上，又置監察區的州。但是西漢之世，郡數不過一百有三，一百有三尚感覺監察不便，何況北朝領土不及西漢之大，而州數乃比較西漢的郡數為多，則為監察容易起見，於州之上，當然須另設一級了。這一級的地方團體是用「都督諸州軍事」代替的，北周叫做總督。

> 後周改都督諸軍事為總管，則總管為都督之任矣（通典卷三十二都督）。

於是都督性質稍見變更。都督之制始於魏文帝黃初三年，或領刺史，或單為都督。晉初，州不皆督，督唯一州。南渡以後，沿邊要地紛紛兼督，但是多是僑州，或祇一郡，或祇一縣。南朝亦然。只惟北朝分割郡縣，設置各州，州區雖小，而均實土，所以都督可視為管轄刺史的官職，而為唐代十道採訪使的先驅。

郡縣制度自秦漢以後，很少改變，唯守令人選頗見猥濫，西漢重治民之官，郡守入為三公，郎官出宰百里，而內官之無治民經驗，而才堪宰輔者亦常外放為郡守，試以政事，而後才內召為三公。南北朝為喪亂之世，朝廷要慰勞軍人，常授以牧民之職。庾悅說：「牧民以息務為大，武略以濟事為先」（宋書卷五十二庾悅傳），而南朝自宋以來則用勞人武夫。

> 淮西江北長吏悉用勞人武夫，多無政術（宋書卷五十一長沙王道憐傳）。

北朝在孝文帝初年，固然「詔縣能靜一縣劫盜者，兼治二縣，即食其祿；能靜二縣者，兼治三縣，三

年遷為郡守二千石。能靜二郡上至三郡亦如之，三年遷為刺史」（魏書卷七上高祖紀延興三年）。然而宣武帝時，「邊外小縣，所領不過百戶，而令長皆以將軍居之」（魏書卷六十八甄琛傳）。孝明帝時，辛雄曾言：

> 蓋助陛下治天下者在守令……但郡縣選舉由來共輕，貴遊俊才莫肯居此（魏書卷七十七辛雄傳）。

據杜佑說：

> 後魏太和中，令長之祿甚厚，其後令長用人益雜，但選勤奮令史為之，而搢紳之流恥居其位（通典卷三十三縣令）。

是則太和以後，令長人選已不如前，到了周齊分據，高歡「仍以戰功諸將出牧外藩，不識治體，無聞政術，聚斂無厭，淫虐不已」（北齊書卷四十六循吏傳序）。弄到結果，竟令士人恥居百里。

> 齊因魏朝，宰縣多用廝濫，至於士流恥居百里。元文遙以縣令為字人之切，遂請革選，於是密令搜揚貴遊子弟，發敕用之。猶恐其披訴，總召集神武門，令趙郡王叡宣旨唱名，厚加慰喻。士人為縣，自此始也（北齊書卷三十八元文遙傳）。

自縣以下，秦漢採什伍之制。三國時代，兵亂不已，民庶播遷，鄉黨制度無從成立。西晉初年雖有鄉里之設，五胡亂華，其制又復破壞。民多隱冒，「或百室合戶，或千丁共籍」（晉書卷一百二十七慕容德載記）。按吾國鄉黨之制，積極的意義少，消極的意義多，民為什伍，互相檢察，逋逃無所匿，課役無所避，這是歷朝組織閭伍的原因。南北朝課役繁重，民多逃隱，其蔭附於豪族，以求避免徭役者，為數尤多。在北朝，「民多隱冒，五十三十家方為一戶」（魏書卷五十三李沖傳）。太和十年遂立黨里鄰三長，定民戶籍（魏書卷七下高祖紀）。其制如次：

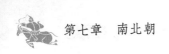

> 魏初不立三長，故民多蔭附，蔭附者皆無官役，豪強徵斂，倍於公賦。太和十年給事中李沖上言，宜準古，五家立一鄰長，五鄰立一里長，五里立一黨長，長取鄉人強謹者。鄰長復一夫，里長二，黨長三，三載亡愆，則陟用，陟之一等……高祖從之（魏書卷一百十食貨志）。

當時臨朝的為文明太后，太后以為：

> 立三長則課有常準，賦有恆分，苞蔭之戶可出，僥倖之人可止（魏書卷五十三李沖傳）。

由此可知立三長乃以便徵斂課役。但是孝明帝時，常景又說：「今之三長皆是豪門多丁為之」，豪門挾藏戶口，以豪門為三長，令其檢舉逋逃，何異於與虎謀皮。宜乎「頃來差兵，不甚強壯」（魏書卷八十二常景傳）。即三長之制已經不能達到文明太后預期的目的了。

北齊於文宣時代，戶口隱匿者甚多，河清（武成帝）三年定令，立鄉黨之制[72]。

> 文宣受禪，刑罰酷濫，吏道因而成姦，豪黨兼併，戶口益多隱漏……至河清三年定令，乃命人居十家為比鄰，五十家為閭里，百家有族黨（隋書卷二十四食貨志）。

然當時周齊交戰，人民既欲避役，又欲逃亂，遷徙流亡，日不安居，鄉黨組織不能確立，乃是意料中的事。

其在南朝，宋時曾依兩漢之制，其鄉伍組織如次：

> 五家為伍，伍長主之。二五為什，什長主之。十什為里，里魁主之。十里為亭，亭長主之。十亭為鄉，鄉有鄉佐三老有秩嗇夫游徼各一人。鄉佐有秩主賦稅，三老主教化，嗇夫主爭訟，游徼主姦非（宋書卷四

---

72 據通典卷三鄉黨，北齊令人居十家為鄰比，五十家為閭，百家為族黨，一黨之內則有黨族一人，副黨一人，閭正二人，鄰長十人，合十有四人，共領百家而已。

十百官志下）。

其實，宋承東晉之弊，中土遺氓播徙荊越，寄寓遷流，迄無定託，「或昨屬荊豫，今隸司兗，朝為零桂之士，夕為廬九之民，去來紛擾，無暫止息，版籍為之渾淆，職方所不能記」（宋書卷十一律志序）。在這種情形之下，鄉黨制度，當然無從確立，所以經元嘉之治而至齊世，版籍還是渾淆，請看建元（齊高帝）二年之詔。

建元二年詔朝臣曰，黃籍民之大紀，國之治端。自頃氓俗巧偽，為日已久，至乃竊注爵位，盜易年月，增損三狀，貿襲萬端。或戶存而文書已絕，或人在而反託死板，停私而云隸役，身強而稱六疾，編戶齊家少不如此（南齊書卷三十四虞玩之傳）。

到了齊末，梁武帝還上表說：

譜牒訛誤，詐偽多緒，人物雅俗，莫肯留心，是以冒襲良家，即成冠族，妄修邊幅，便為雅士（梁書卷一武帝紀上）。

此中情弊蓋如虞玩之所說，編制版籍之時，「吏貪其賂，民肆其奸」，遂致「改注籍狀，詐入仕流，昔為人役者今反役人，或抱子並居，竟不編戶，遷徙去來，公違土斷」（南齊書卷三十四虞玩之傳）。其實，人民玩巧自有原因。馬端臨說：

按魏晉以來，最重世族……寒門之視華族，如冠履之不侔，則夫傜役賤事，人之所憚，固宜其改竄冒偽，求自附流品，以為避免之計也（文獻通考卷十二歷代鄉黨版籍賦役）。

總之，階級制度如不打破，則士庶所負擔的義務不能平等，雖設什伍之制，亦不能使「苞蔭之戶可出，僥倖之人可止」，南北朝戶口不但比不上兩漢，而且比之晉代，減少殊多，原因實在於此。

附錄　南北朝建元表

南　朝

(一)宋

高祖武帝劉裕　永初三
少　帝　義　符　景平二
太祖文帝義隆　元嘉三十
世祖孝武帝駿　孝建三　大明八
廢　帝　子　業　永光旋改景和　景和太宗改泰始
太宗明帝彧　泰始七　泰豫一
後　廢　帝　昱　元徽五
順　帝　準　昇平三
右宋八主六十年

(二)齊

太祖高帝蕭道成　建元四
世　祖　武　帝　頤　永明十一
鬱　林　王　昭　業　隆昌

海陵王昭文　延興
高宗明帝鸞　建武四　永泰一
東昏侯寶卷　永元三
和帝寶融　中興
右齊七主二十四年

㈢梁

高祖武帝蕭衍　天監十八　普通七　大通二　中大通六　大同十一　中大同一　太清三
太宗簡文帝綱　大寶二
元帝繹　承聖三
敬帝方智　紹泰一　太平二
右梁四主五十六年
中宗宣帝蕭詧　大定八
世宗明帝巋　天保二十四
莒公琮　廣運二
右後梁三主三十三年

㈣陳

高祖武帝陳霸先　永定三

世祖文帝蒨　天嘉六　天康一
廢帝伯宗　光大二
高宗宣帝頊　太建十四
後主叔寶　至德四　禎明三
右陳五主三十三年

北朝

(一)後魏

高祖昭成帝什翼犍　建國三十九
太祖道武帝珪　登國十　皇始二　天興六　天賜六
太宗明元帝嗣　永興五　神瑞二　泰常八
世祖太武帝燾　始光四　神䴥四　延和三　太延五　太平真君十一　正平二
高宗文成帝濬　興安二　興光一　大安五　和平六
顯祖獻文帝弘　天安一　皇興五
高祖孝文帝宏　延興五　承明一　太和二十三
世宗宣武帝恪　景明四　正始四　永平四　延昌四
肅宗孝明帝詡　熙平二　神龜二　正光五　孝昌三　武泰一
敬宗孝莊帝子攸　建義即武泰元年　永安三

前廢帝廣陵王恭　普嘉（諸書皆作普泰）一
後廢帝安定王朗　中興

㈡東　魏

孝　靜　帝　善　見　天平四　元象一　興和四　武定八
右魏自太祖稱帝，傳十五主，一百六十年
東魏一主十七年

㈢西　魏

孝　武　帝　修　太昌十二月改永熙　永熙三
文　帝　寶　炬　大統十七
廢　帝　欽　以辛未嗣立，壬申稱元年，三年甲戌為宇文泰所廢。
恭　帝　廓　以甲戌立，稱元年，三年丙子禪於周。
右西魏四主二十二年

㈣北　齊

顯祖文宣帝高洋　天保十
廢帝濟南王殷　乾明
肅宗孝昭帝演　皇建二
世祖武成帝湛　太寧一　河清四

後主溫公緯　天統五　武平六　隆化一
幼　主　恆　承光一
右北齊五主二十八年

㈤北　周

閔帝宇文覺　稱天王元年，晉公護廢而弒之
世宗明帝毓　武定二　武成二
高祖武帝邕　保定五　天和六　建德一　宣政一
宣　帝　贇　大成（宣帝於武帝宣政元年六月即位，翌年改元大成。大成元年二月傳位於太子，是為靜帝，改元大象，故大成元年即大象元年）
靜　帝　闡　大象二　大定一
右北周五主二十五年

中國政治思想史

薩孟武／著

本書共分六篇，自先秦乃至明清，擇要介紹各時代重要的哲人與其政治思想，讓讀者能博覽諸子並掌握其思想精要。相較於其他史學著作，本書著重於政治思想，故凡思想與政治無關者均捨去不談，為讀者節省寶貴的時間。另外，本書資料豐富且完整，引文均註明出處，詳載哪一書、哪一卷、哪一篇，便利讀者檢索原文。

紅樓夢與中國舊家庭

薩孟武／著

《紅樓夢》不只敘述賈府由奢華至衰頹的興衰而已，亦細膩地刻劃出大家庭的生活瑣事。曹雪芹用心用力地在此著墨，你知道其中暗喻了什麼樣的真相嗎？小說是社會意識的表現，家庭是社會現象的縮影，作者以研究社會文化的角度來解讀《紅樓夢》，帶領讀者深入賈府的家庭生活，一步步解開隱藏在《紅樓夢》之中的「荒唐癡」與「辛酸味」。

水滸傳與中國社會

薩孟武／著

《水滸傳》中梁山泊一〇八條好漢仗義疏財、劫富濟貧，讓讀者莫不拊掌稱快，大呼過癮。但你知道這些水滸好漢，卻大多是出身低微、在社會底層討生活的「流氓分子」嗎？秀才出身的王倫何以不配作梁山泊領袖？草料場的火為何燒不死林冲？九天玄女與三卷天書從何而來？且看作者從政治、經濟、文化等多個不同的角度，精采地分析、詮釋《水滸》故事，及由此所投射、反映出來的古代中國社會。

西遊記與中國古代政治

薩孟武／著

本書為《水滸傳與中國社會》之姐妹篇，作者利用西遊記之材料說明政治的原理，以及中國古代之政治現象。據作者之意，政治不過「力」而已，要防止「力」之濫用，必須用「法」，如唐僧之用緊箍兒控制孫行者一樣，但唐僧能夠控制孫行者，孫行者無法控制唐僧之亂念咒語，於是許多問題就由此發生。作者依此見解，指出權力制衡的主張，凡研究政治者，本書實為良好參考書。